谨献给：

中华人民共和国60周年华诞

1949—2009

The Rise of Guangdong

A Documentary Report on Guangdong's Reform and Opening Up

潮起南粤大地

《潮起南粤大地——广东改革开放30周年纪实报告》编纂委员会 编

人民出版社

策　　划:杨松岩
责任编辑:柏裕江　杨松岩
版式设计:东昌文化；起航1218
责任校对:刘越难

图书在版编目(CIP)数据

潮起南粤大地——广东改革开放 30 周年纪实报告/卢瑞华　周義　梁桂全等主编. –北京:人民出版社,2009.12
ISBN 978 – 7 – 01 – 008208 – 0

Ⅰ. 潮…　　Ⅱ. ①卢…②周…③梁…　　Ⅲ. 改革开放–成就–广东省　　Ⅳ. D619.65

中国版本图书馆 CIP 数据核字(2009)第 161843 号

潮起南粤大地

CHAOQI NANYUE DADI

——广东改革开放 30 周年纪实报告

卢瑞华　周義　梁桂全等主编

人 民 出 版 社 出版发行
(100706　北京朝阳门内大街 166 号)

广州市瑞杰彩印有限公司印刷　新华书店经销

2009 年 12 月第 1 版　2009 年 12 月广东第 1 次印刷
开本:889 毫米×1194 毫米 1/8　印张:67
字数:460 千字

ISBN 978 – 7 – 01 – 008208 – 0　　定价:600.00 元

邮购地址 100706　北京朝阳门内大街 166 号
人民东方图书销售中心　电话 (010)65250042　65289539

《潮起南粤大地——广东改革开放30周年纪实报告》编纂委员会

总 顾 问：汪 洋

顾 问：叶选平 林 若 吴南生 朱森林

编 委 会 主 任：黄华华

总 主 编：卢瑞华

总 策 划：张帼英

主 编：周 义 梁桂全 张 磊

副 主 编：刘小敏 罗繁明

编 委 成 员：（按姓氏笔画顺序排列）

王经伦	王南健	王蒙徽	方健宏	邓海光	甘 霖	卢炳辉	田 丰	冯仿娅
戎铁文	朱小丹	朱仲南	向晓梅	刘 昆	刘 洪	刘小华	刘小敏	刘日知
刘玉浦	刘志庚	刘富才	江 泓	江海燕	汤锡坤	阮日生	孙庆奇	李新家
李 青	李 清	李 嘉	李汝求	李兴华	李启红	李炳余	李珠江	李毓全
肖志恒	杨 健	杨兴锋	杨建初	杨荣森	杨浩明	杨逦军	吴锐成	吴昇文
何忠友	张 军	张 枫	张 磊	张广宁	张育文	陆庆忠	余庆安	陈 建
陈 强	陈元胜	陈云贤	陈弘平	陈伟雄	陈妙娟	陈建华	陈建辉	陈奕威
陈根楷	陈家记	陈继兴	陈绿平	陈耀光	幸晓维	招玉芳	林元和	林少春
林平凡	林浩坤	林 雄	郁 方	欧真志	罗伟其	罗荫国	罗繁明	周 义
周高雄	周 薇	郑 红	郑 鄂	郑利平	郑振涛	郑雁雄	房庆方	钟世坚
姚志彬	骆文智	徐大章	徐尚武	徐建华	徐萍华	唐 豪	陶凯元	黄 强
黄业斌	黄志光	黄柏青	黄俊光	梁伟发	梁桂全	梁耀文	覃卫东	蒋 斌
彭 赟	傅 朗	温国辉	谢悦新	谢鹏飞	蓝佛安	赖天生	蔡宗泽	黎志华
魏宏广								

广东省政区
GUANGDONG SHENG ZHENGQU

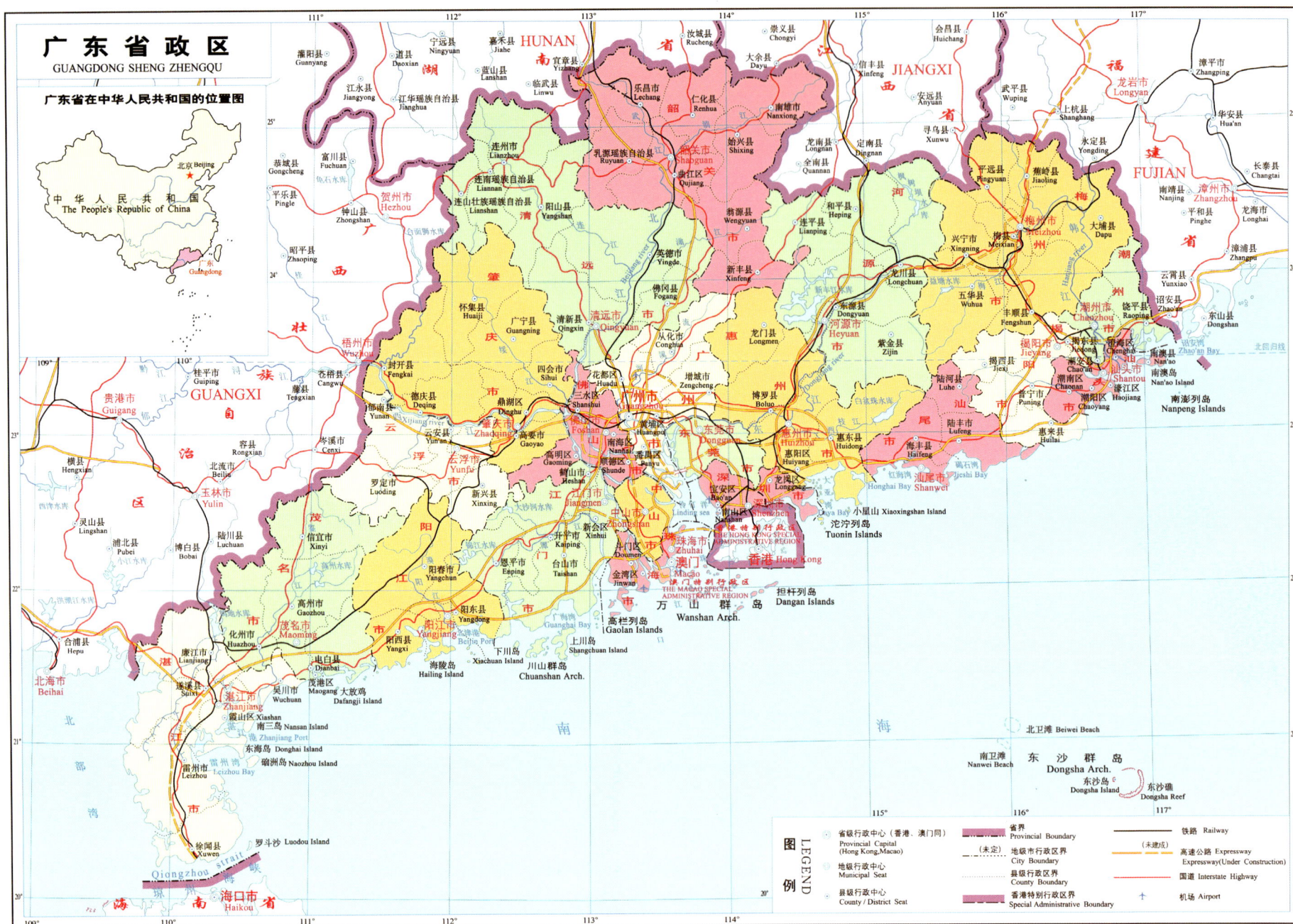

主办单位：广东省人民政府参事室（文史馆） 广东省社会科学院

协办单位：广东省社会科学院信息中心

承办单位：广东社会科学情报学会

出版单位：人民出版社

我国改革开放已走过30年伟大历程。30年来，在党中央、国务院的正确领导下，广东人民解放思想，敢闯敢试，开拓创新，务实进取，成功地"杀出一条血路"。南粤大地发生了翻天覆地的变化，改革开放和社会主义现代化建设取得举世瞩目的历史性成就。

　　30年间，我省创造了"世界走一步，广东跨四步"的发展奇迹，从比较落后的农业省份跃升为中国第一经济大省。全省生产总值年均增长13.7%，1998年广东GDP超过新加坡；2003年广东GDP超过香港；2007年广东GDP超过台湾；2008年广东GDP达35696亿元。人均生产总值达5408美元，达到世界中等收入国家和地区平均水平。综合经济实力跃居全国前列，生产总值占全国的1/8，来源于广东的财政总收入占全国的1/7。体制改革和对外开放取得历史性突破，率先初步建立社会主义市场经济体制，率先构建全方位、多层次、宽领域的开放型经济格局，2008年进出口总额达6833亿美元，占全国的近1/3。工业化、城市化、市场化、国际化和信息化水平居全国前列。人民生活水平不断提高，正向全面小康迈进。社会各项事业全面进步，社会保持和谐稳定。一个繁荣、富裕、活力、和谐、文明的新广东屹立在祖国南方。

　　我省是我国改革开放的试验田，也是我国改革开放伟大历史进程中的一个缩影。我省30年来的实践雄辩地证明，中央关于改革开放的路线方针政策是完全正确的，邓小平理论、"三个代表"重要思想和科学发展观是完全正确的，中国特色社会主义道路越走越宽广！

由省政府参事室与省社科院合作编辑的《潮起南粤大地——广东改革开放30周年纪实报告》一书，真实反映了我省改革开放走过的光辉历程，深刻总结了我省推进改革开放的宝贵经验，充分展示了广东人的创新精神和卓越风采。这对于弘扬"敢为人先、务实进取、开放兼容、敬业奉献"的新时期广东人精神，继续把我省改革开放事业推向前进，促进经济社会又好又快发展，具有积极的意义。该书的出版，为广大读者了解、研究广东乃至中国的改革开放事业提供了生动、有益的读本。

当前，广东正站在新的历史起点上，处于全面转入科学发展轨道的关键时期。让我们高举中国特色社会主义伟大旗帜，深入贯彻落实科学发展观，继续解放思想，坚持改革开放，勇于先行先试，不断务实进取，努力推动经济社会全面协调可持续发展，争当实践科学发展观的排头兵，共同开创南粤大地更加美好的明天！

是为序。

广东省省长

二〇〇九年八月

(注：黄华华，现任中共广东省委副书记、广东省人民政府省长。)

第三部　现代化门户——广东发展标志性成果

第五部　建设新农村——广东30年农村经济社会发展

第七部　南粤巡礼——各市全面实现小康目标进程

第八部　改革开放掠影——老百姓的故事

第九部　南风窗——海外侨胞、台港澳同胞的重大贡献

第十部　建设文化大省——全民科学文化素质普遍提高

第十一部　广东人精神——改革开放大潮中的传承与升华

第十二部　依法治省——为改革开放保驾护航

第十三部　拥军爱民——新时代的军民鱼水情

第十四部　科学发展　开创未来

潮起
南粤大地

第一部

改革的春天

——中央的殷切希望

潮起南粤大地 The Rise of Guangdong潮起南粤大地 The Rise of Guangdong
潮起南粤大地 The Rise of Guangdong潮起南粤大地 The Rise of Guangdong 潮起南粤大地 The Rise of Guangdong
潮起南粤大地 The Rise of Guangdong潮起南粤大地 The Rise of Guangdong 潮起南粤大地 The Rise of Guangdong

党的十一届三中全会作出把党和国家的工作中心转移到经济建设上来、实行改革开放的历史性决策。改革开放从此开始成为划时代的标志。

改革开放迈不开步子，不敢闯，说来说去就是怕资本主义的东西多了，走了资本主义道路。要害是姓"资"还是姓"社"的问题。判断的标准，应该主要看是否有利于发展社会主义社会的生产力，是否有利于增强社会主义国家的综合国力，是否有利于提高人民的生活水平。——邓小平

改革开放胆子要大一些，敢于试验，不能像小脚女人一样。看准了的，就大胆地试，大胆地闯。——邓小平

增创新优势，更上一层楼，率先基本实现社会主义现代化。——江泽民

坚持全面的发展观，认清形势、抓住机遇，进一步增强加快发展、率先发展、协调发展的历史责任感和使命感，在全面建设小康社会、加快推进社会主义现代化进程中更好地发挥排头兵作用。——胡锦涛

The Spring of the reform policy
——the ardent hope from central government

At the Third Plenary Session of the Eleventh Central Committee of the Communist Party, the central government made a historic decision to shift the focus of work of the party and the country to economic construction and to carry out the policy of reform and opening up. Hence, the reform and opening up had become a symbolic and epoch-making mark.

The reason some people hesitate to carry out the reform and the opening up policy and dare not break new ground is, in essence, that they are afraid that the introduction of too much capitalism would indeed mislead them onto the capitalist road, which will give rise to the question whether we are pertaining to socialism or capitalism. The chief criterion for judging a certain policy should be whether it promotes the growth of the social productive forces, whether it increases the country's overall strength, and whether it improves people's living standards.
—— Deng Xiaoping

We should be bolder in carrying out the reform and opening up policy and in exploring new ways, rather than acting like a woman with her feet bound. Once we are sure of something, we should dare to experiment and break new path.
—— Deng Xiaoping

To develop new strengths and to attain yet a new goal will enable us to take the lead in basically realizing the socialist modernization.
—— Jiang Zemin

We should stick to a comprehensive outlook on development to clearly understand the situation and seize the opportunity to further intensify the sense of historic responsibility and mission in accelerating development, taking the lead to develop and coordinating development. Only in this way can we maintain our leading position in building a well-off society in an all-round way and in promoting socialist modernization.
—— Hu Jintao

□图为坐落在深圳市莲花山公园山顶广场的邓小平同志铜像，是为了纪念邓小平同志两次视察南方，为改革开放指明了方向而立。江泽民总书记为铜像题字，并于2000年11月14日亲自为铜像揭幕。（图片摄影：王列）

中国的改革开放应该如何着手？邓小平同志提出："在全国的统一方案拿出来以前，可以先从局部做起，从一个地区、一个行业做起，逐步推开。"[1] 于是，广东人民有了敢为天下先的这块改革开放的经济特区试验田。改革开放以来，在广东的改革和发展的不同时期、不同阶段，都无不体现出中共中央和中央领导同志对广东这片改革开放的热土所倾注的关怀和支持。在中国改革开放这一伟大的历史进程中，正是中央的信任、支持和期待，使广东实现了建设社会主义市场经济制度带来的经济发展大飞越，让广东人民感受到了改革开放所带来的实实在在的历史变化；正是在邓小平理论和"三个代表"重要思想的指引下，深入贯彻落实科学发展观，广东人解放思想、改革开放、敢闯敢试、敢为人先的秉性得到了淋漓尽致的发挥和延续。

□1992年春，邓小平同志在视察南方时指出："要坚持党的十一届三中全会以来的路线、方针、政策，关键是坚持'一个中心、两个基本点'。不坚持社会主义，不改革开放，不发展经济，不改善人民生活，只能是死路一条。基本路线要管一百年，动摇不得。只有坚持这条路线，人民才会相信你，拥护你。谁要改变三中全会以来的路线、方针、政策，老百姓不答应，谁就会被打倒。这一点，我讲过几次。"（广东省档案馆供图）

---

1 《邓小平文选》第2卷，人民出版社1993年版，第150页。

一、邓小平同志视察广东

广东在改革开放中先行一步的探索和尝试，难免受到一些不同意见的质疑。1984年和1992年，邓小平同志先后两次视察广东，发表了一系列重要讲话，为广东破冰、冲破守旧禁锢的观念给予了巨大的支持，给全国带来了改革开放的春天。

（一）"杀出一条血路"

党的十一届三中全会后，中国人解放思想，冲破长期以来"左"的思想形成的束缚，把目光投向了国外。当时世界上有80多个国家和地区设立了500多个出口加工区、自由贸易区、自由港，有效地开展对外经济贸易和技术交流。中共广东省委根据本省邻近港、澳，商品经济比较活跃，对外经济交往历史悠久，祖居于粤的海外华侨和华人人数众多等特点，向中央提出：希望中央下放若干权力，让广东在对外经济活动中有较多的自主权和机动余地；允许在毗邻港、澳的深圳和珠海以及属于重要侨乡的汕头举办出口加工区。邓小平同志十分赞同这一设想。他说：还是叫特区好，陕甘宁开始就叫特区嘛!中央没有钱，可以给些政策，你们自己去搞，杀出一条血路来。

在邓小平同志等中央领导同志的关心和积极支持下，中共中央批准了广东省委关于在改革经济管理体制方面让广东先走一步的要求，同意广东搞一个新的体制。1979年7月15日，中共中央、国务院50号文件下发，同意广东、福建两省在对外经济活动中实行特殊政策、灵活措施，并明确在广东省的深圳、珠海、汕头三市和福建省的厦门市试办出口特区。1980年5月，中共中央和国务院决定将深圳、珠海、汕头和厦门这四个出口特区改称为经济特区。当年8月，第五届全国人民代表大会常务委员会第十五次会议批准《广东省经济特区条例》。

1984年春，邓小平同志视察了广东深圳、珠海特区。邓小平同志视察广东时，广东的改革开放已取得了突破性进展，但却招来了一些疑虑，有人甚至把经济特区引入外资、发展中外合资企业这些做法看成是搞资本主义。邓小平同志在视察深圳时指出："我们建设经济特区，实行开放政策，有个指导思想要明确，就是不是收，而是放。"[1] 1月26日，他还高兴地挥毫题词："深圳的发展和经验证明，我们建立经济特区的政策是正确的。"[2] 特区还要继续办下去，还要继续"特"下去。

---

1 《邓小平文选》第3卷，人民出版社1993年版，第51页。
2 参见张惠屏：《大胆地试大胆地闯 邓小平和深圳》，《深圳商报》，2005年8月27日。

□1984年春，邓小平同志在视察深圳时明确指出："我们建设经济特区，实行开放政策，有个指导思想要明确，就是不是收，而是放。"并高兴地挥毫题词："深圳的发展和经验证明，我们建立经济特区的政策是正确的。"（图片摄影：梁伯权 《南方日报》供图）

（二）东方风来满眼春

1992年春，邓小平同志以88岁的高龄，视察南方，发表重要谈话，高屋建瓴，冲破姓"社"姓"资"论争的阴霾，使广东和中国改革开放事业的发展再次迎来了生机盎然的春天。

这一年的1月19日，邓小平同志一行来到深圳。他在省市负责同志的陪同下，乘车观光了深圳市容，看到深圳纵横宽广的马路，高耸入云的大厦，到处充满了现代化的气息，很高兴。他说，深圳的建设成就，明确回答了那些有这样那样担心的人：特区姓"社"不姓"资"！

针对一段时间以来引发的姓"社"姓"资"的争论，邓小平同志及时指明了改革的方向。他强调："改革开放迈不开步子，不敢闯，说来说去就是怕资本主义的东西多了，走了资本主义道路。要害是姓'资'还是姓'社'的问题。判断的标准，应该主要看是否有利于发展社会主义社会的生产力，是否有利于增强社会主义国家的综合国力，是否有利于提高人民的生活水平。"[1]

1月22日，邓小平同志在深圳同省市负责人作了重要的谈话。他说："改革开放胆子要大一些，敢于试验，不能像小脚女人一样。看准了的，就大胆地试，大胆地闯。"[2] 他还指出，社会主义的本质，是解放生产力，发展生产力，消灭两极分化，最终达到共同富裕。邓小平同志在深圳、珠海的视察中，还多次发表讲话，科学地总结了党的十一届三中全会以来中国社会主义现代化建设的伟大实践，系统地回答了什么是社会主义，中国如何建设、巩固和发展社会主义等一系列长期困扰我们思想的重大理论、认识问题。同时，他强调党的"基本路线要管一百年，动摇不得"，"发展才是硬道理"[3]。

1992年3月26日，《深圳特区报》以《东方风来满眼春》为题，头家报道了邓小平同志的视察南方重要谈话内容，这如同改革开放的春风，吹暖了祖国的大江南北，在国内外引起极大反响。党的十四大根据邓小平同志视察南方重要谈话精神，明确提出把建立社会主义市场经济体制作为中国经济体制改革的目标。从此，社会主义市场经济体制得到确立。

1992年春邓小平同志视察南方重要谈话，在关键时刻为改革开放指明了方向，推动了广东经济发展登上一个新台阶。1992年广东国民生产总值达2447.54亿元，是1980年的249.65亿元的近十倍。其增速比全国任何一个省、市、自治区都快。

1　《邓小平文选》第3卷，人民出版社1993年版，第372页。
2　《邓小平文选》第3卷，人民出版社1993年版，第372页。
3　《邓小平文选》第3卷，人民出版社1993年版，第370~371、377页。

□1992年春，88岁高龄的邓小平同志视察广东的深圳、珠海、顺德、广州等地时发表了著名的南方谈话。图为邓小平同志乘坐专列抵达深圳火车站时，时任中共中央政治局委员、广东省委书记谢非等在车站迎接。谢非说："小平同志，广东人民很想念您。"（广东省档案馆供图）

（三）敢为天下先

建立特区之初，中共中央和邓小平同志对于特区跳出计划经济体制的嘱托使广东人对市场经济的作用有了新的理解。1984年邓小平同志的广东之行和回京后的讲话，认可和赞扬了广东率先进行市场导向的改革，要求广东进一步放开手脚，探索建立新的体制，加速了20世纪80年代广东市场经济的孕育和萌芽。在邓小平同志支持下，中央决定把广东作为全国改革开放的综合试验区，广东率先进行市场取向的改革，经济体制改革取得若干重大而明显的进展：一是在全国率先进行物价闯关，市场对经济活动调节的作用大大增强。二是打破高度集中的投资管理体制，运用市场经济的手段，大搞基础设施建设，谁投资、谁受益。三是培育各类独立自主的市场主体，率先放手发展个体私营经济，发展外资企业，壮大国有和集体经济。1985年以前，经济特区主要进行以创建投资环境为重点的基础设施建设。从1986年起，经济特区致力于发展以工业为主、工贸结合、农牧渔和旅游业并举的外向型经济。经济特区实行特殊的经济政策和经济管理体制，建设上以吸收利用外资为主，经济所有制实行以社会主义公有制为主导的多元化结构；经济活动在国家宏观经济指导调控下，以市场调节为主；对外商投资予以优惠和方便；特区拥有较大的经济管理权限。从此，广东挑起了改革开放先行区的重任。

1992年邓小平同志视察南方和党的十四大召开后，广东提出新的改革思路：率先在全国建立市场经济体制，在政府宏观调控下充分发挥市场机制的作用，并取得重大突破：一是在所有制改革方面，大力发展外资、私营、个体等多种非公有制经济，积极探索公有制的多种实现形式，积极发展混合经济，建立和完善现代企业制度，使国有经济不断焕发出生机与活力。二是在资源配置方式上，充分发挥市场的基础性作用，商品和服务市场趋向成熟，资本、土地、劳动力、技术等生产要素市场基本形成，并逐步完善。三是在转变政府职能方面，在实行政企分开的基础上，深入改革政府审批制度，大力推进依法行政，规范政府行为。四是在分配制度上，逐步形成了按劳分配为主、多种分配方式并存的分配制度，土地、资本、技术、管理等生产要素参与分配，社会共济和自我保障相结合的社会保障体系逐步完善。

邓小平同志两次视察南方的一个最大特点就是坚持和倡导解放思想、实事求是的思想路线，破除思想枷锁，充分激发人们的思想活力。邓小平同志两次视察南方重要谈话的精神，始终鼓舞和推动着广东人民坚持解放思想，大胆改革开放的实践。建立特区、物价闯关、完善消费品市场和股份制、发展外资企业、建立现代企业制度等，无不体现了广东人敢闯敢试、敢为人先的精神风貌和善于把中央的要求与广东实际紧密结合的智慧。

二、江泽民同志视察广东

　　党的十六大后的2000年2月和11月，江泽民同志先后两次到广东视察工作，向全党提出了"三个代表"重要思想，并对广东提出了"增创新优势，更上一层楼，率先基本实现社会主义现代化"新要求，极大激发了广东人民进一步解放思想，创新发展的热情，实现了广东经济社会发展新的跨越。

□1993年9月25至27日，时任中共中央总书记江泽民同志在广东省湛江市视察。（广东省档案馆供图）

（一）"三个代表"重要思想的提出

2000年2月，总书记江泽民先后考察了广东的茂名、高州、深圳、顺德、广州等地的农村、城市和企业，对新时期加强党的建设和推进高新技术产业发展等问题进行深入调研。

□2000年2月20日下午，中共中央总书记江泽民出席广东省高州市领导干部"三讲"教育会议，并在会上首次提出"三个代表"的重要思想。（图片摄影：姚伟新　《南方日报》供图）

在高州"三讲"[1] 教育动员会的讲话中，江泽民同志讲到中国共产党要做到"五个始终"：始终保持工人阶级先锋队性质；始终代表最广大人民群众的利益；始终成为社会先进生产力的代表；始终领导全国各族人民促进社会生产力的发展；始终强有力地发挥好领导核心作用。还提出要经常对三个问题想一想：每一个领导干部都应想一想，参加革命是为什么？现在当官应该做什么？将来身后应该留点什么？最后，他勉励大家做到"四个坚持"：坚持不懈地加强学习；坚持党的解放思

---

[1]　"三讲"即"讲学习，讲政治，讲正气"。广东省高州市当时是江泽民同志的"三讲"教育联系点。

想、实事求是的思想路线；坚持深入实际、深入群众；坚持共产党人的革命气节。这是江泽民同志在广东第一次表述"三个代表"重要思想的内容。

同年2月25日，在广州听取中共广东省委、广东省人民政府的工作汇报后，江泽民总书记作了长达两个多小时的重要讲话。他指出："总结我们党七十多年的历史，可以得出一个重要的结论，这就是：我们党所以赢得人民的拥护，是因为我们党在革命、建设、改革的各个历史时期，总是代表着中国先进生产力的发展要求，代表着中国先进文化的前进方向，代表着中国最广大人民的根本利益，并通过制定正确的路线方针政策，为实现国家和人民的根本利益而不懈奋斗。"[1] 他还向全党提出要深刻认识和牢牢把握这"三个代表"的问题，并请大家从理论上和实践上共同加以研究。这是江泽民第一次完整地提出"三个代表"重要思想。

江泽民总书记首先在广东论述"三个代表"重要思想，不但是对广东改革开放成就的充分肯定，也是对广东的继续发展前进提出了新的希望和要求。

（二）致富思源，富而思进

2000年2月22日，正在广东考察的江泽民总书记一行来到龙岗区布吉镇南岭村。在参观了南岭村的"致富思源"展览馆后，江泽民参加了村党支部座谈会。当听老党员代表发言谈到致富靠的是邓小平理论和党的好政策、靠的是中央正确领导、靠的是党支部带领群众时，江总书记连声说好。

随后在考察深圳特区的企业时，江泽民再次强调指出，经过20多年的改革开放，中国的经济和社会发展取得了巨大的成就，人民生活水平显著提高。这是很了不起的。越是在这样的情况下，越有必要在广大干部群众特别在发展较快地区的干部群众中开展"致富思源、富而思进"的教育活动，使广大干部和群众都弄清楚，为什么能够取得改革和建设的显著成就，怎样坚持信念，戒骄戒躁，在已经取得的成绩的基础上继续不懈地奋斗。

（三）增创新优势，更上一层楼

2000年2月，江泽民总书记在考察了广东深圳、顺德、广州等地的高新科技发展状况后，向中共广东省省委、广东省人民政府提出，广东要进行经济结构战略性调整，实施"走出去"的战略，加快建立社会主义市场经济体制，服务和支持西部大开发，加强与港澳和内地的经济技术合作等方面

1　《江泽民文选》第3卷，人民出版社2006年版，第2页。

□2000年2月，中共中央总书记江泽民在时任中共中央政治局委员、广东省省委书记李长春等的陪同下，视察广州市上下九商业步行街，受到群众的热烈欢迎。（广东省档案馆供图）

增创新优势，更上一层楼，率先基本实现社会主义现代化。

2000年11月14日，江泽民总书记出席深圳经济特区建立20周年庆祝大会，并发表重要讲话。他指出，深圳和其他经济特区、浦东新区的发展，是改革开放以来中国实现历史性变革和取得伟大成就的一个精彩缩影与生动反映，也是对党的正确领导和社会主义制度优越性的一个有力印证。发展经济特区，是建设有中国特色社会主义事业的重要组成部分，将贯穿中国改革开放和现代化建设的全过程。经济特区要继续当好改革开放和现代化建设的排头兵，继续争当建设有中国特色社会主义的示范地区，继续充分发挥技术的窗口、管理的窗口、知识的窗口和对外政策的窗口的作用，努力形成和发展经济特区的中国特色、中国风格、中国气派。

江泽民同志指出，经济特区要带头加快体制创新，率先为全国建立比较完善的社会主义市场经济体制积极探索和实践；要带头大力推进科技创新，在加快结构调整和产业优化升级、实现经济增长方式的根本转变上创造新鲜经验。

三、胡锦涛同志视察广东

胡锦涛总书记分别于2003年4月和2004年12月先后两次到广东视察工作，要求广东抓住机遇，加快发展、率先发展、协调发展，在全面建设小康社会、加快推进社会主义现代化进程中更好地发挥排头兵作用。

□2004年12月21日，中共中央总书记胡锦涛（左二）在时任中共中央政治局委员、广东省委书记张德江（右三）等同志的陪同下，来到佛山市顺德工业区视察。（广东省档案馆供图）

（一）科学发展观呈现雏形

广东人民不会忘记——在党的十六大后的2003年春天，时刻关心着广东改革开放进程和经济社会发展方向的胡锦涛总书记来到广东。胡锦涛总书记先后视察珠海、中山、佛山、广州等地，深入企业车间、农业基地和城市社区，同干部群众亲切交谈，实地考察当地的经济社会发展情况，了解改革开放和现代化建设的情况。胡锦涛总书记指出，广东是中国改革开放的先行地区，发展得如何，事关全局。包括广东在内的东部地区正处在一个新的发展起点上，面临着新机遇、新挑战、新任务。他深情寄望广东认清形势、抓住机遇，进一步增强加快发展、率先发展、协调发展的历史责

□2003年4月，就在广东人民万众一心抗击"非典"的关键时刻，中共中央总书记胡锦涛心系人民健康，深入广东抗非第一线视察。他对广东寄予厚望，要求广东加快发展、率先发展、协调发展，更好地发挥排头兵作用。图为胡锦涛来到广东省疾病控制中心看望医务工作者。（广东省档案馆供图）

任感和使命感，在全面建设小康社会、加快推进社会主义现代化进程中更好地发挥排头兵作用。他还强调可持续发展，提出要坚持"全面的发展观"，这里的"加快发展、率先发展、协调发展"以及"可持续发展"、"全面的发展观"等，已经呈现科学发展观的雏形。他还鼓励广东人民要万众一心战胜"非典"[1]。

视察广东后，2003年8月28日至9月1日，胡锦涛同志在江西考察时的讲话中，正式明确提出"要牢固树立协调发展，全面发展，可持续发展的科学发展观。"[2]此后，党的十六届三中全会和四中全会，分别作出了以科学发展观统领经济社会发展全局和建设社会主义和谐社会的战略决策。为此，中共广东省委、广东省人民政府提出了建设经济强省、文化大省和和谐广东的发展新思路与新构想。科学发展观的提出，为广东带来了科学发展、建设和谐新广东的又一个春天，推动了广东经济社会发展的第三次跨越。

（二）广东要在全国发挥排头兵作用

2004年12月，胡锦涛总书记从澳门返京时，对广东进行了视察。这次视察中，胡锦涛总书记继2003年视察广东时提出要广东加快发展、率先发展、协调发展之后，突出强调广东省要进一步落实科学发展观，更好地发挥排头兵作用。

胡锦涛总书记在考察中强调，不断解决好为什么发展、怎样发展这个课题，对我们促进发展、搞好发展具有重大战略意义。当前，落实科学发展观，就是要继续落实中央关于加强和改善宏观调控的政策措施，坚持区别对待、有保有压的原则，坚决抑制经济生活中的不稳定不健康因素，切实加强改善经济社会发展的薄弱环节，以实现又好又快的发展。尤其是要加大对"三农"[3]的支持力度，保持农业和农村发展的好势头。要善于总结经验，深入把握新形势下经济社会发展的特点和规律，提高对经济社会发展进行科学调控的能力。

胡锦涛总书记十分关注推进结构调整、转变增长方式的问题。他强调，推进结构调整是当前经济工作的一项紧迫任务。要抓住全球产业结构调整转移步伐加快的机遇，加大结构调整力度，推动结构优化升级，促进增长方式由粗放型向集约型转变。要把提高自主创新能力作为推进产业结构调整的一个重点，特别是要坚持先进技术引进和消化、吸收、创新相结合，开发具有自主知识产权的

1　"非典"：传染性非典型肺炎的简称，2003年肆虐中国，广东为首发地区。
2　关于"科学发展观"究竟什么时候在哪里最早明确提出，现在有很多说法。不少人已经认同在广东最早提出的说法。但当时胡锦涛总书记在广东还没有正式提出"科学发展观"这个名词。最早明确提出"科学发展观"一词是2003年胡锦涛总书记在考察江西的讲话中。
3　"三农"问题指的是农业、农村、农民问题。

核心技术和关键技术，增强企业的核心竞争力。要进一步加大改革力度，围绕解决影响发展全局的深层次矛盾和问题，不失时机地把各项改革引向深入。要提高引进外资的质量和水平，把引进技术与调整产业结构、提高产品质量紧密结合起来。要落实做好内地与香港、澳门建立更加紧密经贸关系的安排，深入开展粤港澳合作。要坚持大力推进能源、资源的节约和综合利用，大力加强生态环境保护和建设，逐步构建节约型社会，积极发展循环经济。

□ 2009年3月7日，中共中央总书记胡锦涛（前右一）来到全国两会广东代表团驻地看望全体代表。图为中共中央政治局委员、广东省委书记汪洋（后右三）向胡总书记一一介绍代表情况。（图片摄影：王亮 《南方日报》供图）

四、中央其他主要领导同志视察广东

党的十一届三中全会以后，中共中央、国务院对广东的改革开放非常关心，中央领导多次到广东视察和指导，对广东的探索实践和成绩给予充分的肯定，对广东的发展提出殷切期望。除了以上提到的邓小平、江泽民、胡锦涛同志外，叶剑英、李先念、胡耀邦、彭真、万里、薄一波等中央领导同志也十分关心广东的改革开放并多次到广东视察。这里以时间先后为顺序，简要记述部分领导的视察情况。

1979年1月至1983年5月，中共中央副主席、中央政治局常委、全国人大常委会委员长叶剑英同志先后7次到广东视察。视察期间，他十分关心广东的发展，要求广东的负责人想办法改变广东贫穷面貌。他强调要认真搞好经济体制的改革。他希望广东先行一步，广东搞好了，可以推动全国，促进全国发展。

1983年至1985年，中共中央总书记胡耀邦同志先后5次到广东视察。视察期间，他对广东省各方面工作作了重要谈话和指示。他强调特区工作要特事特办，新事新办，立场不变，方法全新。他勉励广东要加快建设步伐，充分发挥特区优势，坚持改革开放的方向，大力发展工业，发展种养业，丰富人民生活，供应港、澳市场。

1988年12月至2002年7月，先后担任中共中央政治局常委、国务院总理、全国人大常委会委员长的李鹏同志17次到广东视察。他关心和支持广东的物质文明和精神文明建设、经济特区建设、大亚湾核电站建设、珠海国际航空航天展、高新技术产业发展以及广东地方立法等方面的工作，推动了广东在这些方面的快速发展。

1992年1月至1997年2月，中共中央政治局常委、全国人大常委会委员长乔石同志先后5次到广东视察。他就进一步加快改革开放和建立社会主义市场经济体制等问题作出了重要指示。在立法方面，他希望广东成为立法工作的试验田，鼓励广东在探索地方法规时，胆子要大一些。

1994年2月至2002年4月，中共中央政治局常委、全国政协主席李瑞环同志先后6次视察广东。他关心广东的政协工作，特别是关心潮汕地区的华侨工作，大大促进了广东政协工作的开展。

1998年10月至2001年11月，中共中央政治局常委、国务院总理朱镕基同志先后5次到广东视察。他了解广东打击走私和骗汇犯罪活动工作的进展情况，考察广州"三年一中变"工程，参加中国国际高新技术成果交易会和第九十届中国进出口商品交易会等，对广东的改革开放给予大力支持。

□1988年12月16日，我国南部运输大动脉衡广铁路复线正式通车，时任中共中央政治局常委、国务院总理李鹏（前排右二）专程赶赴剪彩。（广东省档案馆供图）

□1999年10月5日，时任中共中央政治局常委、国务院总理朱镕基在时任中共中央政治局委员、广东省委书记李长春等同志的陪同下，在深圳参观首届"中国国际高新技术成果交易会"。（广东省档案馆供图）

□ 2008年1月29日至30日，中共中央政治局常委、国务院总理温家宝在广东检查抗冰救灾和春运工作。图为2008年1月30日，温家宝总理在中共中央政治局委员、广东省委书记汪洋等同志的陪同下，来到了广州汽车客运站，看望广大旅客。（广东省公安厅供图）

2004年至2005年，中共中央政治局常委、全国人大常委会委员长吴邦国同志先后2次视察广东。吴邦国同志关心广东的人大工作和高新技术产业的发展情况，提出许多重要意见和建议。他要求全面增强自主创新能力、加快结构调整、转变经济增长方式，努力推动经济社会发展尽快转入科学发展的轨道，为率先基本实现现代化打下更加坚实的基础。

2003年至2008年，中共中央政治局常委、国务院总理温家宝同志先后9次到广东视察，指导广东的经济建设。2005年9月，温家宝总理广泛听取改革开放第一线工作者的意见和建议，对广东和东部沿海地区全面建设小康社会，加快率先基本实现社会主义现代化提出新的要求。2008年7月，他再一次要求广东要站在新起点，增创新优势，继续当好改革开放的排头兵，努力开创广东科学发展的美好未来。温家宝同志多次在广东遇到天灾人祸的关键时刻来到广东，如2003年广东"非典"时期和2008年春节严重雪灾时期，他给广东人民战胜苦难以极大的鼓励和支持。

2008年4月8日至13日，中共中央政治局常委、全国政协主席贾庆林同志先后考察珠海、中山、佛山、韶关、广州等市。他关心广东经济发展和人民生活。在视察期间，到韶关乳源灾区，慰问受灾群众，深入农家，了解人民生活状况；访问企业，了解有关技术创新的情况，与广东共议发展大计，给广东人民极大的鼓舞。[1]

1　此部分的写作参见《广东改革开放纪事》的相关资料（雷于蓝任编委会主任，南方日报出版社2008年版）。

潮起
南粤大地

第二部

开放的果实

——广东成长数字

潮起南粤大地 The Rise of Guangdong潮起南粤大地 The Rise of Guangdong
潮起南粤大地 The Rise of Guangdong潮起南粤大地 The Rise of Guangdong 潮起南粤大地 The Rise of Guangdong
潮起南粤大地 The Rise of Guangdong潮起南粤大地 The Rise of Guangdong 潮起南粤大地 The Rise of Guangdong

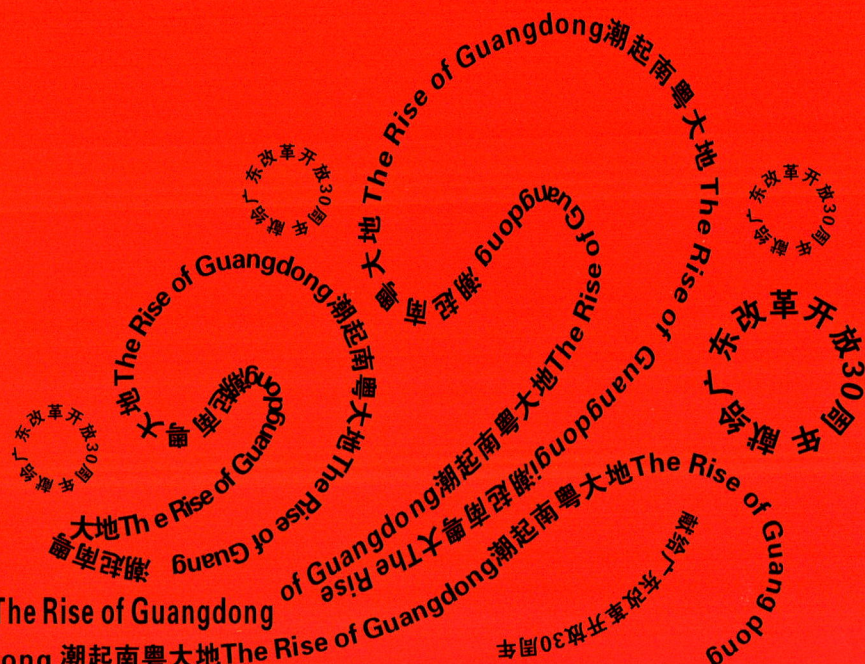

开拓实时

　　1978年，广东省的经济总量为185.85亿元，列全国第23位；广东省人均国内生产总值370元，城镇居民人均可支配收入412元，农民人均纯收入193元。
　　1978年，广东吹响改革开放号角后，经济快速发展，1979年至1989年年均增长为12.8%，高于全国平均水平3.3个百分点。1991年至1995年，GDP年均增长达19.6%，高于全国平均水平7.3个百分点。1995年广东的GDP居全国首位，2000年至2005年，广东经济实现年均增长13.2%，人均GDP连破大关，从2003年突破2000美元（达到2150美元），到2006年突破3000美元（为3548美元），直至2007年突破4000美元（高达4360美元）。2008年，广东实现生产总值35696.46亿元，占全国比重由2002年的1/9上升至1/8，经济总量继超过了新加坡和我国的香港之后，又超过了我国的台湾地区。

The achievements of the opening up policy
—— figures showing Guangdong's Growth

In 1978, the economic aggregate of Guangdong province was 18.585 billion yuan, raking 23rd nationwide with per capita GDP of 370 yuan, per capita disposable income of urban households of 412 yuan and per capita income of farmers of 193 yuan.

In 1978, with the bugling of reform and opening up, Guangdong's economy developed at a rapid pace. Guangdong's GDP has an average annual increase of 12.8% from 1979 to 1989, which was 3.3% higher than that of the whole country. From 1991 to 1995, Guangdong province witnessed the highest speed of its economic development ever, with an average annual increase of 19.6% in GDP, 7.3% higher than that of the whole country. Guangdong' GDP ranked first in 1995. From 2000 to 2005, Guangdong's economy saw an average annual increase of 13.2%. The per capita GDP was continuously reaching a new high, from $ 2150 in 2003 to $ 3548 in 2006, then to $ 4360 in 2007. In 2008, Guangdong's GDP accounted for 1/8 of the whole nation's GDP from only 1/9 in 2002, reaching 3569.646 billion yuan. Guangdong's economic aggregate has already sequentially surpassed Singapore, Chinese Hong Kong Special Administrative Region and Chinese Taiwan region.

□ 广州天河体育中心坐落于市区的东部，地处广州市金融商业中心地带，与广州火车东站、中信广场及宏城广场、珠江新城连成广州新城市中轴线。1987年天河体育中心成功举办了第六届全国运动会，2001年再次成为第九届全国运动会主要比赛场馆。图为广州天河体育中心夜景。
（图片摄影：黄志忠 广东《大经贸》杂志社供图）

1978年，广东的GDP（即地区生产总值）为185.85亿元，列全国第二十三位；2008年，广东实现GDP 35696.46亿元，从1995年起连续位居全国首位，占全国比重为1/8，经济总量超过了新加坡和中国的香港、台湾地区。30年数字的变化，见证了广东社会财富的日积月累，见证了广东经济的腾飞。这一个个数字铭刻着广东人民敢立改革开放之潮头，乘思想解放之春风，探索、践行社会主义市场经济道路的精神和经验，记载着广东为力争率先实现现代化、小康型社会迈出的坚实脚步。[1]

□ 广州天河火车东站水景广场景名"天河飘绢"是新羊城八景之一。（图片摄影：黄志忠　广东《大经贸》杂志社供图）

　　1　除特别说明外，此部分的数据来源为中国统计年鉴、广东省统计年鉴、广东统计信息网。因统计报告发布时间原因，其中部分统计数据采用截至2007年的数据。

一、经济总量超过台湾，占全国经济1/8

1978年至2008年广东省地区生产总值增长示意图
（单位：亿元）

1978年，广东经济总量仅为185.85亿元，占全国经济比重为5.1%；2008年，全省生产总值达35696.46亿元，占全国经济比重上升至1/8。1978年至2007年间GDP年均增长达13.8%。新加坡、韩国、日本是20世纪后50年经济增速最高的几个国家，而广东不仅在平均增速方面明显高于上述国家起飞期的平均增速，且高速增长持续的时间已经两倍于这些国家，创造了世界经济增长奇迹。

广东经济总量上万亿元台阶用了22年，从1万亿元跃上2万亿元台阶仅用了4年，而跨上3万亿元的台阶则只用了2年的时间。邓小平同志1992年视察广东时要求广东用20年时间赶上亚洲"四小龙"。广东不负众望，1998年经济总量超过新加坡，2003年超过中国香港，到2007年底超过了中国台湾。

□图为中国进出口商品交易会主会场广州琶洲展馆一角。（图片摄影：黄志忠　广东《大经贸》杂志社供图）

二、城乡居民储蓄位居全国第一

　　1978年，广东城乡居民储蓄存款余额为17.56亿元；2008年城乡居民储蓄存款余额达28181.18亿元。改革开放30年来，广东城乡居民储蓄存款整整增长了1300多倍。

　　1978年，广东城镇居民人均可支配收入412元，农民人均纯收入193元；2008年全省城镇居民人均可支配收入和农村人均纯收入分别达19732.86元和6399.77元，比1978年分别增长47倍和28倍。随着居民收入的不断增加，全省城乡居民人民币储蓄存款包括外汇存款分别在2000年、2005年突破1万亿元和2万亿元大关。

　　改革开放30年，广东老百姓从经济社会的飞跃发展中受益，衣食住行条件得到明显改善，居民生活总体实现从温饱到小康的历史性跨越，正向实现全面小康的宏伟目标迈进。

1978年至2008年广东省城镇居民人均可支配收入对比示意图
（单位：元）

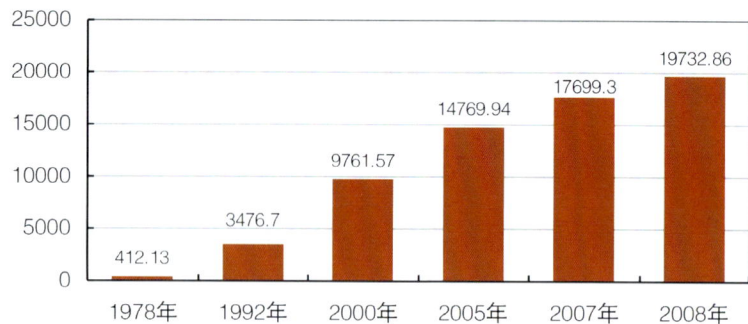

1978年至2008年广东省农村居民人均纯收入对比示意图
（单位：元）

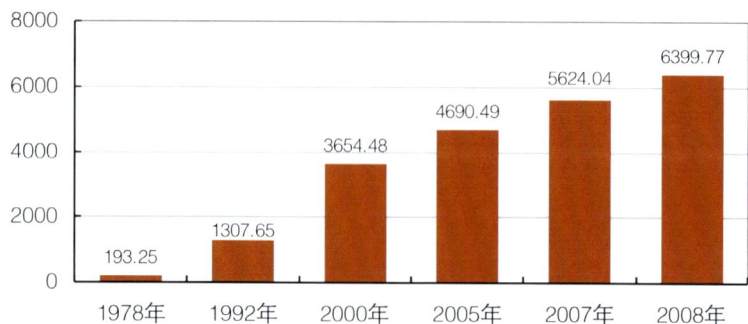

□图为广东农村信用社。（广东农村信用社供图）

三、税收占全国1/7，财政总收入位居全国第一

2007年，广东完成税收收入6946亿元，增收1891亿元，增长37.4%；占全国税收总收入约1/7，比全国税收收入平均增速快6个百分点，收入总量连续14年位居全国第一。

1978年，广东省地方财政一般预算收入41.82亿元；2008年，广东的财政总收入增加到8470亿元，地方财政一般预算收入增加到3310亿元。

经过改革开放30年的发展，广东的地方财力得到明显增强。1994年以来，广东财政收入随着GDP的快速增加而持续大幅增长，且增幅大大超过GDP增速，一直保持全国第一财政大省的地位。在经济大幅提高的同时，广东对国家的贡献也越来越大，2007年，在广东产生的税收上交中央财政就达4965亿元。

1978年至2008年广东省地方财政一般预算收入增长对比示意图

（单位：亿元）

四、外贸出口占全国1/3，进出口总额迈上新台阶

改革开放以来，广东通过率先实施"出口导向"和"外向带动"战略，外向经济成分迅速增长，对外贸易持续快速发展，规模快速扩大。全省进出口总值从1978年的15.92亿美元增加到2008年的6832.61亿美元。

自2001年中国加入世贸组织以来，外贸出口实现了"月超百亿、年超千亿"的历史性跨越，广东出口总额快速增长。2002年至2007年，出口年均增长25.3%。2003年超过2500亿美元、2004年超过3000亿美元、2005年超过4000亿美元、2006年超过5000亿美元，2007年则超过6300亿美元，稳居全国首位。

发展对外贸易能够对广东产业结构发生"溢出效应"。广东外贸逐步由入超转变为出超，外贸出口所占比重明显提高，进出口贸易顺差规模不断扩大。20世纪90年代中后期以来，伴随外资企业以加工贸易形式投资的不断增多，广东工业的产品结构明显由初级产品向工业制成品转移，高新技术产业加工贸易取得了突飞猛进的发展，以电子、通讯、信息为代表的高新技术份额不断上升。

1992年至2008年广东省进出口贸易总额增长示意图
（单位：亿美元）

■ 进出口总额　　■ 出口　　▨ 进口

年份	进出口总额	出口	进口
1992年	657.48	334.58	322.9
2000年	1701.06	919.19	781.87
2005年	4280.02	2381.71	1898.31
2007年	6340.35	3692.39	2647.96
2008年	6832.61	4040.97	2791.64

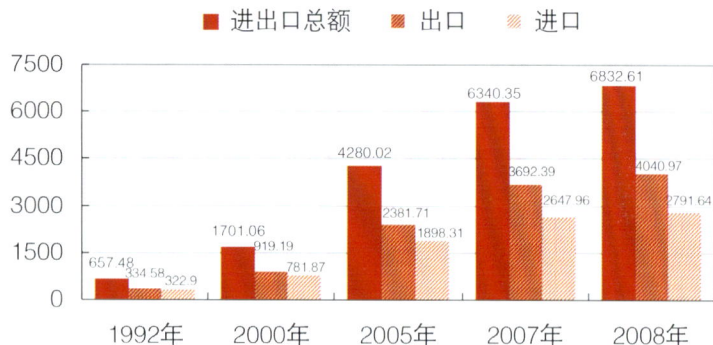

□中国进出口商品交易会，俗称广交会，创办于1957年春季，每年春秋两季在广州举办，迄今已有50余年历史，是中国目前历史最长、层次最高、规模最大、商品种类最全、到会客商最多、成交效果最好的综合性国际贸易盛会。图为第九十六届中国出口商品交易会。（图片摄影：黄志忠 广东《大经贸》杂志社供图）

五、全社会固定资产投资

1978年广东全社会固定资产投资为27.23亿元；2008年，广东全社会固定资产投资达到11181亿元。

统计数据表明，自2003年以来，广东的投资增幅一直低于全国平均水平，但经济增速却高于全国平均水平。2007年，广东全社会固定资产投资增长18%，增幅比全国平均水平低近10个百分点，但经济增幅高于全国3.1个百分点，这表明广东经济增长方式正逐步由过去的投资拉动为主，转向以产业优化升级和科技进步为新驱动力的集约型发展轨道。

1978年至2008年广东省固定资产投资增长示意图
（单位：亿元）

■ 固定资产投资总额　■ 城镇　▨ 农村

在1980年以前，资金短缺是制约广东经济发展的一个主要因素。改革开放后，由于外资的大量进入，有效地缓解了广东建设资金的不足，带动了国内配套资金的运转，活跃了整个国民经济链条，成为推动经济持续增长的重要动力。从全社会固定资产投资的资金来源看，广东利用外资所占比重呈逐步上升趋势。1979年广东利用外资资金仅有0.91亿美元，占全社会投资总额的3.8%。进入20世纪90年代后，利用外资比例显著提高，到1996年上升到21.2%，比1980年上升19.4个百分点。而后受东南亚金融危机的影响，比例有所降低，到2000年只占11%。跨入新世纪，由于国家加大基础设施建设力度，广东投资总量日益增大，但利用外资数额无大改变，其所占投资总额的比例总体呈回落态势。2007年实际利用外资196.18亿美元，30年累计1945亿美元。

六、社会消费品零售总额

1978年，广东社会消费品零售总额为79.86亿元，2008年达到12772.21亿元，2007年广东成为国内首个零售额突破万亿元的省份。

改革开放30年来，随着居民收入的增长，生活水平的提高，广东社会消费结构调整升级不断加快。20世纪80年代社会消费主要集中在柴、油、米、盐等生活必需品上。进入90年代，各种家电等高档产品普遍进入居民家中。如今，广东城镇居民除了在旅游、教育、健身、娱乐等方面扩大消费外，还对汽车、房屋等耐用消费品产生了巨大需求，居民消费结构开始从生存型向享受型、消费发展型转变。至2007年末，全省平均每百户居民家庭拥有家用汽车17.6辆，同比增长47.7%；居民家庭人均房屋使用面积达25.71平方米，有18%的居民家庭拥有两套以上住房。

随着新农村建设的推进，广东农村居民收入稳步增长，消费能力和消费层次提升的空间明显增大，农村消费品市场潜力逐渐显现。2007年全省县以下农村消费品市场实现零售总额2634.15亿元，增长16.4%，增幅比城市消费品市场高0.2个百分点，扭转了农村市场增长慢于城市市场的局面。与此同时，城市化进程的不断推进和居民消费结构的稳步升级，为城市消费品市场发展增添新活力。

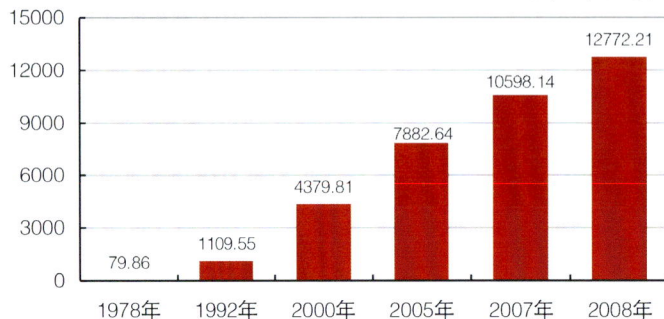

1978年至2008年广东省社会消费品零售总额增长示意图
（单位：亿元）

年份	零售总额
1978年	79.86
1992年	1109.55
2000年	4379.81
2005年	7882.64
2007年	10598.14
2008年	12772.21

□ 广州天河城（TEEMALL）是一座规模宏大、功能齐全的现代型综合购物中心，经过十年的经营，被誉为"中国第一商城"。全国各地处处可见模仿天河城商务中心一站式服务的模式，成为全国现代商业的标志。图为天河城一角。（图片摄影：黄志忠 广东《大经贸》杂志社供图）

七、工业企业经济综合效益指数

　　2007年，广东规模以上工业企业经济综合效益指数达180.48的历史高位，列入考核的七项指标中的核心指标向好的方向发展。其中，劳动生产率为107880元/人·年，比2000年提高54029元/人·年；资产贡献率、资本保值增值率、成本费用利润率分别为13.5%、117.4%和5.6%，三项指标比2000年分别提高4.4、22.9和0.5个百分点；流动资产周转次数为2.6次，比2000年加快0.8次。2007年规模以上工业企业实现利税总额5081.88亿元，为2000年的4.9倍，其中利润总额3061.60亿元，为2000年的5.4倍，为1980年的246.1倍；税金总额2020.28亿元，为2000年的4.3倍。2008年，广东规模以上工业企业经济综合效益指数仍维持高位运行态势。

□中国石化集团广州石油化工总厂成立于1973年6月，坐落于广州市黄埔区，是华南地区现代化特大型石油化工联合企业。1988年以来，该厂连续多年保持全国思想政治工作优秀企业称号，先后被评为广东省先进企业、省文明单位、省企业文化建设先进单位、全国模范职工之家、全国先进集体，并获全国五一劳动奖状。（广州石油化工总厂供图）

八、实际利用外资主要指标

　　1978年，广东协议外商直接投资26.89亿美元，实际利用外商直接投资14.60亿美元；2007年，全省协议外商直接投资339.38亿美元，实际利用外商直接投资196.18亿美元。2008年，在全球金融危机的严重影响下，广东全年实际使用外商直接投资金额仍高达191.67亿美元，外商直接投资成为广东利用外资的主要形式。

　　1979年至1984年，这一阶段属于利用外资的起步时期和外商投资中国的试探阶段。广东每年实际利用外资在10亿美元以下，年平均增长47.8%。1985年至1991年，广东外商投资规模稳步扩大，年平均增长率为18.8%。1992年至1997年，邓小平同志发表视察南方重要谈话和党的十四大召开后，广东掀起利用外资的新高潮，利用外资的规模迅速扩大，年平均增长23.9%。1998年至2007年，亚洲金融危机后，广东利用外资进入优化调整发展时期，外资利用规模稳步发展。

□ 日本著名企业Canon佳能公司在广东珠海设立分公司。（图片摄影：王列）

九、服务业对经济增长的平均贡献率

2007年，全省服务业总量达15323.59亿元，按可比价格计算比1978年增长70多倍。全省服务业总量对经济增长平均贡献率达54.1%。广东省服务业总量一直保持在全国各省（区、市）第一位。

□广州西湖市场创办于1984年，是改革开放后全国率先办起的第一条专业的旅游灯光夜市"步行街"。这一创举成为了全国各个城市模仿的一道亮丽的风景线。（图片摄影：黄志忠 广东《大经贸》杂志社供图）

十、农业增加值

改革开放30年来，广东农业农村经济蓬勃发展，经济总量不断上新台阶。1994年，全省农林牧渔业总产值突破1000亿元；2004年，突破2000亿元。2007年，全省农林牧渔业总产值2821.24亿元，增加值1695.55亿元，按可比价格计算，分别比1978年增长5.2倍和4.8倍，年均实际增长5.8%和5.5%。

1978年至2007年广东省农林牧渔业总产值增长示意图

（单位：亿元）

年份	总产值
1978年	85.94
1992年	737.11
2000年	1701.18
2005年	2447.57
2007年	2821.24

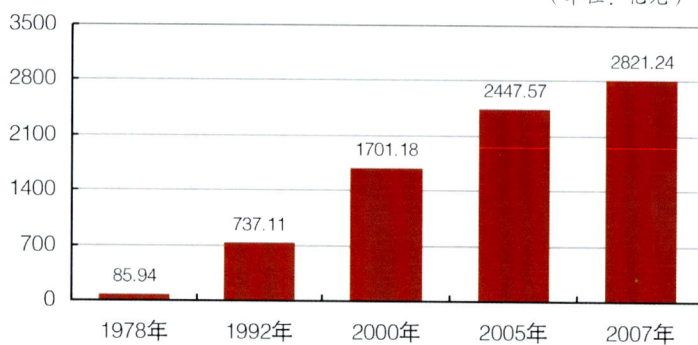

□ 广东省实现农机双夏跨区作业。（图片摄影：卓国雄 中共江门市委宣传部供图）

十一、工业增加值

1978年，广东全部工业总产值为206.56亿元，2007年全部工业完成增加值16356.33亿元，全省规模以上工业实现增加值14104.21亿元。

新中国成立以来的前30年，广东形成了一套重工业高度倾斜发展并自我服务，而生产生活消费品的轻工业以及与工业配套的其他产业相对薄弱的产业结构模式。改革开放后重新定位，1979年提出优先发展轻纺工业，对其实行政策倾斜，广东抓住时机，调整产业结构，发展食品和日常用品为主的轻工业，当年以"广东粮、珠江水，岭南衣"为代表的"广货"风靡全国。进入90年代，家庭用具、家电等大件耐用消费品开始进入家庭，广东以需求为导向及时调整产业结构，大力发展家电产业，使广东成为家电大省。广东1996年实现人均GDP1000美元的跨越，已步入结构转型期，电脑、高级视频、汽车等万元以上级商品进入家庭，零售、汽车等行业被触发。进入21世纪，广东产业结构已从轻型化向高级化、适度重型化发展，经济一直处于快速发展势头。区域统筹发展，优势互补、协调推进的格局初步形成。珠江三角洲地区依靠优越的地理位置和优惠政策，抓住机遇，工业经济迅速崛起，成为广东工业的中心。2007年，珠江三角洲地区共有工业企业33608个，完成工业增加值11981.59亿元，占全省工业的85.0%。粤东、粤西和粤北山区承接珠江三角洲地区的产业转移，工业经济也有了长足发展。2007年，东、西两翼各有工业企业4275个和1971个，分别完成工业增加值601.40亿元和677.95亿元，占全省工业的比重分别为4.3%和4.8%；山区的工业企业为4618个，完成工业增加值1156.69亿元，占全省工业的8.2%。[1]

1978年至2007年广东省规模以上轻/重工业总产值增长示意图
(单位：亿元)

1978年至2007年广东省全部工业总产值增长示意图
(单位：亿元)

1　参见朱遂文、林瑜：《抓住机遇发展工业 优化升级铸就辉煌》，广东统计信息网，http://www.gdstats.gov.cn，2008年8月18日。

十二、高新技术产业

广东高新技术产业发展连续多年居全国前列。2007年，广东拥有全国三成高新技术产业总产值和增加值，四成的高新技术产品出口交货值，集聚了全国两成的科技资源、三成的R&D[1]资源，竞争优势明显。

高新技术制造业是改革开放后，随着信息技术产业及知识经济的发展而迅速发展起来的产业。经过30年的改革开放，高新技术制造业发展已成为广东颇具规模和具有较高竞争力的产业。1994年，广东在全国率先推进信息技术发展。2007年高新技术制造业实现增加值2883.08亿元，为2000年的4.18倍，期间年均增长22.7%，占全省工业的20.4%。高新技术制造业具有研发投入高、技术创

2000年至2007年广东省三大新兴产业对比示意图
（单位：亿元）

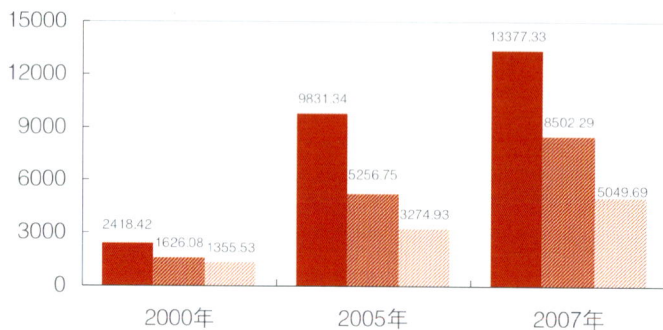

2000年至2007年广东省三大新兴产业总产值增长示意图
（单位：亿元）

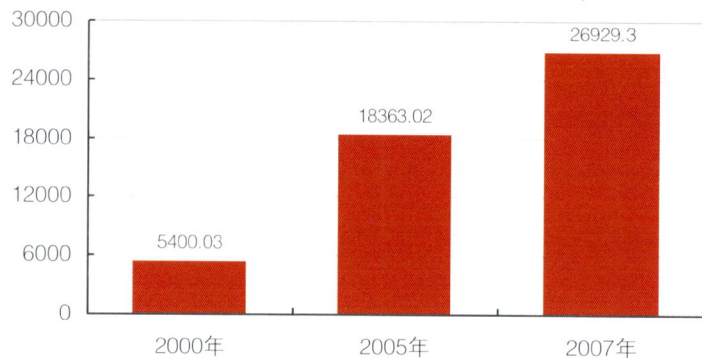

新能力强、产品更新升级换代快、产业层次高的特点，2007年高新技术制造业R&D投入为174.36亿元，占主营业务收入的1.2%，较同年全省水平高0.7个百分点，其R&D投入占全省R&D投入的比重达63.9%；新产品产值1779.61亿元，占全省新产品产值的38.1%，新产品产值率为12.1%，高于全省水平3.7个百分点。与国内各省（市、区）相比，2008年，广东拥有全国三成的高新技术产业总产值和增加值，四成的高新技术产品出口交货值；集聚了全国两成的科技资源、三成的实验研究资源。高新技术制造业是广东工业最积极参与国际竞争的产业之一，产品外向度极高，2007年出口交货值为10722.90亿元，占销售总额的74.2%，高于全省水平33.7个百分点。

自20世纪90年代以来，珠江三角洲高新技术制造业已形成以深圳为"龙头"，包括广州、佛山、东莞、惠州、珠海、中山等市的高新技术制造业产业带，2007年以上7市的高新技术制造业增加值占全省高新技术制造业增加值94.0%，其中深圳的比重就达53.7%。珠江三角洲不仅已发展成为广东甚至是全国最重要的高新技术制造企业的聚集地和产业生产基地。[2]

---

1 R&D：即研究与实验发展，是英文Research and Development的简称。
2 参见朱逢文、林瑜：《抓住机遇发展工业 优化升级铸就辉煌》，广东统计信息网，http://www.gdstats.gov.cn，2008年8月18日。

十三、名牌带动战略

　　名牌的总体水平是衡量一个国家或地区经济实力和国际竞争力的重要标志。这种水平不仅仅是拥有的名牌数量的多少，更重要的是这些名牌的规模、效益和竞争实力以及对企业和经济发展的带动作用。近年来，广东实施名牌带动战略各项工作走在全国前列。截至2007年，全省共有4个产品获得"中国世界名牌产品"称号，分别是华为技术有限公司的程控交换机、中兴通讯股份有限公司的程控交换机、珠海格力电器股份有限公司的空调器和深圳市的中国国际海运集装箱(集团)股份有限公司的中集牌集装箱，占全国总数40%，继续保持全国第一；共有299个产品被评为中国名牌产品，占全国总数15.3%，连续七年全国第一；"中国驰名商标"138件，商务部重点培育和发展的出口名牌29个，数量均居全国前列。参与制定修订国际标准107项、国家标准和行业标准2295项。在2007年度中国最有价值品牌榜上，广东的TCL、美的分别以401.36亿元、378.29亿元列第五位和第七位。

□广东名牌产品标志

　　自实施名牌发展带动战略以来，广东名牌产品生产企业不断增多，生产规模逐步扩大，经济效益显著提高，企业竞争力大幅提升。2007年广东共有各类名牌产品和驰名商标产品的企业1585家，仅占全省工业企业数的3.7%，实现增加值2826.69亿元，占全省工业的20.0%，增加值率为26.8%，高于同年全省水平1.3个百分点；实现利润总额574.86亿元，占全省工业的18.7%；1585家企业中，亏损企业为145家，企业亏损面为9.1%，低于同年全省水平7.5个百分点。显然，名牌和驰名

□2006年10月23日，广东省人民政府在广州召开全省实施名牌带动战略工作会议，总结交流广东省近年来实施名牌带动战略工作的经验，表彰奖励一批名牌产品和驰(著)名商标，研究部署进一步推进名牌带动战略工作。（南方网供图）

商标企业产品，与普通工业企业产品相比，具有相对高的产品附加值及盈利能力。

2008年，广东省经济贸易委员会又制定发布了《千百亿名牌培育工程实施方案》，对现有国家级以上名牌产品生产企业进行分类指导，力争通过全社会的共同努力，在3年至5家年销售收入超1000亿元、5家左右年销售收入超500亿元、一批年销售收入超100亿元的名牌产品生产企业和若干年销售收入超1000亿元的产业集群，充分发挥名牌的带动作用，开创广东实施名牌带动战略工作新局面。其培育对象，是获国家级以上名牌产品称号、主营业务收入在50亿元人民币以上的企业以及创建区域品牌成效显着、特色产业产值超过100亿元的省级产业集群升级示范区。[1]

表1　广东省名牌情况表

品牌名称	广东省	全国	占全国比重
中国世界名牌产品	4	10	40%
中国名牌产品	299	1957	15.3%
中国驰名商标	138	1234	11.2%

表2　千百亿名牌培育工程企业名单

序号	法人单位名称	序号	法人单位名称
1	华为技术有限公司	10	深圳创维－RGB电子有限公司
2	美的集团有限公司	11	海信科龙电器股份有限公司
3	中兴通讯股份有限公司	12	广州珠江钢铁有限责任公司
4	珠海格力电器股份有限公司	13	TCL王牌电器（惠州）有限公司
5	广东格兰仕集团有限公司	14	广东志高空调股份有限公司
6	广东中烟工业公司	15	广东省宜华企业集团有限公司
7	佛山普立华科技有限公司	16	广东温氏食品集团有限公司
8	江门市大长江集团有限公司	17	广东恒兴集团有限公司
9	康佳集团股份有限公司	/	/

1　参见广东省经济贸易委员会：《千百亿名牌培育工程实施方案》，国家中山火炬高技术产业开发区网站，http://www.zstorch.gov.cn，2008年11月4日。

表3　千百亿名牌培育工程产业集群名单

序号	集群名称	特色产品	特色产业产值（单位：亿元）	已经注册的集体商标	获得的集体荣誉称号
1	佛山市顺德区家电产业集群升级示范区	电冰箱、空调器、微波炉、电饭锅、电风扇、电热水壶、消毒碗柜、热水器、洗衣机、洗碗机等家电产品	1185	顺德家电	中国家电之都、中国燃气具之都、中国家电制造业重镇
2	佛山市南海区大沥镇有色金属产业集群升级示范区	有色金属（以铝型材为主，涉及铜、不锈钢、锌、再生金属等）	336.1	南海大沥铝材	中国铝材第一镇、中国有色金属名镇、中国再生金属物流加工基地
3	潮州市陶瓷产业集群升级示范区	陶瓷（日用陶瓷、工艺陶瓷、卫生洁具、电子陶瓷）	217.1	枫溪陶瓷	中国瓷都—潮州
4	佛山市禅城区陶瓷产业集群升级示范区	建筑陶瓷、陶瓷机械、陶瓷色釉料、艺术陶瓷、卫生洁具、陶瓷会展与市场	167.66	佛山陶瓷	中国陶瓷名都
5	汕头市澄海区玩具礼品产业集群升级示范区	玩具礼品	145	澄海玩具	中国玩具礼品城、国家智能玩具创意设计与制造基地
6	中山古镇灯饰产业集群升级示范区	灯具、照明电器	141	古镇+图形	中国灯饰之都
7	中山小榄五金制品产业集群升级示范区	锁具、燃气具、脚轮、铰链等	139.3	小榄五金、小榄锁具	中国五金制品产业基地、中国五金制品（小榄锁具）出口基地
8	佛山南海丹灶小五金产业集群升级示范区	灯饰、厨卫五金、日用五金配件、汽车配件、家电产品	102	金沙五金、华南五金	中国日用五金之都
9	广州花都狮岭皮具产业集群升级示范区	皮革皮具箱包	100	狮岭皮具	中国皮具之都

□图为广州市中山一路立交桥。（图片摄影：黄志忠 广东《大经贸》杂志社供图）

十四、交通基础设施建设

改革开放30年来，广东的交通基础设施建设成就斐然。公路通车里程、高速公路、一级公路、水泥路面、集装箱车辆、高级客车等指标均居全国前列；铁路运输能力大幅度提高，基础设施日趋完善；水运大省的地位得到进一步巩固和加强；航空港建设在国内名列前茅。

（一）公路建设

1978年至2007年，全省公路固定资产投资额达2692.64亿元，公路通车里程由1978年的52194千米发展到182005千米，增长2.4倍，公路密度达101.3千米/百平方千米。

经过30年的建设，广东的公路运输发生了翻天覆地的变化，目前已形成了纵横交错的高速公路网，高速公路的通达程度逐渐完善，已打通与周边（除海南以外）省（区）的高速公路通道，不但增强了辐射能力，也基本形成以珠江三角洲为中心、连接港澳、以沿海为扇形面向山区和内陆省份辐射的高速公路网雏形。广东的公路密度、通车里程、高速公路、一级公路、等级公路和桥梁拥有量均列全国前茅。

2000年至2007年广东省公路通车里程增长示意图
（单位：千米）

（二）铁路建设

1978年，全省仅有铁路营业里程1003千米，铁路密度仅0.56千米/百平方千米。改革开放后，广东积极加快铁路建设，三茂铁路、衡广复线、广深准高速线、平南铁路、平盐铁路、广梅汕铁路和京九铁路等先后开通营运，填补了广东铁路运输的多项空白，运输能力

2001年至2007年广州市轨道交通营运线路长度增长示意图
（单位：千米）

□图为广深铁路上的"和谐号"列车。（图片摄影：胡惠芳）

□广州白云国际机场。（图片来源：广州白云国际机场股份有限公司网站）

□广东正在打造现代环保快速的珠江三角洲城市群轻轨与地铁交互网络。图为深圳地铁一角。（图片摄影：刘穗）

大大提高，一个以广州为中心，横跨东西、纵贯南北的铁路运输网基本形成。到2007年，全省铁路营业里程达1871千米，比1978年增长86.5%，铁路密度达到1.04千米/百平方千米。1997年以前，广州市没有地铁；到2008年，广州地铁通车里程已达116千米；按计划到2020年通车里程将达到500千米，达到国际先进水平。

（三）港口和航道建设

到2007年底，全省内河航道里程达13596千米，拥有港口码头泊位2881个，其中万吨级深水泊位226个；全省港口货物吞吐量达93567万吨，比1978年增长12.1倍，年均增长9.3%。其中广州港年货物吞吐量34325万吨，居全国第三位；深圳港的集装箱吞吐量2110.38万TEU（标准箱），名列世界集装箱港第四位，全省货物吞吐量突破千万吨的港口超过11个。

2000年至2007年广东省港口货物吞吐量对比示意图

（单位：万吨）

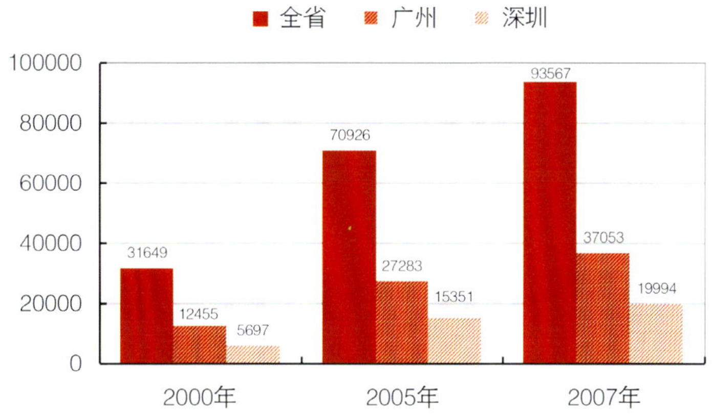

（四）航空港建设

改革开放后，广东对原有的湛江、汕头机场进行改建和扩建，兴建了梅县、深圳、珠海机场和广州新白云国际机场等，机场吞吐能力大大提高，形成以广州新白云国际机场为枢纽，深圳机场为干线，湛江、汕头、梅县、珠海等机场为支线的民航运输格局，民航航线通达国内各大中城市及一些国际重要城市，机场分布密度为全国之最。2007年，广东各机场飞机起降架次达466089架次，比1980年增加29.2倍；机场旅客吞吐量达5407万人，比1980年增加32.5倍；机场货物吞吐量达133.23万吨，比1980年增加45.4倍。

2000年至2007年广东省民用航空航线里程增长示意图

（单位：千米）

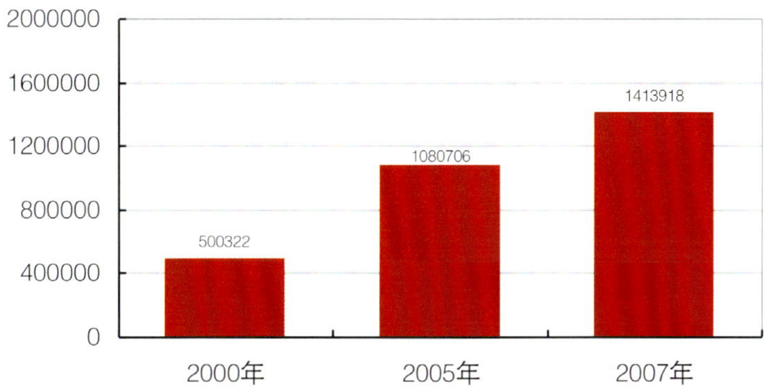

□俯瞰深圳盐田港。（图片摄影：曾灼新）

十五、能源消费结构

改革开放以来，随着广东经济技术的发展，广东能源消费结构不断变化。1985年在广东一次能源消费量中，原煤、原油、水电分别占45.1%、41.9%和13%；到2007年原煤、原油、电力、天然气比例分别为52%、24.2%、20.3%和3.5%。广东终端能源消费结构变化则更大，1990年在终端能源消费量中原煤、油品、电力和其他能源分别占33.6%、22.4%、33%和11%，到2007年这一比例分别为12.2%、22.5%、48.6%和16.7%。

1978年至2007年广东实际GDP年均增长率达13.8%，能源消费年均增长仅为9.5%，除1984年、1988年、1989年3年外，其余年份的经济增长率均高于能源消费的增长速度。广东的能源效率呈现持续增长趋势。

2007年广东省一次能源消费量构成示意图
（单位：万吨标准煤）

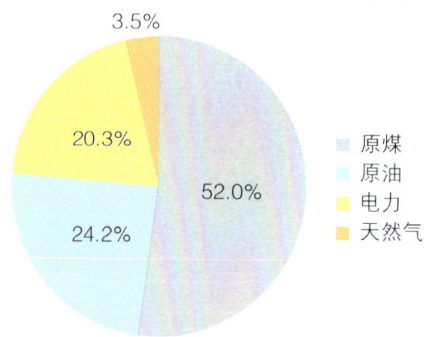

- 原煤
- 原油
- 电力
- 天然气

3.5%
20.3%
52.0%
24.2%

2007年广东省终端能源消费量构成示意图
（单位：万吨标准煤）

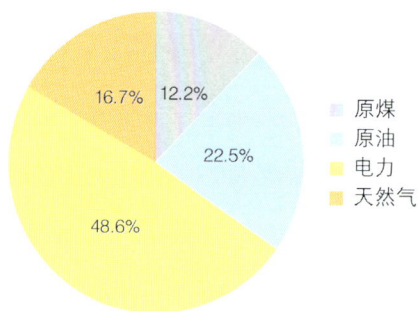

- 原煤
- 原油
- 电力
- 天然气

12.2%
22.5%
48.6%
16.7%

□广东改革开放30年成为能源消费大户。（图片摄影：黄志忠 广东《大经贸》杂志社供图）

十六、金融与保险

广东金融总量始终居全国首位。广东金融总量在改革开放之初曾处于全国中下游水平，得益于经济的快速发展，广东金融业的迅速向前跃进，20世纪80年代广东金融机构存贷款先于广东经济总量确立了在全国的首要地位，并一直保持至今。广东创造了中国金融业发展史上的多个第一，如成立了第一家证券公司，建成了国内目前规模最大的跨银行ATM（自动柜员机）网络系统等。

2007年，广东中外资金融机构本外币存款余额48955.00亿元。全省中资金融机构人民币存款余额46555.52亿元。全省有各类金融机构14789家。境内上市公司188家，总市值突破1万亿元，均居全国首位。2008年，全省保险业累计实现保费收入1125亿元，增长39%，成为全国第一个突破1000亿元大关的省份。

2000年至2007年广东省中资金融机构人民币存贷款余额

（单位：亿元）

各项存款　　各项贷款

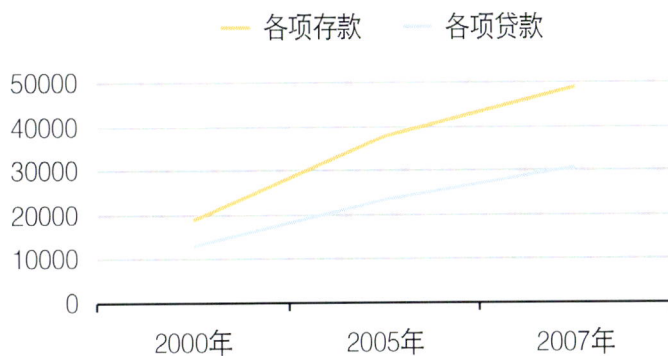

2000年至2007年广东省中外资金融机构人民币存贷款余额

（单位：亿元）

各项存款余额　　各项贷款余额

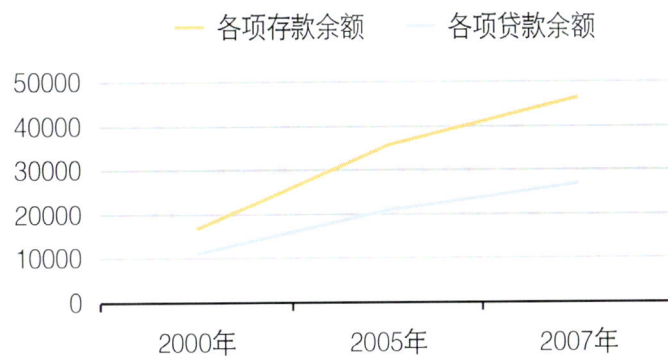

□2008年10月20日，首届粤、港金融合作研讨会在广州召开。（广东省金融办公室供图）

十七、旅游发展

改革开放以来，广东一直实施政府主导型的旅游发展战略，带动了相关产业的发展，促进了以旅游业为龙头的产业链的延伸，推动了全省经济社会的全面发展。全省旅游总收入从1978年的10亿元增长到2007年的2455.06亿元，国际旅游(外汇)收入87.06亿美元，均居全国首位。据统计，2007年，广东旅游业实现增加值799亿元，占第三产业GDP比重8.35%。广东旅游业的改革开放从建设三大中外合作的五星级酒店白天鹅宾馆、中国大酒店、花园酒店开始。经过30年的发展，全省已初步形成了一个以珠江三角洲为重点的城市旅游带，广东旅游业的规模和效益连年居全国首位。

□旅游成为广东人消费时尚。图为2008年11月29日"2008旅游大促销暨广东国际旅游展览会"在天河体育中心举行。（图片摄影：王列）

2000年至2007年广东省旅游收入增长示意图
（单位：亿元）

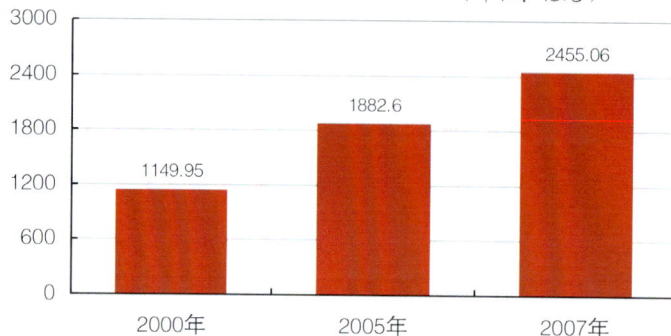

2000年 1149.95、2005年 1882.6、2007年 2455.06

2000年至2007年广东省旅游外汇收入增长示意图
（单位：亿元）

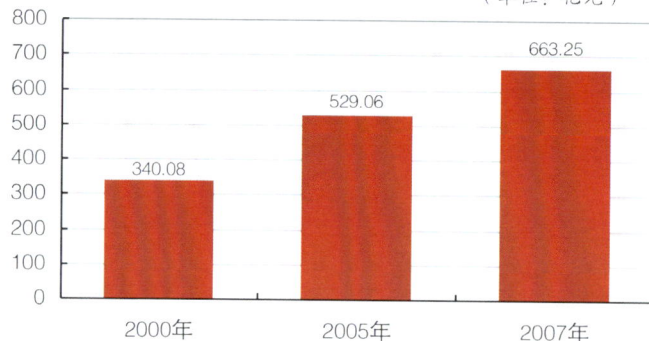

2000年 340.08、2005年 529.06、2007年 663.25

2000年至2007年广东省口岸入境游客出入境人数示意图
（单位：万人次）

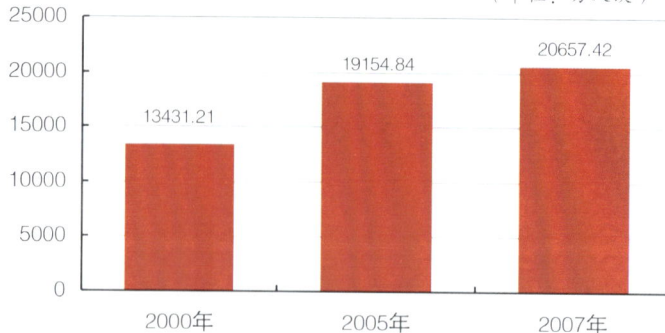

2000年 13431.21、2005年 19154.84、2007年 20657.42

十八、人民生活幸福指数

　　2007年，广东城镇居民人均可支配收入17699.30元，人均消费性支出14336.87元；全省城镇登记失业率在2.6%以内；城镇居民人均居住建筑面积33.8平方米，是改革开放初期的近6倍；用23年时间，走过贫穷到温饱，广东人民生活总体上达到小康水平。

　　广东城乡居民的恩格尔系数[1]在1978年改革开放前夕是66.6，属于贫穷的水平。1989年下降到56.5，但还是属于温饱型。1993年下降到50，广东总体上步入了小康。2007年，广东的恩格尔系数降到35.3，标志着广东已经迈进了富裕的小康阶段。

　　2002年以来，广东社会保险实现市级统筹，省级调剂力度加大。珠江三角洲地区率先建立农村养老保险制度，启动了城镇居民基本医疗保险试点。2007年，广东养老、失业、工伤、医疗保险参保人数稳居全国首位，社保基金滚存结余达1917亿元，约占全国的1/5。

□婚事新办。2005年，在佛山市中山公园举行了一场"爱你一万年大型集体婚礼"，身穿婚纱洋服的新人进行了花车巡游、放生、植树等活动。（图片摄影：杨耀桐 中共广东省佛山市委办公室供图）

1　恩格尔系数：Engel's Coefficient，指食品支出占个人消费总额的比重。恩格尔系数与经济富裕程度成反比，越大越穷，越小越富。

2000年至2007年广东省农村全面小康实现程度示意图
（权数%为100）

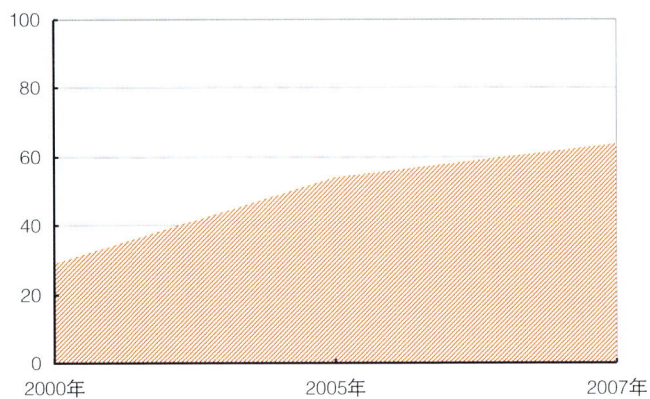

2000年至2007年广东省农村合作医疗覆盖率示意图
（权数%为8）

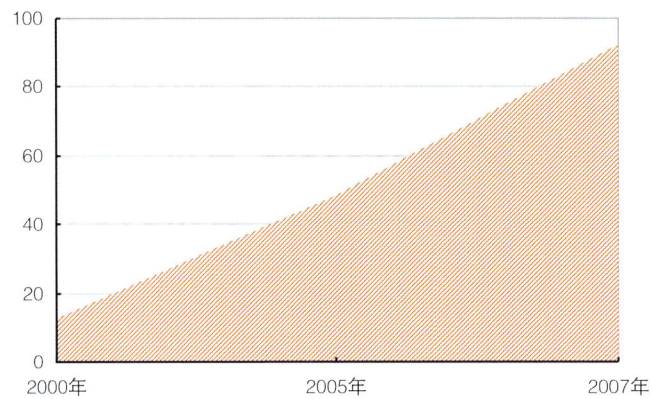

2000年至2007年广东省农村人口素质示意图
（权数%为5）

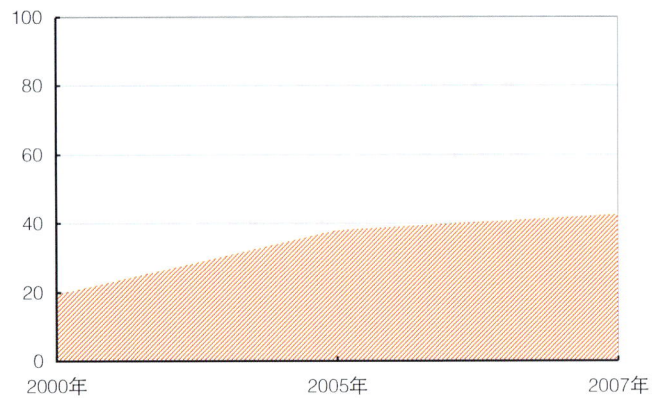

2000年至2007年广东省农村生活质量示意图
（权数%为5）

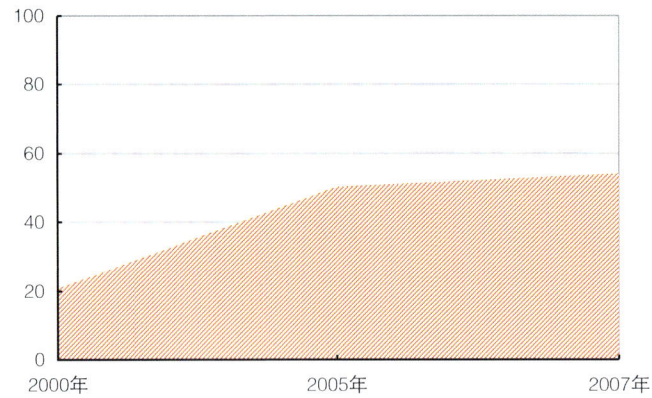

十九、计划生育人口控制率与流动人口管理

1978年，广东人口总数为5064万人。2007年广东常住人口约9449万人，实际管理人口数全国第一。随着广东经济的持续快速发展，全省总人口保持低速平稳增长，妇女生育水平不断下降，广东进入11.96‰的低出生率时期。

改革开放30年来，广东流动人口逐步增加，目前已占全国流动人口总量的1/3。至2008年4月，广东暂住人口已达2912.4万，95%以上居住在珠江三角洲。近年来，广东在各级政府办公室或综合治理办公室中设立了流动人口服务管理办公室，目前已形成省、市、县、镇、村五级综合管理体制，全省组成了一支近4万人的综合协管员队伍；实施"百万农村青年技能培训工程"和"农民工技能提升培训计划"，在省内建立起培训基地170多个，培训近200万人；建立行政司法联动打击欠薪逃匿工作机制，2004年以来共为570多万劳动者追回工资待遇等45.5亿元；广东还设立了370个法律援助机构，为在粤农民工提供法律援助。[1]

1978年至2007年广东省人口出生率及自然增长率示意图
（单位：‰）

出生率　　自然增长率

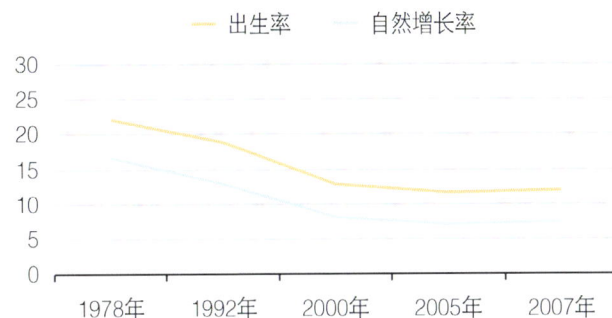

1978年至2007年广东省人口性别构成比例示意图
（单位：万人）

男性人口　　女性人口

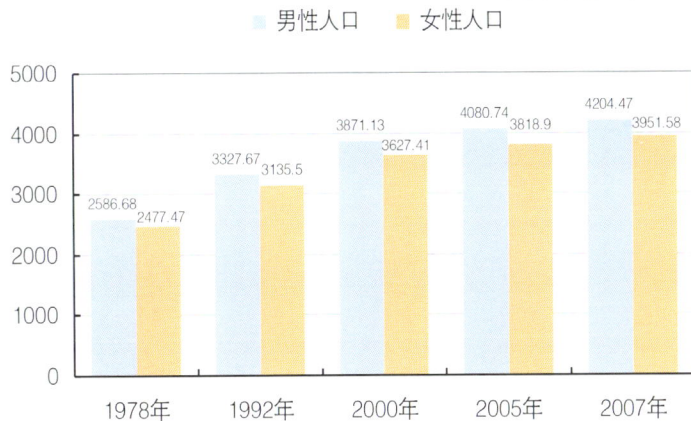

1　参见吴冰：《广东创新流动人口服务管理》，人民网，www.people.com.cn，2008年4月6日。

二十、环境保护

作为率先发展的地区，广东经济社会转型较早，生态问题显现得更早、更多、更充分。针对日益凸显的人口资源环境约束问题，广东提出"从片面追求总量和速度的观念中解放出来"、"破除重生产轻生活、重发展轻环境、重物轻人的观念"等理念，要求尊重自然规律、科学规律和经济规律，加快转变发展方式。1985年，全省实施造林种树绿化广东工程，成为全国第一个绿化省。20世纪90年代中期以来，广东相继实施了"碧水工程"、"蓝天工程"和"治污保洁工程"；实施"绿色广东"战略，制定颁发了《珠江三角洲环境保护规划》和《广东省环境保护规划》，依法进行环境保护和治理。扎实推进节能降耗减排工程，积极发展循环经济，大力加强生态文化建设，推进经济发展和环境保护双赢目标的实现。

步入21世纪以来，广东GDP和工业增加值能耗分别居全国第二低位和最低水平；二氧化硫和化学需氧量排放总量持续下降。全省21个地级以上市空气质量达到国家二级标准，主要江河和重要水库水质良好。平均每新增亿元生产总值，新增建设用地下降60%。2008年森林覆盖率达56.3%，城乡环境景观有所改善。

2000年至2007年广东省企事业单位污染治理资金增长对比示意图

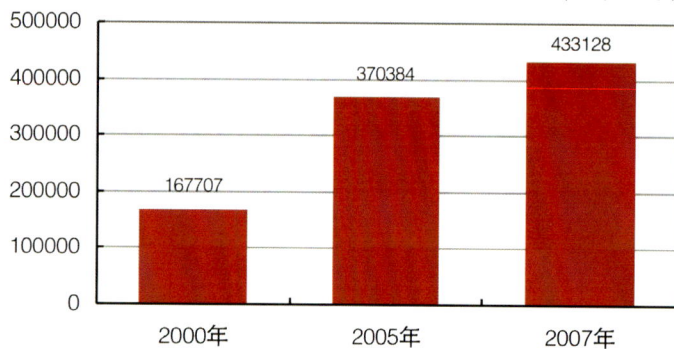

（单位：万元）

□ 改革开放以来，广东省注重以建立"资源节约型、环境友好型"企业为目标，以科技为动力，市场为导向，初步形成了"制造技术先进、工艺流程科学、资源配置合理、产品绿色环保"的现代企业管理群。（图为高于国家33%的企业生产质量标准的广东威华股份有限公司）

二十一、教育事业

1993年起，广东对教育事业大幅增加投入，广东教育事业迅速改变落后状态。2000年，广东在全国率先实现"两基"[1] 目标的基础上，三级教育规模进入快速扩大阶段。

高中毛入学率由1995年的37.3%提高到2007年65.9%。与此同时，广东的职业技术教育，民办教育规范发展，为全省经济建设储备部分稀缺人才。

广东高等教育毛入学率从1995年的6.59%提高到2002年的15.5%，用了7年时间实现高等教育大众化，高等教育的发展速度不仅快于发展中国家，而且超过一些发达国家。2007年，全省普通高校增加到109所，在校生增加到112万人，毛入学率提高到25.6%。

1978年至2007年广东省各级各类学校在校学生数示意图
（单位：万人）

■ 高等学校　■ 中等职业教育学校　普通中学

年份	高等学校	中等职业教育学校	普通中学
1978年	3.07	3.64	313.32
1992年	9.74	46.29	255.02
2000年	29.95	65.57	460.69
2005年	87.47	71.02	611.69
2007年	111.97	90.76	655.38

2000年至2007年广东省高等教育毛入学率/高中毛入学率增长示意图
（单位：%）

■ 高等教育毛入学率　■ 高中毛入学率

年份	高等教育毛入学率	高中毛入学率
2000年	11.4	38.7
2005年	22	57.5
2007年	25.6	65.9

□2007年广东省农村义务教育阶段免费课本发放仪式在清远市举行。
（中共广东省清远市委供图）

1　"两基"指基本普及九年义务教育、基本扫除青壮年文盲。

二十二、科技事业

改革开放以来，广东科技总体发展水平有很大的提高，科技综合实力位居全国前列，科技进步与创新为全省的经济社会发展提供了重要动力。

1993年，广东率先创立科技发展基金，依靠科技进步推动产业结构的优化升级，均取得了可喜的成绩。组建了一批与产业结构调整相适应的公共科技创新平台，科技成果转化体系和知识创新体系建设得到加强，以企业为主体的技术创新体系建设加快，区域创新能力综合指标连续几年位居全国第三；创新经济绩效、知识创造能力、知识获得能力、企业技术创新能力等综合指标也位居全国前列。科技对经济的贡献率已从1995年的39%增加到2007年的49%以上，高新技术产业产值年均增长22.7%以上。

2000年至2007年广东省科技成果项目数示意图
（单位：项）

■ 国家级科技奖励成果　■ 省级重大科技成果　□ 省级科技奖励成果

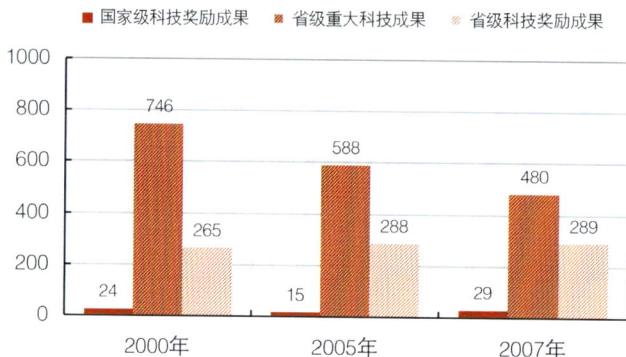

1978年至2007年广东省国有企业、事业单位专业技术人员年末人数增长示意图
（单位：人）

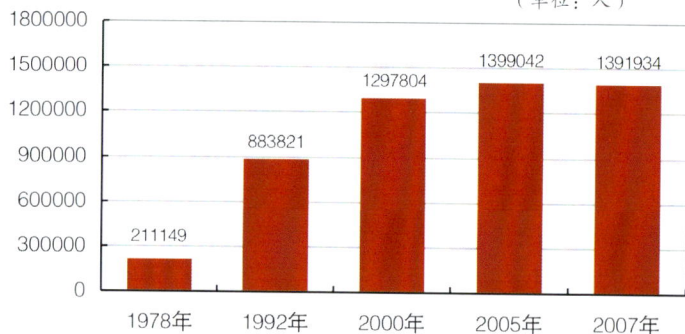

1995年，广东科技活动经费筹集总额为45.42亿元，占全省生产总值的0.2%；2007年，科技活动经费筹集总额增长至718.33亿元，12年间增长15.81倍，占全省生产总值的1.30%。

1995年科技活动课题（项目）16512个，技术合同成交额12.60亿元，省级及以上科技奖励成果263项，专利批准受理量4611件，至2007年则分别增加至科技活动课题64103个、技术合同成交额133.32亿元、科技奖励成果318项和专利批准受理量56451件。

二十三、文化事业

改革开放以来，广东文化事业和文化产业蓬勃发展，基层文化建设进一步加强，全省共有县级以上公共图书馆129个，博物馆、纪念馆148个，群众艺术馆、文化馆140个，文化站1580个，文化广场1000多个，基本形成全省市、县、镇三级社会文化设施网络。

进入21世纪以来，中共广东省委、广东省人民政府制定一系列的政策措施，积极推进文化事业的发展。一方面，深化文化体制改革，加大资金投入，重视人才培养，把文化事业的发展作为建设经济强省、文化大省、和谐广东和实现人民群众富裕安康的重要举措；另一方面，解放和发展文化生产力，壮大文化经济，将文化产业发展作为促进产业结构升级、培育新经济增长点、增强广东经济发展后劲的重要手段。在全省上下的共同努力下，广东文化大省建设初见成效，取得了丰硕成果。全省文化及相关产业增加值占全国的比重分别超过20%和10%，居全国首位。

2000年至2007年广东省报纸出版量增长示意图
（单位：亿份）

2000年	2005年	2007年
34.63	38.24	41.85

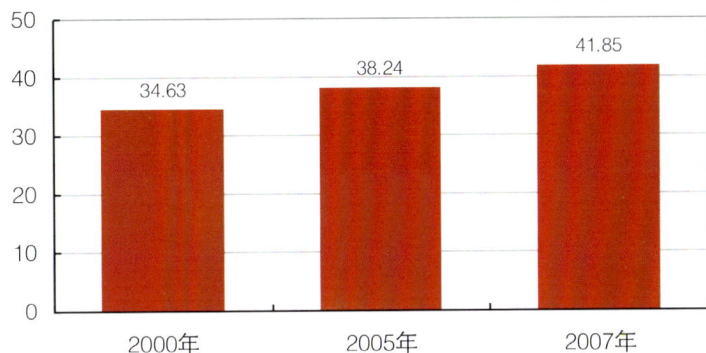

□ 文化广场成为广东改革开放后老百姓的娱乐场所。图为开平市丰富多彩的广场文化活动。（中共开平市委宣传部供图）

二十四、体育事业

1978年以来，广东在体育管理体制、训练体制、竞赛体制方面进行了一系列的改革。通过实施《中华人民共和国体育法》、《全民健身计划纲要》、《奥运争光计划》，成功承办一系列大型赛事，体育竞技水平不断提高，全民健身运动蓬勃开展，人民体质进一步增强，体育产业规模不断扩大。

2000年至2007年广东省体育运动员获得全国冠军项次增长示意图
(单位：项次)

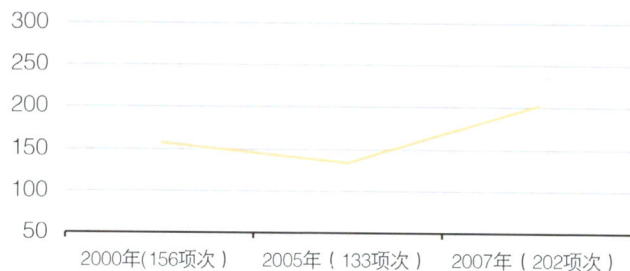

| 2000年（156项次） | 2005年（133项次） | 2007年（202项次） |

改革开放给广东体育的发展带来了机遇和挑战，体育体制从高度集中、管理单一转向以政府管体育为主，社会、企业、集体、个人一起办体育的多形式、多渠道、多层次的竞争管理体制。广东人在体坛上大胆试验、大胆创新，创造了许多第一：第一个向社会集资由地方承办的全国运动会——第六届和第九届全国运动会分别在广东举行；第一个靠社会集资，没有政府拨款，成功举办第一届世界女子足球锦标赛，开创了依靠社会集资举办国际大赛的先河。

1979年中国在国际奥委会中的合法地位得到恢复以来，广东健儿在世界体坛上大展身手，国际赛场捷报频传。在乒乓球、羽毛球、跳水、举重、技巧、体操、射击、射箭、帆板、赛艇、蹼泳、武术、摔跤、航海模型、航空模型、中国象棋等16个项目世界级比赛中，夺得金牌531枚。其中，奥运会金牌12枚，有231人次破世界纪录，成绩居全国第一。与此同时，群众体育特色精品层出不穷。至2007年末，广东已有76个镇荣获全国亿万农民健身活动先进单位称号；49个社区（街道）荣获全国先进社区称号；53个县被授予全国先进县称号；22个单位获得了国家的田径、游泳、举重、篮球、风筝、龙舟、龙狮、武术、漂流"体育之乡"称号；10个单位获得了省的足球、篮球、排球、象棋、龙舟、龙狮、保龄球、举重"体育之乡"命名。国家和省级"体育之乡"单位不断涌现，给广东全民健身运动带来了强烈的示范作用。[1]

2005年成年人体质合格率达到87%，高于全国平均水平；中小学生《国家体育锻炼标准》达标率为93.7%，也高出全国平均水平1.8个百分点。[2]

---

[1] 参见陈培红：《体育事业成就卓著——改革开放30年广东体育事业发展综述》，广东统计信息网，http://www.gdstats.cn，2008年11月7日。
[2] 广东省统计局：《体育产业不断壮大 体育竞赛成绩卓著——"十五"时期广东体育事业发展综述及展望》，广东统计信息网，http://www.gdstats.cn，2006年10月8日。

二十五、外事工作

2000年至2007年广东省对外经济技术合作营业金额增长示意图
（单位：万美元）

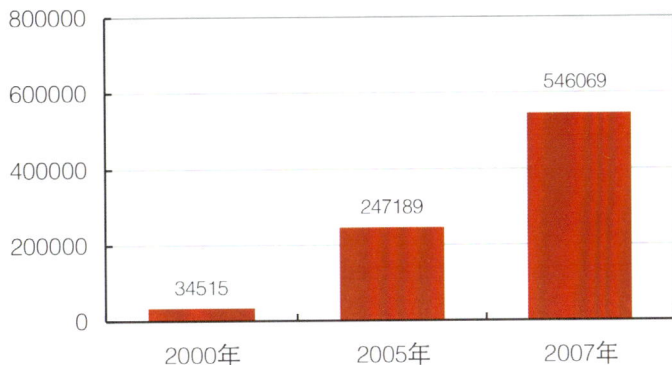

作为改革开放的前沿阵地和外向型经济发展最快的地区，广东与境外、海外、国外交往频繁，成为历来来访外宾关注的热点地区，也是外交部等上级部门安排外宾参观考察的重点省份，每年接待包括国家元首、政府首脑在内的外国政要和经济、文化、科技等领域的重要外宾数量众多。

改革开放以来，广东省大力推动与外国高层交往与合作，提升了全省对外开放的层次和竞争力。1992年至2008年，中共广东省委、广东省人民政府高层领导分别率领经贸代表团先后出访欧洲、拉丁美洲、亚洲、非洲等地区的20多个国家和地区，签订了大批外商投资和贸易合作项目，合作金额达400多亿美元。

改革开放30年，也是侨务工作取得丰硕成果的30年。作为重点侨乡的广东，侨务工作经历了从改革开放初期的拨乱反正、落实处理历史遗留问题的侨务政策到依法护侨的过程。改革开放的深入，中国经济社会不断发展，再加上侨务政策落实得比较好，海外侨胞参与家乡建设的热情高涨。这期间，华侨华人、港澳同胞在广东投资达1200亿美元，占全省引进外资的70%以上，全省侨资企业近6万家。

2000年以来，广东抓住机遇，积极争取更多国家在穗设立领事馆，2000年至2008年，驻穗领事馆已由17家增至33家。2007年，广东与32个领事馆派遣国的进出口贸易额达3200亿美元，占全省贸易总额的50%。1979年，广东省、广州市分别与澳大利亚新南威尔士州、日本福冈市建立了友好省州、友好城市关系，拉开了广东对外友好工作的序幕。截至2007年底，广东已与60多个国家、130多个组织建立了友好关系，与外国建立友好省州、友好城市达78对。

广东是因公出访人数最多的省份之一，每年办理出国签证近7万人次。2003年出台的《广东省关于民营企业人员通过因公渠道办理出访手续的试行办法》，破除了因公出访工作只能为"公"、不能为"民"服务的旧框框。

二十六、卫生事业

2007年广东省居民的期望寿命为75.3岁，健康指标接近中等发达国家水平。2007年，全省卫生事业机构16490个，卫生事业机构床位23.42万张；平均每千人口拥有医院、卫生院床位2.66张，平均每千人口有卫生技术人员4.42人。

随着医疗机构总数的不断增加，规模的不断扩大，过去那种因医疗服务供不应求带来的看病难问题基本得到解决，全省各项医疗业务2005年末出现快速增加趋势。2005年卫生服务调查显示，居民两周患病就诊率城市为134.9‰，农村为165.8‰。全省7岁以下儿童保健系统管理率达到84.43%，婴儿死亡率由2000年16.77‰下降至2005年8.09‰。

战胜了"非典"疫情后，从2003年至2005年，广东共投入75.43亿元，用于建设疾病预防控制、医疗救治和卫生监督三大体系。目前，已基本建立起具有一流水准、有权威性、反应灵敏、高效统一的突发公共卫生事件应急处理机制、疾病预防控制体系和卫生执法监督体系。

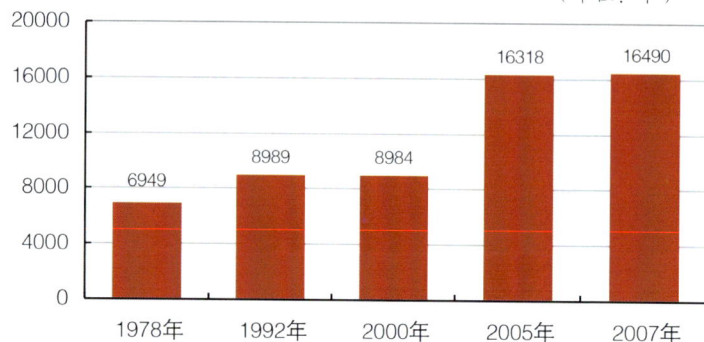

1978年至2007年广东省卫生事业机构数量增长示意图
（单位：个）

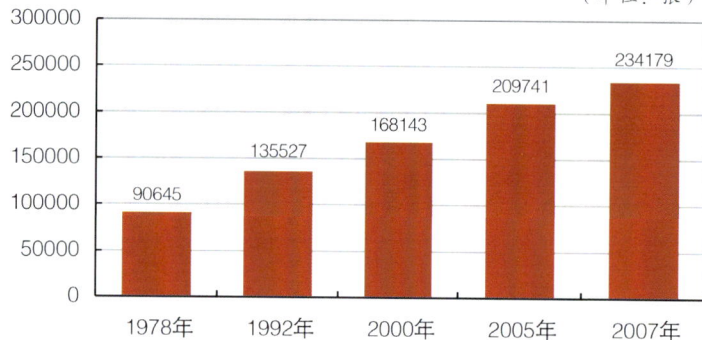

1978年至2007年广东省卫生事业机构床位数量增长示意图
（单位：张）

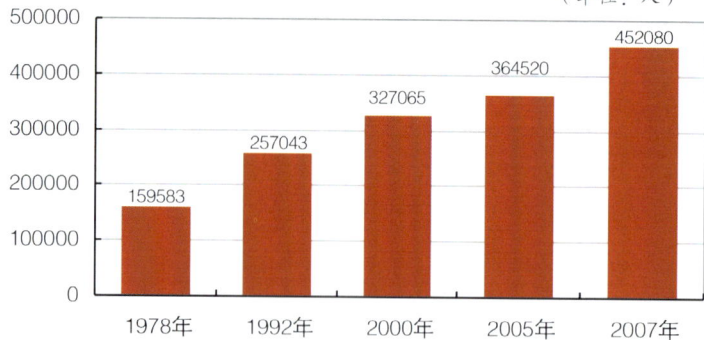

1978年至2007年广东省卫生工作人员数量增长示意图
（单位：人）

潮起
南粤大地

第三部
现代化门户
——广东发展标志性成果

潮起南粤大地 The Rise of Guangdong潮起南粤大地 The Rise of Guangdong

潮起南粤大地 The Rise of Guangdong潮起南粤大地 The Rise of Guangdong潮起南粤大地 The Rise of Guangdong

潮起南粤大地 The Rise of Guangdong潮起南粤大地 The Rise of Guangdong潮起南粤大地The Rise of Guangdong

大国崛起和民族复兴是近百年来中国人孜孜以求的最辉煌梦想，构成了中国百年现代化的主旋律。改革开放的30年，地处南中国海的岭南大地——广东省，有幸成为中国改革开放的"试验区"，凭借着"敢为人先"的英雄气概，开创了一个思想大解放、社会大变革、经济大繁荣、生活大提高的现代化新时期。

　　广东作为改革开放的试验田，在迅速推进的工业化带动之下，也开始了大跨步的城市化。2007年广东省的城市化率高达63.1%，比全国城市化平均水平（44.94%）高出18.2个百分点。

The gateway to modernization
—— the symbolic achievement of Guangdong's development

The rise as a great power and its national rejuvenation is the most splendid dream the Chinese people have had for the past century, a dream that composes the theme for China's centurial modernization. During the past 30 years of reform and opening up, Guangdong, lying by the South China Sea in the southern part of China, was fortunate to be the "experimental zone" for reform and opening up. With the heroic spirit of "pioneering", Guangdong created a new era of modernization characterized by emancipation of minds, great social change, economic prosperity and significant improvement of living standard.

The saying, "what has taken the western world 300 years to accomplish is only a task of 30 years for China" is a vivid description of the rapid urbanization of China. As the experimental field, Guangdong is starting to stride towards urbanization, driven by its rapid industrialization. In 2007, Guangdong's urbanization rate was 63.14%, 18.2% higher than the average rate of the country (44.94%).

□中信广场位于广州市商业、金融业繁华的天河北路，占地2.3万平方米，总建筑面积29万平方米，由一幢391米（80层）的主楼和两幢38层的副楼组成，于1997年6月底竣工，项目总投资37亿港币，建成时为当时中国的最高建筑，现在仍是华南地区第一高楼，也是世界上最高的混凝土大厦。图为广州中轴线标志性建筑——中信大厦。（图片摄影：王列）

大国崛起和民族复兴是近百年来中国人孜孜以求的最辉煌梦想，构成了中国百年现代化的主旋律。改革开放的30年，是中国近百年现代化进程中亘古未有的30年，正是这短短的30年，中国从全世界最不发达的低收入国家行列一跃成长为全球第四大经济体，公共建设和社会事业蓬勃发展，民众生存与发展的要求获得了前所未有的尊重和满足。得益于改革开放的30年，地处南中国海的岭南大地——广东省，有幸成为中国改革开放的"试验区"，凭借着"敢为人先"的英雄气概，开创了一个思想大解放、社会大变革、经济大繁荣、生活大提高的现代化新时期。

□广州天河商圈，是广州甚至华南地区最大的商圈，也是大陆首个摩尔群商圈。天河路是广州商业的制高点，天河路商业黄金大道上商号之多是广州其他商圈无法相比的。"得天河者得广州。"不少人这样形容天河商圈的魅力。图为广州天河俯瞰。（图片摄影：王列）

一、工业化成效显著

1978年前,广东工业落后。改革开放后,广东抓住机遇,迎头赶上,1995年广东工业经济总量居全国第一,成为全国工业大省。反映技术创新的R&D为272.77亿元,反映市场推广的广告费投入191.77亿元,反映对社会贡献的应交增值税1583.61亿元,都列全国第一。[1]

(一)30年工业化进程

1. 轻工业化阶段

□珠江三角洲已成为全国最大电子集群生产基地。图为东莞一家企业的电脑生产线。(东莞市地方志编纂办公室供图)

1979年至1990年初广东轻工业一直保持快速增长势头,年均增长速度为20.0%,轻工业产值占工业总产值的比重由59%上升到67%。广东以轻工业发展起步,经过20年的发展,广东外向型的轻工业发展模式相当成熟。在外向型的轻工业模式下,尤其是以来料加工和进料加工等加工贸易带动的发展,其中以"珠江水、广东粮、岭南衣"为代表的轻工业产品在全国同类产品中享有盛誉,产值、规模均居全国前列。而后期广东凭借先行的工业发展基础,运用市场经济规律,适时调整产品结构,实现了一般消费品工业向新型耐用消费品工业的转型,工业总产值的年均增长速度为23.2%,其中轻工业为24.5%,轻工业产值比重由63%上升到67%。电视机、冰箱和洗衣机等"粤家电"产品产量分别增长202.1%、349.2%和83.7%,1990年该类

---

1 参见朱遂文、林瑜:《抓住机遇发展工业 优化升级铸就辉煌》,广东统计信息网,http://www.gdstats.gov.cn,2008年11月7日。

产品占全国同类产品的比重分别达到22.8%、21.5%和12.2%。在工业化的快速推动下，广东国内生产总值增长迅速，到1990年达1471.84亿元，占全国份额为7.93%。

2. 重化工业阶段

1991年至2002年是广东的重化工业蓬勃发展的黄金十年。基础产业和基础设施建设严重滞后成为工业发展的"瓶颈"制约因素。与此同时，到20世纪80年代末期，以电视机、冰箱和洗衣机为代表的家庭耐用消费品在城镇居民消费品中已趋于饱和，其消费指向开始向以住宅、汽车为代表的更高一级耐用消费品过渡。这两种因素的交互作用引发了广东工业发展的重工业化倾向。日本的本田、日产、丰田三大汽车厂都在广州有自己的生产基地，南海石化项目、石油储备库等石化工业发展迅速。广东重工业保持较好的发展势头，并且在工业增加值中的比重越来越高。2002年广东规模以上轻重工业产值比例为49.83∶50.17，重工业比重首次超过了轻工业。[1]

3. 新型工业化阶段

2002年以来，伴随着经济全球化和信息化的浪潮，广东深入贯彻落实科学发展观，不断调整工业发展路线，提出新时期的工业发展模式即走信息化与工业化互动、可持续发展和充分就业的新型工业化道路。[2]广东强调加快建立现代产业体系，使现代服务业和高端制造业成为推动经济发展的两个轮子。推进新型工业化，是广东解决工业结构性矛盾，提高产业竞争力的迫切需要；是加快科技与经济紧密结合，建设经济强省的有效途径；是实施可持续发展战略，节约资源，保护环境的必然选择；是加快欠发达地区工业化进程，实现区域协调发展的重要途径。

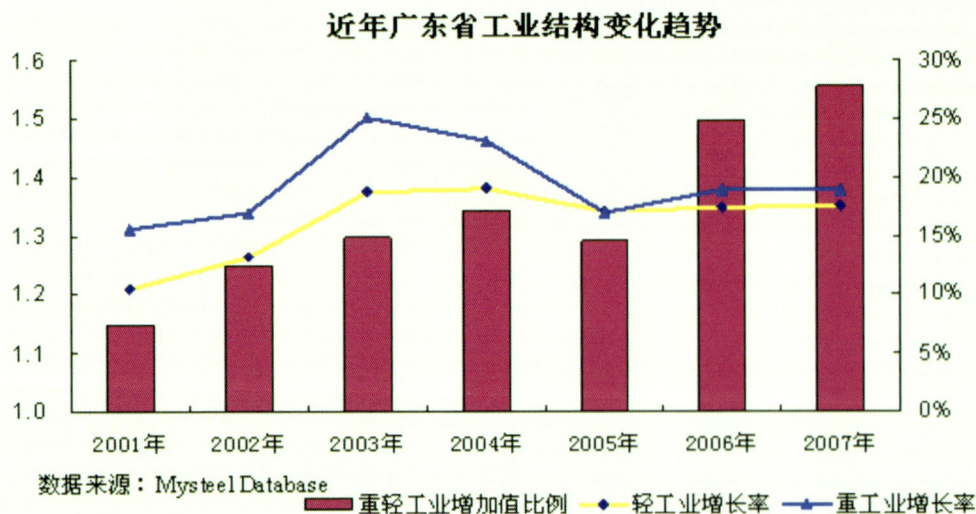

近年广东省工业结构变化趋势

数据来源：Mysteel Database　■ 重轻工业增加值比例　◆ 轻工业增长率　▲ 重工业增长率

1　朱喜安：《广东经济增长需要钢铁工业更多支持》，中国矿业网，http://www.chinamining.com.cn，2009年3月13日。
2　张敬川：《广东如何走新型工业化道路》，中国社会科学院网站，http://www.cass.net.cn，2005年8月22日。

（二）工业化对经济发展的带动

□位于东莞市莞樟与常平公路交叉路口的东莞大朗广东毛织市场，为目前国内著名的毛织原料和产品集散地。图为东莞大朗毛织现代化生产车间。（东莞市地方志编纂办公室供图）

自改革开放以来，珠江三角洲工业化进程不断加快。2007年，珠江三角洲规模以上工业增加值为12019.76亿元，占全省份额的85.2%；其主营业务收入、资产合计、利润总额和从业人员平均人数分别为46898.67亿元、34648.51亿元、2609.55亿元和1123.03万人，占全省份额的87.0%、87.0%、84.6%和85.9%。2007年，全省工业总产值最大50家工业企业的前10家有9家落在珠江三角洲地区。

1978年至2007年，珠江三角洲的一、二、三次产业结构由1978年的28.3:47.2:24.5，调整为2007年的2.4:51.0:46.6。一大批高新技术生产企业快速成长，如鸿富锦精密工业（深圳）有限公司、华为技术有限公司和深圳富泰宏精密工业有限公司等高技术含量工业企业的迅速扩大，使珠江三角洲工业产业结构不断优化。一些高端工业产品如广州本田公司的小轿车，华为、中兴公司的通信设备；美的、格力公司的家用电器；安利公司的日用品，广州宝洁公司的日用化工产品等，在国内外享有盛名。珠江三角洲第三产业占GDP比重则由1978年的24.5%上升为2007年的46.6%；服务业增加值占全省的比重也由1978年的54.3%提高到2007年的83.8%。一批新型服务业如会展业、文化产业、物流业、现代服务业等如雨后春笋般涌现。

广州、深圳第三产业增加值2007年达到4152.54亿元和3389.87亿元，分别占全省份额的30.9%和25.2%。广东茂名、湛江和阳江三市均实施"工业立市"的发展战略，按科学发展观的要求加快推进工业结构的调整，工业发展逐步加快。茂名市的重化工业发展实现新突破。2007年全市工业增加值已达364亿元，占GDP比重为35.5%，中国石油化工股份有限公司茂名分公司是一家以炼油为龙头，石油化工为主体的大型炼化一体化企业，也是中国最大的石油化工生产基地之一。原油一次加工能力1350万吨/年，乙烯生产能力100万吨/年，拥有70多套主要生产装置、完善的港口码头、海上原油接卸和铁路运输系统以及原油、成品油管输系统。2007年销售产值达650多亿元。湛江市石油加工业正在崛起。中石化、中石油、中海油等三大公司相继到湛江投资，东兴炼油厂500万吨改扩建、90万立方米奥里油储罐、80万吨燃料油改造等一批重点工业项目建成投产。阳江市的五金刀剪行业由零散的小作坊形态，已发展成为全省乃至全国最大的行业，已有五金刀剪企业1500多家，占全国总数的一半以上，日用五金刀剪产量占全国的60%，出口占全国的80%。产品远销欧洲、美国、日本等100多个国家和地区。[1]

（三）新型工业化战略与进展

□位于广州市黄埔区的东风本田发动机有限公司首期投资总额为9.7亿元人民币。东风本田用较少的投资，通过利用、改造原有广州标致设备，关键工序引进先进设备，建立起了以各类进口加工中心和数控机床为主体的发动机加工生产线，体现了当今汽车制造业高效、柔性化的技术发展方向，并形成年产5万套合同产品的生产能力，生产的产品达到日本本土制造的质量标准。（图片摄影：黄志忠 广东《大经贸》杂志社供图）

党的十六大明确提出要走新型工业化道路，作为改革开放的排头兵，广东在走新型工业化道路上已迈出了坚实的步伐。2000年至2005年，广东省生产总值年均增长13.2%，广东省规模以上工业企业实现利润年均增长24.6%，经济每增长一个百分点带动的就业增长量为78万人，比1995年至2000年增加38万人。经济发展离不开技术进步和技术创新，技术创新是提高广东经济增长质量，实现广东经济又好又

1 参见陈新：《广东四大区域经济发展概述》，广东统计信息网，http://www.gdstats.cn，2008年8月18日。

现代化门户
——广东发展标志性成果
潮起南粤大地 The Rise of Guangdong 潮起南粤大地The Rise of Guangdong
潮起南粤大地 The Rise of Guangdong 潮起南粤大地 The Rise of Guangdong The Rise of Guangdong
潮起南粤大地 The Rise of Guangdong 潮起南粤大地The Rise of Guangdong

快发展的根本途径，广东走新型工业化道路需要建立与之相适应的技术创新平台。广东的新型工业化主要有以下三个方面的内容：一是以信息化带动、改造和提升工业化，把信息化和工业化结合起来，以信息化缩短工业化的进程。二是在工业化和可持续发展的关系上，注重形成发展与环保的良性互动。三是充分发挥劳动力资源的优势，使劳动力资源得以充分利用，创造更多的就业岗位，实现一、二、三产业调整优化与劳动力充分利用的良性互动。

广东走新型工业化道路的核心，是大力发展以信息产业为重点的高新技术产业和现代制造业，包括两方面的内涵：一是发展含有高新技术的新兴制造业，如电子及通信设备制造业、生物医药制造业、新材料制造业等；二是利用新技术对传统制造业进行提升，增加其技术附加值，从而有别于传统的制造业，大大提高了竞争力，如高档纺织服装制造业、数控精密机械制造业等。[1]

（四）主导产业的变迁

广东主导产业的变迁实际上也是随着广东工业化的进程发展变化着，从改革开放之初的轻工业为主体的传统消费品制造业到耐用消费品制造业再到重化工业下的汽车、石油、化工等大型重化投资项目陆续在粤立项，标志着广东主导产业在初期曾以轻加工制造业为主导，并以轻工业品的出口作为广东经济增长的推动力，成就了广东在全国的经济大省地位，也成就了广东作为全国出口创收的主要省份。

以珠江三角洲重要城市东莞为例，改革开放以后，东莞以"三来一补"企业[2]为突破口，吸引大量的外商投资，大力发展外资型工业，整个工业格局发生了翻天覆地的变化。改革开放以前，东莞工业以食品加工、烟花爆竹、建筑材料、纺织服装等轻工业为主，在外资型工业的带动下工业行业结构不断调整和优化，重工业迅速发展，特色产品凸显。东莞传统工业退居次要地位，形成了以电子通讯设备、电气机械及器材、纺织服装、仪器仪表类制造、电力、塑料制品、造纸、文体用品、皮革类、五金、建材、医药保健、饮料等行业为支柱的门类齐全的工业体系。其中，电子及通讯设备制造业、电气机械及器材制造业成为了东莞工业的中坚力量，这两个行业2003年的总产值占全部制造业的比重为46.4%，计算机电子产品替代了昔日的传统产品。东莞电子及通讯产品的生产在世界上已占有重要的地位。如计算机磁头、计算机扫描仪、计算机驱动器、高级交流电容器、微型马达、录像磁头、石英钟等产品产量占世界市场份额达20%～40%。另外，鞋类、服装、玩具、家具

1　参见李善民、李海东：《试论广东新型工业化与技术创新平台建设》，《科技管理研究》，2008年第8期。
2　即来料加工、来样加工、　　件装配、补偿贸易企业。多由内地加工，由外商提供设备、原料、资金。

等产品的产量在世界上也占有重要地位，东莞的工业产品大部分销往国际市场，并已发展成为一个国际性的加工制造业基地。[1]

（五）制造业基地的形成

如果说中国正步向"世界工厂"，那么珠江三角洲应该担起排头兵的角色，因为它是中国经济最活跃、经济开放程度最高的地区之一。这里集中了几万家对外加工制造企业，每年加工和出口超2000亿美元，其中制衣、制鞋、玩具、家电等在世界市场占很大比重，电脑配件、通讯产品等的崛起更令人瞩目。"世界工厂"成为了珠江三角洲国际化的主要标志。30年的改革开放，

□目前东莞已经成为全国乃至全世界最大的电脑及其周边产品生产基地，"东莞制造"蜚声世界。图为东莞现代制造业基地生产线一角。（图片摄影：张超满 东莞市地方志编纂办公室供图）

实际上是珠江三角洲经济国际化的过程。它在贸易国际化、生产国际化、资金国际化、人才国际化、技术国际化等方面均有长足发展。而从国际化指标体系比较看，生产的国际化才是最主要的指标。它利用外资以生产型为主，贸易多是外发加工贸易，技术大多是以设备形式引入。所以，生产的国际化是珠江三角洲国际化的核心，也成为了全球重要制造业基地之一。

随着CEPA[2]的签署，作为与港、澳紧密相邻而具有天然地缘优势的广东，正在积极地为泛珠江三角洲地区的建设做准备。广东以制造业为主，建立起了完善的产业配套和服务体系，并发展成为全球最重要的制造业基地之一。而香港则以金融、贸易、航运、物流及高增值服务业为主，发展成为全球最重要的现代服务业中心之一。澳门也以旅游等服务业为主，发展成为地区性的人流、物流、

---

1 参见东莞市统计局：《庆祝建国55周年系列之三：东莞工业发展迅猛》，东莞市统计局网站，http://tjj.dg.gov.cn，2005年3月1日。
2 即《内地与香港关于建立更紧密经贸关系的安排》（Closer Economic Partnership Arrangement）的英文简称。

金融流枢纽。由粤、港、澳开始构筑的"大珠江三角洲"经济区将会是当今中国乃至世界经济最为活跃和最具有投资吸引力的地区之一。

（六）产业集群的发展

近年来，广东省产业集群发展迅猛，呈现出以下三大特点。

——以深圳、东莞、惠州及广州为主体，形成了著名的电子信息产业走廊，经济规模近4000亿元，成为全国规模最大的电子信息产业集群区；在佛山、中山、江门、珠海等地，形成了经济规模达1000多亿元的电器机械产业集群。电子信息产业和电器机械制造业迅速崛起，成为广东的第一、二大产业，名列全国首位。全省已形成30多个有一定规模的专业产业区。特别在经济发达的珠江三角洲地区的400多个建制镇中，以产业集群为特征的专业镇占了1/4。

——以专业镇为龙头的产业集群从珠江三角洲地区向东西两翼和山区扩展，成为拉动地区经济发展的新形式。如中山古镇有灯饰企业近2500家，已成为国内最大的灯饰生产基地和销售市场，是世界四大灯饰专业市场之一。

——在珠江三角洲产业集群发展较早的地方，各地政府对产业集群的扶持，已经从单纯的减地价、提供政策优惠的简单扶持，逐步向提供技术、品牌、信息、市场、融资扶持等各方面的公共服务转变。如：中山小榄镇在2000年建立汉信快速成型技术服务中心，斥资近千万元引进国外先进的快速成型设备，解决了中小企业因缺乏技术和设备导致五金制品模具不过关的难题。这个平台建立以来，已为80多个企业做了500多套模具，帮助中小企业提高了产品质量，获得数以亿计的经济效益。东莞虎门把打造专业市场和物流平台作为促进产业集群深入发展的主攻方向，至今已召开了八届国际服装交易会，是目前中国最大规模的服装交易会。[1]

□图为中山市古镇灯王，被称作"世纪灯王"，是古镇新的标志性建筑。高213.8米，底座是一个灯饰博物馆，中间突起的环状部分是旋转餐厅，最高处为观光台。（图片摄影：王列）

---

1 参见朱小勤、陈海明：《广东产业集群升级计划启动》，《中国工业报》，2006年1月12日。

（七）专利大省地位的奠定

广东是中国专利大省，30年来，在中共广东省委、广东省人民政府坚持走自主创新道路、建设创新型广东的重大决策引导下，专利申请量、授权量，特别是发明专利申请量和授权量实现了持续快速增长。

2007年，广东专利申请量和授权量连续13年位居全国首位，发明专利申请增长迅速，专利结构不断优化。到2007年12月底，专利申请量、授权量分别达到102449件及56451件，发明专利申请量为26692件，连续3年位居全国第一，占国内发明专利申请量的17.4%。发明专利申请量23年来首次超过实用新型专利申请量，占全省专利申请量的比例超过1/4，达到了26.1%，全省专利申请结构不断优化。企业申请专利42701件，其中，发明专利申请20296件，发明专利申请占企业专利申请量的47.5%。2007年深圳市专利申请量突破3万件，达35808件，仅次于上海；佛山、东莞、广州专利申请量均超过1万件，分列全省第二、三、四位。

截至2007年底，广东累计专利申请总量和授权总量分别达到529305件和309416件，分别突破50万件和30万件大关。而最说明创新"含金量"的发明专利申请量，广东也连续三年居全国第一。发明专利授权量呈高速增长态势，增幅达52.2%，发明专利授权量为3714件，从2006年的全国第四位上升至全国第二位。为了将广东"制造大省"、"专利大省"提升到"创造大省"、"专利强省"，2007年11月省人民政府出台《广东省知识产权战略纲要（2007—2020年）》，对今后13年全省知识产权事业提出了新的发展目标。这标志着广东省知识产权事业发展进入新的历史时期。

2002年至2006年广东省向国外及港澳台地区申请专利情况

年份	发明	实用新型	外观设计	PCT申请
2002年	114	16	1	200
2003年	141	26	11	287
2004年	347	24	22	467
2005年	611	33	43	989
2006年	1335	46	47	1731

注：PCT为专利合作条约。

1985年至2007年广东省历年专利申请、专利授权情况

年份	专利申请量（件）	专利授权量（件）	年份	专利申请量（件）	专利授权量（件）
1985年	286	1	1997年	12858	7173
1986年	360	78	1998年	13473	10707
1987年	825	182	1999年	16802	14328
1988年	1203	379	2000年	21123	15799
1989年	1276	683	2001年	27596	18259
1990年	1648	889	2002年	34352	22761
1991年	4353	1708	2003年	43186	29135
1993年	5020	4546	2004年	52201	31446
1994年	5883	3149	2005年	72220	36894
1995年	7729	4611	2006年	90886	43516
1996年	9946	5273	2007年	102449	56451

□作为全球家电研发制造领军企业，格兰仕坚持自主创新，以消费者需求为导向，申报的国际国内专利专有技术2000多项，自主开发的光波微波炉、光波空调综合众多智能新技术，充分满足现代家庭生活的便利、健康和高品位，成为全球家电市场风向标。图为格兰仕微波炉总装车间。（格兰仕集团供图）

二、快速推进的城市化进程

在改革开放的30年时间里，中国不但开启了工业化的全面推进，而且基本完成了社会的转型。今天中国城市形态已经在全球化和经济一体化方面，脉络分明、格局凸显。广东作为改革开放的试验田，在迅速推进的工业化带动之下，也开始了大跨步的城市化。2007年广东省的城市化率高达63.1%，比全国城市化平均水平（44.94%）高出18.2个百分点。

□公园文化活动成为广东精神文明建设的一个亮点。图为佛山市禅城区文华公园。（图片摄影：杨耀桐 中共广东省佛山市委办公室供图）

（一）城市化进程：由中期向高级阶段转型

快速推进的工业化，强有力地带动了广东省的城市化进程。改革开放前，广东城市化起点低、发展缓慢，城市化程度很低。新中国成立之初，广东全省非农人口437.46万人，城市化率15.72%。一直到1978年中国改革开放前夕，广东的城市化水平仍然处于步履维艰的状态，虽然经过长达30年的发展，但是广东的城市化率也只有16.26%，仅比1949年提高0.54个百分点。这是由于传统的计划经济实行城乡分隔，严格限制农村人口进入城市的后果。改革开放后，随着经济的发展，乡镇企业异军突起，农村工业化带动农村城镇化的发展。

城市化一般经过初级、中级、高级三个阶段。从广东2007年的城市化率来判断，广东总体上处于城市化的中期阶段，接近高级阶段。如果考虑到广东的区域发展不平衡因素，那么广东的发达地区（如珠江三角洲的城市化率已经超过80%）已经进入城市化的高级阶段。综合来看，广东城市化水平总体上属于中期阶段、接近高级阶段，换而言之，是处于中期阶段向高级阶段的转变时期。因此，完全可以说，广东的城市化进程在全国来说是位于前列的。

从城市化进程的阶段性特征出发，广东针对城市化进程的新阶段特征选择了相应的城市化战略和产业结构调整战略。处于中期阶段向高级阶段转型的广东城市化，其主要任务不再是农村人口向城镇人口的转化，而是城镇人口内部构成由第二产业向第三产业转移，第三产业比重成为国民经济的大头。就这点来看，广东近年推出的经济社会"双转移"战略，是对广东城市化发展新阶段、新形势和新任务的正确判断。从这一判断出发，广东省在积极推动城市化的同时，把城市发展当做拉动经济社会发展、升级的重要推动力量。面向未来，广东城市化的中心任务是：在推动产业转型基础上，着力推进城市升级。同时，推动粤西、粤东和粤北地区的城市化，实现区域协调发展和社会和谐。

（二）城市综合竞争力的翘楚

城市化从来都是一把双刃剑：一方面，城市化创造了人类前所未有的奇迹；另一方面，城市化也遭遇了人类前所未有的困惑和挑战。一个尖锐的问题提了出来：什么样的城市才是我们理想中的城市？什么样的城市最能聚集人流、物流、资金流和信息流？城市综合竞争力由过去的单纯经济指标向综合指标转换，以科学发展观为指导的城市竞争发展理念成为广东决策者的主要决策参照系。

□珠江三角洲城市群领跑广东现代化进程。图为佛山市南海区千灯湖广东金融高新服务区。（图片摄影：
杨耀桐 中共广东省佛山市委办公室供图）

□粤东城市群海洋资源丰富，具有国际海洋运输区位优势和侨商优势。图为广东省汕头经济特区龙湖区新
貌。（图片摄影：柯晓 中共广东省汕头市委政策研究室供图）

□粤西城市群海岸线绵长，港湾密布，港口资源十分丰富。位于雷州半岛东北部的湛江港，是得天独厚的
天然良港，其条件之优越，堪与世界上最著名的港口相媲美，可发展为世界一流的国际大港口。这是湛江
最重要的优势资源。（图片摄影：郑锋 中共广东省湛江市委办公室供图）

□粤北城市群正在跨越式发展。图为清远城市远眺。（图片摄影：罗金华 中共广东省清远市委供图）

改革开放30年，尤其是新世纪以来，在科学发展观指导下的新城市化战略，成就了广东城市综合竞争力的快速提升。在中国城市竞争力研究会公布的第六届(2007)中国城市竞争力排行榜中，深圳、广州分别名列第四、第七。其中，深圳在中国城市成长竞争力排行榜中，已连续三年排名第一。另据由中国社会科学院发布的2007年《城市竞争力蓝皮书》上公布的排名，综合竞争力前十位的中国城市分别是：香港、深圳、上海、北京、广州、台北、无锡、苏州、佛山、澳门，广东3城市入围前十名。2008年《中国城市竞争力蓝皮书》，深圳、广州与香港、上海、北京等城市位居综合竞争力前十名，其中，深圳排名第二、广州排名第六。尤其值得一提是，东莞用制造业带动城乡一体发展，入选十个年度最佳案例城市，其生活环境竞争力位居第六。

（三）四大组团比翼齐飞的城市化新格局

改革开放30年，广东不但城市化水平迅速提高，而且城市综合竞争力在迅速加强，形成了珠江三角洲、粤东、粤西和粤北四大城市组团共同发展的新格局。

1. 珠江三角洲的城市群迅速崛起，正在向现代化的目标迈进

大珠江三角洲包括香港、澳门特别行政区和广东珠江三角洲经济区26个市县。大约东西长300千米、南北宽200千米，总面积47800平方千米。改革开放以来，珠江三角洲的经济取得了飞跃的发展。伴随着工业化信息化的进程，城市化在不断前进。在珠江三角洲都市化进程中，由于城乡二元分割政策，城市化明显分为两块：即原来的城市与改革开放以来迅速崛起的城市和广大乡村的城市化。尽管二者是紧密相连的，但政策的不同导致两者在发展过程存在不同的特征。原来的城市如广州、佛山等地；迅速崛起的城市如深圳、珠海、东莞、中山、佛山等地，在城市化过程中享受着城市的待遇；除了享受城市政策的地区之外，广大乡村地区在户籍制度、社会保障制度、土地制度与城市不同的情况下走上一条乡村城市化的道路。依据2005年的统计，广东珠江三角洲地区已经拥有3436万城镇人口，城镇化水平达79.63%，虽然低于北京的83.62%和上海的89.09%，仅相当于美国、加拿大和韩国2003年的水平，但事实上已经逼近80%的发达国家城市化水平。

2. 加快基础设施建设，东翼迎头往前赶

从区域板块看，东翼城市化发展水平在广东来说属于比较缓慢的，但是，近年来因加大基础设施建设力度，开始进入快速发展轨道。2007年，东翼全社会固定资产投资为705.79亿元，比1978年增长489倍，年均增长23.8%。其中基本建设285.18亿元、更新改造95.12亿元、房地产开发为70.84亿元。作为东翼地区发展的领头羊，汕头市2007年全社会固定资产投资达206.69亿元，占东翼的

29.3%。改革开放后陆续建设了海湾大桥、汕头港、广澳深水港、汕头机场、广梅汕铁路、深汕高速公路、汕汾高速公路、324国道、206国道等一批主要基础设施，海陆空立体交通网络基本构成。并形成了以纺织服装、工艺玩具、食品加工、化工塑料、装备制造业为主导的产业群和以信息技术、光机电一体化、生物医药、新材料为主导的高新技术产业群。

3. 西翼不甘落后，结合产业结构调整战略推进城市化进程

随着改革开放的不断深入，西翼地区大力进行基础设施建设，为经济社会的进一步发展创造条件。茂名市为了增强发展经济后劲，大力营造良好的投资创业环境，承接产业转移各有特色。信宜市、电白县和高州市建立了产业转移园，信宜市发展毛纺织业，化州市引进毛纺织、纸箱厂、磷肥厂等，茂港区建成占地500亩鞋业基地，筑巢引凤，为经济的振兴打下基础。湛江以港兴市取得新突破。建成湛江港30万吨级原油码头、20万吨级铁矿石码头、25万吨级深水航道三大工程。2007年，全市港口货物吞吐量9165万吨，已和广州、深圳一样跻身广东三大港口之一。

4. 针对粤北山区的实际，通过建设发达的交通网络带动城市化发展

改革开放以来，山区韶关、梅州、清远、河源、云浮五市社会基础设施投资力度不断加大。2007年，山区五市完成全社会固定资产投资1187.27亿元，比1978年增长254倍，年均增长21.1%；分别高出东翼和西翼的68.2%和133.4%。大批能源、交通、通信、城市基础设施项目相继竣工并发挥效益。如韶关建成韶钢500万吨钢生产平台，韶关卷烟厂30万大箱生产线等一批重点项目。交通方面，随着惠河高速、粤赣高速、龙梅高速的建设，把河源到广州的车程缩短了近一半的时间，使其融入了珠江三角洲"两小时"经济圈，加上境内的铁路建设，河源已逐渐成为重要的交通枢纽。经过30年的建设，山区五市已初步建成一个铁路、高速公路、国道、省道、县道、村道和水运协调发展的四通八达的交通运输体系。

（四）广州：广东城市化的领头羊

广州是广东省省会，也是全国最富有活力的中心城市之一。2007年，广州综合经济实力再上新台阶，生产总值达到7050.78亿元，同比增长14.5%。经济总量在全国大城市中连续18年居第三位。广州市常住人口超过1000万人，是一座超特大城市。作为广东省的省会，广州30年来的城市巨变，可以说是广东城市化迅速发展的一个缩影，更是广东城市化发展的典型代表，同时还是广东城市化水平迅速提高的领头羊，对带动珠江三角洲城市化的发展，尤其是带动周边城市的发展发挥了重要的作用。

□广州至今在珠江上已建成14座大桥。图为广州海珠桥。（图片摄影：王列）

广州的城市发展大致经过如下三个阶段，对照三个阶段的变化尤其能看出广州的城市发展水平和城市化的变迁业绩：

（1）20世纪80年代旧城基本设施改造阶段

改革开放的头十年，广州城市化的发展主要表现在对城市原有基础的改造。交通方面，拓宽城市主干道，形成了横跨东西的六条重要主干道，包括环市路、东风路、中山路、沿江路、滨江路和新港路。建设长跨度高架路和跨江大桥，包括人民路高架路、东豪涌高架路、江湾大桥、解放桥等。

（2）20世纪90年代城市扩展阶段

在旧城改造的基础上，广州迅速开始城市空间的扩张。1980年，广州城市建成区面积为136平方千米，1990年达到182.3平方千米，1999年已达到285平方千米。进入90年代以后，随着宏观经济过热，特别是房地产开发热的兴起，1990年开始修编的广州城市总体规划提出向东、向北两个方向同时发展的方案。到90年代后期，确定了城市空间向东南方向发展的思路，建成区从原来的4个老区扩展成新8区：东山、越秀、荔湾、海珠、芳村、白云、黄埔、天河。

（3）21世纪开始"大广州"规划

进入21世纪，尤其是城市东移、房地产业的迅速兴起，原有行政架构的制约作用越来越明显，

"大广州"规划被提到了议事日程。以2000年番禺、花都撤市设区为标志，大广州规划开始形成。现在，广州城市建成区面积已经达到431平方千米，市区人口增加到718.8万人，常住人口达1000万人。广州城市空间扩展既表现为城市边缘地带的蔓延生长，如天河、芳村、海珠、白云区南部的新建成区，又有沿轴线进行的跳跃式扩展，如黄埔区和广州经济技术开发区的建设等。同时，旧城区改造步伐大大加快，从局部修补转向以房地产开发为主导的全面改造。新的高层和超高层建筑大量出现，城市地下空间得到有效开发，城市向高密度、垂直化方向发展，城市景观有了很大改变。

广州城市化的成就除了表现在城市建设和改造方面，更表现在日臻完善的市政基础设施建设方面。从一组对比数据我们可以看出改革开放以来广州市政设施总量的快速增长：广州市政道路长度从1978年的390千米增至2007年底的5335千米；城市道路面积从1978年的342万平方米增至2007年底的9000万平方米；桥梁、隧道从1978年的140座，增至2007年底的1241座。城市路网进一步完善，中心城区交通状况得到明显改善。内环路的建成通车，成为广州市城市立体快速交通网络的重要支点，广州市中心区平均行车速度由原来15千米/小时提高到30千米～35千米/小时；广园快速路、华南快速路、科韵路等主干道路的建设，初步构建了城市快捷道路系统，改善了城市交通网络布局，广州城区基本形成由高速路、快速路、主干道路和次干道路构成的层次清晰、功能分明、交通便捷的城市道路交通网络体系。污水治理稳步推进，全市污水处理能力达187.1万立方米/日，城市生活污水处理率达71.64%，珠江水质进一步好转。广州市荣获"中国人居环境奖（水环境治理优秀范例城市）"称号，并成功通过创建全国环保模范城市考核验收。

随着社会的发展，市政设施功能更加人性化。行人立体过街设施、港湾式公交车站、无障碍设施和行人诱导系统、内环路吸声隔音屏障等一系列便民市政工程的建设，使市政设施服务理念和设施建造从简单满足使用功能到日趋人性化的跨越。同时，市政部门为提高服务质量和水平做了大量的工作：制定实施全市171个道路报刊亭规划，优化道路报刊亭布局。在市内城市主干道路、重要商业区、旅游名胜区、轨道交通车站出入口和亚运场馆周边道路增设新型行人指路标识系统标识牌，城市道路识别效率进一步提高，市政道路路面综合质量不断改善。成立"8383市政呼叫服务调度中心"，组建200人的市政道路巡查队伍，全天巡查市政道路，及时发现并解决路面损坏、井盖丢失、绿化受损、自来水及煤气管爆漏等热点问题和突发事件。

科研项目正逐年增加，正在推进的64个项目投入达5777.5万元。推广应用非开挖顶管技术、智能交通疏导系统，解决拉链路、道路施工影响道路通畅等问题；新建市政道路、人行过街设施和污水管网全面实施社会化管养，降低管理成本；依托"数字市政"，深化电子政务应用，通过报纸、电视和网站等媒体，全面推行办事公开；"数字市政"系统取得良好应用效果，实现了市政设施信息化、精细化管理，有效地提升了市政设施安全保障和公共服务管理水平。"数字市政"地理信息、业务管理和8383服务调度系统建成并投入使用，在细化市政设施管理、提高工作效率、规范行政审批程序、加强市政设施监控、增强设施应急抢险能力、改善公共服务质量等方面发挥重要作用，"数字市政"系统获得国家"政府信息化管理创新奖"。

改革开放30年，广州经济社会发展迈上了新的台阶，正在朝活力、文化、祥和、生态的现代大都市迈进。

（五）深圳：国际化新都市在跃起

□深圳夜景（全景图片社供图）

深圳是改革开放30年中可圈可点的一项改革开放奇迹，也是一项城市发展奇迹！

虽然深圳1979年才建市，但是，她是广东乃至中国改革开放30年不可或缺的一个重要组成部分，是中国改革开放的"试验田"。凭借"三天一层楼"的"深圳速度"，深圳从南海的边陲小镇，神奇般发展成为一座现代化的大都市。数据显示，2007年深圳城市化率达到100%，成为全国第一个没有农村人口的城市。2008年北京召开的中国城市论坛峰会颁布的《中国城市综合竞争力报告》，就认为深圳是一座人造城市的成功典范，是中国最年轻、发展最快、颇具活力和潜质的城市。

深圳创造了世界城市发展史上的诸多奇迹。2007年，深圳全市生产总值达到6801亿元，位居全国城市第四，人均GDP超过1万美元。深圳人均社会消费品零售总额大大超过其他城市，初等教育万人拥有专职教师人数，每万人拥有医生数，每百人公共图书馆藏书量这三项指标也都名列第一。

近年来，深圳市人民政府高度关注区域的产业升级和着力发展高新技术产业，深圳的高技术产业在国民经济中的地位和作用日益加强。数据显示，深圳的高新技术产品产值由2005年的4885.26亿元增加到2007年的7598.76亿元，占深圳市规模以上工业总产值的比重由2005年的51.06％提高到2007年的54.9％。2007年，深圳市研发投入占生产总值的比重由2005年的3％提高到3.3％。2007年深圳市专利申请量达35808件，名列全国大中城市第二位。

在经济发展的同时，深圳市下大力气解决民生问题，推进经济社会的和谐发展。2007年，在深圳市提出的21项"民生净福利指标体系"中，列入了"财政性公共基础设施建设支出占财政支出比例"这一指标。2005年至2010年，深圳投入到公共基础设施建设方面的资金，包括财政投资、社会投资在内，总额将达到1600亿元。而公共基础设施包括的范围广泛，不但涉及市民的衣、食、住、行各方面，也包括医疗、科技、甚至绿化等方面。这一指标的变化，也将带来社会整体福利水平和深圳宜居程度的全面提升。2008年，在中国城市竞争力论坛上，深圳与北京、上海、杭州等城市一起当选29个"感动世界的中国品牌城市"。深圳市统计局实施的"民生净福利指标体系"、福田区人民政府实施的构建社会管理服务体系分别入选"中国城市30年：30个城市管理经典范例"。

伴随着经济总量占据中国改革开放排头兵的位置后，深圳发展进入"平台期"。深圳面临实现新一轮发展跨越的历史抉择，要把深圳建设成具有中国特色、中国风格、中国气派的国际化城市，必须尽快跨越 "平台期"。

（六）生态广东：提升生活质量成为城市化的主旋律

在经济快速发展的同时，广东着力加强环境保护，改善生态环境，建设绿色广东。1985年，全省实施十年绿化广东工程，十年后，成为全国第一个绿化省。30年来，广东在生态文明建设方面的主要做法有：

1. 构筑可持续发展的绿色生态屏障，包括加强生态保护和建设，开展创建林业生态县活动，大力发展珍贵树种

□ 全国文明村镇先进单位——吴川蛤岭村，图为该村的百亩荷塘。（图片摄影：陈明利 中共广东省湛江市委办公室供图）

（1）强化林地、林木、野生动植物和湿地资源保护。高度重视山区生态屏障的保护和建设。抓好地质灾害防治。依法查处无序开发资源等严重破坏生态行为，并限期恢复治理。（2）开展林业生态县活动。东莞市、中山市、乐昌市、平远县、惠阳区、台山市、麻章区、高州市、德庆县、潮安县、云城区等11个市、县（市、区）通过了林业生态县达标验收，全省已有2个地级市、42个县（市、区）被省人民政府授予"林业生态市"、"林业生态县"称号。（3）大力发展珍贵树种。目前，全省建设珍贵树种示范基地8万多亩，以珍贵树种为主的硬木阔叶林达926万亩。积极发展生态示范园区。大力发展生态工业、农业和服务业，逐步形成共生互动的生态产业。组织实施林业生态省建设规划，加快生态公益林体系建设，建成一批林业生态县，推进林业重点工程建设。

2. 实施林业生态重点工程，建设生态广东

广东1999年开始实施生态公益林效益补偿制度，成为全国唯一省级林业分类经营改革试验示范区。近年先后实施水源涵养林、沿海防护林和红树林、林分改造等林业重点生态工程，形成了广东省林业重点生态工程的基本框架。广州市实施了"青山绿地"工程，中山市实施了"一区三线"林分改造工程，深圳市实施了西枝江和东江水源林、绿色通道、红树林建设工程，梅州市实

施了梅州城区十万亩群山森林围城和市通县十条绿色通道工程，韶关市实施了城区出口造林绿化工程，肇庆市实施了北岭山林分改造工程等。其中，林分改造工程全年下达省财政专项资金6600万元，完成省级林分改造

□中嘉污水处理厂。（中共广东省中山市委办公室供图）

任务21.89万亩，造林成效良好。造林成效达"优"的单位，占有造林任务总单位数的63%；成效达"良"的单位占27%。全省的森林生态旅游产业体系已初步形成，"吃、住、行、游、购、娱"旅游六要素已基本配套。森林生态旅游年接待游客达5000多万人次。

3. 加快发展循环经济

按照减量化、再利用、资源化的原则，坚持开发与节约并举，把节约放在首位。研究开发资源节约和综合利用新技术、新工艺和新设备，建立固体废物综合利用开发系统，大力开发废物资源化技术、清洁生产技术、生态产业链技术、环境工程技术等"绿色技术"，推行清洁生产。逐步构建节约型产业结构和消费结构，建设节约型社会。创建循环经济示范园区。调整能源结构，发展清洁能源和再生能源。加快发展技术先进、环保型新燃料发电机组和水电、风电、核电。

□华南再生资源（中山）有限公司于2005年投资1.3亿元在中山市建立了广东省较大环保再生资源生产基地，现年生产值达5600万元。（华南再生资源（中山）有限公司供图）

三、日臻成熟的社会管理系统

广东社会管理事业30年是一路探索，一路开拓，一路高歌。从用工制度改革、收入分配制度改革到社会保险改革……广东都率全国风气之先，为劳动保障体制、机制改革，乃至为社会管理创新，摸索和创造出许许多多的成功经验，为经济社会的协调发展、跨越发展，为和谐社会建设贡献了应有的力量。

（一）社会保障体系初步完善

社会保障体系包括社会保险、社会福利、优抚安置和社会救助等，社会保险是其核心。改革开放30年，广东按照"统筹经济发展与社会建设、统筹劳动就业和社会保障、统筹城镇社会保障和农村保障、统筹公平和效率、统筹发挥政府作用和市场机制作用"的原则，把解决发展过程中的突出问题与建立长效机制结合起来，进一步加强社会保障体系的制度建设、机制建设和加大保障建设的资金投入，不断完善社会保障体系的建设，基本形成了覆盖城乡、基础坚实的社会保障系统、管理制度和运行机制。

1. 社会保障覆盖面显著扩大

广东省的城乡社会保障体制趋于完善，社会保险制度逐步健全，社会保险覆盖范围在不断扩大，社会保险基金的保障能力不断增强，强化社会保险基金监管，提高企业退休人员管理服务质量。截至2007年，广东社保基金结余资金达到1506亿元，占全国的18.8%。2008年，城镇参加基本养老、医疗、失业、工伤和生育保险人数分别达到2444.25万人、3759万人、1441.74万人、2302.34万人和1011.21万人，均超额完成年度计划，居全国首位。

2. 社会保障的基础不断夯实

（1）加强社会保险基金监督管理。广东注意健全社保基金监管体系，建立完善社会保险基金运行评估制度，强化社会保险费征缴情况专项检查，严肃处理冒领欺诈社保基金等违规行为。能够发挥监委会的监督协调和指导作用，全方位推动社保基金监督工作的开展。（2）全面建立健全社会保障机制。"十五"期间，社会保险改革取得新突破。社会保险覆盖面不断扩大，到2005年底，广东省基本养老保险、失业保险、基本医疗保险、工伤保险和生育保险参保人数分别达1564.9万人、1130.7万人、1235.3万人、1605.1万人和419.4万人，分别比"九五"期末增长56.8%、51.1%、295.1%、67.1%和81.1%。除生育保险外，其他4个险种参保人数均居全国首位。社会保险市级统筹基本实现，统筹调剂能力进一步增强。

——1998年开始，在省委、省政府领导下，各级劳动和社会保障部门与卫生、药品监督等部门密切配合，同步推进基本医疗保险、卫生和药品生产流通体制三项改革，加快基本医疗保险实施步伐。不断完善政策，规范医疗保险业务的运作。先后出台了《广东省城镇职工基本医疗保险诊疗项目管理暂行办法》、《广东省城镇职工基本医疗保险药品目录》、《广东省公务员医疗补助办法》，提出了特困职工参加基本医疗保险的指导性意见。着力健全医疗保障体系，为职工提供多层次的医疗保障。建立公务员医疗补助制度和大额医疗费用补助办法，积极探索建立社会医疗救助制度，发展补充医疗保险，满足不同人群的医疗保障需求。至今基本医疗保险制度运行平稳，改革成效初步显现。

——从1998年起，以落实"两个确保"大大推动了整个社保体系建设，取得了突破性的空前进步，现在社会保障的基本体系已经确立。社会保障是一个庞大的社会系统工程，其中养老保障、医疗保障、失业保险和最低生活保障制度，构成了整个社会保障体系基本的框架。在经济体制改革过程中，原来计划经济的"单位保障体制"，逐渐被市场经济体制所瓦解，可以说，现在建立起来的独立在单位体制外的社会保障体制，几乎是在没有任何积累的条件下建立的。

——1998年以来，广东省坚决贯彻中央的重大决策，全面落实"两个确保"，到2001年，为确保下岗职工的基本生活，共发放基本生活保障资金27.88亿元；从2000年10月就做到了确保离退休人员养老金按时足额发放，到目前为止全省企业离退休人员的养老金一直保持100%的社会化发放，并且当期和累积均无拖欠。

——广东以养老、失业保险为重点的社会保险扩面征缴工作也取得突破性进展。到2001年底，全省参加企业养老保险人数达1065.1万人，比上年增长23.2%，约占全国的1／10；失业保险参保人数达819.5万人，增长51.3%；全省有175.5万离退休人员享受了企业养老保险待遇。社保费收入逐年增长，社会保险基金全年征缴收入258.04亿元，比上年增长43.2%。城乡居民最低生活保障已保人数达45.9万人，比上年增长20.5%，保障资金投入3.05亿元。广东社会保障网络覆盖率达97.6%，同比增长近1个百分点。

——最低基本生活保障制度，是社保体系的最后一道安全网。2000年，广东省在全国率先实行下岗职工基本生活保障向失业保险制度并轨后和低保制度的逐步完善，保障面进一步扩大。各级建立了城镇特困人员医疗保障制度，按最低生活保障线标准金额的14%纳入财政预算，全面落实城镇低保对象基本医疗救助金。

3. 建立了多层次的社会保障系统

（1）优抚安置工作成效明显。以城镇退役士兵自谋职业为中心，职业培训、推荐就业和优惠政策扶持相配套的安置改革顺利推进，2001年至2005年共完成对14.7万名退役士兵和4107名军队离休退休干部、无军籍职工的接收安置工作，退役士兵自谋职业率达90%。（2）捐助工作和慈善事业逐步走向社会化。全省已建立经常性捐助站168个，街道和社区居民委员会及党政机关、团体、企事业单位等设立经常性捐助点2950个。慈善事业蓬勃发展，省慈善总会自2004年成立以来，两年共募得善款7亿元。

4. 全面建立农村社会保障制度

（1）农村养老保障体系初步建立。广东还在建立被征地农民养老保障制度，到2010年符合条件的被征地农民将全部纳入被征地农民养老保障范围，在有条件的地区将建立农村养老保险制度。以收缴被征地农民社会保障资金过渡户为重点，广东力求实现被征地农民的即征即保，确保征地补偿费和政府国有土地权出让收入优先用于被征地农民的养老保障安排。2008年广东还制定出台《广东省村党组织和村民委员会成员养老保险办法》，开创农村社会养老保险新模式，选择部分县、区开展农村养老保险试点，在试点的基础上，探索建立融合农村各类人员的全省统一的农村养老保险制度。（2）农民工社会保障覆盖范围进一步扩大。广东逐步将未参加城镇养老保险的农民工纳入农民工养老保险。到2008年，工伤风险较高的建筑行业、非煤矿山等采掘行业的农民工全部纳入工伤保险，与城镇用人单位签订劳动合同的农民工全部纳入医疗保险范畴。（3）农村医疗保障体系进一步完善。广东正在构建以县区统筹、"保大病"、"保住院"为主的农村合作医疗制度，新型农村合作医疗覆盖率到2010年将达85%，筹资水平和保障水平将逐步提高。近年来，农村医疗救助制度不断完善，有条件的地区正在大力推广农（居）民医疗保险制度，不断提高农（居）民医疗保障水平。（4）城乡"低保"和"五保"[1] 供养体系进一步健全。广东注意建立城乡低保标准、五保供养标准与经济社会发展水平相适应的自然增长机制。城乡低保力求实现动态管理下的应保尽保。逐步提高供养标准，使五保户的生活不低于当地村民的平均生活水平。

5. 社会救助走在全国前列

建立了城乡一体的最低生活保障制度，困难群众的基本生活权益得到保障。建立了救灾工作分级管理、救灾经费分级负担的运行机制。帮助灾民新建或重建住房127.1万间，灾民新村近170个，使灾

1　"低保"即居民最低生活保障；"五保"指对老、弱、孤、寡、残的农民实行保吃、保穿、保医、保住、保葬（孤儿为保教）等一系列社会救助制度。

民的吃、穿、住、医等基本生活需要得到了保障。全省共有救助站62个，流浪儿童保护中心8个。

（二）充分就业工程成就显著

改革开放30年来，广东始终坚持更加充分的社会就业目标，着力建立健全城乡劳动者统一的就业体制，优化就业结构，全面促进就业再就业，扩大就业容量，保持就业局势的持续稳定。2008年广东城镇新增就业198.5万人，其中就业困难人员就业再就业10.8万人，城镇登记失业率控制在2.56%以内。

1. 完善和实施积极的就业政策

广东注意健全市场经济条件下促进就业的法规体系，形成劳动者自主择业、市场调节就业、政府促进就业的长效机制。能够认真贯彻实施《就业促进法》，进一步完善和实施各项积极的就业政策，建立覆盖城乡的就业援助长效机制，建立标准化和规范化的就业援助工作流程，加大就业帮扶力度，大力实施城乡就业援助工程，开展再就业援助月、岗位技能对接、春风行动和大中专技校应届毕业生就业服务月等专项活动，着力帮助城镇"零就业家庭"、农村贫困家庭等困难群体实现就业。能够建立健全促进就业目标责任考核和表彰激励机制，推动各级政府进一步落实就业工作责任，将促进就业再就业纳入政府宏观调控目标体系。能够探索建立充分就业指标体系，研究建立经济与就业协调发展的分析、评估和决策系统，进一步强化经济增长与扩大就业协调发展的机制。

2. 大力推进城乡统筹就业

广东正在加快建立完善城乡劳动者平等就业机制，完善覆盖城乡劳动者统一的就业和失业管理等各项政策制度；建立城乡统一的人力资源市场，全面推行城乡、省内外劳动者统一的《广东省就业失业手册》，确保持有手册的劳动者都能享受同等的公共就业服务和各项就业扶持政策；深入实施农村百万青年技能培训工程，建立与农村劳动力培训为一体的信息化管理体系，加快农村劳动力有序转移就业；进一步组织做好劳务合作工作，加快完善劳务合作机制，推动落实泛珠江三角洲各项劳务合作，加强劳动力培训输出基地化运作，加快建立完善城乡统一的人力资源市场信息服务网络，以及覆盖泛珠江三角洲区域的信息网络，构建全省联网的远程见工系统，强化地区间的劳务合作交流。抓紧建设省泛珠江三角洲人力资源合作交流中心项目。

3. 提高公共就业管理服务质量

广东一直致力于完善城乡公共就业服务体系，贯彻推行《完善公共就业服务功能手册》，组织实施就业服务制度化、专业化、社会化"新三化"建设。能够加强公共就业服务机构建设，推行公共就业服务绩效挂钩机制，推动各级公共就业服务机构完善和提升综合服务场所功能，加快村（居）劳动保障服务站建设步伐；推动全省创建"充分就业社区"和平安和谐社区，全面提高公共就业管理服务的质量；加快推进人力资源市场建设，健全人力资源市场信息服务体系，完善人力资源供求信息和工资指导价位发布制度，为城乡劳动力提供优质的公共就业服务。广东还注意建立失业调控工作体系。建立失业预测预警机制，构建失业调控支持系统和应急保障管理系统，对失业状况进行实时监测，进一步发挥失业预警宏观调控作用。[1]

（三）在全国最早实行社会保障制度改革

广东是国家社会保险改革的试点，也是最早实行社会保险改革的地区，广东的实践经验为全国的社保改革起着示范和探索的作用。1992年，广东率先在全国全面推开社会保障制度改革。1992年6月10日，广东省人民政府批转《广东省社会养老保险制度改革方案》，广东社保改革走上制度化的轨道。广东的社保改革经历了曲折的过程。早在1983年，广东就着手对"企业办保险"体制进行了改革。1984年在部分地方试行国营和城镇集体企业固定职工退休费由社会统筹；1986年，建立国营企业职工个人缴纳养老保险费制度；1989年开始，部分市试行临时工个人养老保险办法；1990年开始，部分市试行固定职工个人缴纳养老保险费制度；1992年，建立企业职工社会工伤保险制度。广东社保所有改革探索，都在全国内最早推开。

□社会保险进入多样化、市场化。图为中国人寿保险走进社区，服务群众。（图片摄影：黄志忠 广东《大经贸》杂志社供图）

1. 覆盖城乡居民的社会保险体系正在完善

广东坚持城乡统筹、通盘规划、部门协调、调动各方面积极性，让人民人人享有社会保障，安

---

1 参见广东省劳动和社会保障厅：《2008年广东省劳动和社会保障事业发展计划》，腾讯网，http：//news.qq.com，2008年4月29日。

居乐业，幸福安康。（1）深化失业保险制度改革。广东注意做好扩大失业保险基金支出范围试点工作，增强失业保险基金在职业培训、职业介绍等方面的使用效能，发挥失业保险促进再就业的作用。能够加快推进失业保险市级统筹，确保待遇发放。（2）做好社会保险扩面征缴工作。广东坚持以非公有制企业和城镇个体工商户从业人员，以及灵活就业人员为重点，充分利用《劳动合同法》颁布实施为契机，不断扩大社会保险覆盖范围，把符合条件的劳动者特别是要求最迫切的城乡困难群体纳入社会保障体系。（3）完善社保基金征缴机制。广东正在采取社保登记与工商年检建立联动机制、开设社保专门服务窗口等办法，强化社会保险基金征缴，提高征收率。广东还加强社会保险基金稽核，大幅度清理历史欠费，改善各级社保基金收支状况；拓宽资金来源渠道，加大财政投入，提高社会保险基金保障能力，确保各项社会保险待遇按时足额发放。

2. 完善养老保险制度

1998年，《广东省社会养老保险条例》出台；2006年，广东省人民政府推出了完善企业职工基本养老保险制度的各项改革措施。目前，广东正在完成视同缴费账户建账工作，修订《广东省社会养老保险条例》，提高养老保险法制化水平。广东还在进一步推动做实养老保险个人账户工作，规范和完善养老保险市级统筹，大力推进省级统筹；完善基本养老金正常调整机制，实现离退休人员基本养老金合理增长；研究解决早期离开国有、县以上集体企业人员养老保险和困难企业养老保险费欠费补缴等历史遗留问题；继续鼓励有条件的企业建立企业年金制度，研究制定全省地方养老保险试行办法，进一步完善多层次养老保险体系。

3. 积极开展多层次的社会保险工作

（1）推进工伤保险工作。广东正在扎实实施"平安计划"，对建筑等行业进行重点专项检查，进一步扩大工伤保险的覆盖面。正在健全工伤康复体系，强化工伤管理服务，推进省工伤康复中心项目建设，有效推进工伤预防、医疗康复和职业康复等工作。（2）加快生育保险制度建设。2008年已出台《广东省职工生育保险规定》，生育保险工作正在加快推进。（3）积极推进企业退休人员社会化管理服务工作。广东正在加强退休人员社会化管理服务工作体系建设，2008年已制定出台《广东省企业退休人员社会化管理服务示范点标准》，正在将社会化管理服务资金纳入制度性保障，提高企业退休人员管理服务质量。

（四）医疗保险：全国领先

医疗保障是城乡居民普遍关注的民生问题，也是广东建设和谐社会，实现社会公平目标和强化社会管理的重头戏。改革开放30年来，广东省在推进和探索医疗保险的市场化改革同时，始终把医疗保险当做一项重要的民生问题进行科学管理。先后颁布实施了一系列旨在加强医疗保障的政策，包括建立城乡居民基本医疗保险制度和农村合作医疗制度，增加政府对医疗卫生事业的财政投入。在多方努力之下，居民医疗保障的覆盖面不断增加，可望在2009年实现全民医保。目前，居民的医疗保障存在三种方式：行政机关、事业单位、国有企业采用公费医疗保障制度，城镇非国有机关与单位人员、非公有制企业职工以及灵活就业者参加医疗保险，农民参加农村合作医疗。

1. 城乡居民基本医疗保险制度初步建立

早在2004年，东莞、佛山、中山等地相继开展了城乡居民基本医疗保险的试验，为广东城乡居民基本医疗制度的实行进行了探索，取得经验。2007年8月，中共广东省委、广东省人民政府颁布实施《中共广东省委广东省人民政府关于解决社会保障若干问题的意见》，提出建立城镇居民基本医疗保险制度，以此覆盖城镇职工基本医疗保险制度覆盖范围以外的本省各统筹地区城镇户籍居民，包括未成年人（未满18周岁的居民以及18周岁以上的中学生），18周岁及以上无业居民，未享受公费医疗的大中专及技工学校全日制在校学生，征地后转为城镇居民的被征地农民等。有条件的地区，农村户籍居民可以与城镇户籍居民实行统一的居民基本医疗保险。随后，广东省劳动和社会保障厅、财政厅制定《关于建立城镇居民基本医疗保险制度的实施意见》，进一步细化居民基本医疗保险制度，完善医疗保险个人账户管理办法和费用结算办法，提高医疗保险管理服务水平。截至2008年7月底，广东省城镇居民基本医疗保险参保人数已达678.9万人，覆盖了全省70%人口，其中62万人次享受医疗保险待遇。全省所有市均出台并实施城镇居民基本医疗保险制度。

2. 医疗保险的覆盖面在不断扩大

2003年至2005年，广东全省农村住院补偿161万人次，医疗救助3.7万人次。特别是从2004年开始，东莞、佛山、中山等地相继开展了城乡居民基本医疗保险的试验，珠海市实施了未成年人医疗保险，到2006年底，四个地区的城乡居民参保已达358万人，医疗保险参保人数由2000年的124万人增长到2005年的1235万人，6年来增长了近10倍。2008年，广东城镇职工基本医疗保险已经覆盖了2401万人，居全国前列。目前，医疗保险正从城镇职工向城乡居民、灵活就业人员、外来务工人员、未成年人、大学生扩展。

3. 农村合作医疗体制改革成效显著

（1）农村合作医疗的参加率逐年提升。广东省人大常委会于2001年通过《关于建立和完善农村合作医疗保障制度议案的决议》、2002年通过《关于建立和完善农村合作医疗保障制度议案的实施办法》。从2002年起，广东省人民政府分阶段积极稳妥地推动农村合作医疗的发展，逐步提高农民的医疗保障水平，农村合作医疗的参加人数逐年增加。2002年，农村合作医疗的参加率只有30％左右。到2006年，全省农村合作医疗参加率增至61.4％，2007年4月，农民参加率达到83％。（2）合作医疗模式不断创新，惠及城乡居民。广东全省人口9300万，享受农村合作医疗的农民有4949万，东西两翼和北部山区农村合作医疗户籍人口约为4200万人。[1] 资金筹集方式采取市县镇各补助一部分，在自愿的基础上以农民负担为主。管理模式上，一是镇村联办，即以乡镇卫生院为载体，辐射到各村卫生站，实为村级统筹，再是镇级统筹，以镇为主。参保人月定额缴费10元～20元，县财政补助1元～2元，在镇统筹的地方，镇再补助一部分，以调动农民参加合作医疗的积极性。（3）政府加大扶持力度。从2008年起，各级财政对参加医疗保险的城镇居民按新型农村合作医疗的补助标准给予补助。省级财政对转移支付地区的补助标准从2007年每人每年35元提高到每人每年61元，市、县、镇三级财政补助的标准从每人每年不低于15元提高到每人每年不低于25元，加上中央财政补助标准从每人每年不低于2元提高到不低于4元，各级财政总体补助标准不低于90元。在此基础上，属于低保对象、重度残疾人和低收入家庭60岁以上的老年人所需的家庭缴费部分，全部由政府资助参保，个人不需要缴费。截至2008年，全省享受政府全额资助的困难人群共有30万人参加医疗保险，切实解决了困难人群的医疗保障问题，较好地促进了社会公平。在重点保障住院及门诊大病的基础上，广州、深圳、佛山、中山、东莞、湛江市等地的城镇居民基本医疗保险又在原有保障内容基础上增加了普通门诊待遇，实行门诊统筹，提高了政策的吸引力，切实满足了广大参保人的门诊待遇需求。目前，其他地区也在积极研究门诊保障措施，进一步提高基本医疗保险的保障水平。

4. 积极构建农民工的医疗保障体系

2006年，广东省开展农民工参加医疗保险专项扩面行动，实施"广东省职工医疗互助保障计划"，向全省农民工推出低门槛版本，30元一份，一年内可在患癌症等六种重大疾病时获5000元保障，最多可参保5份，即可获2.5万元保障。农民工的医疗保障制度初步建立。经过"广东省职工医疗互助保障计划"，至2007年6月底，全省农民工参保人数已达973万人。

5. 逐步实现"全民医保"

实现"全民医保"是医疗保险和医疗保障的宏大目标。从2007年起，珠海成为全国首个"全民医保"的试点城市。珠海的"全民医保"试点自2007年起筹措，在全国率先尝试建立"全民医保"制度。其思路是：小病治疗免费、中病依靠全民基本医疗保险、"大病"则通过医疗统筹救助。广东省实施"全民医保"的时间表是2009年。

---

[1] 参见郑方辉、尹建华：《广东医疗保障的现状评价与发展对策》，广东经济学会网，http://www.gdeco.com.cn，2008年7月11日。

（五）商业保险：位居全国之首

保险业是社会保障体系的重要组成部分，是人民群众提高生活质量的重要途径，也是支持投融资改革和企业改制的有效方式。作为经济大省，广东一直把保险业当做政府推动经济社会发展的重要抓手，当做政府有效进行社会管理的重要手段。

30年前，广东保险业的起点与全国其他地区相差无几。但是，经过30年的发展，广东保险业开始逐步成熟，在全国处于遥遥领先的态势。（1）保险业是广东发展最为迅速的行业之一。2007年是广东省保险业改革发展取得了历史性突破的一年。2004年至2006年广东保费收入连续跨越400亿、500亿、600亿"三大"台阶。2007年连续跨越700亿、800亿两大关，连续四年居全国首位。（2）广东保险业排头兵地位不断巩固。自2004年以来，广东的保费收入一直位居全国第一，年增速达33%，创12年来新高，是增速连续4年高于全国的唯一省份。（3）保险产业结构日渐优化，服务创新成绩显著，在经济发展、社会进步过程中，发挥了越来越重要的作用。

面向未来，广东保险业的发展趋势是，适应新形势的新要求，以世界目光、全球视野谋划发展，确立新的目标和任务。到2020年，全省保费总量将超越香港，保险深度和密度分别达到4.5%和5000元，保险市场比较发达，产业结构优化升级，基本实现商业保险全面覆盖，有效监管体系基本形成，综合竞争力全面提升，实现广东由保险大省向保险强省的新跨越。

（六）社会福利：市场化运作初见成效

如何让城乡居民分享到改革开放、经济发展的成果，是广东历任决策者考虑最多的问题之一。广东省目前有各类社会福利机构2131所，共有床位71946张。为避免按传统方式组建新的福利机构，广东从一开始就建立起市场化的运行机制。

1. 救灾应急保障系统不断健全

广东注意建立省、市、县三级灾害应急指挥系统、灾害应急机构和减灾工作机构，建立信息传输系统和定位监控系统，救灾防灾工作水平不断提高。广东地级以上市及灾害多发地区也将建立救灾物资储备中心，设置相对固定的灾害应急庇护场所，及时安置紧急转移的灾民。

2. 社会救助系统不断健全

广东城乡最低生活保障制度不断完善，保障标准在经济发展的基础上逐步提高；城市生活无着的流浪乞讨人员救助管理水平不断提高；农村福利设施不断完善；社会捐赠机构和慈善事业服务网日益健全，法规政策体系日益完善，慈善事业得到较快发展。

3. 社会福利保障系统不断健全

广东社会福利社会化进程较快，到2010年，每个地级以上市和县（市、区）都会建立一所综合性、多功能的社会福利机构，解决孤、老、残、幼等对象的生活问题。近年来，广东社会孤儿保障机制和老年人权益保障机制不断完善，以社区为依托的老年服务产业迅速发展，老年人权益保障机制得以建立和完善。2007年，福利机构中具有手术康复适应症的残疾孤儿95%以上得到手术康复。

4. 优抚安置系统不断健全

广东能够逐步完善抚恤补助标准自然增长机制，义务兵家属"优待金"财政保障和优抚对象医疗保障的长效机制；深化退役士兵安置改革，全面推进退役士兵免费职业技能培训和促进就业工作，努力开创部队、退役士兵和用人单位"三满意"的退役士兵安置新路子，逐步实现城乡退役士兵安置一体化；始终注意做好军队离退休干部接收安置工作，积极探索国家保障和社会化服务相结合的服务管理模式，提高服务水平。

广东注意深化退役士兵安置改革，实施"广东省退役士兵职业技能培训工程"，从2006年冬季开始，对服役期满、正常退出现役、符合广东省安置政策、能参加正常培训的城乡退役士兵免费进行职业技能培训，组织动员退役士兵到技工学校、中等职业学校等院校接受2年或3年职业技能培训，由财政给予每人每年不低于7000元的补贴，毕业后由培训学校通过多种渠道，积极指导、帮助并优先推荐就业。广东能够认真贯彻落实《军人抚恤优待条例》，建立义务兵家属和其他重点优抚对象优待金保障机制，帮助优抚对象进入相应医疗保障体系，积极动员全社会力量给予优抚对象更多的优厚待遇。广东还注意加强优抚事业单位和军休所、军供站建设，完善配套设施设备，加强对重点保护单位烈士纪念建筑的维修改造。

5. 多种形式的社会福利事业蓬勃发展

广东注意加大城市福利机构设施建设和基础设施的改造维修力度，以"民办公助"、"公办民营"和"政府购买服务"为主要形式，发动和鼓励社会民间组织兴办了多种形式的社会福利服务机构和设施。注意完善社会孤儿保障机制，在集中供养的基础上，能够健全家庭寄养制度，建立手术康复保障机制。广东还引导、支持社会力量兴办老年服务设施和服务机构，建立地级以上市、县（市、区）老年活动中心和社区、街道（乡镇）老年文化娱乐中心（站），丰富老年人精神文化生活。广东能够加大福利彩票发行销售力度，强化服务手段，加快彩票销售网点建设，在合理布局城市网点的基础上，全面开拓农村市场。

（七）把平安和谐落实到社区

适应"单位社会"向"社区社会"转变的新形势，广东省自2000年起，全面推进社区建设和社区服务，明确要求各地、各有关部门积极拓展社区服务的范围和内容，明确社区服务的主体，加大社区服务设施建设力度，创新社区服务的方式和手段，取得了明显的成效，为广东省进一步加强和改进社区服务工作积累了成功经验。

广东正在按照全面推进构建"六好"（自治好、管理好、服务好、治安好、环境好、风尚好）平安和谐社区的要求，逐步建立与社会主义市场经济体制相适应，符合广东实际，覆盖社区全体成员、服务主体多元、服务功能完善、服务质量和管理水平较高的社区服务体系。到2010年，珠江三角洲地区80％的社区、其他地区60％的社区将达到"六好"平安和谐社区的要求。

具体措施包括：

（1）通过加强社区公共服务体系建设，切实推进社区就业和保障救助、卫生计生、文化教育和体育、治安安全等社区服务工作，提高政府公共服务水平。（2）强化社区居民委员会的主体意识，指导和支持社区居民委员会广泛开展社区自助和互助服务，促进社区居民自治和社区服务有机结合。（3）建立健全专职社会工作者和社会志愿者服务制度，广泛使用专职社会工作者的专业化服务，开展形式多样的社区志愿服务活动。（4）鼓励和支持各类组织和个人开展社区商业服务，提供各类便民利民的经营性服务，丰富社区服务方式，提高社区服务手段。

四、民主与法治：探索中国特色社会主义政治文明

作为改革开放的先行者、排头兵，广东坚持以科学发展观为指导，以构建社会主义和谐社会为主线，以促进社会公平正义为目标，以推进依法治省为切入点，把社会主义民主、法治纳入到科学发展的轨道。在理念上，提出建设社会主义政治文明，强调党的领导、人民群众当家做主和依法治国的统一。在实践中，健全人民代表大会制度，完善共产党领导的多党合作和政治协商制度、民族区域自治制度、基层群众自治制度，保证人民享有更加广泛的权利和自由；建设法治广东和依法行政，建立合理、公正、高效的法律运行机制和司法体制，建立精干、高效、廉洁的政府机构、公务员队伍和行政管理体制，维护社会稳定、民族团结，为经济发展营造良好的环境。

（一）信访制度：社情民意传达逐步进入法治轨道

信访制度是中国的一项基本民主制度，也是国家法律制度的有机组成部分。在建设法治广东与构建和谐社会的历史背景下，广东坚持发展是第一要务，稳定是第一责任，通过信访制度创新，不断完善信访法律、规则、程序的正义，努力维护社会稳定。

1. 实施信访督察专员制度，着力解决信访突出问题

2004年广东省首创了信访督察专员制度，取得了显著成效。截至2006年，广东先后派出200多个督察组，共派出13批114位副厅级督察干部，已经返回的12批105位督察专员，直接协调解决了328宗重大信访案件，共督办信访案件3246宗，办结案件398宗，接待群众来访达到9986人次，结案率达到了95%，为社会稳定作出了巨大贡献。

2. 警力下沉，切实解决信访存在问题

2007年，广东省143262名在编警察中，基层一线警力已达124233人。警力下沉促进了社会治安的好转，2006年全省共立刑事案件46万多起，全省抢劫、抢夺"两抢"案件立案数同比下降超过10%。仅2006年一年，全省交警部门新增的1100名交警就全部安排在基层所队工作，机关干部下沉到一线单位750多人。

3. 干部带案下访，有效降低上访率

仅2006年5月至7月，广东省的市、县、镇三级就有21523名领导干部共带案31876宗下访，接待

群众82112人次，办结案件率达91%，息访率达89%。

（二）村民自治：从创新走向成熟

1998年11月，《中华人民共和国村民委员会组织法》正式颁布，同年广东省先后出台《广东省实施〈中华人民共和国村民委员会组织法〉办法》和《广东省村民委员会选举办法》，拉开广东省村民自治的序幕。十年来，广东顺利完成了四届村委会民主选举，创造了一批具有典型示范意义的民主选举和村务公开民主管理经验，涌现了13个全国村民自治模范县、38个全省村民自治模范县和村务公开民主管理示范县，全此，广东省村民自治工作一举进入全国先进行列。

1. 人民群众积极参与换届选举，村民参选率逐年提高

伴随改革开放的深化，原先人民公社的基层组织形式逐步解体了。为了加强对农村地区的行政管理，1991年广东省出台了《广东省农村管理区办事处暂行规定》。依照该规定，管理区办事处作为乡、镇人民政府设置的派出机构，行使对农村地区的行政管理。

1998年，针对农村管理区体制存在的弊端，中共广东省委、广东省人民政府下发了《关于理顺广东农村基层管理体制工作的通知》，正式要求基层各地撤销农村管理区办事处，设立村民委员会，实行村民自治。截至1999年12月，全省共撤销了20290个管理区办事处，设立并民主选举产生了20290个村委会。村民自治制度极大地激发了村民的自治热情，村民参选率逐年提高。经过十年实践，先后进行四次换届选举，群众参选率普遍在96%以上。村委会选举一次成功率也在逐届提高，第四届村委会换届选举一次成功率达74.48%。选举的重难点村逐届减少，2008年选举按时完成率达99.98%。选举方式也不断创新，率先推行将提名候选人和正式投票选举二者合并进行的"二合一"选举方式，首创选举观察制度，实行村委会成员选举回避制度，尝试引入选举司法公证程序等，有效推进了广东农村基层的民主进程。

2. 初步建立了村务公开民主管理制度，村务管理创新取得骄人业绩

经过十年村民自治的实践和探索，以村民会议、村民代表会议为主要形式的民主决策制度普遍建立，民主决策制度逐步得到落实，70%以上的村健全了人民调解、治安保卫、公共卫生、经济管理、计划生育等工作机构，吸纳了30多万名村民骨干参与村的管理和服务，自我约束、自我教育、自我管理的功能日益健全。全省98%以上的村建立了村务公开监督小组、民主理财小组和村务公开栏，并实行村务公开制度。十年村民自治实践积累了不少成功的经验。2007年明查暗访抽查133个村表明，全省村务公开比较好的村占80%以上。

3. 农村村级基础的建设得到加强

联产承包责任制之后，一些地区农村村级基础设施建设出现弱化的现象。2002年，广东省共投入6.7亿元，使5160个村委会解决了办公用房困难的问题。从2006年起，中共广东省委、广东省人民政府又决定投入7.1亿元，在三年时间里，对农村年纯收入3万元以下的7973个贫困村实行转移支付，每年给予每村3万元的补贴，用于解决村干部待遇偏低的问题，确保每个村干部每月补贴不低于300元。2008年1月，省人民政府又决定将这项政策再延续到2011年，极大地激发了村干部的工作热情，调动了他们团结和带领广大村民勤劳致富奔小康的积极性。

4. 继续深化以村民自治为代表的基层民主政治

1992年，广东在全国率先直选村官。1992年6月底，广东省佛山市南海区里水镇麻奢乡通过村民一人一票直接选举的形式，选出了该乡(村)新一届的领导班子，开全国直选乡(村)官先河。从1999年起，广东在全国率先进行直选村官的试点，轰动全国。村委会直选对于实行村民自治，促进民主管理，加快新农村建设产生了深远影响。2008年，深圳政治体制改革成为全国试验田。2008年5月23日，深圳市委、市政府对外发布《深圳市近期改革纲要(征求意见稿)》，拟进行的政治体制改革内容包括：在党内选举中引进竞争机制，扩大基层党组织领导班子直选范围；差额选举区长、副区长，条件成熟后进行市长差额选举；部分区人大代表直接竞选；逐步实现各区党政一把手、市政府各部门一把手由市委常委扩大会议无记名投票推荐人选，票数较高者和自荐、联名推荐的候选人进行公开演讲和答辩，最终由常委会进行差额票决等。这些措施成为中国政治体制改革中的创新之举。

（三）政府热线：着力解决群众最关心的问题

借助当代电子信息和通讯技术，地方政府开办热线服务。通过热线倾听民声、解决民忧、化解民困，成为政府解决群众关心的紧迫问题一项的不可或缺的工具，是中国特色社会主义政治文明的有机组成部分。

1. 热情服务，把政府热线当做执政党执政为民的重要措施

广东省人民政府明文规定，对于人民群众反映的问题，无论是检举投诉，还是批评建议，负责接听热线电话的工作人员都应耐心细致、态度和蔼，切忌"官老爷"作风。广州市规定，从2007年1月开始，市人民政府各工作部门新提拔的处长、副处长，需先在信访岗位进行为期半年的锻炼，期间他们将从事接听市长热线电话等密切联系群众的工作。深圳市人民政府整合了包括44个政府部门的公开电话资源，启用全国统一的12345政府热线电话号码，实行24小时人工接听，对市民咨询投

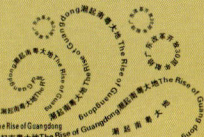

诉事项集中解答、转办、督办。

2. 建立相关责任制度，规范政府有关部门处理群众投诉的时限和反馈情况

广东通过建立完善相关制度，形成接待、反馈、监督等系列办事程序，确保群众反映的问题能及时传达到相关责任部门，使问题能落到实处。

3. 建立了权责清晰、奖惩分明的政府热线激励惩处机制，确保政府热线"热"起来

广州市人民政府明文规定，对态度简单粗暴、不负责任的热线工作人员，以及敷衍塞责、推诿扯皮的有关政府部门，予以严肃处理，以确保群众反映的问题能真正得到有效解决。

（四）地方"两会"：大时代的民众参政议政新创举

改革开放30年来，作为民主共和的具体实现形式，一年一度的全国人大、政协"两会"以及广东推进地方"两会"实践方面的创新、创举，成为国内外观察中国民主与法治的一扇重要窗口。

1. 民主风气浓郁，开创地方"两会"议事规则先河

在地方"两会"方面，广东"两会"的民主风气是有口皆碑的，也是国内外媒体争先报道的热点之一。主流媒体评价认为，广东省的"两会"开创了改变地方"两会"议事规则的先河。2005年，广州市人大会议审议通过议案条例，赋予人大代表设定会议的部分议程的动议权。2007年，广东省政协九届五次会议举行了有史以来的首场即席发言。真正实现了周恩来50年前就提出的"大会也可以辩论"的主张。

2. 人大政协的权力得到加强

广东在国内首开官员质询先河，早在20世纪90年代末就针对官员个人进行质询。到20世纪初，一项更为重要的权力——预算审核权正在逐渐被移交到人民代表大会。1994年，《预算法》正式通过实施。1998年，全国人大预算工作委员会成立，1999年，全国人大通过《关于加强中央预算审查监督的决定》。如果说，质询、罢免等主要针对官员个人，那么预算则主要针对"公"事。二者相得益彰，不仅仅是政府的财政权力置于"两会"的监督之下，而且越来越多的官员接受"两会"代表的质询，乃至罢免，人民代表的最高权力得到实质性体现。

3. "农民工"当选代表，人民群众的参与面空前扩大

2008年，广东产生我国首个农民工全国人大代表。2008年初，在广东省第十一届人大一次会议的选举中，在广东度过十年打工生涯的四川籍打工妹胡小燕成为中国首个从农民工队伍中选举产生的全国人大代表。她是将人大代表和农民工两种身份合二为一的第一人，广大农民工的生存际遇和身份认定、子女教育等问题，都寄望通过这个代表找到"发声口"。

（五）赢在诚信：社会信用体系的重构

作为中国市场经济发展较早、较快的省份，社会结构分化日益加快、复杂，广东的社会信用体系建设面临前所未有的挑战，无论是企业还是个人，都普遍缺乏现代市场经济条件下的信用意识和信用道德观念。同时，信用中介服务的市场化发育滞后。为了确保广东的发展新优势，诚信体系建设成为广东解放思想、继续充当改革开放排头兵的优先战略之一。

1. 强化社会主体的信用观念和信用意识，培育信用文化

广东省采取强有力措施推进社会信用体系建设，不断增强社会信用意识。为提高全社会信用意识，广东深入开展了形式多样的社会诚信宣传教育活动，鼓励消费者积极参与整顿和规范市场经济秩序工作。2003年平抑"非典"时期价格异动事件时，广东各地物价部门及时公布了一批不参与哄抬价格的诚信商家，曝光了一批囤积居奇、哄抬物价的不法单位，大大提高了商家价格信用意识。尤其是着力提升政府的信用带头作用，发挥政府诚信的带头示范作用，初步形成了"讲信用光荣，不讲信用可耻"的社会氛围，有力促进了全省的改革、发展与稳定。

2. 不断完善信用基础设施的建设，对信用法制建设进行了有益的探索

2002年4月，广东省人民政府下发了《关于加强信用建设的通知》，对政府信用、企业信用及个人信用建设作了统一部署。省工商局、税务局等部门结合实际，把信用体系建设纳入日常工作中，制定了信用信息系统建设方案，组建各类信用平台或数据库。

3. 提供组织保障，开展信用建设的专项整治活动

为了把诚信建设落到实处，广东多次开展诚信建设的专项整治活动，加大失信惩治力度，有力促进了信用监管体系建设。（1）严厉打击制售假冒伪劣产品的行为。（2）规范市场经营主体行为，集中力量打击合同诈骗、虚假违法广告、价格欺诈等非法经营行为。（3）严厉打击偷税漏税、逃汇骗汇、走私贩私等犯罪活动。（4）整顿金融秩序，依法清偿金融债务，大力查处金融机构违法违规经营活动，严厉打击和制止恶意逃废金融债务。[1]（5）整顿中介机构，严厉惩处少数造假失信、恶意欺诈的中介机构。

---

[1] 逃废金融债务是指债务人对在金融机构取得的本外币贷款，具有全部或部分偿还能力，采取不正当或非法手段逃避或不履行借款合同约定的偿还义务，造成或可能造成金融机构贷款损失的行为。

五、国际化：
开放程度和市场化程度双双领先于全国

改革开放30年来，广东迈向国际化与全球化，大致经历了三个阶段[1]：1978年至1990年是起步探索阶段。在以港资为龙头的引资过程中，广东的改革开放逐步推进，对外贸易、国际经济技术合作、外资利用由少到多、由点到面发展起来。但这一阶段基本还处于摸索、试验、总结经验并逐步推广的阶段，全球化进程相对缓慢，全球化程度还较低。1991年至2001年是加速发展阶段。这一阶段，广东的珠江三角洲地区利用良好的区位条件，积极接受港、澳辐射，通过改善投资环境，外商直接投资急剧增长。全省外商直接投资从1990年的20.2亿美元到1994年的114.5亿美元，增长近6倍，年均增长54%。随着外资企业的不断投产，外资企业逐步成长为广东外贸进出口的主力军，从1996年起，外商投资企业出口占据广东外贸出口的半壁江山，这一时期也是全省对外经济经营主体逐步壮大的时期，全省对外经济技术合作持续增长。2002年以后是全面融入阶段。2001年12月11日中国正式加入世界贸易组织后，大量高技术资金密集型外资的进入和投产，使广东出口商品结构发生了巨大的变化。同时，国内企业实施"走出去"战略也颇有成效。到2008年，广东全年进出口总额6832.61亿美元，实现贸易顺差1249.33亿美元；新批准外商直接投资项目6999个，实际使用外商直接投资金额191.67亿美元。

（一）利用外资：构筑广东发展动力

从流入资金规模上看，可以把外商直接投资企业对粤的直接投资分为四个阶段：第一阶段是1990年之前，投资的数量呈现轻微波动中的缓慢上升态势；第二阶段是1991年至1996年间，广东接受外商直接投资数量开始高速增长；第三阶段是1997年至2003年的波动时期，由于受到1997年亚洲金融危机的影响，这一时期广东接受外商直接投资的数量一度受到影响，增长速度比较缓慢；第四阶段是2004年之后的调整和恢复时期，由于受到2003年"非典"的滞后影响，广东外商直接投资于2004年大幅降低。但2005年之后，广东接受外资又呈现恢复性增长。[2]

1　参见陈来卿：《广东全球化程度空间差异与区域经济发展差异的关系研究》，《珠江经济》，2007年第12期。
2　参见曾国军、孙志斌、齐闯：《广东跨国公司发展的七个特征：1979—2007》，《现代管理科学》，2008年第3期。

从外国企业在广东投资的企业数量来看，1993年至2005年，外商在广东的投资企业数量一直保持在4万家以上，1996年达到6万多家。尽管由于1997年以来亚洲金融危机的影响，1997年至2001年外商投资企业数量有所下降，但2001年后，外商投资企业数量又开始平稳增长，至2005年末，广东外商直接投资数量达到58762家。

港、澳、台及外国直接投资进驻使广东成为中国吸收外资最多的省份之一。随着新一轮国际产业的转移及中国对外开放程度的逐渐加深，广东吸收外商直接投资增幅稳步上升。2007年广东实际利用外资达196.18亿元，比2006年增长10.2%，占全国实际利用外资的25.2%，继续领先全国。据广东省统计局统计，1985年至2005年底，广东省累计实际利用外资达2026.8亿美元，而截至到2008年6月，广东累计实际利用外资总额达2497亿美元。

广东实际利用外资增长图

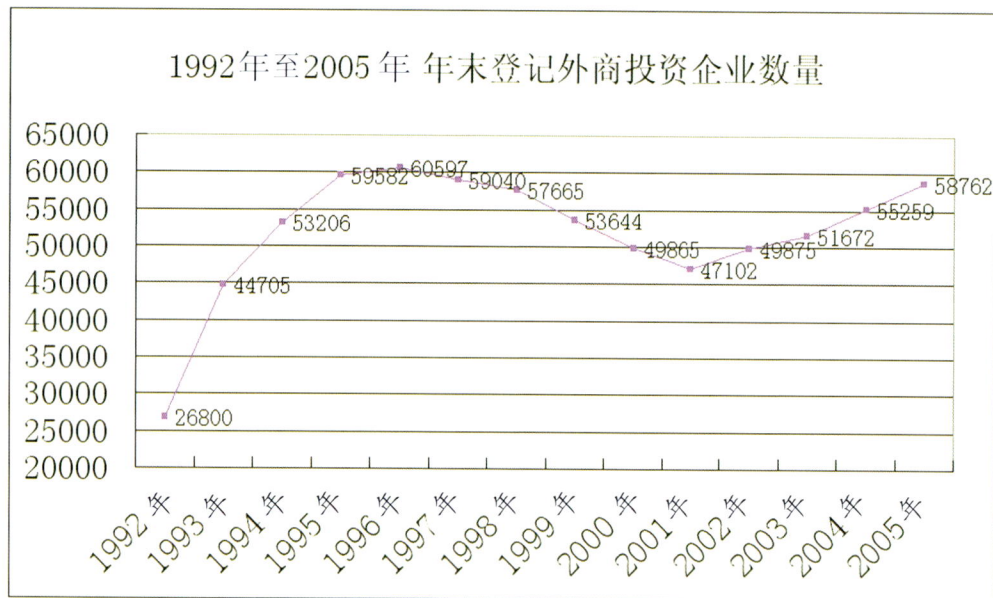

数据来源：广东统计年鉴2008。

外资持续大规模的投入拉动了广东经济发展。根据统计，1995年至2005年广东全社会固定资产投资总额中，有25%来自于外商直接投资。2005年全省工业总产值中，港、澳、台及外资企业占54.9%，对全省工业增长的贡献率达50%。2005年广东规模以上的工业企业增加值中，港、澳、台及外商投资工业的企业占63%，达到5942.9亿元。前十大工业行业中，外商投资企业的增加值、产品销

售收入和利税总额都占相当大的比重，电子及通信设备制造业的比重更是高达80%左右。[1]

利用外资对广东进出口贸易增长的拉动效应也非常明显(见下图)。2000年以来广东利用外资与出口增长的弹性系数一直在1.2左右，即利用外资每增长1个百分点，出口增长1.2个百分点。2005年广东外资企业就业人数达819.4万人，占总就业人数的16.5%。在一定程度上缓解了就业压力。随着外资企业的大规模进入和投产，外资企业提供的税收大幅增长，2005年规模以上港澳台及外资企业的利税总额达1676.6亿元，占到广东工业利税总额的58%。规模持续扩大的外资经济，逐步把广东经济纳入到全球生产体系之中，不断推动着广东全球化进程。

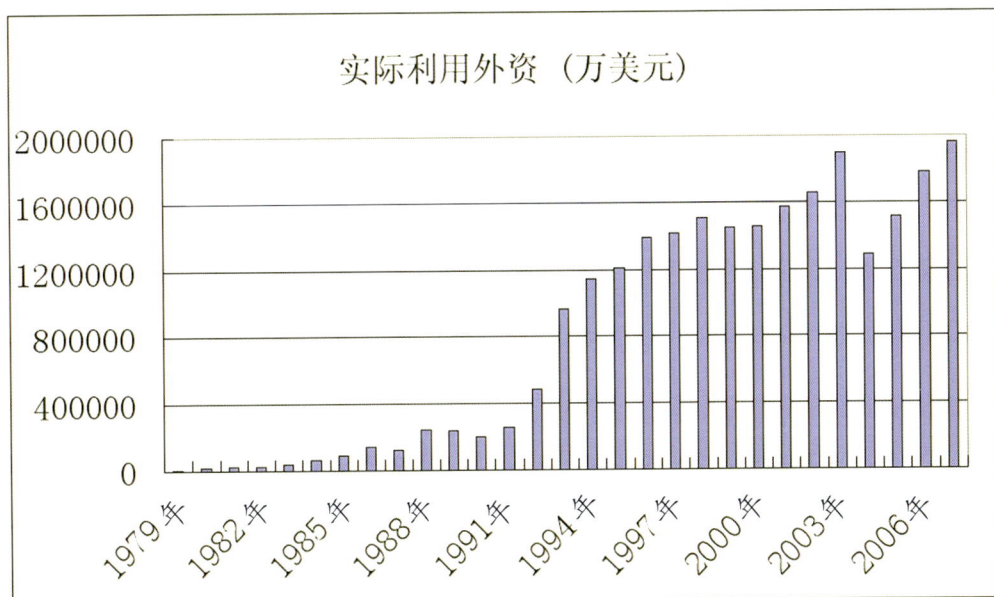

实际利用外资（万美元）

（二）全球化视野下的广东经济

要赢得全球化经济条件下的国际竞争优势，广东更要进一步扩大与全球经济的合作与交往，使经济迈向更高层次的国际化。目前全球化经济条件下的国际竞争具有了以下三大特点：一是在空间范围上，竞争从国内转向国际，全球大市场和全球经济是竞争空间；二是在竞争内容上，竞争成为要素竞争，包括创造与形成要素优势的竞争，要素争夺的竞争，要素配置方式的竞争等；三是在竞争战略上，竞争是国家的竞争，本质上是制度的竞争，不再仅仅是企业的竞争。

21世纪国际环境的变化，使广东外贸出口不可能继续保持改革开放前期的发展速度，对经济的拉动正在减弱；更为重要的是，随着国内外经济环境的变化，广东实施出口导向战略的局限性已越

1　参见陈来卿：《广东全球化程度空间差异与区域经济发展差异的关系研究》，《珠江经济》，2007年12期。

来越明显，这正是整个世界经济的发展变化所导致的。首先，在目前世界市场上，发展中国家的传统出口产业已出现激烈的国际竞争。出口对经济的拉动正在转变为经济对出口市场的依赖。其次，国际分工的深化使产业布局的国际化加深。各国参与国际分工的方式在越来越大的程度上取决于跨国公司的全球战略，由于跨国公司控制了国际分工的制高权，广东外来加工生产受到外商的严重制约，或成为外向型发展的瓶颈。第三，发展中国家靠投资发展出口的战略已进入瓶颈，开发当地市场成为跨国公司投资的首要目标。跨国公司通过直接进入当地市场竞争，改变了国际投资对出口发展的作用。投资的结果不仅是发展了出口，而且更提供了市场。第四，我国的出口发展晚于一些新兴市场经济，可以实行传统出口导向战略的时间十分有限。所以，在经济全球化的大趋势下，发展中地区开放型经济的增长归根到底必须取决于"经济发展的全球要素规划"、"经济接轨"和"市场融合"。因此，步入21世纪以来，广东经济发展战略便一直致力于从出口导向向经济国际化转换，以提高产业的国际竞争力为核心，将比较优势变为竞争优势，把开放型经济推向新的阶段，使广东经济在经济全球化大趋势下取得更大发展。

经济国际化条件下，广东可持续发展的根本出路在于建设自己民族经济的产业链，用自己的基础创新技术、龙头企业、品牌和国内市场，占领上游和下游的制高点。在这个基础上，利用跨国公司内部垂直一体化分工逐步瓦解的机遇，在包括中国国内市场在内的世界市场上，力争与它们发生较为平等的对接或其他交往关系，把参与全球经济的方式从目前的垂直型分工逐步转变为水平型分工。[1]

□1998年11月，雅芳投资4300万美元，在广州从化太平工业区兴建的生产基地正式投产。图为从化经济技术开发区广州雅芳制造有限公司。（广州从化市经济技术开发区供图）

---

1 参见许建康：《资本全球化与科学发展观——广东经济国际化面临的挑战》，《中国社会科学》，2007年第9期。

当下的广东，正高举自主创新的旗帜在国际化、全球化的大道上奋勇前进。

（三）自主创新品牌国际化

截至2007年，广东省共有4个产品获得中国世界名牌产品称号，占全国总数40%，继续保持全国第一；共有299个产品被评为中国名牌产品，占全国总数15.3%，连续七年全国第一。"中国驰名商标"138件，商务部重点培育和发展的出口名牌29个，总数均居全国前列。

从广东的中国名牌产品看，电视机、空调、冰箱、微波炉、电饭煲等家电产品(如TCL、格兰仕等)最多，占了近40个；酱油、糖果、白糖、味精、巧克力等为主的食品类产品(如珠啤、李锦记等)共有近20个获奖；陶瓷、铝合金等建材类名牌产品将近20多个。广东已产生明显的产业聚集效应，九成名牌集中珠江三角洲。深圳、广州、佛山、东莞、惠州、中山、珠海等地已成为广东名牌的"出产地"。

从改革开放到现在，广东省工业企业品牌的发展大致经历了4个阶段：品牌启蒙阶段、自创品牌阶段、品牌竞争阶段和品牌国际化阶段。[1] 2006年，新增中国世界名牌产品2个、中国名牌产品58个、中国驰名商标29件，认定省名牌产品258个、省著名商标277件。广东省共有各类名牌称号2520个，居全国首位；商务部重点培育和发展的出口名牌29个、"中华老字号"企业22家；省名牌产品1139个、省著名商标1022件。涌现出华为、中兴、格力、TCL、中集、美的、格兰仕等一大批在国内外具有较强影响力的名牌产品，以及深圳珠宝首饰、佛山陶瓷、阳江刀剪、中山灯具等一批区域品牌。

（四）国际品牌中国化

日本的本田、丰田、日产三大汽车厂商相继在广州投资设立整车厂，同时一大批汽车零配件厂商在广州、佛山、中山等市落户，一个以日系汽车为特色的广州汽车产业集群正迅速形成；总投资额达43亿美元的中海壳牌南海石化项目带动惠州大亚湾形成新的沿海石化基地；凭借积极承接电子信息产业转移，东莞市已成为全球最大的计算机零配件生产加工基地之一。1994年，松下电器产业株式会社开始在广州与万宝集团合作投资，成立松下万宝(广州)电熨斗有限公司。在随后的几年中，松下万宝(广州)压缩机有限公司、松下万宝(广州)空调器有限公司、松下万宝(广州)剃须刀有限公司相继成立。而且，松下在广东的投资企业通过增资扩股，逐渐转向外方独资或占绝大多数股

---

1 参见余凤著：《论品牌左为化与广东工业企业国际化经营》，《商业时代》，2008年第7期。

份。[1]

在扩大投资规模的同时，跨国公司也逐渐增加了在粤高技术含量、高附加价值的投资。据2004年9月15日《中国质量报》报道，2004年9月6日，由广州汽车集团有限公司与丰田汽车公司共同投资的"广州丰田汽车有限公司"在广州正式成立，由此诞生了在新的汽车产业政策颁布后的第一个重量级中外合资汽车企业。同时，此举也标志着日本丰田在中国"北一汽、南广汽"的战略布局基本完成。新合资公司投资总额为38.21亿元人民币(约4.6167亿美元)，注册资本13亿元人民币(约1.5706亿美元)，广汽集团与丰田公司各持50%的股份。另据2006年9月22日《北京商报》报道，日本第二大钢铁制造商JFE中国分公司与广钢集团达成一项关于冷轧类高附加值钢材产品的深度合作协议，这成为外资钢企继技术合作之后渗入中国钢企的新途径。在广东投资的跨国公司的很多产品代表了当今世界的先进水平，如德国西门子投资生产的现代化传输设备和控制设备、摩托罗拉投资并参与生产的金鹏移动通讯系统等。

跨国公司在全球的经营网络是一个整体，其在粤子公司活动经历着从生产基地向研究开发转化的过程。也就是说，跨国公司在广东的战略是从过去的出口贸易、技术转让、发展到直接投资；从投资制造业项目，发展到投资研究开发项目，进而发展到投资营运管理的服务业项目；从工艺改进、产品开发、技术开发进而发展到与生产相关的服务开发。跨国公司在粤研发是为了支持当地生产和销售，适应当地市场需求和变化。截至2005年，跨国公司在华研究基地达750余家，其中广东地区就有150多家，占全国数量的21.61%，仅次于北京与上海，列全国第三位。知名企业如微软、英特尔、杜邦、宝洁、三星、三菱、本田、日立等均在广东设立了研发机构，跨国公司投资覆盖了广东电子信息、医药研究、石油化工及汽车技术等各个行业。为了增强在中国以及全球范围内的竞争力，降低采购成本，许多跨国公司开始在广东设立全国及全球采购中心。将广东质优价廉的商品和原材料、零部件同跨国公司强大的销售网络相结合，既扩大了广东的出口，也为跨国公司实现全球资源配置提供了动力。到2001年底，国际零售巨头沃尔玛、家乐福在华采购总量分别达到103亿美元和35亿美元，其中沃尔玛90%、家乐福60%的采购清单都给了广东企业。制造业跨国公司同样热衷于到广东采购。中国惠普公司副总裁舒奇说，20世纪90年代以来，随着外资计算机相关企业纷纷到珠江三角洲设立加工厂，这里已经逐渐形成了以大企业为中心，大量专业化企业分工协作的配套体系，并带动本地一大批生产配套型企业的兴建，使产业链非常完整，世界最先进的IT产品都能在这里找到，采购非常方便且价廉物美。

近年来，随着广东经济的快速发展，吸引外资的软硬环境大为改观，跨国公司纷纷在广州和深

1　参见曾国军、孙志斌、齐闯：《广东跨国公司发展的七个特征: 1979～2007》，《现代管理科学》，2008年第3期。

圳设立地区总部。全球最大零售商美国沃尔玛公司把它的亚太地区总部设在深圳，负责拓展亚太地区的业务。2001年初，奥林巴斯深圳公司增资4500万美元，扩大附加值较高的光学零部件、数码相机的生产，加快研发中心建设，奥林巴斯集团亚洲区域总部也由香港迁至深圳。英国保诚集团和安联保险集团都在广州设立区域总部。星巴克在广州沙面设立总部。全球最大的旅游综合服务公司美国运通将首先在广州建立其中国内地的运作中心。另外，广东省人民政府也出台了一些相应的措施鼓励跨国公司将区域管理重心转移到广东。例如，2005年广东省外经贸厅就出台了《广东省鼓励跨国公司设立地区总部办法》，给予在广东设立地区总部的跨国公司以人才输入、设备和技术进口、产品出口等方面的便利，以鼓励跨国公司区域管理重心向广东转移。

□中国三星致力于在中国本土进行"全过程研发"体系，把中国建设成其出口型产品的全球范围研发基地。为此，中国三星不断强化本土开发能力，完善各种系统，目的是在中国建成一个超级研发中心。图为广州科学城总部经济区三星技术研发中心。（图片摄影：孙卫明）

六、创新能力：广东持续发展的支撑

在社会现代化领域，公共产品、公共服务的公平差不多与民主法治一样，是现代化的优先要素之一。如何卓有成效地提供公平的公共产品与服务，让人民群众在教育、科技、卫生等方面享受到经济发展的成果，不但是现代化发展战略的题中要义，而且是提升地区创新发展能力，确保可持续发展后劲的基本要求。改革开放30年，尤其是新世纪以来近10年，广东的可持续发展能力有了长足的提升，义务教育在全国处于领先地位，大学毛入学率从15.3%提高到25.6%，职业教育稳步发展，科技创新成为产业结构调整和升级的重要引擎，知识产权保护成为科技创新的重要支撑。

（一）普及义务教育：先行一步

□广东省实验中学组织学生军训。（图片摄影：易雪颜）

1985年，广东全省普及了小学义务教育，1996年10月，广东成为全国第一批完成"两基"目标的两个省份之一，2007年9月，广东成为在全国率先实现真正意义上的农村免费义务教育的省份。可以说广东教育步步领先于全国。尽管这样，仍然存在毛入学率地区分布不均衡、高中阶段毛入学率低等问题。与广东的经济强省相比，教育强省发展显得相对滞后。为此，广东近年来一直在大力推进"教育强省"战略，提升高中阶段的毛入学率，力争2011年高中阶段的毛入学率达到85%以上。

1. 优先发展教育事业，推动"教育大省"向"教育强省"转变

广东是一个教育大省，2007年广东大中小在校生超过2100万人。进入21世纪后，广东的高中阶段教育取得长足发展，在办学规模上，在校生由2001年的162.8万人增加到2006年的282万人，招生

数从2001年的61万人增长到2006年的108万人。2001年广东省高中阶段的毛入学率只有41%，经过6年的发展，2007年达到65.9%，已略高于全国平均水平。围绕教育强省的发展目标，在2006年至2010年内，广东打算用200亿元解决高中阶段的普及义务教育问题。其中，省财政将支出57亿元，其主要目的是推进中等职业技术教育战略性结构调整，即不片面强调发展普通高中教育，而是普高和中职均衡发展。

2. 在城镇免费义务教育基础上，积极推进县（市、区）义务教育的均衡发展

2001年，广东对农村低收入家庭的88万义务教育学生免除学杂费和课本费，全部由省财政拨款支付。从2005年春季学期起，全省免除城镇义务教育学生学杂费和课本费，珠江三角洲地区也早已经普及高中阶段教育，2006年高中入学率达到98.1%。但是，东西两翼和北部山区只有59.3%。每年未能升入高中阶段学校就读的40万初中毕业生中，绝大部分来自于粤东、粤西、粤北地区。为加快普及高中阶段教育，2007年9月，广东省提出了全面推进普及高中教育的目标，即从2007年至2011年，高中阶段教育毛入学率达到85%以上。同时，针对经济欠发达地区高中教师不足，素质偏低，骨干教师流失严重等问题，广东出台新政，引导具有教师资格的大学毕业生到经济欠发达地区的高中阶段学校任教，有关部门依据教师的工作年限，不同程度地退还其在大学时缴纳的费用。这样既可以解决欠发达地区师资紧缺的问题，也可以缓解大学生就业难的问题。

3. 在雄厚的经济实力基础上，推进教育率先基本实现现代化

珠江三角洲地区和其他地区的中等城市率先基本实现教育现代化，全省教育的总体水平和主要指标位于全国前列。广东先行一步实施农村义务教育免费，比全国提早一年实现农村免费义务教育。全面免除全省城镇义务教育阶段学生学杂费，全省实现了城乡全免费义务教育。建立农村义务教育校舍改造维修长效机制，保障农村义务教育生均公用经费。

（二）高等教育蓬勃发展

在30改革开放和现代化建设进程中，广东省坚持把教育摆在优先发展的战略地位，实施"教育大省"战略，先后作出了一系列推进高等教育改革、加快高等教育发展的重大战略决策和部署。全省高等教育体制改革不断推进，高等教育发展实现了历史性跨越，为经济社会发展提供了强有力的知识贡献和人才支撑，走出了一条适合中国国情的、有自身特色的高等教育发展道路。

1. 高等教育实现跨越式发展

1992年，广东省决定大幅度增加财政对高等教育的投入，每年都有专项拨款，从此，广东的

教育走进快速发展期。2000年至2005年，广东省的普通高校从52所增加到102所。2007年增加到109所，在全国排第3位，其中本科37所、高职高专72所，另有独立学院17所。2000年至2005年，研究生在校生从1.3万人增加到4.4万人，年均增长27.54%。2007年研究生在校生5.44万人。2000年至2005年，普通本专科在校生从29.9万人增加到87.5万人，年均增长23.91%。2007年普通本专科在校生112万人。成人教育、自学考试和现代远程教育蓬勃发展。高等教育毛入学率从2000年的11.4%提高到2005年的22%。2007年全省高等教育在校生166.8万人，高等教育毛入学率达到25.6%。

2. 高等院校的教育质量和办学水平显著提高

（1）高等教育"创新强校"工程成效显著。2000年至2005年，全省硕士、博士学位授权单位分别从22个、11个增加到28个、14个；硕士、博士学位一级学科授权点和硕士、博士学位授权点大幅增加。全省高校的国家重点学科从2000年的15个增加到2005年的43个。国家重点实验室和国家工程中心11个，省部级重点实验室、工程中心和人文社会科学重点研究基地86个。现在，全省高校获得国家自然科学、社会科学基金的项目和经费均高出全国平均水平10个百分点。高职高专人才培养的针对性和适应性进一步增强。全省有中央财政重点建设职业院校3所，国家示范性建设软件职业技术学院2所，高职高专教育、教学改革试点专业20个。全省高校现有省级重点学科174个，国家重点一级学科5个、国家重点二级学科43个；省级本科名牌专业157个，省级高职高专院校示范性专业31个、示范性建设专业82个，有3所高职学院列入国家级示范性高职学院；建设省级高校精品课程332门、获批国家级精品课程117门，其中2007年度入选国家级精品课程44门；入选"十一五"（2006年至2010年）国家级规划教材选题近500种；2007年度推荐30个项目参评国家级人才培养模式创新实验区。（2）各级各类学校专任教师的数量逐年递增，学历水平明显提高，职称结构渐趋合理。2000年至2005年，普通高校专任教师从20433人增加到54257人，增长165.5%，具有副高以上职称的教师从7924人增加到20542人，增长159.2%；2007年增加到67091人，副高以上职称25031人。现有"两院"院士22人，国家和省级特聘教授34人，博士生导师1802人；省级高校教学名师15人，国家级高校教学名师6人。

3. 高等教育的办学体制改革和管理体制改革、创新成绩骄人

2007年，民办普通高校28所，本科独立学院17所，在校生共25万人，占全省普通高校在校生总数的22.9%；民办职业技术培训蓬勃发展。初步建立起公办教育与民办教育共同发展的格局。高等教育"三级办学、两级管理"的管理体制进一步完善，实现全省21个地级以上市都有1所以上普通高校的目标。（1）教育投入明显增加。初步建立了以政府投入为主、多渠道筹集教育经费的体制，教育经费逐年增长。全省预算内教育经费占财政支出的比例从2000年的17.4%提高到2004年的21.8%。改

革高校拨款方式，实行高校生均综合定额预算管理办法，高校投入明显增加。从2003年起，实行高校基建政府贷款贴息制度。积极推进教育收费政策调整与改革，积极推进高校收费管理政策调整。学校内部管理体制改革取得新成效。以职位聘任和岗位管理为重点的人事制度改革积极推进，初步建立起"择优聘任、能上能下、优劳优酬"的用人和分配激励机制。高校后勤改革成效巨大。（2）招生就业改革取得新成果。在全国率先实现了远程网上监考、网上评卷试点和所有批次网上实时远程录取，初步建成覆盖普通高考、成人高考和自学考试等国家教育考试信息化管理系统。率先建立了高校毕业生就业双向选择模式，形成了"以高校为基础，三种模式相互配合"的高校毕业生就业市场模式。2001起至今，省内普通高校本专科毕业生总体就业率均保持在90%以上，居全国前列。（3）顺利完成广州大学城建设。在省、市政府的高度重视下，经过一年多的建设，2004年9月广州大学城一期工程如期完成，入驻新生3.8万。2005年9月二期工程全面完成，校舍总建筑面积538万平方米，入驻高校10所，入驻学生11万人。2007年入驻学生增加到14.4万人。

（三）职业技术教育稳步推进

职业技术教育是高等教育的有机构成部分，推进职业技术教育现代化是大势所趋。作为一个经济大省，广东省存在严重的技能人才短缺问题，推进职业技术教育的稳步发展，成为经济社会发展的重要内容。改革开放30年，广东省一直把职业教育当做教育工作的一个重中之重来对待。2006年，为大力发展职业教育和职业培训，为广东现代化建设输送合格人才，中共广东省委、广东省人民政府作出《关于大力发展职业技术教育的决定》，要求全面推进职业技术教育现代化，为全省现代化建设提供数以千万计的高素质劳动者和数以百万计的高技能人才。

1. 大力发展职业技术教育，加快高技能人才培养

2000年至2005年，广东省以结构调整为主线，推动职业技术教育实现了快速发展。2005年，全省共有各类中等职业学校833所，全省21个地级以上市每市平均1至2所万人中等职业技术学校。职业技术院校的招生数41万人，在校生104万人。其中，技工学校招生数12.9万人，在校生数33万人，分别比2002年增长57.3%和72.4%，这些指标连续多年稳居全国首位。高职高专院校达到65所，在校生44.6万人，分别比2002年增长62.5%和83%。全省现有培训机构近万个，培训点8万多个，各类职业培训活动广泛开展，2005年培训农村转移劳动力和进城务工人员600多万人次。

2. 职业技术教育水平明显提高

以骨干示范性院校、实训中心和"双师型"师资队伍建设为重点，加强职业技术教育基础能力

建设，有效促进了职业技术教育水平的提高。据统计，到2007年年底，广东全省有中等职业学校870所（含技工学校186所），其中国家级重点学校98所，省级重点学校90所；全省中等职业学校在校生总数800多万人；优质学位占40％，省级以上重点专业131个。在整体规模、在校生人数、毕业生就业率等方面，均居全国同行前列。[1]

3. 职业技术教育结构逐步优化

近年来，在大学扩招和普通高中大发展的情况下，中等职业教育仍然保持较快发展，普高与中职的结构比例相对稳定在6：4左右。办学规模在结构调整中得到优化，中等职业学校校均规模由2002年的807人增加到2005年的1247人，其中技工学校校均规模由2002年的1075人增加到2005年的1708人。高职教育迅猛发展，高职院校在校生已占到本专科在校生的52％。专业结构逐步得到调整优化，专业设置基本覆盖全部产业部门，电子信息、数控机床等一批市场紧缺专业和重点专业建设得到加强。

4. 职业技术教育改革不断深化

截至2005年，全省民办中等职业学校达到142所，民办高职院校22所，民办职业院校在校生16.8万人，初步形成了公办、民办共同发展的格局。积极创新办学模式，校企联合的"订单式"培养模式广泛推行，以骨干学校为龙头的集团化办学在探索中发展。课程结构调整力度加大，逐步推行了学分制和弹性学制。学校人事分配制度改革不断深化，激励机制进一步完善。

（四）科技创新：广东制造向广东创造转型的引擎

改革开放30年来，广东省始终坚持贯彻"科技是第一生产力"的方针，以改革和创新为主线，全面推进科技进步和自主创新，科技事业实现了跨越式发展，有力地促进了广东经济结构的调整和升级转型，为经济社会发展作出了重大贡献，为建设创新型国家提供了大量新鲜经验。尤其是近年来，围绕广东调整产业结构、推动产业升级的中心任务，坚持认真贯彻落实胡锦涛总书记和温家宝总理关于把广东建设"成为国家重要的高新技术研究开发基地和成果转化基地"的重要指示，把提高自主创新能力作为全面落实科学发展观的重大战略举措，着力推动广东制造向广东创造的转型，全省科技综合实力和创新能力显著增强。

1. 广东的创新能力跃居全国前列

科技部公布的《中国区域创新能力报告》显示，广东区域创新能力综合指标连续几年位居全国

---

1 方轶、张楠：《广东职业教育掀开新篇章》，金羊网，http://www.ycwb.com，2007年12月18日。

第三，属于国内创新能力较强的省份。2005年，广东创新的经济绩效综合指标排名全国第二，知识创造能力、知识获得能力、企业技术创新能力等综合指标也位居全国前列。2006年，广东科技进步对经济的贡献率达50%。

2．创新条件日臻完善

至2006年底，广东省省级以上工程技术研究开发中心和技术创新中心累计达到408个，其中国家级工程技术研究开发中心33家；省级重点实验室97家，部级重点实验室16家，国家级重点实验室6家。全省省级专业镇[1]技术创新中心累计达128家。建立产业创新平台15家。广东共有国家重点企业（集团）27家，共设立国家级技术中心27个。其自主创新能力明显增强，研发成果显著。主要体现在如下三个方面：一是自主创新R&D人员规模扩大；二是技术中心经费投入大幅增加；三是专利申请受理量倍增。

3．高新技术产业迅猛发展

多年来，广东高新技术产品产值保持20%～30%的高速增长。截至2008年底，全省重新认定高新技术企业1440家；高新技术产品产值2.2万亿元，比2007年增长15.4%；拥有国家级工程研究中心17家，已建立省级工程研究（技术）中心342家；国家级企业（集团）技术中心36家。高技术产业化示范工程项目41项，重大技术装备研制项目85项。认定技术创新专业镇277个，建立专业镇技术创新平台170个。形成了全国著名的珠江三角洲高新技术产业带。[2]

4．创新机制日益健全

广东已初步建立符合社会主义市场经济体制的创新机制，企业已经成为技术创新的主体。至2007年初，全省达到"四个七成"，即科技活动机构、科技人员、科技经费、高新技术产品的七成都来自于企业。全省科技型企业总数超过1万家，其中民营科技企业8000多家，年产值超亿元的有530多家。涌现出华为、中兴、美的、TCL、大族激光等一批自主创新能力较强的大型企业。[3]

（五）保护知识产权：为科技创新保驾护航

随着经济全球化的深入发展和知识经济的蓬勃兴起，知识产权制度在经济社会发展过程中的地位和作用得到了显著提升。知识产权资源日益成为经济社会发展的战略性资源，知识产权发展水平

1　专业镇是指以镇区为基本单位，产业相对集中，具有一定经济规模，产、供、销一条龙，科、工、贸一体化，营销网络覆盖面广的镇级经济实体。
2　参见广东省统计局国家统计局广东调查总队：《2008年广东国民经济和社会发展统计公报》，《南方日报》，2009年2月25日。
3　参见广东省科技厅：《2006年广东科技进步对经济贡献率达50%》，国家科技部网站，http://www.most.gov.cn，2007年1月24日。

日益成为衡量一个地区综合实力、发展能力和核心竞争力的战略性标志。广东是经济外向依存度较高的省份，加快知识产权发展，促进科技进步和科技创新，是确保经济持续发展和文化繁荣的战略选择。近年来，广东省坚持"一手抓发展，一手抓保护"的工作思路，着力提升知识产权的综合能力，在提高自主创新能力、提升产业竞争力等方面取得显著成效。

1. 大力加强知识产权宏观管理，服务经济社会发展大局

（1）适时颁布实施知识产权战略纲要。2006年颁布的《广东省知识产权战略纲要》，是广东省推进知识产权发展的第一份纲领性文件，引起国内外的高度关注。围绕提高发展质量、增强运用能力、优化区域布局、完善服务体系的战略重点，广东省各级知识产权管理部门以及行业机构认真组织实施《纲要》，包括积极制定战略推进的计划和配套文件，加大宣传力度，落实保障措施。（2）着力推进区域知识产权环境建设。广东制定并实施广东区域知识产权发展计划，促进市县知识产权局工作协调发展，提升全省知识产权综合能力，全面提高了知识产权的创造、管理、运用和保护水平。深入推进知识产权区域试点工作，认定一批省知识产权优势区域，进一步优化了区域发展环境。（3）紧密围绕各项重点任务，提高知识产权运用水平。广东加强与知识产权有关部门的联系，围绕省的重点任务，推进知识产权制度建设。实施名牌带动战略中有关知识产权的部分内容，参与2007年省名牌产品评价工作，扶持13家企业冲刺世界名牌，配合有关部门做好产业集群与区域品牌建设工作。有效落实了发明专利申请费用资助政策。

2. 健全专利法制，营造良好的知识产权保护环境

（1）加强专利法制以及应对机制的建设。2007年广东启动了《广东省专利条例》的制定工作。完善会展和行业协会知识产权保护"两个工作指引"，积极探索建立了专利预警、涉外应对和维权援助机制。（2）深入推进专利行政执法及执法协作。广东加大专利行政执法力度，不断加强对各市专利行政执法工作的指导、监督和重大执法活动的协调。广东还筹建专利执法监管信息系统，加强专利行政执法案件的统计分析，完善专利行政执法情况统计报告和重大案件备案两项制度；推进省内区域间的执法协作，组织签署"泛珠江三角洲"专利行政执法协作协议。（3）强化会展和行业的知识产权保护。广东高度重视"广交会"（即中国进出口商品广州交易会）的知识产权保护工作，以及其他会展的知识产权保护工作。广东还积极开展开展会展和行业协会的试点工作，组织会展、行业协会工作人员参加知识产权执法培训班，开展会展和行业协会知识产权保护工作的对外交流。

3. 围绕自主创新，大力推进企事业单位知识产权制度建设

（1）深化企业知识产权工作。积极培育知识产权优势企业，通过定期考核等多种方法，开展知识产权优势、示范企业的培育和认定工作。建立企业知识产权数据采集系统。全面分析广东企业

现状，建立并实施分类指导机制，探索开展企业知识产权战略推进工作。（2）落实专利奖和专利技术实施计划。2007年，广东组织开展专利奖的评选表彰，推荐省内的优秀项目参加国家专利奖的评选。完善《"广东省专利技术实施计划"实施方案》，重点扶持了一批优秀专利项目。通过召开专利实施计划项目承担单位的经验交流会，培育专利技术交易和展示中心，组织专利项目参加各类技术会展，引导省、市专利信息服务平台建立了网上交易市场。（3）积极推动高校及科研院所的知识产权工作。广东还开展了事业单位知识产权试点工作，高校、科研机构知识产权工作管理机制正在健全和完善，高校和科研机构与企业组建产学研联合体，正在实现产学研的深度合作。

4. 加强交流合作，拓展知识产权的发展空间

（1）深化粤、港知识产权合作。广东通过粤、港保护知识产权合作专责小组会议形式，落实粤、港知识产权合作项目，开展粤、港两地知识（创意）产业发展现状调查研究，推动两地知识产权民间组织机构之间的交流与合作。（2）推进泛珠江三角洲区域知识产权合作。广东注意借助泛珠江三角洲区域知识产权合作联席会议平台和泛珠江三角洲区域专利代理信息查询系统，加强与泛珠江三角洲各地区的知识产权发展协作。同时加强各部门在知识产权政策研究、宣传培训、联合执法等的交流合作。（3）组织知识产权对外交流合作。广东高度重视对国外知识产权制度的研究，注意跟踪国外特别是主要发达国家的知识产权发展动态与趋势。

5. 加强宣传教育和人才培养，营造知识产权发展的良好社会文化氛围

（1）深入开展知识产权宣传教育。广东推动中小学知识产权教育试点示范工作，开展民众知识产权认知度调查，积极培育和发展"崇尚创新精神，尊重知识产权"的社会文化氛围。（2）大力推进知识产权人才培养。广东制定并落实"百千万知识产权人才培育工程"推进计划，加强对各类知识产权从业人员管理，探索建立知识产权从业人员职称评定体系，能够支持知识产权学院、研究所开展学术研究和人才培养。（3）强化知识产权培训。广东各培训主体有计划地开展了多层次知识产权培训，培训体系逐步健全；编写了配套培训教材，正在逐步实现培训课程的系统化、规范化。

七、信息化建设：广东现代化的加速度[1]

1994年，广东省政府在全国率先成立信息化领导小组，规划推进信息化建设。没有信息化就没有现代化。改革开放30年来，广东信息化建设始终居于全国信息化建设的排头兵地位。近年来，广东以提升产业自主创新能力、突破体制性障碍、推进信息技术广泛应用为切入点，信息化建设更是取得了巨大的成就。一是在信息产业的发展规模和质量上走在全国前列，广东电子信息产业总产值连续18年位居全国首位。二是在突破信息化建设的关键瓶颈问题上走在全国前列。近年来，广东闯出了一条"政府推动、政企互动、社会联动"的新路，正致力于突破投资分散、"信息孤岛"等体制性障碍，信息产业自主创新能力不断提高。三是在利用信息技术促进社会主义新农村建设方面走在全国前列。从2003年起，省财政每年安排3500万元资金推进山区信息化建设。从2003年至2008年，省财政引导社会各界投资总计超过40亿元，全省农村特别是广大山区信息化水平有了显著的提高。下面，分领域对广东信息化建设情况进行回顾。

（一）电信

改革开放以来,广东电信业经过连续30年的超常规发展,其通信网络规模、技术层次和通信服务水平均居全国领先地位，2001年拥有广州、汕头两个国际卫星地球站。其业务总量、收入和用户规模都位居全国首位。1978年广东市话设备不足9万门，自动交换机仅有1.58万门，长途电路只有830条，固定资产1.9亿元，全年邮电业务收入仅为6621万元。经过多年发展，至2007年广东邮电业务总量为3070.55亿元，其中通信业务收入为2993.25亿元，本地电话用户达到3743.07万户，移动电话用户达到7842.06万户，国际互联网用户达到814.43万户。30年来广东电信业从无到有，从单一服务到多元服务，已建成一个结构完整、技术先进、门类齐全、服务完善的电信基础通信网络体系。

广东电信业在发展过程中，以建立现代企业制度为目标，改革管理体制，转换了企业机制，迈上了公司化运作的新里程。1998年广东邮电部门顺利完成了邮电分营。1999年广东电信完成移动通信和寻呼通信的剥离工作。2000年7月19日，广东省电信公司的组建成立，标志着广东省电信体制从长期的政企合一转变为公司化运作。政企分开后，广东积极推进多元化经营改革，实施主附、主

---

1 资料来源：广东年鉴、广东统计年鉴、广东省人民政府网、广东信息产业网、广东省通讯管理局网站、广东数字文化网、广东数字图书馆网、广东省知识产权局网。

辅分离工作。2000年12月10日正式成立了广东省电信实业集团公司，12月28日所有地市实业公司挂牌。改革解放了生产力，广东电信迎来了大发展，基础通信网络初具规模。2000年底全省电信基础通信网络覆盖全省所有市、县、乡镇，能够提供话音、数据等通信服务。基本建成了广播电视专用传输网络。该网连接了全省21个地级市、18个县，光缆长达3800千米。另外，还有电力、交通等专用通信网络。2007年5月广东提前实现全省"20户以上自然村100%通电话"的目标。2007年底，广东省移动电话用户数达到7482.06万户，高居全国首位。移动通信成为带动广东经济长期快速发展的重要力量。本地移动通信运营商之一的广东移动是中国信息通信行业中规模最大的省级公司，网络人口覆盖率达99.24%，城区达到99.71%，在全国率先进行电梯和地下车库覆盖，重要场所实现100%覆盖。另一运营商广东联通拥有覆盖全省城乡的移动通信网络，其中CDMA 在广东省陆地覆盖率达到99.9%。

电信业务量的增长，已经不能完全反映广东电信业的成就。广东电信业的发展历程中还有许多的亮点：1985年，南海县成为全国第一个实现农村电话自动化的县。是年，广州三元里农民兴办的第一家电信营业厅代办处正式对外营业，开创了依靠社会化力量提供电信服务的先河。1987年11月18日，中国内地第一个大容量蜂窝公用移动通信系统在广州开通，从此开启了中国内地移动通信业的发展历程。1989年，东莞成为中国最早实现城乡电话程控化的地级市。1994年12月底，广东首先开通了GSM数字移动电话网。1995年12月，广东成为全国第一个全省城乡电话全部实现程控化的省。佛山成为全国首家城乡电话交换机容量突破百万门的地级市。1997年8月11日，电话用户首次突破1000万，同时，广东省移动通信网在通信能力和用户数量上已跻身全球移动通话运营商前10名。全国首个网络化多媒体阅览室在中山图书馆建成开放。1999年，21CN门户站点被中国互联网络信息中心评为中国十佳网站之一。 2000年，全国通信行业首个国家实验室落户广东电信研究院。2003年3月31日，广东联通正式商用CDMA[1] 1X。在宽带互联网接入领域，从2000年诞生了全省第一位宽带用户起，广东电信在全国率先启动宽带业务市场，并迅速进入发展的快车道，用户发展一年一个台阶：2001年1000多户，2002年突破50万户，2003年突破100万户，2004年突破200万户。2006年底达到400万户。加上其他网络接入方式，广东国际互联网用户从2000年的216.41万户增长到2007年的814.43万户。2001年，广州国家级计算机网络与信息安全中心运行，在中国的信息安全领域发挥作用。与此同时，广东还是电信新业务的"原产地"和"试验田"。移动梦网、互联星空、号码百事通、商务领航、农信通、新视通、QQ、POPO、飞信、超信、一号通、彩铃等等，都是原产广东，继

---

1 CDMA是码分多址（Code Division Multiple Access）的英文缩写，它是数字技术的分支——扩频通信技术的基础上发展起来的一种崭新而成熟的无线通信技术。

而在全国生根开花。"试验田"的不断创新，带动了全国整个行业创新发展。同时，最重要的是这些新生的语音、数据、图像等多媒体综合信息业务向广东社会各个层面渗透，已经从简单的沟通信息渗透到社会生活的方方面面和各个领域，广东电信业在自身发展中促进了其他产业的发展，为广东经济发展作出了重要贡献。

广东电信业的改革发展成果惠及了老百姓，广东电信的114台、广东移动的客服中心都是全国的服务标兵，2005年广东61%电信用户满意电信服务。在服务不断提高的同时，电信资费不断下调，2006年与2000年相比，广东的老百姓用1元钱就享受到了2.58元的服务。同时，

□沟通从心开始。（图片摄影：蔡俊峰 中共江门市委宣传部供图）

电信业为各类人才提供了超过20万个直接就业岗位，作为核心环节带动了设备制造、通信服务销售、信息服务等产业链各个节点的发展，提供超过80万个间接就业机会。随着光纤、数字微波、卫星、移动通信、数据通信等多种技术手段，覆盖全省四通八达的公用通信网，以IP[1]为基础的新一代宽带骨干网的建成，推进广东信息化和新农村建设，成为信息化推进的基础。

1　IP是英文Internet Protocol的缩写，意思是"网络之间互连的协议"，也就是为计算机网络相互连接进行通信而设计的协议。

（二）广东移动电话普及率

指标 年份	广东移动电话用户 （万户）	移动电话普及率 （部/百人）	城镇居民家庭平均每 百户移动电话年末拥 有量（部）	农村居民家庭平均每 百户移动电话年末拥 有量（部）
1987年	0.0238	/	/	/
1989年	0.6117	/	/	/
1990年	1.1146	/	/	/
1991年	2.74	/	/	/
1992年	8.2987	/	/	/
1993年	24.45	/	/	/
1994年	48	/	/	/
1995年	98.78	/	/	/
1996年	156.8	/	/	/
1997年	250.2	3.36	/	/
1998年	362.69	/	/	/
2000年	1357.26	17.61	57.94	14.49
2001年	2410.93	33.11	85.67	24.88
2002年	3214.38	39.9	129.12	38.79
2003年	4007	50.68	150.66	55.82
2004年	5373.82	67.64	170.86	79.30
2005年	6406.61	69.68	187.39	116.41
2006年	7117.95	76.50	205.51	132.58
2007年	7842.06	82.99	206.41	149.73

（三）电子商务

广东的电子商务随着经济的发展而产生发展，1998年广东成立了中国电信南方电子商务中心（广东省电子商务认证中心的前身），是中国成立最早的数字证书认证机构之一。2000年底，全省银行卡发行量超过2200万张，省内18家商业银行卡实现联网。全省90个市县已经开展电子结算业务。同年广东省电子商务认证中心正式挂牌，统一为单位和个人提供电子商务应用的安全认证工作。随着信息技术在企业中的应用日益受到重视，广东电子商务认证中心和电子商务支付网关系统的建成和与之相配套的物流配送系统的形成，广东电子商务应用开始起步。2002年随着电子商务的进一步发展，广东省电子商务认证中心已发放各类数字证书超过10万张，创建的网证通电子认证体系已成为国内最大的电子认证体系之

□广东的电子商务支付体系不断完善。广东银行卡发卡机构30家，发卡量8500万张，银行卡总交易金额1580亿元，可以受理银行卡的特约商户4.34万家，布放POS机具7.3万台、ATM机8500台。图为广东东亚银行的自动取款机台。（图片摄影：黄志忠 广东《大经贸》杂志社供图）

一，该中心还与香港邮政认证机构实现了交叉认证。全省首家电子商务示范基地黄花岗信息园拥有一批行业龙头企业，园内从事电子信息行业的企业有420多家，其中电子商务企业有44家，建成了建材、化工、医药、家电电子商务网站（系统）20多个，2002年全年企业电子商务交易额达到15亿。

2003年根据加入世界贸易组织的要求，广东重点从营造投资环境方面入手推进电子商务。一是在全国率先开展了电子商务立法工作。2003年2月1日，《广东省电子交易条例》正式实施，这是国

内第一部电子商务地方立法。它确立了电子签名的法律地位，解决了电子数据的法律有效性、法律取证两大难题，比较好的解决了电子交易中的信息安全问题，标志着广东行政区域内的电子交易活动将有法可依，为促进广东省电子商务发展提供了一个透明的、公正的商务法律环境。二是组建了"广东电子商务网站联盟"。2003年10月15日，"广东电子商务网站联盟"正式启动运行。联盟将对广东省的各类电子商务网站进行整合，进行严格的资质审核和认证，提供一个权威、方便的"门户"，通过资源共享、客户共享、市场共享的共同发展方式有力地促进各类电子商务网站自身的发展和整个市场的培育。此外，联盟还与广东省消费者委员会建立了合作关系，致力于规范行业行为，处理电子交易中发生的投诉与纠纷。目前，已有包括"广交会"网站、大洋网、183网、南海花卉网等广东知名网站在内的110多个网站成为广东电子商务网站联盟的成员。三是加快了电子商务认证机构的建设。广东省电子商务认证中心已发放各类数字证书近20万张。

2004年11月，广东出台《关于进一步推进我省企业信息化建设的指导意见》，加强了企业信息化和电子商务应用的政策支持。同时，由省信息产业厅会同省工商管理局、国家税务局、地方税务局、质量技术监督局、人民银行广州分行、海关总署广东分署等7个部门共建的广东省企业信用信息网正式开通，有效整合全省190万个企业的信用信息资源，实现省内跨地区、跨部门的企业信息公开和共享。2005年9月，省电子商务认证有限公司和广东数字证书认证中心有限公司获得国家信息产业部颁发的《电子认证服务许可证》，截至2005年底，两认证机构共发放数字证书约30万张。同时，广东的电子商务支付体系不断完善。全省的信用卡在全国发行最早、种类最多、数量也最大，截至2005年底，广东银行卡发卡机构30家，发卡量8500万张，银行卡总交易金额1580亿元，可以受理银行卡的特约商户4.34万家，布放POS[1] 机具7.3万台、ATM机8500台。持卡消费风气初步形成，剔除批发性的大宗交易和房地产交易，2005年广东持卡消费额占全省社会消费品零售总额的比重接近24.5%。同时，广东银联跨银行ATM/POS网络的建成为我省电子商务的广泛应用打下了很好的基础，银联金融服务网已形成以广州为中心，覆盖全国多个城市，联接香港、澳门银行卡网络中心和VISA、MASTER国际卡组织[2] 的大型网络平台。

广东的电子商务应用水平显著提高。一是大型企业电子商务带动效应明显。广东部分大型龙头企业已经开展支付型电子商务应用，将网上商贸与企业内部企业资源计划（ERP）相结合，实现商务运营的电子化和管理决策的智能化。二是以专业镇和专业市场为依托，形成行业信息化服务联盟，

1　POS是销售点终端（point of sale）的英文简称。pos是一种多功能终端，把它安装在信用卡的特约商户和受理网点中与计算机联成网络，就能实现电子资金自动转账。

2　VISA国际组织是一个由全球21000多家金融机构会员所组成的非股份、非营利性国际银行卡组织，威士（VISA）卡的前身是美洲银行所发行的Bank Americard。MASTER国际组织是一个由2100多万家商户及ATM机组成的一个信用卡国际组织，万事达（MASTER）卡国际组织拥有MasterCard、Maestro、Mondex、Cirrus等品牌商标。

建设面向行业的电子商务平台的发展模式成效非常显著。三是依托产业园区建设电子商务服务平台，提升产业整体竞争力的电子商务建设模式得到很大发展。四是随着企业信息化和电子政务的深入开展，广东企业与政府间的电子商务应用效果突出。2006年出台的《广东省电子商务"十一五"发展规划》提出：2010年全省60%以上的大中型企业开展电子商务应用，省流通龙头企业、重点批发市场全面开展电子商务应用；国家级和省级农业产业化龙头企业电子商务普及率达到100%，全省乡镇企业、种养大户、流通大户互联网应用普及率达到50%，各类农村信息化系统得到广泛应用；初步建成区域性电子商务体系，珠江三角洲地区城市电子商务应用水平全国领先，建成一批区域、行业电子商务平台和产业集群电子商务平台；基本建成国际领先、多网融合、安全可靠的综合电子商务基础设施，建立起较为完善的电子商务运行服务和保障体系，电子商务基础设施和技术应用水平达到国际先进水平，区域信息传输和服务能力进一步增强；建立起功能比较完善、运转协调的全省企业信用信息系统，改善信用环境和信用秩序，基本建立起全省企业信用体系的基本框架；电子商务安全保障能力显著增强，电子交易安全的长效机制基本形成，信息安全保障体系较为完善，数字证书在全省各行业普及应用。2007年，天下加油站、中国皮具网等11家广东行业网站入选"2007年中国行业电子商务网站"百强。

2008年广东省电子商务公共服务示范平台的成功上线，标志着广东的电子商务信息化发展又迈出了实质性的一步，整个行业逐渐走向规范化和一体化。它不仅为中小企业提供个性化信息增值服务，还为信息提供商搭建统一的内容发布渠道和业务平台，为平台的社会化服务体系成员提供新的发展空间，实现多方共赢、整体提升的创新模式，最终实现加快国民经济发展和提高经济质量的战略目标。9月全球领先的B2B电子商务公司阿里巴巴网络公司华南地区总部正式落户广州开发区。它将首先服务于广州开发区内6000多家企业，帮助它们插上电子商务翅膀，拓展发展区域，之后再服务广州、广东乃至全国、东南亚，从而促进广东电子商务的发展。

（四）电子政务

改革开放后，广东在经济保持连续快速健康发展的大背景下实施电子政务建设。广东政务信息化建设起步于20世纪80年代中期，到90年代中期取得了一定的成绩，表现在：各级政府机关内部已普遍使用计算机进行文字处理和信息管理，大多建立了规模不等的内部办公局域网，办公自动化、管理信息化的水平不断提高，适应政府机关办公业务和辅助领导科学决策需求的内部电子信息资源建设开始起步，实现机关内部信息化；部分省直部门与各地级市政府部门建立了网络连接，主要用于报送业务信息及请示报告类的电子文本，基本实现各级政府和政府部门网络连接；大部分省直政府部门和所有的地市政府已经试行开通了自己的网站，逐步进行电子政务、电子商务、信息化社区、科技信息网和远程教育等建设，实现政府公众信息共享。

1994年广东省成立信息化工作领导小组。1999年，政府上网工程取得突破，与128家政府部门签订上网协议。2000年，广东提出大力推进政府信息网络和政府部门的信息资源开发利用，把政府信息化提高到一个新的水平，满足政府履行职责、进行国民经济宏观调控和决策以及办公自动化的需要，满足社会各界对政府信息和服务的需要。同时，开展社会公共领域信息化，建成一批对国民经济和社会发展具有重要作用的公益性信息库，全面推动国民经济和社会信息化，提高全体人民的综合素质和生活质量，促进社会精神文明进步。其一，加强政府信息网络建设，在省政府大院内部信息网和各地市政府、各部门的内部信息网络基础上，建设党政系统内部专用信息网络。其二，加强政府信息公开上网工作，政府各部门都通过政府网站将政务信息、政府公告、政策法规、办事程序、政府采购、宏观经济信息等向社会公开，增进政府与公众之间的相互了解与沟通。此外，加强办公自动化工作，用电脑管住人脑，减少行政的随意性，促进政府办公业务规范化、制度化，保证政府工作规范有序。2001年，广东省颁布了《国民经济和社会信息化十五计划》，提出了建设全省信息网络传输平台的奋斗目标。随后，广东省又制定了《政府系统政务信息化建设2001—2005规划》，明确了"十五"（2001年至2005年）期间政务信息化的建设目标、主要任务、工作原则和保障措施。省人民政府提出其工作重点就是电子政务，并详细部署全省电子政务建设任务。这些措施保证了全省电子政务的健康发展。这些措施包括统筹规划、规范建设，这是推进广东电子政务发展的关键。2005年2月广东省人民政府发布实施《广东省电子政务建设管理办法》，着眼破解电子政务建设投资分散、资源浪费、信息分割的难题。规定对财政出资的、将建的信息化项目进行评估，防止重复建设；规定对政府内部的数据交换，由信息办会同相关部门共同制定信息交换目录和信息交换协议，促进互联互通、资源共享；规定全省电子政务建设项目必须有相应的效果评估，以评估意见作为项目建设和各市、部门电子政务工作考核的依据，促进建设实效。《办法》的实施是广东省电子政务迈入科学发展轨道的重要标志，改变了电子政务建设各自为政的局面，有效减轻重复建设和投资浪费；强化信息化推进力度，使得电子政务各项政策措施得以顺利实施；开展绩效评估，找到一条切实提高电子政务应用效益和发展水平的途径。

统一网络平台，是电子政务互联互通、资源共享的基础。2002年12月25日，广东统一电子政务网络平台正式开通。省四套班子、44个省直部门和广州市全部采用光纤联接，珠江三角洲6个地级以上市采用2.5G DWDM（密集型光波复用）联接，粤东、粤西和粤北14个地级以上市采用155M SDH

（同步数字系列）联接，初步构成了横联省直各部门、纵联省内各市的全省性电子政务平台。这个平台为全省政府部门提供了一个高速宽带的网络通道，为实现部门之间、省市之间方便快速的信息交换和数据共享，开展跨部门、跨地区的电子政务应用创造了有利条件。同时，广东在全省电子政务统一网络平台的基础上，狠抓应用和安全保障工作，充分发挥电子政务的作用，推进政务公开，促进行政管理体制的改革。一是重点围绕决策指挥、政务管理、协同办公、公共服务四个方面，大力开展各类业务应用系统建设。重点开展办公业务资源、宏观经济管理、应急指挥、社会保障、金财、金盾、金审、金农、金质、金水、金税等12个重要业务系统的建设。二是进一步完善全省电子政务网络平台，建设省级部门互联网统一出口，建设省级政府的门户网站，加快省政务涉密内网建设。三是建立全省统一电子政务安全认证中心，建立健全电子政务信息安全的规章制度，完善管理措施，逐步建立全省电子政务安全保障体系。2000年广东省电子商务认证中心正式挂牌，统一为政府机关、企事业单位和个人提供电子政务应用的安全认证工作。2003年6月24日正式实施《广东省电子政务安全管理暂行办法》。四是集中力量建设几个跨部门的、基础性、公益性的数据信息库和办公信息资源库，包括人口基础信息库、法人基础信息库、自然资源和空间地理信息库、宏观经济数据库以及政府文件数据库和法律法规数据库。建立一套信息发布、更新维护机制，实现高效、有权威的政府信息服务。五是总结推广广州、东莞、江门、佛山市南海区等地已经开展"一站式"电子政务试点经验，继续选择有条件的地市开展试点，将电子税务、电子报关、社会保险电子政务系统、企业注册登记审批、工商管理、劳动就业管理、国际贸易信息、环境指标等各公众政务服务系统整合，为公众提供"一站式"电子政务服务。2004年广东建设了全国首个LINUX（一种先进的计算机操作系统）公共服务技术支持中心，它按照"政府引导、市场推动、企业化运作"的模式运营，为广东电子政务应用项目和软件企业提供LINUX应用系统开发技术支持服务，将显著提升提升广东开放源码的应用水平和软件关键技术方面的研发水平，为电子政务的推进做好有力的技术保障。

建设行政审批电子监察系统，是广东电子政务应用的一项创举。广东把该项工作作为构建教育、制度、监督并重的惩治和预防腐败体系的重大举措。深圳市2004年11月在全国率先正式开通行政审批电子监察系统。省级电子监察系统2007年4月20日正式开通，实现对省直48个部门465项行政许可事项4.3万笔审批业务实时在线监察；广州、深圳、珠海、佛山、东莞、中山、江门等10个地市系统建成开通，实现省市联网监察。该项目极大提高了电子政务应用效益，行政审批平均提前办结率达77%，提高了政府的服务水平、服务效率，提升了政府的服务形象，受到社会广泛关注。以电子监察系统建设为突破口，广东电子政务建设的深度、广度和速度得到很大推动，市、县（市、区）等基层信息化工作得到空前重视，推进步伐大大加快。

广东在推进电子政务的同时，还不断完善政府网站，推动便民服务，推进政民互动。网站建设与便民服务也是广东电子政务建设的一个亮点。以门户网站为中心，各级政务服务网站2300多个，覆盖省、市、县、镇、区各级单位。自2003年起，广东省已连续四年开展地市和省直部门网站评估，检查政务信息公开和便民服务情况，规范栏目设置，促进信息更新，推动网上服务。广东网站建设质量大为提高，大力促进了《广东省政务公开条例》贯彻实施，推进了广东民主政治建设进程。2006年度全国网站评比，广东省人民政府门户网站在省级中名列第六，广州、深圳进入全国地市网站排名前10名,江门、佛山、汕头进前20名。

改革开放30年来，广东电子政务的发展已经深入到政务活动的各个领域。2008年上半年调研表明，各级部门围绕经济调节、市场监管、社会管理、公共服务开展了大量业务应用，信息化手段与政府业务的结合越来越紧密，各单位普遍反映工作已离不开电子政务。这主要体现在几个重要的指标上，即计算机人均使用数量，省级单位达1.39台/人，市级单位达0.87台/人;OA普及率（办公自动化程度），省级单位达80%，市级单位达70%；行政审批自动化程度，省级达85%，市级达72%；公共服务网站，省级单位89%，市级单位83%。这些指标，意味着总体上逾75%的省、市行政机关日常办公、行政审批和政务公开已离不开电子政务手段。

（五）公共智能化生活

所谓智能化，是指利用电子计算机模拟人类智力活动的科学系统。公共智能化生活是指利用计算机系统对公共生活的各个方面和领域提供的信息进行分析、归纳、比较、判断,并作出相应的决策来实现相应管理及控制。在中共广东省委、省人民政府的统一领导和部署下，改革开放以来，尤其是进入21世纪以来，广东省的信息化建设成效显著，公共生活的各个领域逐步向信息化、智能化迈进。30年来广东公共智能化生活的成就十分明显，下面分类介绍：

1. 交通运输

改革开放30年来，特别是步入21世纪至今，广东交通信息化飞速发展，基本形成了广东交通信息化的雏形。广东省交通运输系统网络基础设施已具规模，形成以省交通厅为中心节点、辐射各地市县交通行政管理部门的立体型、宽带化、大容量、安全可靠的现代化通信网络，其中运政网和征稽网已覆盖全省；信息安全体系逐步建立，广东省交通系统（云浮）数据备份中心和广东省交通CA[1]

1　CA是负责签发证书、认证证书、管理已颁发证书的机关。它通过制定政策、按照具体步骤验证、识别用户身份，并对用户证书进行签名，以确保证书持有者的身份和公钥拥有权。

123

认证中心建成并投入使用；全省高速公路实现了联网收费，同时各路段也成立了相应的运营管理中心；围绕交通"建、养、管、征、运"行政职能的各类业务系统建设全面铺开，办公自动化系统实现了省交通厅、厅直属各单位、21地市交通局的联网办公。公路、水路运政信息化管理成效显著，其中广东道路运政管理信息系统已覆盖全省，广东省港航行政管理综合业务系统实现了省、市、县三级联网业务处理、建立了全新的水运证照管理与发放流程，实现了港航行政管理过程的突破与创新，并通过了交通部的技术鉴定，达到国内同行业项目领先水平；广东省交通厅统一行政审批系统成为交通行政事项审批电子化改革创新的一项重要成果，26项行政许可事项已纳入该系统的监管，实现了对行政许可事项受理、承办、审核、批准、办结等五个环节的实时监控。2007年，广东省交通厅启动了"广东省省级公路交通信息资源整合与服务工程"，通过整合分散的交通信息数据，实现信息资源的共享，以达到交通智能化的终极目标。2008年将统筹协调建设珠江三角洲地区公交IC卡[1] 互联互通的技术平台，逐步使公交IC卡在全省公交、地铁和轻轨交通中实现非现金缴费"一卡通"，推动形成具有国际竞争力的珠江三角洲都市群。

2.公共卫生

进入21世纪以来，广东省卫生厅颁布了一系列政策法规，指导公共卫生信息化的发展。2004年广东省卫生厅颁布实施了《广东省卫生信息化发展规划2004—2010年》，2005年颁布了《广东省卫生信息化建设指导意见》。当前，广东省卫生系统在信息化组织机构、基础设施、电子政务、临床医疗、社区医疗、疾病控制、预防保健、卫生监督、科技教育、卫生统计、财务管理等各个领域的信息系统建设中均有重大进展。主要取得了以下几项成就：一是加强了疫情信息网建设，目前广东县以上医疗机构（包括军队）和乡镇卫生院均实现直接上网报告疫情信息，提高了疫情报告速度。二是加强了电子政务建设。卫生行政信息化建设自1998年开始实施，目前全省各市卫生局和县及县以上综合医院、疾病控制与卫生监督机构基本上都建设了各自的门户网站，向社会提供了快捷的卫生信息、卫生报道和卫生咨询服务。三是加强了大型数据库建设。四是加强了医院信息化建设。全省卫生部门县及县以上90%以上的综合医院和中医医院开展了医院信息系统建设，珠江三角洲一些医院还进行了数字化医院的试点工作，电子病历建设以及电子病历与CA认证系统的有机结合也在全省稳步推进。五是加强了妇幼保健网络建设。先后建立了妇幼卫生统计信息网、儿童保健系统管理服务网、《出生医学证明》及围产保健管理计算机网络等，规范了出生证明及产科质量管理，强化了儿童生长发育评价。六是加强了卫生监督信息化建设。省卫生监督所建立的卫生监督网，实现了卫生监督的信息化管理，部分市卫生监督所也建成了局域网，实现了网内资源共享，公文传递，信息

1　IC卡是指集成电路卡，是继磁卡之后出现的又一种新型信息工具。现在一般用的公交车卡就是IC卡的一种。

报送。七是全省各市建成了急救通讯调度120指挥系统。八是血液管理实现自动化。九是建立了全省医学继续教育网络管理系统。十是人事、工资管理网络化。十一是财务管理电子化。十二是统一了全省医院病案统计管理系统。十三是加强了全省各级医疗单位卫生信息技术人员的培训。

3. 文化教育

2002年广东省人民政府颁布了《国民经济和社会信息化"十五"计划》，提出在全省各级各类学校普及计算机及网络教育，把信息技术教育列为学生素质教育的重要内容；加快教育信息化基础设施建设，建设宽带高速的"科研网"和"教育网"。2003年，全省城市、珠江三角洲地区的绝大部分中小学、其他地区的重点中小学等都接入了广东教育和科研网，2005年，广东省初步形成了"天地合一"的现代远程教育传输网络，有90%的高校、3.8万多所中小学、近6000所中职学校基本建成校园网，农村中小学共建成近8万个教学光盘播放点、近5万个卫星教学接收点和7000多个计算机教室。初步建成了基础教育资源库、高等教育精品课程资源库、国家职业教育资源库。根据《广东省信息化发展纲要》要求，到2010年，全省基本完成"校校通"工程，中小学全面开设信息技术教育课程，实现教学资源和教育手段信息化。2005年3月，广东省人民政府审议并原则通过了《广东省信息化发展纲要（2005—2020年）》，根据纲要的要求，广东省以建设广东省数字图书馆与文献服务体系为重点，加快整合全省文化信息资源。大力推动广播电视电影、新闻出版、文化遗产、体育休闲等领域信息化建设，建立全省新闻出版管理服务网络。2006年《广东省国民经济和社会信息化"十一五"规划》提出，加快广东省文化信息资源共享工程建设，全面推进广东省文化产业和文化事业信息化。根据规划，广东省近年来大力推动广东省新闻出版领域信息化，建立广东省新闻出版管理服务网络，促进信息技术在网络出版等文化产业方面的广泛应用。大力推动档案管理领域信息化，建设广东省文件、档案管理、利用服务网络。建设具有广东特色的数字化文化资源。支持从事网络游戏、动画漫画、数字广播电视、数据库、电子出版物等研发生产、传播的新办文化企业的发展，开拓数字娱乐新领域，加快广东省网络游戏动漫产业发展基地的建设，建设高水平的数码影院和大型电影数据库。

4. 社区生活

2000年至2005年，广东的长途电路、中继电路、电信管道、用户线路、光缆光纤等规模都较大发展；电话普及率达到85%以上；广播电视传输网建设逐步完善；宽带接入网络加速发展。2005年10月广东启动"数字家庭行动计划"，按照各类家庭数字化需求，形成家庭网络，通过与社会全方位的信息交互，组成家庭信息、娱乐、控制服务和信息功能系统，在家就能享受家庭音像娱乐、社区职业教育、健康保健、服务社区信息和政务服务、家庭通讯服务、家庭商务服务、智能家居系统、家庭金融管理等服务功能。2005年实施《广东省信息化发展纲要》，根据纲要要求，广东省统一规划社区信息化基础设施，建设社区服务信息网络及其服务支撑体系，实现社区建设、管理和服务信息化。建设省、市、县三级地名数据库，逐步开展网上地名查询、电子地名图等地名信息化服务。2006年广东颁布实施《广东省国民经济和社会信息化"十一五"规划》，按照规划要求，广东省对城市管理资源进行了整合，逐步推进和完善了数字城市管理工程、城市信息服务功能，重点推进社区信息化建设。在城镇建设规划中将社区信息化作为城镇建设规划的基本内容，统筹规划社区信息化基础设施建设。逐步构建覆盖省、地级以上市、县（市、区）和大部分乡镇（街道）、部分村（居）委会的社区服务信息网络及服务支撑体系。开展了数字电视、网络游戏、网上购物、网上学习等服务，加大了便民信息化服务建设力度。

5. 服务业

改革开放以来，广东省逐步改造传统服务业，加快发展现代服务业，1998年、2004年广东省人民政府先后颁布了《印发关于进一步加强技术改造投资推进企业技术进步的若干规定的通知》和《印发〈关于扩大高新技术及设备进口的意见〉的通知》，鼓励服务业大力推广应用信息技术，推进服务业信息化、自动化、智能化。2005年颁布《广东省(2005—2020年)信息化发展纲要》，根据纲要要求，广东进一步推进服务业信息化开展物流业信息化试点示范工程，扶持传统物流企业的信息化改造，大力发展以信息技术为支撑的现代物流业。支持在广州、深圳、珠海、佛山和其他有条件的地区，建设现代物流基地，推动珠江三角洲发展成为国际性物流中心。推进商贸流通业信息化。推广普及数字终端设备、条码技术、电子标签技术以及电子订货系统等的应用。建设广东外资和外贸促进网上综合服务平台，建立健全外经贸信息服务体系。进一步完善银行、证券、期货、保险等专业化金融信息系统，建设和完善电子支付系统，实现金融管理信息化和现代化。大力推进旅游、交通等服务领域信息化。2008年中共广东省委、广东省人民政府出台《关于加快建设现代产业体系的决定》，明确提出了广东构建现代产业体系必须要"建设以现代服务业和先进制造业双轮驱动的主体产业群"，这样的定位，把现代服务业和先进制造业这两者作为建设现代产业体系的重中之重大力发展。

（六）网络数字图书馆

随着知识经济的快速崛起，以超海量信息有序存储和组织为特征的网络数字图书馆，为各类公众信息的传播提供了一种崭新的方式，而被世界各国视为国家信息基础设施建设、知识创新体系和

□深圳市图书馆是一座具有纸质、光盘、数字图书等多媒体一体化功能的现代化图书馆。它与周边中小型街道、社区图书馆形成了网络数字知识化城市。（图片摄影：王列）

创新能力的重要组成部分。

广东省委、省人民政府高度重视广东省数字图书馆的建设，于1998年建成我国第一个地区性公共图书馆自动化网络，通过文化部鉴定并荣获文化部1998年科技进步二等奖。2001年中共中央政治局委员、广东省委书记李长春对广东省数字图书馆的建设作出重要批示，广东省人民政府将广东省立中山图书馆改造和数字化建设列入"十五"计划。2002年5月19日，由广东省立中山图书馆承担建设的广东省数字图书馆（一期工程）正式开通，率先建成我国第一个实用化省级数字图书馆。2004年，全省已有60多个公共图书馆(约占总数的60%)采用计算机管理，并以中国电信163网作为平台实现远程联网，在广东省中山图书馆建立广东省文献编目中心，实现了各市、县馆的远程联机编目和检索。到2006年全省初步建立文化共享工程基础网络和服务平台，建立国内公共图书馆规模最大的数字图书馆资源库存群。到2007年，广东数字图书馆拥有电子图书120万种，期刊论文3000万篇，博硕士论文80万篇，学术会议论文30万篇，各种类型的数据库30多个。这些资源安装在20多台服务器上（其中14台服务器实现电信级主机托管），存储容量达40TB（兆兆字节）以上。数字化馆藏的建立，极大地增强了文献服务能力，为来自全球的读者提供365天24小时的联机服务，2007年电子图书借阅下载量达660万册次，平均每天1.8万册次。广东省数字图书馆首创"网上参考咨询"，与超星数字图书馆、汕头图书馆、湛江图书馆、东莞图书馆和加拿大University of British Columbia 大学图书馆等国内外30多家图书馆合作，为全球的读者提供"一站式"的服务。

广东网络图书馆从2006年10月17日开始由中山图书馆筹建，这是我国第一个"网络图书馆"。中山图书馆与百度合作，在2006年底开通了"万卷"（图书搜索）栏目。读者们足不出户，便可免费在线阅读到上百万册图书（约占中山图书馆目前400万册藏书的1/4）。该馆已将20多台数字资源服务器，托管到电信部门的IDC[1] 数据中心，将利用其高速宽带和百度平台为读者提供全文传递及下载服务。中山图书馆首期"放"约100万册图书在网上，其中可在线检索、阅读全文的书籍有42万种，已经获作者授权的中文图书50多万册，可在线阅读到的，还有6000种中文期刊、2000万篇论文、50万篇学位论文、20万篇会议论文、3.5万件国家标准、86万件专利文献，以及数百部共享工程影视节目和讲座等。读者在网上对书籍的任何查阅，浏览或下载均无需付费。2003年8月，"广东数字文化网"开通。广东数字文化网有电子图书40万种，期刊论文1200万篇，还有孙中山文献、广州人物、潮汕美食、潮汕地方文献、亚热带海洋经济文献、珠三角房地产、江门五邑华侨等20多个特色资源库。广东数字文化网充分利用了省立中山图书馆自动化网络和博物馆、艺术馆、美术馆等网站的优势，2008年已建立的网上图书馆有29个，网上博物馆22个、网上艺术馆12个、网上美术馆16个以及网上影剧院和演舞台等等。

2008年9月27日，国家图书馆和东莞市人民政府达成合作协议共同建设"中国国家数字图书馆东莞分馆"，这是国家数字图书馆首个分馆。根据双方共建协议，国家图书馆将向东莞分馆和当地民众提供中国国家数字图书馆的数字资源镜像服务、学术讲座定向直播、网络信息采集和典藏服务、数字资源的远程访问服务和合作课题研究等服务项目。

广东地区高校图书馆系统数字图书馆建设的基础好，起点高，大部分重点高校图书馆都建立了自己的网站，通过互联网传播馆藏。广东高校电子图书馆是广东省教育厅主办的网上图书馆，它是广东省教育文献保障体系的实体建设项目之一，2002年下半年开始建设该电子图书馆的文献信息中心，大学城建成启用后移交至大学城。该电子图书馆设一个中心网站，若干镜像检索站点，主要为全省高等学校和各级各类教育机构提供文献信息服务。

---

1 IDC是互联网数据中心（Internet Data Center）的英文简称。

（七）电视普及率

改革开放30年以来，随着人民生活水平的逐步提高，广东省城乡居民家庭电视机普及率逐年增加，但城乡差距较大，城市居民电视拥有率远高于农村居民，尤其是2000年之前，城乡差距悬殊。2000年以后广东省农村居民平均每百户电视拥有量快速增加，与城市居民差距缩小。从统计数据来看，城市居民家庭电视拥有率从1995年起已超过100%，农村家庭电视拥有率从2005年开始超过100%。

广东省城镇居民家庭平均每百户年底彩色电视机数

年份	1980年	1985年	1990年	1995年	2000年	2005年	2007年
电视机数	32.89（黑白和彩色）	34.94	74.53	104.97	135.59	155.26	154.20

广东省农村居民家庭平均每百户年底彩色电视机数

年份	1980年	1985年	1990年	1995年	2000年	2005年	2007年
电视机数	0	1.84	9.80	34.35	73.20	103.91	111.72

（八）信息产业增加值

改革开放之初，广东电子信息产业刚刚起步，电子信息产业工业总产值1980年仅4.15亿元，到1990年达到107.44亿元，从个亿到百亿用了10年时间。1998年达到1234.31亿元，从100亿元到1000亿元用了9年时间。2003年达到6130.54亿元，从1000亿元到5000亿元用了3年多时间。2005年达到

11575.97亿元，从5000亿元到10000亿元仅仅用了2年多时间。广东信息产业领跑全国信息产业。中共广东省委、广东省人民政府紧紧抓住了这一战略机遇期，理清思路，加大力度，加快发展，实现了历史性的跨越。至2005年，广东省电子信息产业工业总产值占全国的33.27%，产品销售收入占全国的32.27%，出口占全国电子信息产业出口总额的42.7%，工业增加值占全国的29.61%。广东省电子信息产业在全国的排头兵地位非常突出，电子信息产业总量相当于排在全国第二位的江苏（工业总产值6467.33亿元、工业增加值1637.41亿元、产品销售收入7093亿元）与排在第三位的上海（工业总产值3915.5亿元、工业增加值824.13亿元、产品销售收入3967.69亿元）两省市总量之和，成为广东省第一个产值过万亿元的产业，而广东省也成为全国唯一一个电子信息产业产值超万亿元的省份，这一突出成绩让广东第十五次蝉联全国电子信息产业冠军。

迈上万亿元台阶之后，广东省电子信息产业继续保持快速增长势头。2006年，广东省电子信息产品制造业规模以上企业3141家，完成工业总产值11962.70亿元，比上年增长24.60%，占全国同行业的36.5%，工业增加值2387.30亿元，增长27.20%，占全省工业的22%，占全国的33.97%；2007年电子信息产业工业总产值从2003年的6130.54亿元增加到2007年的13966.6亿元，五年年均增长超过25%，增加值从2003年的1038亿元增加到2007年的2680.9亿元，年均增长超过26%。截至2007年12月，广东省电子信息产业工业增加值2680.9亿元；工业销售产值13298.6亿元；外贸出口占全省出口总额的51%。2008年1月至6月广东省电子信息产业实现工业增加值1217.9亿元，占全省工业的17.3%；工业销售产值6614.3亿元，占全省工业的22.5%。至2008年底，广东电子信息产业总产值连续18年居全国之首。

（九）信息消费

改革开放30年来，广东居民消费结构与全国一样，在经历了20世纪80年代初以自行车、手表、缝纫机"老三件"为代表的、以满足温饱为目标的第一次消费结构升级和以家电普及为标志、以电视、冰箱、洗衣机等为代表的第二次消费结构升级后，20世纪90年代末至今进入以汽车、住房、通讯、教育为主导的第三次大的消费结构升级阶段。

20世纪80年代，家里能装上一台电话简直是一种奢侈的标志，20世纪90年代中期以来，随着因特网技术的突破性进展和网络技术的商业化、社会化，信息消费在经济社会消费结构中的地位凸显。电话通讯费支出已广泛地深入到当今的现实生活中，家有固定电话，手有移动电话，已成为平常。

据《广东统计年鉴》（2007）的数据，1985年至2006年城镇居民家庭（抽样调查资料）信息消费比较：交通和通信平均每人每月消费性支出：1985年0.78元、1990年2.13元、1995年32.96元、2000年89.73元、2005年194.42元、2006年199.55元，分别占消费性支出的1.1%、1.3%、6.3%、13.4%、19.8%、19.2%；教育文化娱乐服务平均每人每月消费性支出：1985年7.34元、1990年13.81元、1995年57.00元、2000年76.78元、2005年139.03元、2006年151.16元，分别占消费性支出的9.9%、8.4%、10.9%、11.5%、14.1%、14.6%。1985年至2006年农村居民家庭（抽样调查资料）信息消费比较：交通和通信消费支出：1980年3.75元、1985年5.13元、1990年14.56元、1995年82.08元、2000年205.52元、2005年411.64元、2006年443.46元，分别占消费性支出的1.7%、1.3%、1.7%、3.9%、7.8%、11.1%、11.4%；教育文化娱乐服务消费支出：1980年7.4元、1985年15.95元、1990年66.99元、1995年245.16元、2000年313.46元、2005年360.73元、2006年303.37元，分别占消费性支出的3.3%、4.1%、7.2%、10.9%、11.9%、9.7%、7.8%。

1985年至2006年城镇居民家庭信息消费比较

年份	交通和通信消费性支出（元/人·月）	占比（%）	教育文化娱乐服务（元/人·月）	占比（%）
1985年	0.78	1.1	7.34	9.9
1990年	2.13	1.3	13.81	8.4
1995年	32.96	6.3	57.00	10.9
2000年	89.73	13.4	76.78	11.5
2005年	194.42	19.8	139.03	14.1
2006年	199.55	19.2	151.16	14.6

数据来源：《广东统计年鉴》（2007），抽样调查资料。

1985年至2006年农村居民家庭信息消费比较

年份	交通和通信消费性支出（元/人·月）	占比（%）	教育文化娱乐服务（元/人·月）	占比（%）
1980年	3.75	1.7	7.4	3.3
1985年	5.13	1.3	15.95	4.1
1990年	14.56	1.7	66.99	7.2
1995年	82.08	3.9	245.16	10.9
2000年	205.52	7.8	313.46	11.9
2005年	411.64	11.1	360.73	9.7
2006年	443.46	11.4	303.37	7.8

数据来源：《广东统计年鉴》（2007），抽样调查资料。

□信息到田头。（图片摄影：高日灵 中共江门市委宣传部供图）

第四部

创业的乐园

——广东市场经济发展报告

潮起南粤大地 The Rise of Guangdong潮起南粤大地 The Rise of Guangdong
潮起南粤大地 The Rise of Guangdong潮起南粤大地 The Rise of Guangdong 潮起南粤大地 The Rise of Guangdong
潮起南粤大地 The Rise of Guangdong潮起南粤大地 The Rise of Guangdong 潮起南粤大地The Rise of Guangdong

30年来，在中共中央、国务院的正确领导下，广东人民锐意进取，务实创新，奋力拼搏，摸着石头过河，突破了保守思想的束缚，杀出了一条符合国情的改革开放之路；创造了诸如对外经济合作中的来料加工、来样加工、来件装配、补偿贸易"三来一补"，原材料、销售市场"两头在外"、对外开放"借船出海"，价格改革中的"突破中间、带动两头"，激励机制中的"财政包干"，以及基建筹资中的"以路养路、以电养电"等鲜活经验；一项项具有借鉴意义的创新制度出台，为全国的改革开放提供了宝贵的经验，引发的震动在中国大地上回响；计划经济的营垒在这里一次次被冲破，市场经济体制一天天完善起来。伴随着市场经济的成熟度与开放度的不断提升，广东已经成为全国乃至全球创业者向往的创业乐园。

An ideal location for starting business
—— report on Guangdong's development of market economy

During the past 30 years, under the correct leadership of the Party Central Committee and the State Council, people in Guangdong practically forged ahead with innovation and creativity. They explore unknown fields by feeling their way forward. Breaking through the shackles of conservative ideas, they managed to find a way for carrying out the reform and opening up policy in compliance with the actual conditions of China. It was during this time that they came out with so many fresh ideas such as processing with supplied materials, processing according to supplied samples compensation trade, assembling with supplied parts, sourcing raw materials and selling products overseas, opening up policy or "borrowing a boat to go out to the sea", distinctive price reform, fiscal responsibility system in the motivation mechanism and using tolls to re-invest in road projects, using electricity charges to re-invest in electricity production. More and more innovation systems of reference value were unveiled to provide other regions with precious experience in reform and opening up, creating a sensation in China; the planned economy was broken down here while market economy is growing day by day. With an ever more mature and open market economy, Guangdong is actually becoming a favorite location for those both at home and abroad to start a business.

1978年，党的十一届三中全会决定把改革开放作为基本国策的时候，广东这个中国的边陲省份，开始从计划经济的桎梏中挣脱出来，担负起全国改革开放、发展市场经济先行一步的"试验田"重任。30年来，在中共中央、国务院的正确领导下，广东人民锐意进取，务实创新，奋力拼搏，摸着石头过河，突破了保守思想的束缚，杀出了一条符合国情的改革开放之路；创造了诸如对外经济合作中的来料加工、来样加工、来件装配、补偿贸易"三来一补"，原材料、销售市场"两头在外"、对外开放"借船出海"，价格改革中的"突破中间、带动两头"，激励机制中的"财政包干"，以及基建筹资中的"以路养路、以电养电"等鲜活经验；一项项具有借鉴意义的创新制度出台，为全国的改革开放提供了宝贵的经验，引发的震动在中国大地上回响；计划经济的营垒在这里一次次被冲破，市场经济体制一天天完善起来。伴随着市场经济的成熟度与开放度的不断提升，广东已经成为全国乃至全球创业者向往的创业乐园。

□天河商都更趋繁华。天河体育中心一带，面积5.2平方千米的范围内，集中分布着天河火车东站、地铁天河总站、天河体育中心、天河城商贸大厦、宏城商业广场、天河娱乐广场、广州购书中心以及一批高级酒店。平均每日客流量达20万人次，市面繁华，被称做广州新商都。图为天河区中心的建设者。（全景图片社供图）

一、地方政府在经济体制改革中的作用

　　市场体系的形成和市场调节对经济发挥调节作用，意味着政府计划管理职能必然要变化，政府对经济的管理职能特别是政企关系必然要转变。与此同时，财政、税收、金融等部门的调控职能也要随之转变，从而逐步形成政府调控市场，市场引导企业和配置资源的宏观管理模式。长期以来，广东坚持进行政府管理经济体制改革，力图使"越位"、"错位"、"缺位"的政府职能重新"归位"，做"有限政府"；开始从不该管的领域退出，切实转变在计划经济条件下形成的"无处不在、无所不能、无事不包"的行政职能，形成了一种新的管理体制。

（一）财政管理体制改革

　　20世纪80年代，中共广东省委把中央给予广东的特殊政策和灵活措施具体化为"三个更加"，即"对外更加开放、对内更加搞活、对下更加放权"[1]。广东的改革是从放权让利开始的，其中最突出的就是财政管理权限的松动。从某种意义上说，财政体制改革对广东发展起着关键的作用。党的十一届三中全会以来，财政管理体制改革作为经济体制改革的突破口和先行者率先进行。

1. 发展历程

　　30年来广东财政管理体制改革与发展主要经历三个重要阶段[2]：

　　(1)1980年至1993年，包干制财政管理体制改革。这一阶段广东经济社会发展以"解放思想"为主题，积极推动社会主义商品经济大发展，并开始寻找市场经济发展的突破口。在财政方面，改革的特征是"让利放权"，重点是破除高度集中的财政统收统支机制。改革伊始，根据中央的统一部署，广东在省以下实行了"划分收支、分级包干"和"划分税种、核定收支、分级包干"体制。1978年建立完善了企业基金制度，1980年实施"盈亏包干"责任制与利润留成制度改革，1983年实行国有企业第一、第二步利改税改革，1987年实行承包经营责任制改革，1989年实行利税分流改革，1990年实行国有企业产权制度、财务管理制度改革。通过这一系列的改革，广东得以充分利用中央给予的包括在财政方面的特殊政策和灵活措施，在改革开放中先行一步，地方经济财政实力迅猛提升。

1　参见温宪元、廖胜华：《"先行一步"的宝贵经验》，《南方日报》，2009年1月6日。
2　参见广东省财政厅：《广东财政改革与发展30年历程及展望》，广东统计信息网，http://www.gdstats.gov.cn，2008年9月24日。

（2）1994年至1997年，分税制财政管理体制改革。这一阶段广东经济社会发展以"创新体制"为主题，率先探索建立社会主义市场经济体制，开始实现跨越式、集约式发展。在财政方面，改革的特征是"分权"，重点是处理好各级政府间财政分配关系。按照党的十四大确定的建立社会主义市场经济体制的目标，1994年广东制定并调整了省以下财政体制，1996年建立实施了"分税分成、水涨船高"财政体制，在中央分税制下，属于广东地方财政收支范围中，确定省与市县的支出范围，划定省级固定收入、省与市县共享收入及市县固定收入，并核定各市县上解和补助款数额，建立了对市县财政的一般性转移支付制度。第一阶段"放权"改革是在原有集中体制框架内的外在激励；第二阶段的"分权"改革则通过构建新的体制框架，重新界定了各级政府之间、政府与企业之间的关系，从而使广东的经济体制改革和社会经济发展进入了一个全新的历史时期。

（3）1998年至今，公共财政管理体制改革。这一阶段改革的特征是"公共财政"，重点是处理好发展与民生的关系。为确保财政职能作用的有效发挥，广东积极推进"收支两条线"管理、部门预算、财政国库管理、政府采购等四项公共财政改革"主体工程"，夯实公共财政管理的制度基础，并注重改革的系统性和完整性，同时加强改革间的衔接和配套，针对原有改革体系职能不完善、业务不衔接、社会管理手段不足等缺陷，大力推进支出管理方式创新，逐渐形成了具有广东特色的公共财政管理模式：一是为提高财政资金的使用效益，推进科学理财，开展财政支出绩效评价工作；二是推进依法理财，进行财政监督改革，加强对财政资金使用的监管；三是开展省级预算管理和国库集中支付系统整合改革，实现财政资金流程的衔接；四是加强会计核算监管，进行财务核算信息集中监管改革；五是进行公务员收入分配制度改革，进一步规范分配关系；六是进行行政事业性资产管理改革，构建与市场经济体制相适应的行政事业单位国有资产管理新机制。1998年以来，广东大力推进财政体制改革，增加公共性支出，财政职能逐步向公共财政转变。中央提出科学发展观和构建和谐社会的重大战略思想以后，广东财政深刻把握构建完善公共财政体系与推动科学发展、促进社会和谐的内在一致性，处理好发展与民生的关系，善用公共财政的理念和手段，通过"收、支、调、管"等手段，一手抓改善民生，一手抓促进发展，有力推动了全省经济社会全面协调可持续发展。

2. 主要成效

改革开放以来广东财政管理体制改革的主要举措与成效，大致也可概括为以下三个方面[1]：

（1）健全财政收入职能，为政府履行公共服务职能提供财力保障。分税制改革以来，广东先后开展了农村税费改革、所得税分享改革和出口退税负担机制改革，不断完善省以下财政体制。从

1 参见广东省财政厅：《广东财政改革与发展30年历程及展望》，广东统计信息网，http://www.gdstats.gov.cn，2008年9月24日。

2004年起，全省实行激励型财政机制，在一般性转移支付中引入激励机制，将省财政一般性转移支付与县域经济财政发展挂钩，从2005年起实施了一系列帮助县（市）解决镇（乡）财政困难的政策措施，2008年开展镇（乡）财政和村级财务管理方式改革试点，充分调动欠发达地区发展县域经济、壮大财力的积极性，提高了基层政权和组织运转的财力保障水平。通过不断完善"分税分成，水涨船高"的财政体制，广东财政体制运行平稳有效，政府间分配关系稳定协调，调动了地方生财、聚财的积极性，促进了中央、省、市县财政收入的共同发展，初步形成财政收入稳定增长、质量不断提高的局面。1978年至2007年，广东地方一般预算收入从41.82亿元增加到2785.36亿元，增长了66.6倍，从10亿元到100亿元用了31年（1957年至1988年）时间，从100亿到1000亿元（1988年至2001年）用了13年时间，从1000亿元到2000亿元（2001年至2006年）只用了5年时间。从1991年开始，广东财政收支规模已连续17年居全国各省、市、自治区首位。

（2）健全财政支出职能，重点保证公共服务领域的支出需要。广东坚持把改善民生、促进社会公平摆到突出位置，先后部署实施了"十项民心工程"[1]，按照"保运转、保重点、保稳定、促发展"的要求，不断优化财政支出结构，逐步实现财政支出"三大转变"：一是重要支出的保障方式从短期安排向建立长效保障机制转变；二是财政支出结构调整的方向从侧重对农业、农村、农民的倾斜向更广泛地扩大农村公共财政覆盖面转变；三是促进区域协调从限于从经济增长上缩小差距和在本区域内配置资源向缩小人均公共服务水平与实现欠发达地区和珠江三角洲地区的互促发展转变。2003年至2007年，全省财政民生投入5151亿元，占全省一般预算支出的比重从2003年的43.63%提高到2007年的50.47%，提高了6.84个百分点。2008年，在财政困难的情况下，民生支出力度不减，全省教育文化、社会保障、医疗卫生、环境保护等民生支出占地方一般预算支出比重提高2.18个百分点[2]。广东基本实现公共财政"取之于民，用之于民"的本质要求。

（3）健全财政宏观调控职能，促进经济可持续发展。1993年以来，广东针对不同时期的宏观经济形势，根据中央的统一政策，进行省内区域的财政宏观调控，积累了以财政手段促进经济平稳增长的丰富经验。第一，不断提升财政政策的目标层次，积极发挥财政政策导向作用，围绕投资、消费、出口三个方面，采取更加灵活有效财政政策，支持经济发展的重点和薄弱环节，促进了经济平稳较快发展；第二，改革财政投入方式，实现财政科学投入，从过去纯粹减税让利、向竞争性领域增加投资的单一方式，到逐步退出一般性竞争领域，更多地采取贷款贴息、以奖代补、滚动有偿、注入资本金、融资担保、创新投融资方式等手段，扩大财政投入的乘数效应；第三，在资金分配

1　"十项民心工程"是指全民安居工程、扩大与促进就业工程、农民减负增收工程、教育扶贫工程、济困助残工程、外来员工权益保护工程、全民安康工程、治污保洁工程、农村饮水工程、城乡防洪减灾工程。
2　参见熊佳焰、符信：《广东今明两年投1000亿拉内需》，《信息时报》，2009年2月13日。

环节引入竞争手段，创新资金分配方式，调动资金使用部门或地区发展经济的主观能动性，促进了科学发展的新思路加快形成；第四，通过预算安排灾害救助、安全生产等专项资金及预备费和预算稳定调节金，建立救灾抢险和应急处理的多重防线，积极构建应对突发公共事件的财政应急保障机制，财政应急调控、抵御突发公共事件和自然灾害的能力不断增强。[1]

（二）价格管理体制改革

广东早期改革的特点之一是向下放权，把生产和经营的自主权还给企业。这种放权表现在计划管理上，就是缩小指令性计划的范围，减少向企业下达的指令性计划指标，变单一的指令性计划管理形式为指令性计划、指导性计划和不作计划任由企业根据市场自定计划三种管理形式同时并存。

计划经济时代，种植、收购、定价全部计划，粮票、鱼票、肉票、布票……样样凭证，流通体制僵化，市场物资匮乏。"四季如春没菜吃，鱼米之乡没鱼吃"，是广东老百姓20世纪70年代生活的真实写照。与物资紧缺相对应的是"统派购"，价格控制过死影响了农民和企业的积极性。以市场化为导向的农村改革，首先要进行的就是取消统派购。

1979年初，广东在全国率先就改革农副产品产销体制：完成国家统派购任务之后的农副产品，均可进入市场，开展议购议销。之后，又规定除粮、棉、油、糖等品种外，其余农副产品均可跨行业经营，跨省区采购。1980年，广东首先在农业生产领域全部取消指令性计划，改为指导性计划，接着又在流通领域取消大部分农副产品的统派购指标，同时放开价格，由市场来调节。

改革开放前，广东统派购农副产品达118种，1980年调减为48种，1981年再调减为25种，1984年又调减为13种，1984年，改革从农村转入城市，工业生产计划也逐步改为以指导性计划为主，指令性计划管理的产品只限于部分燃料、重要原材料及人民生活必需品等国家统配的产品。1985年，广州在全国率先放开猪肉、水产品等8种主要副食品和缝纫机、自行车等大商品的价格，价格调整从农副产品逐步扩展到工业品。1980年前广东计划管理的一、二类日用工业品达95种，1980年调减为51种，1984年调减为28种，1985年调减为16种，到1988年年底，广东87%的商品放开了价格，几乎是全国的3倍。1989年，消费资料商品除粮食和居民生活用煤外，全部放开价格、敞开供应。1991年，除保留盐、棉织品、香烟外，市场调节面达97%。至此，广东在全国最早结束"票证经济"。

除向企业放权外，省还向市、县下放了固定资产投资、利用外资、物资分配和进出口商品等计划管理的权限，调动地方政府的积极性、主动性和创造性，增强了市、县政府组织经济建设的权力

1　参见广东省财政厅：《广东财政改革与发展30年历程及展望》，广东统计信息网，http://www.gdstats.gov.cn，2008年9月24日。

和责任。

简政放权，减少对企业的直接干预，增加市、县各级的权力后，省计划管理的重点由微观经济转向宏观经济，并引起了计划工作内容、方式和方法的一系列转变。广东正是通过这样的放权改革，调动了地方和企业的积极性，从僵化的计划管理体制中解放出来，并发挥市场经济的作用，促进了全省经济的大发展。

（三）工商行政管理体制改革

广东从搞活流通入手，以满足和适应人民日益增长的生活水平的需要为出发点，最早开放市场，与市场发育水平相一致的大量先进零售业态和流通模式最先从广东萌芽发展起来，并在全国各地发挥了示范作用，批发市场、零售市场或批零兼营市场、综合市场、专业市场与类别（工业品、农副产品）市场在全国迅速崛起。30年前国营商店垄断的单一计划经济市场，至今已发展成多种经济成份经营的符合市场经济规律的竞争市场。在流通体制改革中，工商行政管理功不可没。30年来，广东工商行政管理体制的改革经历了四个发展阶段[1]：

1. 1979年4月至1982年8月，恢复工商建制，适应重心转移阶段

1979年4月，广东省工商行政管理局恢复成立，至年底，全省105个市、县均建立工商局。在这一阶段，工商部门坚持改革开放的总方针，解放思想，解放生产力，发挥工商职能，扶持个体、私营经济发展，兴办农贸市场，开办集贸市场，到1982年全省已建立农贸市场、集贸市场2309个，在全国处于领先地位。对外开放先行一步，率先登记注册外商投资企业。1979年7月10日，广东省批准设立全国第一家外商投资企业———珠海进口电视机维修部，至1982年底，广东省共登记外商投资企业291户，占全国88%，充分发挥了广东对外"窗口"的作用。

2. 1982年10月至1992年7月，摸着石头过河，大胆探索计划经济向商品经济转变阶段

一是培育市场体系。到1991年全省累计投资9.2亿元，集资兴建市场2100个，比1979年增加了7倍，集贸市场欣欣向荣。二是积极探索利用外资的新途径，掀起第一次招商引资高潮。到1989年广东省外资企业达9508户，约占全国的一半。三是出台新政引导个体私营经济发展。先后采取了放宽经营范围、允许一业为主兼营他业、鼓励综合经营，促进个体私营经济快速发展。四是积极探索对新兴行业的登记管理，开拓企业登记新领域。五是突破把计划同商品经济对立起来的传统观念，牢固树立社会主义有计划的商品经济的新观念。

1　参见卢炳辉：《改革开放催发工商事业生机活力》，《南方日报》，2008年11月18日。

3. 1992年10月1999年7月，监管大市场，朝着社会主义市场经济目标迈进阶段

1994年，国务院明确提出，工商行政管理部门要从监管集贸市场转向监管社会主义大市场。广东工商行政管理部门从三个方面进行突破，深化改革。第一，创新企业登记管理制度，促进公有制实现形式的多样化；第二，积极探索市场管理的新途径，监管社会主义大市场有所突破，从侧重管理有形市场转向管理有形市场和无形市场并重，从习惯于管理一般交易行为转向管理交易行为和竞争行为并重；第三，建立起一支统一的经济检查队伍，依法行政、打击经济违法行为，着力推进消费者申诉网络、驰名著名商标保护网络、广告监测网络、执法协作网络的建设，创造良好的市场竞争环境。

4. 1999年7月至今，继续深化改革，增创工商行政管理体制机制新优势阶段

30年来，历经6次机构改革，广东工商行政管理逐步确立了工商行政管理市场监管和行政执法的职能定位，形成了从省局到基层工商所的运转协调的分层管理体制，建立了布局合理、管理规范的基层执法体系，基本建立了适应社会主义市场经济监管的工商行政管理体制机制；实行省以下工商行政管理机关垂直管理，增强了执法的统一性、权威性和有效性；实行市场管办脱钩，实现了"运动员"和"裁判员"分离，促进了严格执法、公正执法；建立"经济户口"，实行巡查制，创新监管方式，大力扶持各类经济主体健康发展，大力整顿和规范市场经济秩序，严厉打击走私贩私、传销和变相传销、不正当竞争等经济违法行为，建立维权网络，维护了经营者和消费者利益；推进了企业使用分类监管、个体工商户信用分类监管、商品交易市场使用分类监管、商品市场准入制度等市场监管制度改革。

（四）机构改革

1999年，广东机构改革全面展开，全省党政机关与所办42264户经济实体和管理的直属企业脱钩，在短短一年的时间内完成数以千亿计资产的重组。2000年，按照社会主义市场经济的要求，打破传统的管理模式，把综合经济部门改组为宏观调控经济部门，减少和调整专业经济部门，加强执法监管部门，培育和发展社会中介组织，理顺各级政府和各个部门的职权、职能。2003年12月5日，进一步整合和理顺政府职责关系，转变政府职能。2005年，全面完成市县级政府机构改革和文化市场、国土资源领域的综合行政执法改革，进一步理顺机构和管理职责关系。2006年开展交通、环保领域和东莞市的综合行政执法改革试点。2007年，省人民政府成立应急领导小组办公室，完善粮食行政管理体制。此外，还先后启动乡镇综合配套改革试点和事业单位分类改革试点。2007年9月初，

深圳市政府公布了5项关于事业单位改革的方案。改革的核心内容是：借鉴香港以及国外社会管理的先进经验，推行法定机构试点，依法设立相关机构；事业单位普遍建立法人治理结构，理事会、管理层、职工大会相互独立、相互制衡；财政供给方式从过去的"养人"转变为"养事"，对于可由社会提供的公共服务，政府将采用"购买服务"的方式，由有资质的社会组织完成；取消事业单位行政级别，逐步实现事业单位职级制，推行职员制。[1]

经过这一系列的机构改革，广东政府职能已逐步向经济调节、市场监管、社会管理和公共服务转变，以间接手段为主的经济调控体系趋于成熟，经济计划、产业规划和财政政策相互配合的机制初步形成。

（五）行政审批制度改革

行政审批制度是在计划经济下，政府管理社会经济的基本手段和方式。以行政干预代替市场调节的行政审批，助长政府部门的特权意识和寻租行为，既不利于市场主体的运作、市场机制的发挥、市场秩序的完善，也不利于政府的廉洁高效、依法行政和宏观管理水平的提高。1997年至2005年，广东省人民政府先后开展了三轮行政审批制度改革，共取消省直机关审批、审核、核准事项1262项，下放管理事项287项，改变管理方式、移交行业组织或中介机构管理事项94项，保留行政许可事项476项，不列为行政许可、按一般业务管理事项414项。各市、县、区也分别开展了多轮行政审批制度改革和行政许可清理工作，取消了大量审批、许可项目。广州市从2004年10月26日起，停收涉及公安、工商、文化、卫生、国土房管等19个部门、包括驾照年检在内的44项行政事业性收费。改革力度最大的佛山市，目前市直机关保留的行政审批项目仅41项。[2]

2007年，广东继续深化行政审批制度改革，印发和实施《2007年广东省行政审批制度改革工作方案》；7月13日，广东省人民政府第十届第一百一十九次常务会议通过《广东省行政审批管理监督办法》，自2008年1月1日起施行。广东在全国率先建成省级政府行政审批电子监察系统，省直45个部门和所有地级市以上行政审批办理情况已纳入系统实时在线监察，省级529项行政许可事项（除秘密级行政许可事项外）的办理情况全部进入省行政审批电子监察系统进行在线监察。省级非行政许可审批事项（除秘密级行政审批事项外）的办理，也全部联网进入省行政审批电子监察系统，实现对省级行政审批事项的在线监察、预警纠错、绩效评估和信息服务四大功能。

1 参见徐国栋：《强者之路：制胜法宝广东篇》，《河北日报》，2007年12月4日。
2 参见谢强华：《在全省法制局局长会议上的讲话》，珠海市法制局网站，http://www.fzj.gov.cn，2007年4月19日。

2008年，广东全面推行收费公示制度，所有行政事业收费都须公示。打破水、电、电信、邮政及其相关建设工程的价格垄断和行政垄断成为全省价格改革重点。

目前，广东全省有19个地级以上市、38个县(市、区)设立了行政审批服务中心，实行了"一站式"办事服务、窗口式办公、网上受理、网上审批。深圳、佛山、东莞、中山等市还整合各镇区、各部门的信息资源和网上审批系统，初步实现了网上并联审批。各地、各部门通过多种形式和途径，实行"透明"审批，防止"暗箱"操作，进一步规范审批行为，提高了办事效率。

（六）行政执法体制改革

在市场经济条件下，政府的行为都必须用明确的法律法规加以规范。在政府行为规范的众多形式中，法律化是最高形式，也是最主要的形式。政府应当从行政控制型体制向依法行政型体制转变，把主要精力放在完善立法上。

在构建市场经济体制过程中，广东十分重视有关市场运行的法规建设，广东省人大和省人民政府部门先后制定和颁布了一系列有关维护市场秩序的法规、条例。如市场商品质量方面的《广东市场商品质量质量检验暂行规定》，价格方面的《广东省价格管理暂行条例》、《广东行政性收费暂行管理条例》，工程招标方面的《广东省建设工程招标管理规定》，等等。

20世纪90年代后，广东先后在农村社区合作经济承包管理、农村承包合同纠纷仲裁、公司破产、产品质量监督、财产拍卖、典当、企业集体合同管理、酒类专卖管理、食盐专卖管理、城镇国有土地使用权公开招标拍卖、建设工程造价管理、个体工商户和私营企业权益保护以及实施反不正当竞争法、查处生产假冒伪劣商品违法行为等方面进行立法，并出台了征地管理、土地使用权出让、房地产产权登记、开发经营、评估、转让，房屋租赁、拆迁、商品房预售管理、建筑市场管理、建设监理和物业管理等一系列房地产市场管理的法规规章。深圳特区还就企业破产、企业清算、拍卖、典当、计量、旧机动车交易、企业技术秘密保护以及劳务市场、文化市场、金银市场、金属材料市场等分别进行立法。

改革开放以来，广东先后出台了1000多项地方性法规和省人民政府规章(其中现行有效的450多项)，地方立法工作一直走在全国前列。[1] 据国家司法部统计，在全国，广东的地方性立法最多，行政审批减幅最大。在现已制定的384项广东地方性法规中，属于先行性、试验性、自主性的就有186项。

---

1 参见谢强华：《在全省法制局局长会议上的讲话》，珠海市法制局网站，http://www.fzj.gov.cn，2007年4月19日。

2005年，广东省人民政府对《广东省人民政府工作规则》做了重大修订，专门增加了实行科学民主决策一章，明确了省人民政府重大决策的范围和作出重大决策的具体规则和程序，要求重大决策和重要行政措施都必须事前交由省法制办进行合法性论证。建立了地方立法计划和重大立法项目草案报送中共广东省委常委会审批制度，确保地方立法紧紧围绕中共广东省委、广东省人民政府的中心工作，与改革发展稳定的大局相配套，与经济社会发展的实际相适应。广东从1999年开展推行行政执法责任制，2005年11月，省人民政府常务会议审议通过了《广东省综合行政执法试点方案》，确定了广东综合行政执法改革的基本框架。全省各级行政机关、包括乡镇和街道的行政执法责任制已经普遍建立起来。

目前，广东在政治、经济、文化和社会生活的各个方面基本上都已经有法可依，以市场经济法规为核心、与我省经济社会发展相适应的地方性法规规章体系框架已基本形成。[1]

（七）行政管理体制改革的成绩

改革开放以来，广东围绕建立完善中国特色社会主义行政管理体制进行积极探索，许多改革内容和措施都走在全国的前列。通过改革，初步建立了适应社会主义市场经济体制需要的行政管理体制。尤其是在以下几方面取得了突破：

一是高度集中的政府管理模式有所改变，政府职能转变，政府宏观调控能力得以增强，产权制度改革使政企分开迈出了重要步伐。同时，政府应对突发公共事件的能力显著提高，履行社会管理和公共服务职能的能力明显增强。

二是机构设置和人员编制管理逐步规范，政府内部结构进一步优化，职责、权限进一步得到明确，行政效率和效能不断提高。

三是制定一系列政府管理的法规、规章，初步建立以经济手段和法律手段为主的调控体系，基本确立起依法行政的理念，推进民主政治建设和政府管理法制化进程。

四是通过深化干部人事制度改革，特别是通过探索实施竞争上岗、公开选拔制度，不断完善公务员制度，促进公务员管理的规范化，初步建立一支善于治国理政、高素质的公务员队伍。

五是通过发展电子政务、不断深化行政审批制度改革等措施，不断改进政府工作方式、方法，降低行政成本，逐步实现政府管理方式的科学化、现代化。[2]

1　参见谢强华：《在全省法制局局长会议上的讲话》，珠海市法制局网站，http://www.fzj.gov.cn，2007年4月19日。
2　参见广东省行政管理学会办公室：《改革开放30年行政管理体制改革实践总结暨建设服务型政府研讨会综述》，《南方日报》，2008年8月6日。

（八）宏观调控与产业发展

30年来，从最初的放权让利，到开放自由市场，发展中外合资、中外合作、外商独资"三资"企业、乡镇企业，鼓励多种所有制经济发展，从试行股份制、股份合作制、证券市场，到劳动力、产业双转移，建立现代服务业体系，中共广东省委、广东省人民政府一直注意加强宏观调控，从而全方位促进了相关产业的发展。

1978年12月至1984年9月，广东在全国先行一步，率先实行改革开放政策，通过发展来料加工、来样加工、来件装配、补偿贸易"三来一补"的外向型经济，进行初步探索；1984年10月，党的十二届三中全会召开，通过《中共中央关于经济体制改革的决定》，1991年底治理整顿结束，广东改革开放全面展开；1992年春天，邓小平到南方视察，提出广东要用20年左右时间赶上亚洲"四小龙"，广东改革开放大潮再起。

1998年3月，江泽民在九届全国人大一次会议期间对广东提出"增创新优势，更上一层楼"的期望，广东进入增创发展新优势阶段。1998年5月，中共广东省第八次代表大会提出大力推进经济体制和经济增长方式两个根本性转变，增创"体制、产业、开放、科技教育"四大经济发展新优势，突出抓好"外向带动"、"科教兴粤"和"可持续发展"三大发展战略，促进经济发展五年跃上一个新台阶。中共广东省委、广东省人民政府提出"分类指导、层次推进、梯度发展、共同富裕"的指导思想，把全省划分为"珠江三角洲、东西两翼和山区"三个不同类型的地区，实施"中部地区领先、东西两翼齐飞、广大山区崛起"的发展战略，明确要求经济特区和珠江三角洲要率先基本实现现代化。

中共广东省委、广东省人民政府高度重视区域协调发展问题，2003年，广东在全国最早开始了推动区域间产业转移的探索，2003年到2005年期间，中共广东省委、广东省人民政府采取一系列措施推动珠江三角洲产业转移，出台《关于我省山区及东西两翼与珠江三角洲联手推进产业转移的意见（试行）》以及出台《东西两翼经济发展专项规划》等，积极引导东莞、中山、佛山等珠江三角洲地区推动产业梯度转移，逐步把生产基地转移到东西两翼和北部山区，帮助山区和东西两翼承接珠江三角洲产业转移，极大地促进了山区经济的发展，城乡统筹发展格局初步形成。这些宏观调控的重大举措，对广东的产业发展产生了极其重要的影响，取得了明显的成效。

1. 自主创新能力持续提升

相当长时期以来，广东致力于发展来料加工、来样加工、来件装配、补偿贸易"三来一补"企业，以劳动密集型产业为主，产品处在产业链的低端环节。经过一段时期的高速增长之后，原有支撑增长的条件已经逐步弱化，广东改革开放之路已经由最初政策与资金决定的浅层，进入由科技、制度、精神和文化决定的深层。中共广东省委、广东省人民政府认识到，自主创新是广东未来的核心竞争力，增强自主创新能力关系广东的发展后劲。在深入分析广东发展形势后，2005年中共广东省委、广东省人民政府出台《关于提高自主创新能力，提升产业竞争力的决定》，明确提出自主创新战略是广东发展的重大战略。广东省省长黄华华曾在2006年全省自主创新工作现场会强调，推进自主创新，建设创新型广东，是新阶段广东发展的必然选择，也是唯一选择。一直以来，中共广东省委、广东省人民政府坚持以科学发展观为统领，坚持"重点突破、带动全局、支撑发展、引领未来"的方针，领导全省初步走出了一条以市场为导向、以企业为主体、以人才为根本、以产业技术为重点、以环境为基础、以体制为保障的自主创新路子。据《中国区域创新能力报告》，广东区域创新能力综合指标列在高校与科研院所云集的北京、上海之后，连续多年居全国第三，科技进步对经济增长的贡献率由2002年的45.8%提高到2007年的50%以上。2008年全省高新技术产品产值超过2万亿元，继续位居全国第一。[1]

"广东制造"正在变成"广东创造"。广东专利申请量和授权量已连续12年居全国首位；关键的发明专利申请量也于2005年跃居全国第一。2007年广东申请国际专利1722件，占国内总量的44%。高级别的研发中心纷纷落户广东，积聚着创新的核能。目前，全省省级以上工程技术研发中心和技术创新中心408家，比2001年增加251家，数量全国最多。其中，70%以上的科研机构、科技人员、科技经费、高新技术产品都分布在企业。在深圳，这个比例更超过90%，2005年曾引来国家13部委创新政策调研组8次调研，对深圳创新作"重新发现"。

广东的自主创新成果正在当今社会经济形态中发挥重要作用。仅以达安基因的获奖技术"一种荧光定量聚合酶链式反应方法及其试剂盒"为例：近三年，其累计销售额高达4.6亿元，占领七成国内市场份额，而价格仅为国际同类产品的1/10。据悉，该产品已令国外该项技术产品无法进入中国市场。

2. 产业结构不断优化

进入21世纪以来，面临加工制造业可能衰落的困局和产业转移的国际潮流，产业结构亟待调整和升级，土地、资源、环境和发展腹地等突出问题的解决更关系到发展的可持续性和国民经济的安全发展。2003年4月，中共中央总书记、国家主席胡锦涛同志视察广东，指出广东是中国改革开放的先行地区，发展得如何，事关全局；要求广东加快发展、率先发展、协调发展，争当改革开

---

1 参见刘泰山、吴齐强：《粤提出新战略：15年内基本建成创新型广东》，《信息时报》，2006年9月12日。

放和现代化建设的排头兵。从此，广东迈入转变增长方式，率先实现"又好又快"的科学发展的崭新阶段。2003年10月，中共广东省委、广东省人民政府出台《关于加快发展装备制造业的意见》提出要把加快发展装备制造业作为今后经济工作战略重点。2004年12月13日，省人民政府常务会议讨论并原则通过《广东省工业九大产业2005—2010年发展规划》及《广东省工业产业结构调整实施方案》，全省产业结构进一步优化，产业布局和结构日趋合理，现代产业体系初具雏形，产业高级化和适度重型化趋势明显。高新技术产品产值由2002年的4700亿元增加到2007年的1.87万亿元，电子信息和家电产业升级加快。轻重工业增加值比例调整为39∶61，重点产业主导作用增强。广东现行的产业规划中对石化等重化工业的浓墨重彩，传递着广东工业"适度"重型化的信号。

3. 现代产业体系成为新的追求

现代产业体系是以高科技含量、高附加值、低能耗、低污染、自主创新能力强的有机产业群为核心，以技术、人才、资本、信息等高效运转的产业辅助系统为支撑，以环境优美、基础设施完备、社会保障有力、市场秩序良好的产业发展环境为依托，并具有创新性、开放性、融合性、集聚性和可持续性特征的新型产业体系。

通过改革开放30年的积累，广东的战略取向正朝着建立现代产业体系，提高产业国际竞争力方向发展。加快建设现代产业体系，现正成为支撑新一轮大发展和未来长远发展的重要支点。要从全局和战略的高度构建现代产业体系，力争先行一步、抢占先机。

2008年7月28日，中共广东省委、广东省人民政府在为时半年的新一轮"思想大解放"活动之后，通过媒体向广东各界发布了《关于加快建设现代产业体系的决定》。《决定》提出发展以现代服务业和先进制造业为核心的六大产业：以生产性服务业为重心的现代服务业；以装备制造业为主体的先进制造业；以电子信息为主导的高新技术产业；以品牌带动的优势传统产业；以质量效益为导向的现代农业；以能源、交通、水利等为支撑的基础产业。《决定》提出了重点建设广东现代产业体系的八大载体：珠江三角洲现代产业核心区、"东西两翼及山区产业转移工业园区"、"数字广东"、"广东循环经济系统工程"、"广东现代流通大商圈"、"粤港澳金融合作平台"、"珠江两岸文化创意产业圈"、"全国加工贸易转型升级示范区"。

二、企业在市场经济转型中的嬗变

改革开放初期，广东基本上只有公有制企业，企业缺乏独立性和创造性。随着对市场资源配置基础性作用认识的不断深化，从1994年起开展现代企业制度改革试点，按照"产权明晰、权责分明、政企分开、管理科学"的要求转换企业经营机制，建立现代企业制度，全面推进国有企业股份制改造，调整国家与企业的分配关系，增强企业自我生存能力，使企业逐步成为市场竞争的主体。经过近30年的改革，国有企业已经逐步成为市场竞争主体，管理体制和运行机制发生了根本性的变化，运行质量和发展速度有了显著提高，国有经济的控制力和影响力大大增强。与此同时，乡镇企业、外资企业、民营企业等也得以异军突起。这里，重点介绍国有企业和民营企业。

（一）国有企业改革的进程

广东省国企改革和发展大体经历了承包经营、股份制、抓大放小、授权经营、同步推进国有资产管理体制改革等几个阶段。改革开放之初，广东对国企实行"放权让利"、"承包制"等主要以调整利益分配关系为主的改革。党的十五届四中全会后，广东省按照中央的总体部署，结合广东的实际情况，制定和采取一系列政策措施推进国有企业改革和发展。党的十六大之前的10年，广东着力解决国有企业走向市场以后暴露出来的社会负担重、历史包袱多、企业冗员严重等问题。党的十六大之后的5年，是广东国有企业改革发展取得突破性进展的5年。

中共广东省委、广东省人民政府2005年10月出台的《关于深化国有企业改革的决定》被称为广东国企改革"二十八条"。"二十八条"贯穿一条主线：以产权多元化改革为核心的国企改革和以强化财务监管为突破口的国有资产体制改革双轮驱动，并驾齐驱。产权改革的路径是产权结构分散化和产权结构多元化。产权结构分散化是指国有独资向国有控股演进，国有控股向混合经济演进。也就是说，从比例上看，国有股存在分散化趋势，在分散化过程中，形成产权主体多元化。产权改革关键是引进了竞争、市场、结构、技术、开放等因素，产权明晰以后不是形成僵化的产权制度，而是伴随着结构变动的产权交易非常活跃，从而带来有效的产权制度安排。产权改革是国企改革的核心，"二十八条"提出要分类推进产权改革，真正建立起"归属清晰、权责明确、保护严格、流转顺畅"的现代产权制度。"二十八条"把增量资产奖股作为产权制度改革以及完善激励机制改革的重要做法进行推广，同时鼓励期权激励试点，推动国有企业建立起有效的激励约束机制，逐步在制度上与国际接轨。

经过30年的改革，广东国有大中型企业已逐渐摆脱困境，与私营企业相比，开始占据明显竞争优势。广东国有企业户数大幅减少，国有经济比重不断降低，但资产总量大幅增长，运行质量不断提高，控制力和影响力显着增强，国有经济非但没有"缩水"，反而越做越强。2002年至2007年国有及国有控股企业实现利润五年增长1.39倍，2007全省国有企业资产总额年超过1.6万亿元。

（二）股份制改革

广东的国有企业股份制改革比较早，1983年深圳宝安县成立了新中国第一家股份制企业。1987年4月在深圳蛇口工业区财务公司基础上获准成立的招商银行，成为全国第一家企业法人股份制商业银行。但就全省来看，企业股份制改革还局限于个别发达地区，直到20世纪90年代，股份制改革试点才在全省展开。1991年9月广东省成立企业股份制试点联审小组，主要职责是拟订企业股份制改革的有关规定，审批全省(广州、深圳可自行审批)股份制试点方案，并监督实施。广州市等一些城市也参照省的做法，成立了股份制试点的领导机构和工作机构。省市二级机构的形成，为广东加速股份制改革提供有效的组织保证，使全省的股份制试点进入一个新阶段。企业股份制经过1992年至1994年的大发展和1995年之后的巩固、完善和提高，到1999年底，全省有股份公司1202家，数量居全国各省市之首，其中已在深、沪两交易所上市的公司有115家。

随着股份制企业的不断发展，广东股份制改革逐步走向规范化。1998年，广东省人民政府批转省体制改革委员会《关于发展完善我省股份有限公司的意见》，要求加强股份有限公司的规范和发展工作。提出要进一步健全股份有限公司法人治理结构，依法规范董事、监事和经理的产生程序和办法；股份有限公司要制定股东大会、董事会、监事会和经营班子的工作制度和议事规则，特别要强化董事会的集体决策功能，防止个人专断造成决策失误；充分发挥监事会的监督作用，强化内部监督和约束机制。要加强审计监督，保障国有资产，维护公司股东和债权人的合法权益。按《中华人民共和国公司法》规范政府对股份有限公司的管理。省人民政府还制定了八条支持股份有限公司发展的扶持政策，包括允许企业改制为股份有限公司时，非经营性资产给予剥离；股份有限公司所使用的土地由划拨转为出让时，出让收益经同级人民政府批准，可专项作为国家股配股资金；原离退休和下岗人员的养老保险、医疗费用、安置费用可从原企业资产变现收益或所形成股权分红中解决。同时，进一步简化了股份有限公司的审核审批手续。

创业的乐园
——广东市场经济发展报告
潮起南粤大地 The Rise of Guangdong潮起南粤大地The Rise of Guangdong
潮起南粤大地 The Rise of Guangdong潮起南粤大地 The Rise of Guangdong
潮起南粤大地 The Rise of Guangdong潮起南粤大地 The Rise of Guangdong
潮起南粤大地 The Rise of Guangdong

1. 清远探索[1]

广东国营企业改革最早是韶关地区清远县17家亏损的地方国营企业试行"超计划利润提成奖"，接着又推行利润包干，撤销工业局，由县经济委员会直接管理企业，统一对县财政包干上缴利润，再把包干利润分解到各个企业。1978年底，这17家企业一举扭亏为盈，实现利润121万元，1979年实现利润340万元。为此，广东省于1979年8月召开全省工业交通增产节约工作会议，肯定并推广清远经验，开始在全省160个国营工业企业中进行扩大企业自主权的试点。广东这一阶段的国营企业改革，以全面推行承包制为主线，企业以"包死基数"作为条件，获取更大的自主权，并利用自主权进行了以人事、用工、分配制度为主的一系列内部改革。全省在实行承包的过程中，各地都采取"蓄水养鱼、养鸡下蛋"的措施，较多地向企业放权让利，减免税收，并实行税前还贷。同时，在企业内部进行了一系列配套改革。承包制作为一种企业经营制度，使企业的税负比"两步利改税"要轻，这在当时企业税费较高的情况下，较恰当地处理国家与企业分配关系，企业得到的实惠较多，调动了企业和职工的积极性，有力地促进了企业的发展。1994年，佛山省先改革工业管理体制取消工业局，转变为企业公司。

2. 广州股份制试点

1984年10月中央颁布实施《中共中央关于经济体制改革的决定》，开始在国有中小型企业进行股份制试点。1985年，广州进行国有企业职工内部持股的股份制试点，广州市政府批准了广州绢麻厂、明星制药厂、侨光制药厂等三家国有中小型企业作为第一批试点，这是全国最早的国有企业股份制试点，试点企业探索了所有权和经营权的分离形式，建立了董事会制度；1987年试点企业扩大到18家，发行职工内部股权证2.83亿元；1992年进一步推动友谊商店等16家企业进行股份制改造，1993年白云山制药等6家股份有限公司向社会公开发行股票并分别在香港、深圳和上海等三地上市；在深化国有企业股份制改革过程中，广州市也逐步探索集体企业和民营企业的股份制改革试点：1996年6月，第一家集体企业控股的股份有限公司成立；2000年8月23日，第一家民营企业控股有限公司——广州市宝龙特种汽车有限公司，以发起设立方式整体变更为股份有限公司，并于2004年4月14日在上海证券交易所挂牌上市，成为广州市第一家民营控股上市公司。

3. 顺德经验

由于政企不分，20世纪90年代初，顺德的国有经济和集体经济存在"厂长负营，企业负债，政府负责"的现象，造成很多企业资不抵债。1993年8月广东省委决定让顺德市进行以企业改革为中心的综合性全面改革。顺德市人民政府顺势提出"产权明晰、贴身经营、利益共享、风险共担"作为

---

1 参见达海军、欧阳少伟、李晓晖：《"利润包干"成就"中国工业改革之父"》，《南方日报》，2008年12月11日。

企业转制的纲领。1993年9月，顺德颁布了题为《关于转化机制发展混合型经济的办法》的文件，对企业进行全面的产权改革。改革按照"抓住一批、转换一批、放弃一批"的原则，优化公有资产结构。"企业转制"由此诞生。顺德成为全国中小国有、集体企业转制的发源地之一，创造了"全员股份化"、"贴身经营"、"靓女先嫁"等不少新名词。以理顺产权关系为核心、"以混合型经济为主"的企业改制，在经历了1992年至1995年的震荡期，1996年至1998年的磨合期后，1999年开始进入良性循环期，走出了一条中国特色的企业改制之路。借助于综合体制改革，进而在此后的全国百强县排名中屡居榜首。改革开放30年，顺德实现了三大历史跨越：从农业经济到工业经济、从计划经济到市场经济、从农村到城市。20世纪80年代，顺德率先改革开放，以工业立县，探索建立以集体经济为主、工业为主、骨干企业为主的"三个为主"发展模式，大力发展乡镇企业和外向型经济。全国十大乡镇企业顺德有其五，成为"广东四小虎"之首。20世纪90年代，顺德抓住国家市场经济体制改革和成为广东省综合改革试验县（市）的机遇，率先推进以行政体制改革为先导、以产权制度改革为核心、以社会公共管理和农村管理体制改革为延伸、以社会保障体制改革为保障的全面综合配套改革，成为中国经济体制改革的先行者。"顺德制造"由此开始崛起，党政机构大幅精简到原来的一半，率先探索建立公共服务型政府。进入21世纪，顺德又抓住中国加入世贸组织和成为省率先基本实现现代化试点市的机遇，全面推进工业化、城市化、国际化，成为全国第一个GDP超千亿的县域经济体，也是全国第一个建立城乡居民最低生活保障线制度的城市，同时是广东首个同时实行住院和门诊合作医疗保险的地区，顺德已经率先进入了全国富裕行列。[1]

（三）"抓大放小"

从1998年开始，广东省国有企业改革积极贯彻"有进有退，有所为有所不为"的方针，全省各地结合当地实际以及自身的发展战略，对不符合产业发展方向、规模偏小、生产技术落后或者与产业关联度不高的企业，坚决实行国有资本退出，国有企业的退出机制也逐步建立起来。至2002年底，全省关闭、破产注销国有劣势企业3704户，减少亏损200多亿元，分流安置职工30多万人；其中，省属劣势企业退出772家，安置职工48966人；仅煤炭、制糖、纺织三大特困行业就分流安置职工9.24万人，省人民政府为此支付改革成本15.2亿元。

2003年2月成立广东省中小企业管理局，以加强对中小企业的指导和服务，组织实施国家和省有关中小企业的政策法规。全省各地采取股份合作制、兼并破产、产权转让等多种有效形式，推动中

---

1 参见黄琨：《行政体制改革是今后改革突破口——刘海在大会上介绍顺德改革开放经验》，《珠江商报》，2008年12月17日。

小企业改制，县市区属国有、集体企业总体改制面超过85%，相当部分县市达90%以上。2005年出台《中共广东省委、省人民政府关于深化国有企业改革的决定》，积极调整和优化国有经济结构，推动国有经济向关系国计民生、国家安全的关键行业和重点领域集中。制定《关于加快广东省工业龙头企业发展的意见》，择优选出50户工业龙头企业（其中国有及国有控股企业43家），从技术改造资金、组建技术中心、增资减债和以龙头企业为依托推进债转股工作等方面加大政策扶持力度，取得了实效。

在国民经济需要控制的行业和领域，国有资本原则上坚持整体性地推进，保留绝对的或相对的控股地位，以增强国有经济的控制力。例如：提供公共产品和服务的供水、供电、供气等公益性领域；邮政、电信、金融、铁路、航空等垄断领域；石化、能源、交通等基础性领域；电子信息技术等高科技领域；烟草等特殊领域等，都属于"进"的范围。而由国家控股的行业则坚持放宽市场准入，引入竞争机制，突破投资主体单一化。一般竞争性领域和行业，例如：城乡居民日用品生产、享受品生产的领域；一般采掘加工业领域；商业、服务业、旅游业领域等，在这些领域，广东的国有资本一直在渐次退出。

（四）建立现代企业制度

广东国有企业建立现代企业制度的改革是在企业股份制改革不断深入的基础上进行的。1994年，广东选择了250家（1996年调整为187家）企业进行现代企业制度试点。广东省人民政府先后出台了《广东省现代企业制度试点工作方案》和六个配套文件，按照产权明晰、权责明确、政企分开、管理科学的原则和《中华人民共和国公司法》的要求进行试点。尚未实行公司制改革的企业，按照现代企业制度的要求，实行产权多元化和公司制改革。到1997年底，在187家试点企业中有142家进行了改制，完成公司制改革并进行工商注册的有131家，占70.05%。广东建立现代企业制度的试点企业在改革的重点难点问题上大胆进行探索，为全省国有企业的制度创新提供借鉴。国有大中型企业，以完善法人治理结构和母子公司体制为突破口，初步建立起产权清晰、权责明确、政企分开、管理科学的现代企业制度。全省986家国有及国有控股大中型工业企业中，有582家进行了规范的公司制改革。以公司制为主要组织形式的现代企业制度大力推行，国企改革深入推进，国有经济的竞争力、控制力、带动力不断增强。[1]

1　参见广东省经贸委企业改革处：《抓住机遇，乘胜前进，全面推进国企改革与发展》，执笔人：黄敦新，广东省发展与改革委员会网站，http://www.gddpc.gov.cn，2001年3月13日。

（五）国有资产管理体制改革

广东省属国有资产监管体系按"国家所有，分级管理，授权经营，分工监督"的原则，建立了国有资产监督管理体系。2004年广东省成立国有资产监督管理委员会，各市也相继成立国资管理机构，初步实现管资产和管人、管事的统一。

2005年开始，相继出台有关国有企业考核分配、财务监管、收益收缴等方面的22项管理规定。建立新型国有资产监管体制，国有经济的结构和布局得到显著改善，国有资本在关系国家安全和国民经济命脉的重要行业和关键领域处于优势和控制地位。

2007年继续积极完善国有资产监管体制。在国有企业投资管理、财务监管等方面，制定出台了《广东省省属企业投资监督管理暂行办法》、《广东省国资委专户资金管理暂行办法》等监管制度。加强企业收入分配宏观调控，出台《广东省省属企业试行企业年金制度的意见》，开展国有企业增量奖股改革试点。健全监事会工作制度，出台《印发〈关于进一步加强和改进监事会工作的意见〉的通知》及四个配套文件，基本建立了全面覆盖省国资委监管企业的监事会工作网络。省属国有资产收益收缴工作正式启动。全省21个地级以上的市中，有19个市单独设立了国资监管机构。深圳市从上世纪80年代开始就不断改革创新国资监管体制，几经改革，逐步完善，为全省全国探路，积累了丰富经验。

1. 资产重组

资产重组是国有产权改革的重要内容。广东省属国有企业资产重组按照政企分开、整体搞活、适度规模、依法组建、平稳过渡的基本原则，以省属国有企业为突破口推动全省国有企业的资产重组，通过有效的资产重组，实现资源的优化配置，促进企业低成本扩张，谋求发展新路子。

例如，2000年先后组建省工业资产经营公司、商贸资产经营公司、广晟资产经营公司；省人民政府对省电力集团、省交通集团等20个大集团实行国有资产授权经营。通过资产重组形成一批具有较强竞争力的大公司、大集团，广东的国有经济竞争力不断提高。

2005年底，全省国资系统监管的国有企业实现销售收入4340亿元，同比增长11%。2006年，广东省国有企业户数、资产总额、主营业务收入和实现利润均居全国第三位；2007年，省属国有企业实现营业收入2409.8亿元，同比增长21.2%；实现利润总额198.8亿元，同比增长35.9%。全省国有资产总量占全国第一；国有及国有控股企业利润5年增长1.1倍；有7家省属国有企业入选"2007年中国企业500强"。省属国有经济布局趋向合理，67%以上的资产总额集中在电力、交通、钢铁等基础性和战略性产业。

2．国有控股公司

截至2006年6月30日，全省国有、集体及其控股企业24.14万户，注册资本13206.36亿元。省国资委负责股改的韶钢松山、广州控股等39家国有控股上市公司中，已进行股权分置改革的达95%，占全部股改公司市值的99%，全省国有控股上市公司股改工作基本完成，为国有股权的有序流动和国企做强做大奠定了基础。共解决了6家公司的公募法人股上市流通问题，2家公司的内部职工股上市流通问题，妥善解决早期因政策不明确、操作不规范而产生的历史遗留问题，有效化解了风险隐患，维护了资本市场和社会稳定。

3．深圳国资路径

作为制度改革先行者的深圳，其国资管理体制改革经历了三个阶段。

1987年7月，深圳率先成立了全国第一个国有资产管理专门机构——深圳市投资管理公司。

1993年9月，深圳市国有资产管理委员会成立，同时，设立了市属企业国有资产管理办公室，作为资产管理委员会的常设办事机构。1994年8月，深圳市国资委决定将深圳市建设(集团)公司改制成与深圳市投资管理公司性质相同、机构相平行的资产经营公司——深圳市建设投资控股公司，并将已核定的9.27亿元国有净资产授权给建设投资控股公司。当年底，在深圳物资总公司的基础上成立深圳市商贸投资控股公司。由此，深圳形成"国资委——国有资产经营公司——企业"三个层次管理运营模式。

2004年，深圳国资管理体制再度变革，从三层管理到二层管理，国资委直接持有国企股权，行使出资人责任，部分准备重组转让的国有企业股权则由深圳市投资控股公司持有。

（六）非公有制经济的发展

广东民族私营工商业发展具有悠久的历史，早在秦汉时期，岭南就萌发了"重农而不轻商"的工商文化传统。流徙岭南的商贾和"广货"很早就成为古代中国工商业文明发展标志的代名词。1958年，广东全省私营企业完全绝迹。改革开放前夕，广东已经从原来工业发达、商贸繁荣的工商业大省，倒退成为中国南部边陲欠发达的农业省。改革开放使广东个体私营经济的历史命运发生了根本性转变。1978年底，广东省工商局就出台了全国第一个鼓励支持个体经济发展的具体措施，1979年佛山市还成立了全国第一家个体劳动者协会。从此，中国改革开放史上正式诞生了一个全新的名词：私营经济。从1979年迄今，中国引导个体私营经济恢复发展的制度安排逐渐完善，广东个体私营经济不断恢复、成长、壮大，相对于全国大约超前3年至5年。

1. 个体经济、私营企业开始恢复

1979年1月，广东就出现了最早的"个体户"。最早的个体工商户大部份是返城知青、社会闲散人员以及农村中有一技之长的"能人"。这一时期，第一批个体户冲破险阻，艰难起步，广东"个体户"、"万元户"在全国引发聚讼纷纭的轩然大波。

1981年6月，中共中央《关于建国以来党的若干历史问题的决议》第一次提出"一定范围的劳动者个体经济是公有制经济的必要补充"。1982年，党的十二大报告进一步指出：在农村和城市，都要鼓励劳动者个体经济在国家规定的范围内和工商行政管理下适当发展，作为公有制经济"必要的、有益的补充"。在改革开放的初创阶段，劳动者个体经济终于突破计划经济樊篱，作为"补充"，在政策层面被允许"适当发展"。1979年至1986年，从"资本主义尾巴"到作为公有制经济"必要的、有益的补充"，个体经济迅速发展、私营企业开始恢复。个体工商户迅速在广东全省遍地开花。最初，他们多靠开设各类小饮食店、小修理店以及"倒卖"太阳镜、电子表、牛仔裤等小日用品起家，率先成为全国"先富起来"的典型。各市县为扶持个体工商户，普遍建设起各类综合市场和专业市场，开放曾被批判为"投机倒把"的"长途贩运"，全省城乡形成许许多多驰名全国的个体商业街和灯光夜市，吸引全国各地的"淘金者"。全国各地群众络绎不绝来广东"出差"、学习、参观和采购。

2. "私营经济"得以正名

1987年10月25日，党的十三大报告在系统阐述社会主义初级阶段理论时强调："目前全民所有制以外的其他经济成份，不是发展得太多了，而是还很不够"，明确提出："对于城乡个体经济和私营经济，都要鼓励它们发展"。这一天，成为中国改革开放永远值得记忆的日子。

1988年4月，七届全国人大一次会议通过宪法修正案，将"国家允许私营经济在法律规定的范围内存在和发展，私营经济是社会主义公有制经济的补充"载入宪法；在改革开放后，"私营经济"第一次在国家大法中得到正名。从"必要的有益的补充"到社会主义市场经济的"重要组成部分"，个体私营经济在艰难曲折发展中呈现出强大的活力和生命力。宪法修正案颁布前的1987年，私营企业率先在广东工商行政部门注册登记。东莞市批准了全国最早的44户私营企业经营来料加工、来样加工、来件装配、补偿贸易"三来一补"业务，当年就为国家创汇2082万港元。顺德、南海、中山等县也先后核发了一批私营企业经营"三来一补"的营业执照。这些都标志着改革开放后广东私营企业的最初复生。

3. 私营经济成为平等的"市场主体"

　　1998年5月，中共广东省委召开第八次代表大会，强调要在党的十五大精神指引下，充分认识个体私营经济在全面推进我省现代化建设中的重要地位和作用。1999年8月，中共广东省委、广东省人民政府颁发了《关于大力发展个体私营经济的决定》，提出要围绕全面推进我省现代化建设的战略任务，促进个体私营经济加快发展，提高个体私营经济在全省国民经济总量的比重，使其在现代化建设中作出更大的贡献。同年，广东省人大通过了全国第一部有关个体私营经济的地方性法规《广东省个体工商户和私营企业权益保护条例》。到党的十六大，个体私营经济终于完成了从社会主义市场经济的"重要组成部分"到平等享受"国民待遇"市场主体的历史性转变。

　　2003年2月，中共广东省委、广东省人民政府根据党的十六大和中共广东省委九届二次会议精神，专题召开了全省民营经济工作会议，作出了《关于加快民营经济发展的决定》。这个决定是一个全面推动广东个体私营经济发展的历史性文件。决定颁发以后，相关部门制定了12个配套文件，省人民政府还专门设置了指导个体私营企业发展，协调相关部门的专门机构——中小企业局。个体私营经济综合实力由1978年占全省GDP总量的0.9%上升到2007年的43.1%，年均增长速度高达25%以上。

　　2007年，广东个体私营经济完成固定资产投资达3545.51亿元，占全社会固定资产投资完成额的36.9%。全省已上市的民营企业有34家、拟上市企业47家，分别占全省已上市企业和拟上市企业总数的43%和69%。私营企业的出口总额667.12亿美元，约占全国私营企业出口的28.4%，占全省出口总额的18.1%。概括地说，广东70多万民间投资人和281万个体工商户，向社会提供了3545.51亿元的民间资本和私人资本，无疑给广东的经济、社会和人民生活带来巨大的影响和深刻的变化：成就广东最大的企业群体，私营企业占全省法人企业的60%以上；创造广东GDP的40%以上，创造GDP增量的60%以上；解决城镇就业和农村劳动力转移的1/3，解决社会新增非农就业的70%以上；提供全省税收的约1/4、提供了地县税收的大半；提供了占全省4成以上的商品与服务，成为扭转短缺经济面貌的一支最重要力量，也是广东人民生活质量得以根本提高的一个最重要因素。

　　据官方统计，1979年广东省个体工商户仅有1.5万户、3.2万人，到2007年，广东个体私营经济单位达347.49万个，比2002年增加140多万户，其中，私营企业62.27万个，个体工商户280.72万个。平均注册资金从2004年的143.45万元增加到2007年的161.91万元；个体私营经济增加值达到13216.18亿元，占全省GDP比重为43.1%。2007年，民营经济增加值和税收分别由2002年的5256亿元、536亿元增加到1.28万亿元和1740亿元，分别占全省的四成和近三成。[1]

　　1　参见广东省工商业联合会、广东省社会科学院编：《广东民营经济发展蓝皮书（2007—2008）》，广东经济出版社2008年版。

三、社会主义市场经济体系建设

广东改革开放的鲜明特点是从一开始就比较明确改革的市场取向，敢于破除计划经济体制的禁锢。广东进行了一场符合自身现状、循序渐进的市场取向的改革，不断地攻克一个又一个改革难点，用实践回答了计划和市场、姓"社"和姓"资"的问题，逐步实现体制创新和制度创新，在市场化进程上形成先发优势，为全国的改革开放和建设有中国特色的社会主义提供了经验。

（一）市场价格体系建设

广东作为全国改革的先行省，在市场价格体系建设方面也率先起步，从调整价格入手，以理顺价格体系为目标，在改革的实践中，逐步探索出"调放结合，以放为主，双轨过渡，放中有管，分步推进"这一具有广东特色的价格改革之路。

1. 开放水产品市场

1978年12月25日，广州市在全国水产业中率先恢复成立国营广州河鲜货栈，紧接着成立广州咸鱼海味服务部，开放咸鱼海味市场。1979年3月广州又开放塘鱼、冰鲜鱼市场，允许计划外的塘鱼、冰鲜鱼上市。从1979年开始，广州塘鱼由全派购改为半开放，每年只固定派购30万担，派购价格提高30%，超产部分不论多少，由生产者自由处理。放开鱼价调动了广州周边农民养鱼的热情，当年冬天，广州市郊就增加了3000亩鱼塘。1981年夏天，广州从鲜鱼开始，放开农副产品价格，拉开了广东物价改革的序幕。1982年，广州农贸市场的塘鱼上市量就已经从1979年的19万担上升到49万担，市场开始繁荣。1985年4月，随着广州水产市场的全面开放，沿袭了几十年的凭票买鱼彻底成为历史。广东是全国开放水产品市场最早的省份，水产品产量与增长速度居全国首位，而广州已经发展成为全国最大的水产品集散地之一。

2. 放开蔬菜购销

所谓价格放开就是要利用价格杠杆调节农副产品价格，从价格体制上解决流通僵化问题，给农民种植自主权，让农民放开经营：放开任务，放开价格，放开流通渠道。广东是全国最早放开蔬菜购销的省份，1982年先在中小城市试点，1984年全面放开。蔬菜价格放开牵连到其他价格。农民获得生产经营自主权，迫切要求调整产品结构，进入商品流通领域，从而真正成为独立的商品生产经营者。经过一段时间放开价格之后，价值规律发挥了杠杆作用，调动了农民的生产积极性，农副产品普遍增多，价格逐步回落，并日趋稳定。在中国由计划经济向市场经济过渡的历史阶段，"放开"两个字很有分量。"放开"解开了一个又一个绳套，让那些被旧体制憋得太久的能量释放出来，也让一个个生产领域自由接受市场的检验。

□改革开放以来，广东省普宁市因势利导，大力培育药材产业、培育市场，并形成了较大规模的中药材专业市场。该市场是全国首批八个国家定点中药材专业市场之一，是广东省内经过国家食品药品监督局批准的两个专业中药材市场之一。图为普宁中药材专业市场。（广东省普宁市人民政府供图）

3. 最早成功地实现价格"闯关"

价格双轨制是冲破计划经济体制的重要一步，20世纪80年代初期，广东农产品价格除政府收购外由市场调节，事实上已实行双轨制。在生产经营领域按计划管理的梯度层次，采取先低后高、先易后难的步骤，逐步实现市场调节对计划调节的替代。在生产资料价格方面也较早实行"双轨制"。改革前属于指令性计划管理的有几百种，到1990年已调减到73种，市场调节面达85%以上。但高额差价催生了新的阶层——"倒爷"。价格双轨制的负效应逐渐显现。1985年以来，连续几年经济过热，货币发行过多，价格水平迅速上升。1988年，国家提出价格改革闯关，从而使价格改革显性化，出现了严重通货膨胀。面对改革开放以来最严重的涨价风潮，广东成功实现价格闯关。1992年，广东在全国率先放开粮食销售价格，将价格改革推向新的里程碑，价格改革的重点逐步转向土地等生产要素和第三产业价格。在价格形成机制上，政府逐步退出，渐渐放松对价格的严厉管制，"看不见"的市场之手代替政府之手，成为主导因素。1998年5月1日起，《中华人民共和国价格法》正式颁布实施，至此，中国价格改革基本告一段落。

（二）市场流通体系建设

流通一头连接着工业、农业的发展，另一头连接着消费，流通业发展的状况和规模直接影响着经济的发展和人民消费水平。改革开放初期，广东流通领域突破了统购包销的单一经营方式，逐步建立多种经营方式并存的格局。商品流通在国有商业主渠道所流经的线路中，开始分布众多的分支渠道，形成蛛网密布的渠道体系，出现众多的渠道交汇点，其中有：集市、贸易中心、购销联营。改革开放以来，广东商业部门按照扬长避短、互惠互让、互相支持、共同发展的原则，建立起不同地区、不同部门与不同经济形式的企业联营。1980年9月，广东省人民政府印发了省财贸工作会议制定的《关于疏通商品流通渠道，促进商品生产，搞活市场的十二项措施》，其主要内容是放开多种经济成分的市场主体，大幅度放开自由买卖、自由议价的商品种类范围，完全废除国内商品流通的地域和批零层次的限制。从1981年开始，首先在广州设立广东商业贸易中心，以后各市相继组建市级商业贸易中心。这些贸易中心以国有商业为主体，联合工业与其他行业，联合其他经济成分，既办现货交易，又办期货交易，既搞经营，又搞服务，并定期或不定期举办交易会、展销会、补货会、调剂会，具有开放性、灵活性、聚集性与服务性的特点。1997年6月，深圳福田农产品批发市场开业，敲响了中国农产品拍卖第一槌；深圳市布吉农产品中心批发市场1998年成交额达105亿元，成为全国最大的农产品批发市场。深圳等确立一批铁路、公路和港口物流园区；一批新兴的专业市场、商业街、购物中心建成开业；广州、深圳等出台商业网点规划。

自1978年以放开商品价格为先导的改革开始，广东现代流通业的萌芽、发育、成长、转型，经历了二次大转型过程，目前正进入第三次转型阶段。根据工业化进程以及流通业的产业成长阶段及其体制背景等依据，广东流通业发展的三个阶段和分类如下：

第一阶段，1979年至1995年，市场化初期、工业化初期，从有计划的商品经济条件下的供给分配制流通活动向初级市场经济条件下的传统流通业转型。由于广东在全国率先试行改革开放，各类轻工商品通过香港等地进入广东市场，导致长期积蓄的商品购买力一下子得到释放和爆发。广州南方大厦、广州西湖夜市、深圳人民南路商业街、深圳国贸等商业网点一度吸引了全国各地的购物人流，使广东流通业达至空前的繁荣。

第二阶段，1996年至2005年，从传统流通业向现代流通业转型。这是广东传统流通业向现代流通业转轨的过渡期，也是广东现代流通业的引入期、发育启蒙期和培育期。这一阶段的特点是，各种现代新兴流通业态、组织形式和行业类型，都开始在广东生根、发芽和初步成长。2002年"广东省流通业改革与发展工作会议"召开，广东正式强调大力发展现代流通业，并出台《中共广东省委、广东省人民政府关于大力发展现代流通业的意见》，把现代流通业作为全省的先导型支柱产业，把连锁经营、现代物流和中高级批发市场作为发展现代流通业的突破口。

第三阶段，2006年至今，广东现代流通业从初期的发育启蒙向中期的成长强盛转型。但由于大量新兴流通业态刚开始发育，还处于适应、生存和培育的"产业幼稚期"，因此，这一阶段广东现代流通业发育水平还不高。将流通业真正打造成国民经济的基础性产业和先导性产业，推动流通业顺利转型，将成为广东经济发展的最大战略任务。预计到2010年，广东省流通业（批发、零售和餐饮业）增加值将达到2500亿元，占GDP的12%以上。[1]

（三）生产、服务和要素市场的培育

从产品经济向商品经济转变，必须要有商品交换的场所，即必须解决市场问题。广东构建社会主义市场经济的过程，实际上也是不断培育和完善生产、服务和要素市场的过程。在市场运行方面，价格机制在资源配置中发挥着主导作用。广东的市场体系建设，从建立消费品市场开始，由零售市场扩大到批发市场，再进一步扩大到包括生产资料在内的整个实物商品市场，进而发展到各种服务市场和生产要素市场。规范、开放的资本、土地、劳动力、产权、技术等要素市场，构筑了社会主义市场经济体制框架坚实的梁柱：资本市场的建立，使金融信贷由计划性指令变成商业化运作；人才市场的建立，招聘引进了大量各类技术人才；技术市场的建立，使全省技术贸易机构迅猛发展；土地和有形建筑市场的建立，使全省综合招标率和应公开工程招标率达100%。"阳光交易"使全省95个工程交易中心、112个土地交易中心正逐步形成集市效应，大大降低了经济运行的成本，从而提升广东市场经济的竞争力。

1. 商品市场

广东市场体系的培育，首先在消费品市场取得突破性进展。从1980年开始，广东实行开放经营，进行多种经济成份、多种经营方式、多种流通渠道和减少流转环节"三多一少"的改革。城乡各种类型的市场和商业网点不断增加，销售额也随之扩大。从1981年开始，广东社会消费品零售总额开始位居全国第一。20世纪90年代，广东商品市场在全国的领先地位进一步得到巩固。到2000年，广东社会消费品零售总额已占到全国的12%左右。消费品市场已经基本形成了批发零售共同发展、功能多样的各类专门贸易中心和集市，形成了网点众多、城乡联结、国内外和省内外循环、多

---

1 参见王先庆：《广东流通业三十年的三次大转型》，网易王先庆博客，http://blog.163.com/kesum，2008年8月21日。

渠道的流通网络。2005年，全面启动"万村千乡"市场建设工程，促进了农村商品市场体系建设，全省新增商业网点5840个。2007年末，全省成交额达亿元及以上的商品交易市场312家，全年实现商品成交总额2909.74亿元。其中成交额超20亿的超大型市场29家，共实现成交额1755.73亿元，占亿元市场总成交额的60.3%。在所有亿元以上商品交易市场中，各类型专业市场184家，实现成交额2129.80亿元；各类型综合市场108家、其他市场20家，实现成交额779.94亿元。从经营方式看，各类型亿元以上批发市场174家，实现成交额2313.28亿元；亿元以上零售市场138家，实现成交额596.46亿元。在生产资料市场方面，广东省人民政府从1979年起，就逐步建立生产资料批发市场，从1982年起逐步把省、市、县的物资管理局改组为物资总公司。这两项措施的实质，是把生产资料的属性由产品变为商品，把政府对生产资料的职能，由调配改为管理贸易。广东改革了传统的流通体制，打破了工业生产资料由物资部门独家经营的格局，不断缩小统配物资的品种、数量和范围，逐步形成了国有、集体、中外合资和私营等不同所有制企业参加的多成份、多渠道、多种经营形式的开放式的生产资料市场体系。并先后开辟了生产资料保税市场、期货市场以及各种类型的生产资料专业市场，如钢材、铝材、汽车等专业市场。大型商品交易市场成交活跃，规模化、专业化发展趋势明显，在连接产销、活跃商品流通、方便居民生活等方面发挥重要作用。

2. 服务市场

（1）生活服务市场

广东的生活服务市场是发育得较早也是较好的服务市场。改革开放以来，以饮食服务业为主的传统生活服务市场最为兴旺。在改革开放的前10年，饮食服务业网点就增加了10倍以上，就业人员也增加了5倍多。许多新的生活服务业如美容美发、洗衣、送餐、搬家以及婚姻介绍、保姆介绍、钟点工等也逐步发展成为城市的成熟行业。广东的旅游市场也是全国最繁荣的服务市场。

（2）旅游市场

广东旅游市场日趋成熟，旅游产业要素日趋完善，区域旅游合作成效显著，产业聚集效应不断增强，旅游发展环境不断优化。2008年，广东全省共有旅行社964家，[1] 其中国际旅行社203家；全省拥有星级饭店1181家，其中白金五星级饭店1家，五星级饭店57家；全省有大型旅游景区景点200多家，其中国家5A级景区2家，4A级景区48家，广东旅游形成了以广州、深圳为中心的珠江三角洲至粤东、粤西、粤北三条各具特色的旅游干线，并成功打造了深圳华侨城、广州长隆、珠海海泉湾、韶关丹霞山、梅州雁南飞等一批具有较大影响力的拳头旅游产品。

（3）交通运输市场

1 李敏、李莉、赵丽帆、邹璐璐：《2020年中国将成世界第一大旅游目的地国》，《亚太经济时报》，2008年12月8日。

广东的交通运输市场也是变化较明显的服务市场。广东率先实行交通运输基础设施商品化，实行"谁投资，谁受益"和"以桥养桥，以路养路"的政策，从而吸引了大量包括外资在内的资金，有效地促进了广东交通基础设施建设，迅速缓解了广东交通的紧张状况。目前，广东的交通运输市场已经形成开放性和多元化的格局。从1989年广佛高速公路通车以来，广东一直致力于高速公路建设，从绝对数上看，2001年高速公路总里程居全国第三，2002年至2005年居全国第二，但随后几年高速公路发展速度相对兄弟省份有所放缓，2007年底，广东高速公路总里程下降到全国第四（河南4556千米，山东4033千米，江苏3608千米，广东3520千米）；从密度上看，目前的高速公路密度为1.96千米/百平方千米，居全国第八位（上海9.16，天津6.03，北京3.72，江苏3.52，河南2.73，浙江2.60，山东2.57，广东1.96）。

3. 金融市场

金融是现代经济的核心、资源配置的枢纽、宏观调控的杠杆。金融市场包括资金、保险和证券市场，是市场经济运行最基本的要素。自1978年以来，广东金融伴随着改革开放的步伐，不断发展壮大，从大一统的格局发展到现在已初步形成了在中央银行和金融监管部门的调控和监管下，以商业银行为主体，银行、证券、

□深圳蔡屋围金融中心。（图片摄影：王列）

保险机构并存的多元化金融组织体系，和以货币、外汇、产权等市场为主体的金融市场体系。金融业基础设施建设日趋完善，现代化支付系统、票据交换系统、电子资金转账系统、企业和个人征信基础数据库相继建成；金融开放水平不断提高，总体上实现了从计划金融向市场金融，从单一金融向多元金融，从封闭金融向开放金融，从财政附庸向重要产业的跨越，成为广东国民经济中一个举足轻重的行业，在广东经济发展中发挥着越来越重要的作用。

（1）资金市场

截至2007年末，广东省拥有银行业金融机构网点数1.53万个，从业人员24.19万人，机构网点数和从业人员总数均居全国首位；广东设有3家全国性股份制商业银行总行，还有5家城市商业银行。2007年末，广东银行业金融机构人民币各项存款余额47016.48亿元，占全国银行业金融机构人民币各项存款余额12.07%，比1978年末增长611.20倍，年均增长24.75%。

（2）外汇市场

广东具有毗邻港澳、华侨众多的人缘和区位优势，对外经济技术交流活跃，外向型经济发展迅速。20世纪90年代以来，广东逐步开办了国际结算、华侨汇款、外币兑换、外汇贷款、外贸贷款、信托投资、咨询、租赁等业务，并在全国最先开办了境内居民外币存款。从1994年开始，广东按照国家外汇管理体制改革的重大部署，实现汇率并轨，建立以市场为基础、单一的有管理的浮动汇率制度；实行银行结售汇制，取消外汇留成和上缴，实现经常项目下的有管理的自由兑换；取消外汇收支指令性计划；停止发行外汇兑换券；建立银行间的外汇交易市场，改进汇率形成机制，打破地区封锁，促进外汇资金在全国范围内流通。2006年，广东结售汇总额2300亿美元，业务量占全国的19%，居全国第一。与此相对应，广东外汇交易分中心的外汇交易量占全国18个分中心交易量的65%。

（3）保险市场

20世纪90年代，广东保险市场发展迅猛，初步形成了以国有保险机构为主体、业务种类多、服务领域广、网络遍布城乡的多元开放的保险市场。截至2007年末，总部设在广东的保险公司有9家，保险业从业人员19.4万人，保险市场占全国市场份额的10%以上，保费收入809.3亿元，连续多年居全国首位；保费收入增速连续4年高于全国水平。广东的保险业发展规模和速度居全国之首，保险种类比较齐全，从原来的企财险、车辆险、涉外运输险等30多个险种发展到目前包括国内财产及责任险、农业险、人身险、涉外险四大类404个险种。保险机构网络遍布全省，并与世界上100多个国家和地区的保险机构建立了业务往来。广州、佛山、云浮等市开展了多种形式的保险业服务农业、农村、农民工作试点。

（4）证券市场

1990年12月1日，深圳证券交易所正式成立，作为中国大陆两大证券交易所之一，深圳证券交易所与中国证券市场共同成长。2007年末，总部设在广东境内的证券公司达23家，基金公司达19家，期货公司24家，广东省法人证券机构资产总额1169.9亿元；在深圳证券交易所上市的公司已经达到670家，证券数目868个；广东上市公司数量多，全省共有A股上市公司189家，占全国的11%，居全国第一，总市值超过3.2万亿元，当年全省新增上市公司25家，其中大多已成为省内各行业的龙头企业。经国务院同意，中国证监会批准，2004年5月27日，深圳证券交易所在主板市场内设立中小企业板块市场。到2007年底，共有中小企业上市公司202家，IPO融资额达673亿元。中小企业板块的设立是分步推进创业板市场建设迈出的一个重要步骤，广东成为国内最重要的资本市场之一。[1]

（5）产权交易市场

广东产权交易市场是20世纪90年代随着产权制度改革而建立起来的。1992年，深圳市根据产权交易迅速发展的需要，成立全国第一家产权交易所，公开挂牌经营，实现产权转让市场化。1989年至1992年，深圳通过产权交易市场运作实现产权转让的企业达60多家，转让资产额2亿元以上。1994年12月，广州市产权交易服务中心又宣告成立。在1999年，广东省提出组建全省统一的产权交易平台，以调整区域内散而小的产权交易机构。2003年，广东已经建立起以广州、深圳、珠海三个产权交易机构为主的产权市场体系。为加快推进全省市场优化配置矿产资源的步伐，广东出台相关规定，对某些日常需求量大的矿种的采矿权停止行政审批，统一在市场上招标拍卖。2002年4月16日，广东省在惠州市敲响了矿业权招标的第一槌，这标志着广东省采矿权授予方式的改革进入了新的阶段。随后，广东的矿业权招标拍卖试点遍地开花。此外，深圳证券交易所还从事股权交易转让，使产权交易更加规范化与市场化，广州、珠海、佛山、江门等地也开办了证券转让业务机构40多家。会计师事务所、审计师事务所、律师事务所、资产评估事务所等为产权交易市场服务的中介组织也得到迅速发展。

4. 劳动力市场

长期以来，在人们的观念中，劳动力不是商品，是社会主义经济的一个本质特征，因此，在计划经济体制下不存在劳动力市场。在改革开放后的很长一段时间，尽管劳动力通过市场配置，但那也只能说劳务市场而不能直接提劳动力市场。在经过多年的探索后，广东冲破理论禁区，通过改革劳动用工制度，逐步发展起劳动力市场。2005年，初步形成以中国南方人才市场、省人才市场和深圳人才市场为骨干的人才市场体系，各市、县基本设立了公益性职业介绍机构，全省已有122个县（区）、534个乡镇（街道）实现与省劳动力市场信息联网，并建立了劳动力市场预报预警机制；2006年建成全省统一信息数据的人才网，劳动力市场不断完善，全省全部县（区）、700多个乡镇（街道）实现了与省劳动力市场信息网的联网。目前广东省共有人才流动机构302家，从业人员3355人，基本形成了地区分布合理、服务项目齐全、社会功能显着的人才市场体系。

5. 土地市场

广东的土地商品化最早是在特区试行。1987年12月1日，深圳特区房地产公司在深圳举行中国

---

1 参见中国人民银行广州分行：《金融业不断发展壮大，各项总量居全国前列》，南方网，http://news.southcn.com，2008年11月6日。

内地第一场土地拍卖，在全国率先以公开拍卖的方式，转让国有土地的使用权，开国有土地使用权招标拍卖先河，标志着广东土地市场的诞生。此前，《中华人民共和国宪法》规定，土地是禁止出租的。随后《中华人民共和国宪法》作出重大修改，将原来"禁止出租土地"的条款删去，并规定"土地使用权可依照法律规定转让"。自此，国有土地使用权有偿使用制度确立，房地产的市场化改革终于开始起步。1992年，深圳市政府将蔡屋围的"地王"推向市场，在全国率先组织土地使用权的国际招标。1996年全省国土部门设立了土地市场监督管理机构并着手建立市场规则。建立市场准入机制，规范土地转让、抵押、出租的合同文本。1999年8月，广东省人民政府办公厅发出《关于建立和完善有形土地市场的通知》，要求地级市在年底前设立土地交易中心。1999年10月，全省21个地级及以上城市已全部建立起土地有形交易市场，全省土地使用权公开交易范围进一步扩大，由原来县城以上城市规划区内扩大到全省城乡各地，土地公开交易类型扩大到所有经营性用地使用权出让，公开交易方式由原来的招标、拍卖两种扩大到招标、拍卖、挂牌和上网竞价四种。2003年以招标、拍卖、挂牌方式共出让土地3939.9公顷，成交价款145亿元。2005年，深化征地制度改革和土地批租市场改革。推行征地补偿款预存制度，颁布实施《广东省集体建设用地使用权流转管理办法》，在全国率先允许集体建设用地进入市场自由流转，盘活了集体土地资产，切实增加了农民收入。2006年，土地使用权有偿转让市场迅速发展，实行工业用地招标、拍卖、挂牌，经营性基础设施及公益性事业用地有偿使用，征地建设"三条红线"政策，不断完善征地补偿和安置制度。2007年，全面落实工业用地招标拍卖挂牌出让制度，经营性土地出让制度进一步完善；改革年度经营性房地产项目用地计划指标管理方式，加强了对土地市场供应的调控管理。目前，全省有土地交易机构100多个，初步实现了土地使用权进场公开交易。

6. 技术市场

技术市场的形式有技术使用收益分成、技术入股、科技成果转让等。1979年，广州市有些科研单位与工厂签订使用科研成果收益分成合同，其实质就是一种技术交易行为。1985年，国务院颁布《关于技术转让的暂行规定》，从而拉开了技术市场的序幕。1986年，广东省颁布了《广东省技术市场管理规定》，使广东技术市场迅速发展起来。1992年8月，深圳举行了中国首次科技成果拍卖会。深圳国际高新技术成果交易会、东莞市电子产品博览会、广州市留学人员科技交流会等大型技术成果交易活动的成功举办，使广东逐渐成为中国技术市场交易的集散地。随着技术市场的发展，技术商品机构的审批制度、技术合同认定登记制度、技术交易审批制度、技术纠纷仲裁制度已初步健全，广东地区技术市场已基本实现规范化和法制化，形成了一个多层次、多种类、多种所有制形式的技术市场服务体系。

四、制造业在市场化进程中的腾飞

　　改革开放30年，在建立健全社会主义市场经济体制的历史进程中，广东制造业推动产业升级有两种方式：一是引进新产业，转移、淘汰旧产业；二是推进现有产业的技术、产品和组织创新，提升产业素质。前者俗称"筑巢引凤"、"腾笼换鸟"；后者可谓"筛选创新"、"培育良种"。广东产业的快速发展，是从"三来一补"起步的，1978年9月15日，中国第一家"三来一补"加工厂，东莞太平手袋厂的注册、启动，拉开了"广东制造"的大幕，掀起了此后30年波峰竞逐的制造大潮，创造了一个个奇迹。20世纪80年代，广东紧紧抓住港澳两地制造业转移的机遇，对外招商引资，大力发展劳动密集型的"三来一补"轻型加工业，创造了"全国喝珠江水、吃广东粮、穿岭南衣、用粤家电"的奇迹。90年代开始，广东抓住"追赶亚洲四小龙"的机遇，通过大力吸收外资，

□东莞的国际现代制造业基地。（图片摄影：张超满　东莞市地方志编纂办公室供图）

引进技术、管理经验和先进设备，大力完善基础设施，积极推动产业结构升级，全省轻工、纺织、电子、机械、家电、食品和建材等有一定技术含量的电子信息制造业，高新技术产业迅速兴起，由生产传统轻工业品为主的简单加工装配，扩展到零部件、机电产品的加工装配，创造了"远看是洋货，近看是广货"的奇迹。进入21世纪以来，广东又抓住了全球化背景下发达国家转移资金技术密集型产业的机遇，大力发展高新技术、高附加值、对国内产业辐射带动和技术溢出能力强的产业，全省工业逐步进入从轻型向带有资本密集特征的大型石化、汽车制造业等重化工业和现代服务业转型，以及由OEM向ODM进而向OBM转变的新阶段[1]，汽车、石化、机械等一批重点项目建设取得突破性进展，建立起现代服务业和高端制造业双轮驱动的现代产业体系。30年潮涨潮落，承载着广东光荣与梦想的"广东制造"，正向"广东创造"跃升。

（一）电子信息业

广东省电子信息产品制造业萌芽于20世纪50年代，从20世纪60年代开始，发展速度一直高于全国电子工业平均水平。改革开放之初，广东抓住了国际信息产业大转移的机遇，借助全省迅猛发展的外向型经济，实现了电子信息产业的跨越式发展。1980年，广东电子信息产业产值4.15亿元，占全国电子信息产业产值的比重不到5%，排名第十位；1990年，广东电子信息产业总产值达98.8亿元，占全国的14.7%，总量规模首次跃居全国第一；2005年，广东省成为全国第一个电子信息产业产值超万亿元的省份；从1990年至2007年，总量规模连续18年位居全国首位。经过30年的发展，广东省电子信息产品制造业逐步实现了由基础差、底子薄、规模小的发展水平到"电子大省"的跨越式发展，主要经历了三个发展阶段：

1. 异军突起阶段

改革开放初期，通过设立深圳、珠海、汕头三大经济特区和广州、湛江两大沿海开放城市，以及政府将电子信息产品制造工业作为支柱产业予以扶持，广东省电子信息产品制造业获得了快速发展。但在地区分布上，广东电子信息产品制造业出现了相对分散的局面，除广州、汕头外，深圳、珠海、惠州、佛山等电子信息工业区相继兴起。到1990年，深圳、惠州、珠海、佛山四市的电子信息产品出口创汇占广东省的96%，电子信息产品制造业集中于珠江三角洲地区的格局形成。20世纪80年代末和90年代初，通过产业结构调整，贯彻"出口补内销"的方针，外向型经济快速发展，改变

1　OEM为英文Original Equipment Manufacturer的缩写，译为"原始设备制造商"；ODM为英文Original Design Manufacturer的缩写，译为"原始设计制造商"；OBM为英文Original Brand Manufacturer的缩写，译为"原始品牌生产商"。

了过去单一依靠国内市场的局面，形成了出口与内销各占一半的态势，彩电、收录机等支柱电子产品的出口超过了内销。1980年，广东在全国电子信息制造业排名第十位，1984年升为第三位，1990年跃升到第一位，至2007年连续18年保持全国第一位。

2. 持续增长阶段

20世纪90年代，广东省电子信息产品制造业进入一个新的快速发展时期。产业结构调整走向深入，技术水平不断提高，产品种类不断丰富，产业规模持续扩大，并在地区分布上进一步向珠江三角洲地区集中。1995年，电子制造业总产值达到539.2亿元，珠江三角洲地区的深圳、惠州、珠海、佛山、广州、东莞、中山7地的产值为502亿元，占全省的93%。当年，广东在全国率先成立了省信息化领导小组，1997年初建成"广东省信息网络互联平台"。到20世纪90年代末广东信息产业进入了超常规发展时期，信息产业在总体规模、产品种类和质量等均发生了巨变，不仅发展成广东省最大的支柱产业，而且以产值占全国的约1/4，出口值超50%，跃升为中国信息产业的龙头。1991年至2000年，广东省电子信息产品制造业各项主要经济指标连续10年居于全国首位。

3. 又好又快阶段

进入21世纪，广东制定了新的发展目标，即"以提高自主创新能力为核心，大力实施关键领域重点突破，实现从信息产业大省向信息产业强省的跨越"。2000年，全省电子、信息产品出口达200多亿美元，电子信息产业已成为全球产业链中不可缺少的一环，珠江三角洲地区已成为世界上最大的电子信息产品生产基地之一。2007年，全省电子信息产业平稳增长，行业规模持续扩大，全年实现工业总产值14871.7亿元，是2001年2411亿元的6倍，年平均增长速度超过25%。全年生产彩色电视机3622.24万台，占全国42.8%；激光视盘机8590.7万台，占全国79.4%；组合音响5508.34万台，占全国94.5%；打印机3355万台，占全国的79.2%；移动通信基站、半导体分立器件、显示器、收录机等产品产量在全国排行第一；数字程控交换机、集成电路、移动手持机产量居全国第二位；微型计算机、笔记本计算机产量居全国第三位。通信设备、电子计算机、电子元件、家用视听设备等四大制造业的工业总产值居全国之首。广东最大50家企业（2006年公布）中，电子信息产业占21家，且前10位的企业过半属电子信息产业。目前，广东省已经拥有国家级信息产业基地2个，国家级信息产业园3个，国家级软件生产基地4个，国家级集成电路设计深圳产业基地1个。到2010年，广东将形成信息技术普遍适用、信息资源合理利用、较为完善地覆盖国民经济和社会各领域的信息化体系，即建成"数字广东"[1]。

1　参见广东省信息产业厅：《广东：电子制造业规模连续八年保持全国第一》，《中国电子报》，2008年11月7日。

（二）装备制造业

装备制造业是指为国民经济各部门进行简单再生产和扩大再生产提供装备的各类制造业的总称，具有技术装备高，产业链长，带动能力强等特点。按国民经济行业划分，其产品范围包括机械、电子和兵器工业中的投资类制成品，分属于金属制品业、通用装备制造业、专用装备制造业、交通运输设备制造业、电器装备及器材制造业、电子及通信设备制造业、仪器仪表及文化办公用品装备制造业七大类。

自2000年以来，本着做大做强装备制造业，提高工业技术装备水平，夯实工业发展基础，增强企业竞争力的发展思路，广东装备制造业取得了长足的发展，在广东工业中占有十分重要地位。

2007年，广东共有装备制造业企业11142家，占规模以上工业企业的26.3%，比2000年增加7241家，从业人员417.51万人，比2000年新增就业岗位约264.64万个，占全省工业从业人员的31.9%，比2000年提高5.2个百分点；2007年广东装备制造业工业企业资产总计达12828.07亿元，为2000年的4.3倍，占规模以上工业企业的32.2%，比2000年提高11.5个百分点；2007年装备制造业完成工业总产值20714.57亿元，增长24.5%，装备制造业对全省工业产值增长贡献率为37.0%，拉动全省工业产值增长9.2个百分点；工业增加值4403.44亿元，为2000年的8.1倍，年均增长34.8%，占规模以上工业企业的31.2%，比2000年提高15.4个百分点。装备制造业中，电子及通信设备制造业产业层次高，企业相对集聚，2007年该行业的资产总计6879.22亿元，为2000年的4.7倍，占装备制造业的53.6%，工业增加值2167.64亿元，为2000年的8.1倍，占装备制造业的49.2%。

经过近30多年改革开放的发展，广东装备制造业已具相当规模，特别是进入新世纪后，适度加快重化工业发展策略，进一步加快了装备制造业发展步伐，装备制造业逐步成为国民经济的重要支柱产业。

（三）汽车制造业

1998年5月，广州本田成立。次年3月广州本田雅阁下线。在随后的几年时间内，本田、日产、丰田等日系汽车巨头先后落户广州。2007年全省汽车及摩托车工业实现工业总产值2574.48亿元，生产汽车78.90万辆，摩托车858.95万辆。2007年9月，广东汽车产销量首次位居全国第一。广东已成为全国轿车重要生产基地，也是全国摩托车三大生产板块之一。全行业销售收入居全国行业首位，广州汽车工业集团主要综合经济指标在全国汽车行业企业中排名第一。随着汽车消费逐步为普通家庭所接受，汽车产业的蓬勃发展，直接或间接带动了大批相关产业的发展，与汽车产业密切相关的交通运输设备制造业快速发展，增加值从2000年的59.16亿元，快速上升到2007年的689.88亿元，如不考虑价格因素影响，年均增长高达42.1%。

（四）石化产业

石油化工是工业的粮食产业，石化的龙头——乙烯与钢铁、粮食一起被作为衡量一个国家经济实力的重要标志。广东石化几乎是与汽车产业同时成长起来的。在经济起飞和加速阶段，石化产业对国民经济的支撑作用尤为重要。广东抓住了全球产业调整，国际石化工业向亚洲地区转移的有利时机，加快沿海石化产业带建设，促进经济转型升级和拉动区

□ 坐落于广州黄埔的中国石化集团广州石油化工总厂是华南地区现代化特大型石油化工联合企业。自1978年投产至 2000年底，广州石化累计加工原油7506万吨，实现销售收入782.15亿元，实现利税98.31亿元。图为2004年8月10日，广州石化炼油改扩建开工暨劳动竞赛启动仪式。（中国石化集团广州石油化工总厂供图）

域经济发展。石化工业已基本形成从上游原油开采、炼油、乙烯生产到下游合成材料、精细化工、橡胶加工等比较完整的产业体系。

2007年工业总产值达4000多亿元。从2000年开始的7年间，广州20万吨乙烯扩建工程、湛江东兴500万吨炼油扩建工程、茂名80万吨乙烯扩建工程、广石化1000万吨炼油扩建工程纷纷上马，加上2007年大亚湾的南海石化正式投产、南海炼油项目开工建设，广东沿海石化产业带格局基本成型：茂名、惠州、广州3个炼化一体化产业基地；湛江、珠海、汕潮沿海石化产业带；珠江三角洲涂料、油墨、黏合剂、日化产品的化工产业集群区。从湛江、茂名、广州到珠海、惠州、汕头的沿海石化产业带已成雏形，炼油能力达3100万吨，乙烯生产能力达200万吨，约占全国炼油能力的1/9和乙烯生产能力的1/5，珠江三角洲已经与长江三角洲、环渤海地区一起，成为中国三个乙烯工业群，使加快广东石化工业发展具有坚实的产业基础。

五、服务业在市场化进程中的繁荣

改革开放以来，随着国民经济的快速发展，广东第三产业得到迅猛发展。1996年广东实现了人均GDP 1000美元的历史性跨越，消费结构进入升级转型期，居民消费紧跟国际潮流，移动电话、计算机、汽车等高档消费品相继进入家庭。为贯彻落实党的十六大提出的基础产业和制造业为支撑、服务业全面发展的产业发展方针，2005年，广东制定了《关于加快广东省服务业发展和改革的意见》，依托广东制造业优势，着力培育和发展与制造业相配套的生产性服务业，创新服务产品和服务内容，发展新的业态；运用高新技术改造提升传统服务业，提高服务产品的科技含量，延伸产业链，拓展增值服务；加快发展物流、会展、商务服务、科技服务等产业支持型服务业，进一步发展壮大金融、信息服务、文化、旅游、房地产等重点行业；提升和规范发展居民服务、住宿餐饮等生活服务业；强化政府公共服务，推动公共服务业的建设和发展；推动服务业以城市为中心进行辐射性的网络布局，总体上形成以广州、深圳为发展中心，珠江三角洲地区为重点优化区域，东西两翼地区和粤北山区为重要拓展区域，分工明确、优势互补的新格局，扩大服务业辐射范围；扩大服务业的对外开放，积极承接国际服务业转移，重视发展服务业外包，使广东的服务业在更广范围和更高层次参与国际分工、合作和竞争，提高服务业的国际化水平。

□图为中国移动通信集团广东有限公司江门分公司通讯设备机房一角。（图片摄影：黄家兴 广东《江门日报》供图）

（一）信息服务业

1978年，全省城乡交换机总容量只有23.3万门，14.6万用户，广东电话交换机容量不及当时香港的1/6。改革开放后，广东电信迅猛发展。1984年5月1日，广州开通了我国第一个数字寻呼系统；1985年12月25日，南海县开通纵横制自动电话容量9800门，成为全国第一个实现农村电话自动化的县；1987年11月18日，广东实行"借鸡生蛋"，采取补偿贸易方式，在国内率先建成并开通第一代模拟蜂窝移动电话网；1988年1月31日，东莞建成全国第一个程控电话交换网；1989年5月26日，广东省在全国第一个实现电话交换机总容量超100万门，占全国交换机总容量的1/8；1989年11月19日，连山县开通史端乔自动电话3000门，广东成为全国第一个县以上城市全部实现电话自动化的省份；到1990年底，全省城乡电话交换机总容量和用户分别达到180万门和113万户，总量超过了香港；1995年12月英德市石鼓塘镇开通程控电话，广东成为中国第一个全省城乡电话实现程控化的省份；1995年12月29日，广东城乡电话网总容量在全国第一个超过1000万门；1997年8月11日广东省电话用户数在全国第一个突破1000万户；2006年2月，广东省电话用户数在全国第一个突破1亿户。截至2008年11月底，广东固定电话用户达到数3607.85万户，移动电话用户达到数8404.36万户，电话总数达12012.21万户。

（二）批零贸易餐饮业

广东处在中国改革开放和经济发展的前沿，商品的市场化程度、对外贸易的深度和居民收入水平增长均处在全国的前列。在广东经济发展中，消费品增速均高于同期广东省主要宏观经济发展指标，对广东国内生产总值GDP的贡献率约占55%。

现代经营方式和新型零售业态的快速推广带动批发零售业发展，消费品市场需求畅旺推动批发零售业成交活跃。1990年以前的年均增速为11.3%，进入20世纪90年代以来，批零贸易餐饮业进入快速平稳发展阶段，平均增速达到14.3%，超过同期第三产业增速0.6个百分点。1997年，广东社会消费品零售总额2918.66亿元，比改革开放初期的1978年的79.86亿元增长36.5倍，年均增长20.9%，零售总额绝对额自1983年以来连续15年居全国各省市首位，高于全国同期年均增幅。进入21世纪以来，全省商业餐饮业实现增加值2714.2亿元，占第三产业增加值的28.3%，占GDP的12.5%，成为仅次于工业的第二大产业，对第三产业增长的贡献率达到31.6%，对GDP增长的贡献率为12.1%，分别拉动第三产业和GDP增长3.4和1.5个百分点，一直是除农业、制造业外的第三大就业行业。2005年实现增加值2596.65亿元，是1978年的134倍，以可比价衡量，年均增长12.9%。1979年至2005年其对第三产业增长的贡献率平均为26.6%，在第三产业内部各行业中居首位，是1978年以来广东第三产业发展的第一推动力。

2007年全省批发零售业商品销售总额27519.50亿元，增长17.3%，实现零售总额8937.67亿元，增长16.9%，随着旅游、会展业的快速发展和各类公务、商务活动的增加，住宿餐饮市场规模持续扩大。2007年全省住宿餐饮市场实现零售额1544.28亿元，增长17.1%，占社会消费品零售总额的比重达14.6%，拉动社会消费品零售总额增长2.5个百分点。2007年全省6319家限额以上批发零售法人企业资产总计5531.00亿元，主营业务收入15191.33亿元。全年实现商品销售总额17385.12亿元、零售总额3281.91亿元。限额以上批发零售企业零售额占全省社会消费品零售总额的比重继续提高，达31.0%。

（三）金融保险业

广东的金融保险业是改革开放以来伴随市场化程度不断提高而新兴的服务行业，规模从小到大不断增强，银行、证券、保险及各类金融机构业务长足发展，包括大额和小额支付系统、支付清算系统进一步完善，金融服务效率不断提高，金融创新能力日益增强，资源聚集效应逐步显现，上市公司股权分置基本完成，地方金融改革取得重大突破。[1] 1998年，国家对人民银行分支机构体制进行了改革，突破行政区划壁垒设立了9家分行和2家总行营业部。人民银行广州分行负责在广东、广西、海南三省（区）履行中央银行职责，大大增强了货币政策的独立性和有效性。银行业在广东金融机构体系中一直处于主导地位。国有商业银行各项改革稳步推进，市场竞争力和金融服务水平明显提高；三家政策性银行在广东设立分支机构，有效弥补了金融市场失灵，在支持基础产业、基础设施建设、扩大出口和农产品流通等领域发挥了重要作用；股份制商业银行的设立和发展，打破了传统计划体制下国有银行高度垄断的局面，推动了多元化、多层次服务体系的建立；地方性银行机构立足地方，为城乡居民、中小企业和城乡建设提供多方面的金融服务。金融业对外开放不断扩大，一批具有较强实力的港、澳和外国金融机构纷纷进入广东设立营业机构和代表处。截止到2007年末，国有商业银行、政策性银行、股份制商业银行、城市商业银行、农村合作金融机构和外资银行家数分别为5621个、81个、1085个、332个、6224个和138个。2003年CEPA实施以来，广东充分发

1　参见中国人民银行广州分行：《金融业不断发展壮大，各项总量居全国前列》，南方网，http://www.news.southcn.com，2008年11月6日。

挥毗邻港、澳的优势，深化区域金融合作，全力建设金融强省，对周边地区的金融辐射力越来越强。2005年，广东省农村信用社联合社和深圳农村商业银行相继挂牌成立，标志着广东农村金融体制改革取得重大突破。银行、证券和保险分业监管框架逐步完善，对金融业风险监管的能力不断增强。2003年新一轮金融监管体制改革后，在广东形成了人民银行广州分行及其辖属机构负责执行货币政策、防范和化解系统性金融风险、维护地区金融稳定、提供基础性金融服务，广东银监局、广东证监局和广东保监局三大金融监管部门分支机构分别负责银行、证券、保险机构监管，广东省金融服务办公室负责地方金融服务和协调工作的新格局。

广东金融业创下全国多个第一：1979年10月，中国银行广东省分行与香港东亚银行签订了为其代办"东美信用卡/VISA"协议，代办东美卡取现业务。1980年初，中国银行广东分行相继与东亚、汇丰、麦加利银行、运通公司、南洋商业、日本东海、三和银行签约，代办以上七家机构的信用卡取现业务。1985年6月，中国银行珠海市分行发行了中国国内第一张地方性信用卡——中银卡，信用卡的诞生，填补了国内信用卡的历史空白。1987年2月，中国银行珠海市分行在国内推出ATM（自动柜员机）服务，广州、深圳、珠海、江门等分行可用ATM机处理业务，打破了存取款必须到银行的传统做法。1987年4月，在深圳蛇口工业区财务公司基础上获准成立的招商银行，成为全国第一家企业法人股份制商业银行。

（四）房地产业

1978年，中国第一个商品房小区——东湖新村在广州拔地而起。此后，广东的房地产业从无到有，从小到大，引领着中国房地产坚定地走向市场化。

广东房地产创造了中国房地产的多个"第一"：东湖新村是第一个引进外资建设，第一个境外销售的房地产项目；1981年深圳成立了全国首家物业管理企业——深圳市物业管理公司；1987年，深圳经济特区率先实行土地使用有偿出让；同年深圳成立中国第一个房地产交易所；1989年，广州开创房地产抵押贷款的先河；深圳率先引进"样板房"；广东住宅小区开发与管理水平自20世纪90年代起走在全国前列，获取的国家与国际级奖项居全国之首。

1978年，广东省城镇居民人均住房面积仅5.47平方米/人，1985年，中国在近70万人群中展开了新中国成立以来规模最大的城镇房屋抽样普查。广州市区人均住房面积才3.7平方米，没有厨房与合用厨房的家庭占37%；没有厕所与合用厕所的家庭占77%。为解决住房困难，1980年广东省提出了"综合开发、配套建设"的思路，即将原来分散的单位建房逐渐变为由专门的国有房地产开发公司集中建设，由于资源集约，有力推动了城市基础设施的"综合开发"和配套公共设施的"配套建设"。20世纪80年代中期，在城镇住房改革尚未启动、公有住房仍为主体的情况下，广东省的商品房已有了超前的发展。以国有房地产开发公司为主体的房地产业的发展主要集中在广州、汕头、佛山、深圳与珠海等大城市或特区城市。国家实行住房制度改革后，住宅商品化日益深入人心推动了广东房地产企业的快速发展。

从20世纪90年代末开始首次置业和改善型的居住都是走市场化的道路，现在每年大概有3000多万平方米销售量，固定资产投资房地产占25%左右，这些很大一部分都是靠住宅商品化来拉动的。

1978年至2006年广东省城镇居民人均居住面积表（平方米/人）

年　度	1978年	1980年	1985年	1990年	1995年	2000年	2006年	2007年
人均面积	5.47	6.43	8.55	12.13	16.24	19.51	27.75	33.8

广东省人大十分重视房地产商品化的发展，1993年以来先后颁布实施了《广东省房地产开发经营条例》、《广东省城镇房地产转让条例》、《广东省城镇房地产租赁条例》、《广东省房地产评估条例》、《广东省城镇房地产权登记条例》、《广东省商品房预售管理条例》和《广东省物业管理条例》等七部地方性法规，各地也相继配套颁发了一批法规、规章，形成房地产业的法律、法规与政府规章的管理体系，对培育和规范房地产市场，促进房地产市场健康协调发展起到重要作用。[1]

经过30年的发展，房地产已成为广东省的支柱产业。1978年，广东房地产业增加值为1.42亿元，占国内生产总值的比重仅为0.76%，2007年增至2510.05亿元，占国内生产总值的比重提高至8.2%。2007年，广东省房地产税收收入达357.20亿元，同比增长32.3%，增速创近年新高。据统计，到2007年年底，广东直接从事房地产开发的从业人员达到58.83万人，比1978年增加了50多万人，这个数字还不包括房屋销售人员、物业管理和中介机构人员。

（五）旅游业

1978年至2008年，广东旅游业从无到有、从小到大、从弱到强，在"摸着石头过河"的改革探

---

1 参见袁奇峰、马晓亚、郭炎：《广东省房地产业发展三十年回顾》，《房地产评论》，2008年11月27日。

索中，引领全国风气之先，旅游经济总量长期位居全国前列，旅游收入和旅游创汇均占全国1/5强，是中国的旅游大省，正朝着建设中国旅游综合改革示范区和建设旅游强省的战略目标迈进。

早在1978年，广东旅游就已经以敢试、敢闯、敢拼的胆识和勇气，悄然开始了实践和探索。这一年，广州友谊商店突破国内其他"友谊商店"仅特供外宾的红线，首次向国内外游客同时敞开大门。一夜之间，广东旅游业拉开了对内改革、对外开放的序幕。随后，以企业为主体的创新活动不断刷新纪录。1979年，中国第一家中外合作旅游企业——石景山旅游中心出现在珠海，开全国旅游宾馆饭店现代化建设和管理之先河；1980年，广州东方宾馆成为中国第一个利用外资进行改造的宾馆；1983年，中国第一家中外合资的五星级宾馆白天鹅宾馆落成，白天鹅也因此成为国内第一家对普通市民打开大门的高级酒店。1985年，白天鹅宾馆成为中国第一个加入"世界一流酒店组织"的宾馆。1983年底，经中央批准，广东省旅游局统一管理、组织广东省内居民赴香港、澳门两地探亲旅游，自1984年起实施。这是中国内地人第一次拥有组团自费出境旅游的权利，也成为旅游促进经济发展的重要范例。

20世纪80年代，广东旅游业借改革开放的春风，携外来资金、观念、经验、人才和管理优势，一路高歌，突飞猛进；90年代，广东旅游业继续不断开拓创新，积极探索体制机制改革的新思路和新举措，积极导入非公有制经济，创造出国有、外资、民营共同发展的新局面。闻名珠江三角洲并开始辐射全国市场的广州长隆旅游度假区成为广东省第一家利用民营资本投资兴建的大型综合性旅游度假区。广东省内100家左右大型温泉类景区有90多家是民营；东莞酒店业基本为民营企业的天下，创造了中国酒店发展史上独具特色的"东莞现象"。进入21世纪，广东旅游加快融入世界旅游的进程，广东旅游立体式开放格局已初步显现。粤、港、澳"大珠江三角洲"、泛珠江三角洲、广东与东盟区域旅游合作加速推进，国内、入境、出境旅游市场互补互促、加速发展，"广东人游广东"掀起了省内旅游的高潮；旅游扶贫推动了社会主义新农村建设和乡村旅游业的发展；以广东国际旅游文化节为代表的节庆旅游品牌以及"岭南文化、活力商都、黄金海岸、美食天堂"旅游品牌的深入挖掘与打造，大大提升了广东的国际知名度和影响力。

特殊地理位置使广东旅游业在全国具有重要地位。经过30年的大发展，广东旅游业"行、游、吃、住、购、娱"6大门类建设成效显着，旅游产业体系基本形成。广东旅游业的入境人数、旅游创汇、旅游总收入等主要指标均居全国首位。全省旅游总收入从1978年的10亿元增长到2007年的2455亿元，旅游外汇收入达87亿美元，居全国首位，占全国的1/5强。2007年，广东省接待国内游客1.2887亿人，其中省内游客5606万人，占接待总人数的43.5%。入境游客超过1亿人次，旅游业直接就业人数130万人，间接就业人数650万人。目前，广东旅游业已具有年接待5000万海外旅游者和上亿人次的国内旅游者，创汇30亿美元以上，旅游收入900亿元以上的综合生产能力。随着旅游产业规模的不断扩大，旅游产业在全省国民经济中的地位不断提高。

2008年11月26日，中共广东省委、广东省人民政府公布了《关于加快广东旅游业改革与发展建设旅游强省的决定》，确定了建设旅游强省的目标。2008年11月27日，《国家旅游局与广东省人民政府建立局省紧密合作机制备忘录》在广州签署，广东作为首个"中国旅游综合改革示范区"，在全国率先推行"国民旅游计划"，该计划包括大力发展休闲旅游，推动企事业单位开展奖励旅游、福利旅游，以及将修学旅游列入中小学课程等。此外，国家旅游局还支持广东深入落实CEPA政策，推进粤、港、澳旅游合作：国家旅游局委托广东省审批港、澳服务提供者在广东设立合资及独资旅行社。允许获得内地授权的香港旅游企业组织开展迪斯尼定点团队旅游，先在深圳试点，为在深圳暂住一年以上的，在民营、中外合资和外资企业工作的非广东户籍居民在广东办理中华人民共和国出入境通行证赴香港旅游。推动内地与港、澳旅游有关从业人员资格互认，优先考虑获得内地资格的港、澳有关人员在广东注册执业。

（六）物流业

改革开放以前，广东的物流业均以仓储、运输等个别活动的形式存在。物流设施作为各个部门和企业的辅助设施，为本部门和企业自身服务，形成自我封闭体系。20世纪80年代，由于工农业生产快速发展，生产过程分工细化，物流量大幅度增加，市场需求日益扩大，特别是大量外资生产企业进入，对传统仓储运输业的服务功能、手段、水平等提出了挑战，使现代物流业应运而生。20世纪90年代之后，随着连锁商业的迅速发展，作为物流功能的综合体现、物流现代化最显著标志之一的物流配送中心，取得了较大发展，并在加强信息流方面取得突破性进展。进入新世纪以来，广东高度重视发展现代物流业，2001年全省流通工作会议后，先后出台了《关于大力发展现代流通业的意见》和《印发广东省现代物流业"十五"[1] 计划的通知》，2006年召开全省发展现代流通业工作会议，制定并实施《广东省流通业发展"十一五"[2] 规划》，明确提出要大力发展现代物流业，以现代流通带动现代生产。2008年中共广东省委、广东省人民政府《关于争当实践科学发展观排头兵的决定》和《关于加快建设现代产业体系的决定》再次强调，要大力推动现代物流业等现代服务业的发展，使广东在未来的竞争中争取主动。从发展思路来看，重点发展企业、钢铁、医药、IT、石

1 "十五"即国家第十个五年计划时期，2001年至2005年。
2 "十一五"即国家第十一个五年规划的时期，2006年至2010年。

化、家电等六类行业物流，以空港、海港、铁路为重点，构建以广州、深圳两个中心城市为轴线，以珠江三角洲为重点，佛山、东莞、惠州、中山、珠海、江门、湛江、汕头为第二结点的区域物流格局，将广东建设成为华南地区最具有活力和竞争力的物流中心、亚洲地区最具增长潜力的物流中心、国际物流的重点枢纽和节点。

经过改革开放30年的发展，发达的交通网络，快速的商业资讯及多元化的交易平台，使广东发展成为连接国内外和港、澳地区的重要物流中心。传统运输仓储业加速向第三方物流企业转型，围绕货运代理、商业配送、多式联运等物流职能或环节的专业化物流服务发展迅速。如中国外运广东分公司、省邮政物流、省物资集团、省华大物流、省航运集团、广百物流等，通过提供流通加工、物流信息、库存管理、成本控制等增值性服务，以及物流方案设计和供应链全程服务发展，不断提升服务手段和服务功能，逐步由传统仓储业向现代物流业转变，进一步提高了广东现代物流业的发展水平。广东宝供物流、深圳招商物流、深圳能源物流、珠海信禾物流、佛山顺德安得物流等，已初具公众型现代物流企业雏形。统计显示，2007年，广东物流业增加值包括交通运输、仓储和邮政业，已经达到1264.36亿元，居全国的首位。截至2007年底，全国共有A级物流企业230家，广东省占了44家，接近全国的1/5，在全国名列前茅。1998年建设的深圳平湖物流基地是国内第一个物流园区。据中国物流与采购联合会的调查，广东已经建成的上规模物流园区有22个，占全国的14.47%，居全国首位。由此可见，广东省的物流发展走在全国前列。

（七）交通运输业

改革开放以来，广东大胆运用市场机制，率先实行交通运输基础设施商品化，改革投资体制，实行"谁投资，谁受益"和"以桥养桥，以路养路"的政策，改单纯依赖国家投资为社会集资，变无偿使用为有偿使用，多形式、多渠道筹集资金，吸引了大量包括外资在内的资金，有效地促进广东交通基础设施建设，迅速缓解广东交通的紧张状况，从而使广东拥有了全国最雄厚的基础设施。2007年，高速公路总里程达3520千米，比2002年增加近1倍，所有地级以上市通高速公路，与陆路相连省区的高速公路出省通道全部打通，全省已建成了连接国内外四通八达的陆海空交通运输和通讯网络，基本形成以广州、深圳为中心的4小时经济生活圈。

（八）会展业

　　会展业是第三产业发展成熟后出现的一种新型经济形态，可以带动相关产业的发展，加快商品的流通速度，促进城市经济的发展，因而成为许多发达国家国民经济新的经济增长点。

　　广东是全国改革开放最早的地区之一，广东会展业在全国起步较早，依托优越的区位优势和雄厚的产业基础，从20世纪80年代末开始迅速发展，已经成为中国三个重要区域展览中心之一，也是中国会展业最发达的省份。目前，已初步形成了以广州—东莞—深圳为中轴，包括佛山、珠海在内的珠江三角洲展览带，会展经济已成为广东经济发展的一个新亮点。广东拥有发展会展经济的雄厚基础，以中国出口商品广州交易会为代表，涌现出一批会展品牌，如东莞电博会、厚街名家具展、虎门服交会等。据不完全统计，目前广东直接从事会展的企业有5000多家，室内展出总面积已超过120万平方米，位居全国各省市第一，从业人员超过30万人，每年举办的展会超过1000多个。广州国际会展中心是亚洲之最，深圳会展中心在亚洲也排在前列。

□自2004年4月第九十五届起，中国出口商品交易会全面启用广州琶洲国际会展中心。琶洲展馆首期占地41.4万平方米，建筑面积39.5万平方米，一、二层展厅13个，展示面积约13万平方米，室外展场面积2.2万平方米，于2002年底正式投入使用，是目前亚洲最大的会展中心。图为琶洲会展中心一角。（全景图片社供图）

（九）文化创意产业

广东目前正处于经济转轨、社会转型的关键时期，面临着资源、环境、生态压力，加快产业结构优化升级、加快发展包括文化创意产业在内的现代服务业，是一种必然的选择。据统计，2006年以来，全省文化产业增加值已经达到1600多亿元，在全国的比重约占1/4，占全省GDP的比重6.4%。文化产业已经成为广东重要的产业门类和国民经济新的增长点，在经济和社会发展中占有越来越重要的地位。

珠江三角洲各大城市已经开始全面发展文化创意产业。深圳、珠海、东莞等城市正在探索建立动漫、多媒体和网络服务等多种形式的文化创意产业园[1]，尝试新的文化生产力集聚方式，18个创意产业园相继崛起。

广州网游动漫产业在过去欧美日韩企业一统天下中杀出重围。原创性国产网游动漫产业在广州以年增长超过50％的速度发展，广州网络游戏开发和运营能力、动画制作和发行能力，漫画杂志发行量以及衍生物的生产能力和交易量在全国都名列前茅。其中，天河软件园中仅3家知名企业网易、光通、世纪龙的网络游戏产值，就占全国的30％。据统计，目前广州从事网络游戏、动漫业务的企业有70家，从业人员1.2万人左右。不久前，被誉为"中国动漫第一奖"、"华语动漫奥斯卡"的金龙奖正式落户广州，成为广州发展文化创意产业的标志性事件，有力地提升了广州动漫产业在全国乃至全球的地位，文化创意产业已逐渐成为广州国民经济新的重要增长点。深圳计划用3年至5年的时间打造"设计之都"。在此基础上，更远的目标是将"创意产业"打造成深圳的优势产业。2010年文化产业增加值占GDP比重将超10%。

深圳的创意产业主要包括由设计带来的系列相关产业构成，包括印刷产业、动漫产业、建筑设计、装饰设计、服装设计等多个产业。目前，深圳首家文化产业孵化基地已经启用，创意园初步确立了"边孵化边投资"的运营模式。10家进驻企业以动漫游戏、创意设计行业为主，产业园使用率达到了93.4%。

珠海市人民政府审议通过《珠海市产业发展导向目录》，明确把文化产业列为珠海市优先发展的十大产业。经过多年的发展，珠海现在聚集了一批在国内知名的文化产业企业，如金山软件股份有限公司、蔡氏兄弟影业公司、珠海天行者文化传播有限公司、珠海巨星朝代影视制作有限公司、珠海特思数码科技有限公司等等。珠海未来几年文化产业的蓝图是"六大产业，两个产业园，三个产业基地"。六大文化产业是：传媒业、印刷复制业、文化艺术服务业、文化休闲服务业、广告与

1　参见方良腾、王海荣、段煜第：《珠三角各大城市全面发力文化创意产业》，《深圳商报》，2007年8月10日。

会展业、动漫产业；两个文化产业园，一个是由教育部高等教育出版社投资39亿元在唐家湾兴建的"南方文化产业园"，另一个产业园计划落户金湾，在2平方千米的园区中重点发展印刷及相关文化产品制造业；珠海还要成立美术品创作交易基地、动漫游戏基地和文化设备制造基地这三个基地。

继2008年3月佛山首个创意产业园——佛山创意产业园挂牌后，佛山市禅城区继续上演"创意风暴"。6月27日，佛山（石湾）陶瓷文化创意产业园挂牌，成为国内首个陶瓷文化创意产业园，标志着"南国陶都"佛山开启了从工业经济时代到创意经济时代的宏大序幕。用创意服务于佛山的传统陶瓷产业，助推其向高端产业链延伸，把园区建设成为佛山乃至中国建筑、日用和工业陶瓷的设计中心以及陶瓷企业聚集的总部基地，实现佛山由陶瓷生产基地向陶瓷创意设计之都转变，巩固和提升"南国陶都"的地位。

（十）　"超市"："一站式服务"

20世纪90年代初，大量新型流通业态和经营方式不断涌现，广东在国内最早导入连锁经营、超级市场。1990年底，东莞虎门镇出现了中国第一家连锁超市——美佳超级市场。1996年中国首家大型购物中心——天河城开业；1996年8月12日，外资零售企业沃尔玛进入广东；1997年8月8日，好又多开业；万佳、新一佳等大型综合超市相继出现，货仓式商店、便利店、专卖店等新兴业态开始萌芽，各种现代流通业态全面发育。据初步统计，目前，全省占地面积1万平方米以上的购物中心和大商场有200多家，总面积890万平方米。总部在深圳的铜锣湾购物广场，在全国发展连锁购物中心40多家，成为全国最大的购物中心连锁企业。2000年，深圳万佳百货超市以16.2亿元销售额，超越广州百货大厦，成为广东省零售业冠军，从此一直位居榜首，标志广东零售传统百货业态的地位让位于新兴连锁业态。万客隆、广客隆、岛内价、好又多、百佳、万佳、家乐福、吉之岛等国内外名牌超市，国美、苏宁、永乐、大中等的家电销售巨头，成为最受百姓欢迎的"一站式服务"。

创业的乐园
——广东市场经济发展报告

湖起南粤大地The Rise of Guangdong湖起南粤大地The Rise of Guangdong湖起南粤大地The Rise of Guangdong
湖起南粤大地The Rise of Guangdong湖起南粤大地The Rise of Guangdong湖起南粤大地The Rise of Guangdong
湖起南粤大地The Rise of Guangdong湖起南粤大地The Rise of Guangdong湖起南粤大地The Rise of Guang

六、经济特区在市场化进程中的示范作用

1980年8月26日，五届全国人大常委会第十五次会议批准国务院提出的《广东省经济特区条例》，宣布建立深圳、珠海、汕头三个经济特区。30年来，广东省三个经济特区充分利用中央给予的特殊政策，发扬广东人敢为天下先的精神，大胆开拓创新，发挥了开路先锋、窗口、试验田和示范区作用，创造了经济发展的奇迹；逐步形成以高新科技产业为主体，以外向型经济为主导，又各具自身特色的经济结构，涌现出联想国际（深圳）、华为、中海油（深圳）、富泰宏、中兴通讯、长城、康佳、创维、万科、格力、万力达、金山软件、猛狮等一大批享誉国内外的知名企业。2007年，深圳、珠海、汕头地区生产总值共达8547.76亿元，占全省的27.9%；规模以上工业总产值17381.34亿元，占全省的27.7%；地方财政收入776.37亿元，占全省的27.9%。经济特区在市场化进程中经济发挥了示范作用。[1]新华社在对外报道中，把中国创办经济特区称为"国际共产主义运动史上的伟大创举"。在总结特区发展经验时，作为广东经济特区名副其实的拓荒者之一，中共广东省委原书记吴南生同志认为，特区最大的贡献就是突破，把市场经济引进来，使中国经济进入世界经济大循环。

□创维集团为世界彩电十大品牌，中国电子百强企业。

□珠海格力集团是一家以工业为主导、综合发展的集团公司，是珠海市目前规模最大、实力最强的企业之一。

□万科企业股份有限公司成立于1984年5月，是目前中国最大的专业住宅开发企业。图为万科云山楼盘。

□康佳集团是中国彩电行业和手机行业骨干龙头企业，曾连续四年位居中国电子百强第四位，是国家300家重点企业之一和广东省、深圳市重点扶持发展的外向型高科技企业集团。

---

1 参见李奕思：《在探索中不断前行——广东经济特区30年建设成就综述》，广东统计信息网，http://www.gdstats.gov.cn，2008年11月3日。

（一）深圳经济特区

从全国来看，发展有一定的序列性，深圳的使命就是要在未来的发展模式创新上先行探索，当好"窗口"、"试验田"、"排头兵"和"示范区"。在深圳经济特区建立之初，深圳人选择了"跳出现行体制之外"的改革策略，顶着各方面的压力，以市场取向为突破口，从单项突破到整体推进，闯过一片片"禁区"，在计划体制、价格体制、劳动用工制度、分配制度、投资体制、金融体制、户籍制度、产权制度和市场体系培育等一系列方面先行探索，在旧体制之外探索建立社会主

□广东深圳市罗湖区大力发展高端服务业，已经形成了以服务业立区的经济结构，第三产业占主导地位，占GDP比重达到88%，金融、商贸、黄金珠宝和文化创意成为四大支柱产业，是深圳市的商贸旺区、金融中心、网络服务中心和黄金珠宝产业基地。（全景图片社供图）

义市场经济体制的新途径，率先在全国初步形成社会主义市场经济体制的基本框架。

30年前，深圳是一个仅有3万多人口、两三条小街道的边陲小镇。2007年，深圳与香港的经济发展水平差距已缩小到两个深圳等于一个香港的经济总量。30年来，深圳工业在结构调整中持续高速增长，已形成以电子及通信设备为主导，包括电力生产、食品加工、服装、医药等33个行业的工业体系。其中，高新技术产业逐渐成为支柱。2007年，高新技术产品产值占规模以上工业产值的比重达54.9%。外商及港、澳、台投资企业是深圳工业经济的主体，已有外商投资企业1.5万多家，前来投资的国家和地区70多个。在深圳投资的世界500强跨国公司达148家。

2007年，进出口贸易总额2875.33亿美元，其中出口1684.93亿美元，连续15年居全国大中城市首位；高新技术产品出口725.45亿美元，占全部出口的43.1%；实际外商直接投资36.62亿美元。1979年至2007年深圳市GDP从1.96亿元人民币（按当年汇率约合1.26亿美元）增长到931亿美元，年均增长率为35.21%。2007年，深圳人均GDP为10685美元，首次超过1万美元。经济总量在全国大中城市中排在上海、北京、广州之后，居第四位；深圳财政收入在全国大中城市中仅次于上海、北京，居第三位。

深圳蛇口是中国市场经济改革的试管。中国市场经济改革最初从特区起步，而特区的改革又始于蛇口。从想方设法吸引港澳及海外游资办工业区，到炸响"时间就是金钱，效率就是生命"振聋发聩的思想春雷；从四分钱奖金打破"大锅饭"实行效益工资，到第一次工程招标；从第一个社会保险，到第一次拆掉人才流动的樊篱，开内地人才公开招聘先河……

蛇口冲破了条块分割的旧体制束缚，触动了传统经济架构上最敏感的神经。"我可以不同意你的意见，但我誓死捍卫你发表不同意见的权利"的"不以言治罪"宣言影响深远，从民主选举，打破"干部终身制"，到"公开纳谏"、"舆论监督"，深圳曾进行一系列民主实验。一项项开创性的改革，为全国的开放搞活提供了取之不尽、用之不竭的精神财富。全国第一个股份合作制企业，第一家外汇调剂中心，第一家由企业集团创办的银行，第一家由国家、企业、私人三方合股的股份商业银行，第一只上市股票，中国土地拍卖的"第一槌"，第一个人造文化旅游景观……

30年来，深圳创造了230多项全国改革之最。深圳最有价值的、最值得炫耀的历史，正是改革开放跻身中国最具知名度的城市之一。1979年，深圳的工业产值不到3000万元。建特区10年，工业总产值达163.3亿元。国内生产总值平均3年就翻一番，创造了举世闻名的的深圳速度。这是世界城市发展史上的奇迹。而1984年，楼高160米，共53层的国贸大厦仅37个月竣工，数万名集体转业的工程兵，创造了3天一层楼的奇迹，则成为"深圳速度"的象征。

京广、京九铁路大动脉在深圳交汇。深圳国际机场已开通18条国际航线、90条国内航线，现有港口泊位152个，其中61个万吨级以上的泊位，港口集装箱吞吐量居世界第四位。深圳拥有中国最大的陆路客运口岸——罗湖口岸，中国最大的陆路货运口岸——皇岗口岸，中国第二大集装箱海港——盐田港，中国第四大空港——深圳国际机场，是目前全国唯一拥有海、陆、空口岸的城市。

在加快经济建设的同时，深圳努力创造美好环境，2001年，深圳获"中国人居环境"奖，2005年，成为首批"全国文明城市"，之后先后荣获国家"环境保护模范城市"称号、国际"花园城市"称号。深圳同时也是首批获国家命名的"中国优秀旅游城市"，旅游娱乐资源和设施独具特色。世界最大的风景微缩区"锦绣中华"、"中国民俗文化村"、"世界之窗"，主题公园"欢乐谷"、"明思克航母世界"、"海洋世界"，野生动物园、珍稀植物园以及美丽的海滩、海滨浴场等众多观光娱乐场所，吸引着越来越多的国内外游客。

深圳在经历了创办初期海纳百川式的发展阶段后，目前正根据自身的优势，及时调整发展战略，以改革创新开放增强城市的竞争力，以改革创新开放为城市发展的"主动力"，向改革创新开放要资源、要空间、要发展后劲，"以特别之为立特区之位"，确立以高新技术产业为主，全面发展服务业，着力构造物流中心、区域性金融中心的现代化城市经济的发展思路，步入了持续高速的发展轨道。

（二）珠海经济特区

珠海经济特区在创建之初就确立了发展经济不以牺牲环境为代价的可持续发展的思想，经济建设、城市建设与环境建设同步规划、同步实施、同步发展，走出一条经济发展与环境保护并重的发展道路。城市建设围绕建成一个集大学城、IT产业城、旅游城为一体的产学研基地的思路而努力，已发展成为广东省重要的高等教育基地。

30年来，珠海已经逐步形成电子信息、家电电气、石油化工、精密机械制造、电力能源和生物医药六大主要行业的工业体系。2007年，六大行业工业总产值2041.92亿元，占全市规模以上工业产值的83.8%。高新技术产品产值占工业总产值比重达40.7%，高新技术产品出口比重为43.9%。拥有伟创力集团、松下通信、三美电机、格力电器、飞利浦家电、联成化工、佳能（珠海）公司、博世安保、广东电网、珠海发电厂、新海能源、碧辟液化气、联邦制药、丽珠集团等一大批知名企业。珠海是深沪股市里中小企业板开盘以来上市企业最多、融资总量最大的城市。

珠海利用其优越的地理优势，大力引进外资，已有外商投资企业共近7000家，外商投资企业已成为珠海经济的重要组成部分。珠海积极实施外向带动战略，大力拓展出口市场，外贸进出口增长势头强劲。2007年，外贸进出口总额达398.69亿美元，其中出口总额184.73亿美元。主要出口中国香港、美国和日本，对外开放取得突出的成绩。

珠海曾是广东省最贫困的县之一。经过30年的建设，珠海注重发挥区位、环境、特区品牌三大优势，深入实施"以港立市"、"工业强市"、"科教兴市"、"三产旺市"四大战略，整体经济实力大幅提升，成为中国富有特色的现代化城市，以及联结中国澳门自由贸易区，欧盟、中国台湾地区以及通向国际市场的桥头堡。先后被评为"全国社会治安综合治理优秀城市"、"国家卫生城市"。自1990年以来九次荣获全省城市环境综合整治定量考核第一，荣获"国家园林城市"、"国家环保模范城市"、"国家级生态示范区"、"中国优秀旅游城市"称号，被联合国人居中心授予"国际改善人居环境最佳范例奖"。1998年荣获联合国"国际改善人居环境最佳范例奖"，2007年又荣膺"中国最具幸福感城市"和"中国和谐名城"称号。是全国唯一以整体城市景观入选"全国旅游胜地四十佳"的城市。

（三）汕头经济特区

汕头是一个人多地少、以农为主的地区。丰富的海洋资源，优越的地理位置为汕头经济的发展提供了有力的支持，30年来，经济社会以前所未有的发展速度实现了历史性跨越。围绕汕头港的各项基础设施日臻完善，进港铁路的畅通，一个以港口为枢纽，连接海湾大桥、礐石大桥和深汕、深厦高速公路，广梅油铁路的辐射全国的立体交通运输网络已经形成。汕头要做活"以港兴市"文章，以高新技术作为未来发展第一经济增长点。随着沿海经济的开发及临海工业的发展，已形成感光材料、工业电子、纺织服装、塑料皮革、食品加工、医疗器械、包装机械、玩具工艺等骨干企业。目前，汕头已被规划为广东省五大石化工业基地之一，石化、能源、装备制造将成为汕头重点发展的战略产业。在加强对外合作方面，汕头正在采取"巩固港澳泰，发展新马印、开拓欧美大（洋洲）"策略，推动贸易、产业、金融、文化、教育等的合作向深度和广度发展。随着海峡两岸关系的日益密切，汕头因其地理方面的优势，在未来的发展中大有可为。

七、市场化进程中的国际化战略

改革开放以前，受到国内条件和国际环境的制约，广东经济发展基本上处于封闭或半封闭的状态，对外经济交往的规模和范围较小。改革开放以来，广东充分利用中央给予特殊政策和灵活措施，发挥毗邻港、澳的区位优势，形成了以外向型为突出特征的充满活力的工业产业体系和全方位、多层次、宽领域的外向型经济结构体系，建立起了全方位对外开放的格局，外向型经济向开放型经济的转变悄然，从主要是"引进来"，向"引进来"和"走出去"并举转变，已经成为目前全国开放程度和市场化程度最高的省区。

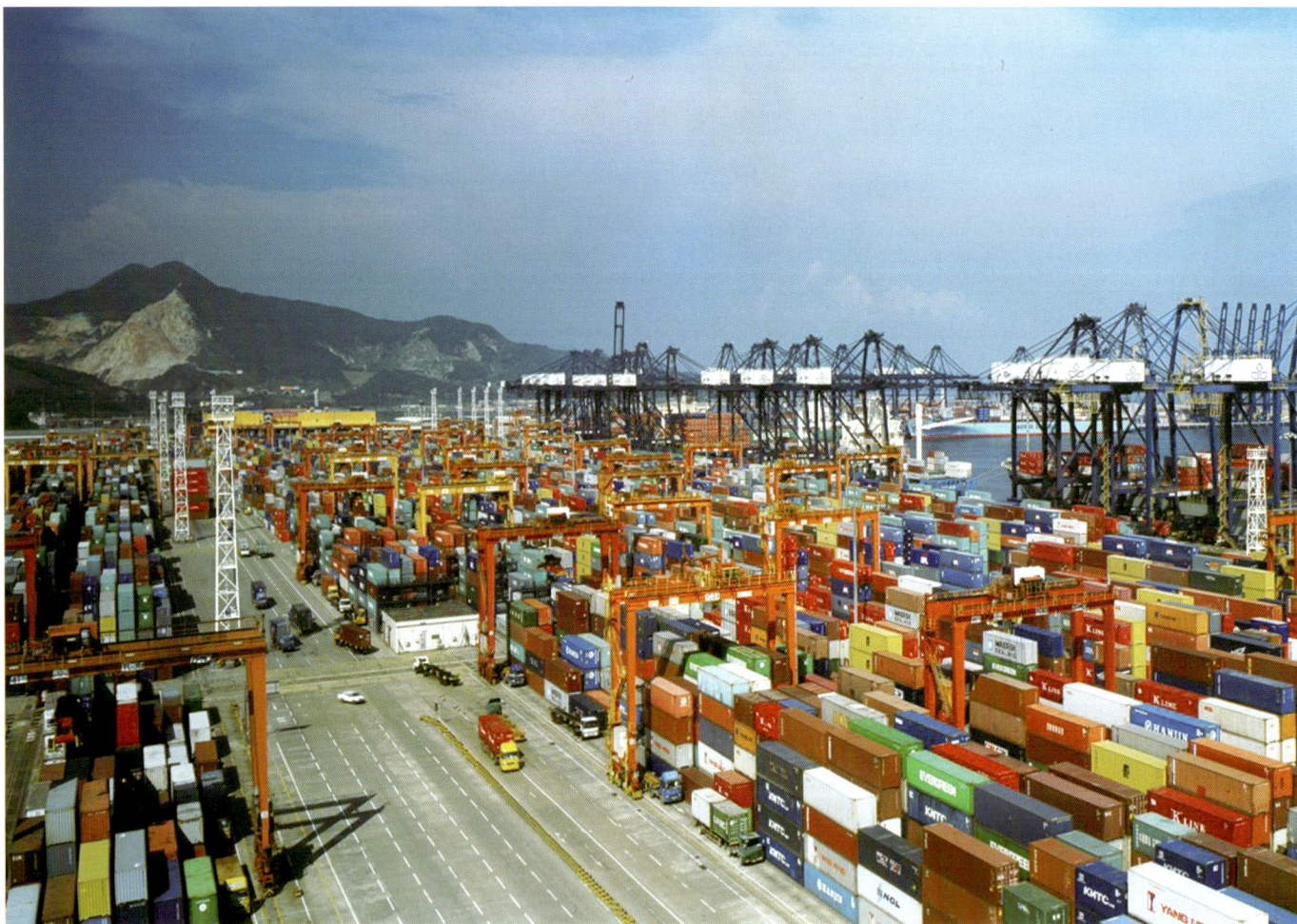

□广东深圳盐田港。（全景图片社供图）

（一）发展国际贸易

改革开放之初，中央给予广东扩大地方贸易的权限，广东可自订外贸出口计划。拥有一定的外贸自主权后，广东组建了一批工（农）贸公司，批准允许一些企业直接经营对外业务，试行工贸结合，支持经济特区和开放城市的发展，增设8个口岸，在省外贸专业公司下属组建140个公司，对港、澳出口的商品基本上由各市口岸县的外贸公司经营。

从1980年开始，广东省在国家统一方针政策和计划的指导下，本地生产的商品，除成品油、钨砂由国家有关外贸专业公司经营外，其余商品由广东外贸企业自行出口。

1988年，中国全面推行对外贸易承包责任制，企业参与国际分工和国际市场竞争的微观主体地位终于得到确立，与外国人做生意的主角，从中央政府到地方政府，最终落实到了企业。外贸经营主体由外贸专业公司独家经营转为外贸专业公司、自营进出口企业、来料加工、来样加工、来件装配、补偿贸易"三来一补"企业和中外合资、中外合作、外商独资"三资"企业竞相发展，形成"四路大军"的大经贸格局。

30年来，广东外经贸发展经历了的三个阶段：

第一，1979年至1991年，重点拓展对外经贸发展的广度和深度，率先改革外贸管理体制和探索利用外资方式；

第二，1992年至2000年，重点增创对外开放新优势，实施外向带动战略，掀起利用外资新高潮，深化外贸管理体制改革；

第三，2001年至今，重点统筹内外源经济协调发展，转变外经贸发展方式，优化利用外资结构，加快实施"走出去"战略，提升区域经贸合作水平。作为率先进行市场化取向改革的领域，外贸体制改革始终走在经济体制改革的前列，在转变观念、体制创新、管理方式和经营模式转变等方面都发挥了先导作用。

自1986年以来广东外贸出口领跑全国22年。

1990年，广东省出口创汇突破100亿美元大关，达到香港1978年的水平。2002年出口实现"月超百亿、年超千亿"的历史跨越。2007年全省实现进出口总额6340.5亿美元，是1978年的近380倍，约占全国进出口总额的1/3。进出口产品结构进一步优化，机电和高新技术产品成为出口的主导产品。一般贸易出口所占比重由18.3%提高到28.4%。

全国与部分省主要年份贸易开放度国内数据[1]

单位：亿美元

项目	年份	全国	广东	江苏	浙江	山东
GDP（亿元）	1978年	3645.2	186	249.2	123.72	225
	1999年	89677.1	8459.46	7700.56	5370.22	7662.3
	2007年	249529.9	31084.4	25741.15	18780.44	25965.91
进出口总额	1978年	206.4	15.92	4.27	0.7	8.8
	1999年	3606.3	1403.54	312.6	183.1	182.7
	2007年	21737.3	6340.5	3494.72	1768.5	1224.7
增长（倍）	2007年	104	380	818	2526	140
年均增长(%)	1978年至2007年	17.4	23.3	26	13.2	12.1
进出口全国占比（%）	1978年	100	8.04	2.07	0.34	4.26
	1999年	100	38.9	8.67	8.88	5.07
	2007年	100	29.2	16.08	8.14	5.63
外贸依存度（%）	1999年	36.45	137.28	33.62	28.25	19.74
	2007年	66.82	155.1	104	71.6	36
出口额	1999年	1949.3	776.82	183.1	128.71	115.8
	2007年	12177.8	3692.5	2036.1	1282.6	751.1
出口依存度（%）	1999年	19.70	75.99	19.69	19.86	12.51
	2007年	37.45	90.3	60.6	51.9	22
贸易顺差	1999年	292.3	150.42	53.6	74.32	48.9
	2007年	2618.3	1044.5	577.48	798	278

1 注：本章节表格数据来源主要为历年《中国统计年鉴》、《国际统计年鉴》、《广东统计年鉴》、《山东统计年鉴》、《江苏统计年鉴》、《浙江统计年鉴》，部分数据采用各年度各省国民经济和社会发展的统计公报整理。美元对人民币汇率按1：8计算。

2006年全球货物贸易依存度的总体水平数据

单位：亿美元

国别	GDP	出口额	进口额	差额	出口依存度（%）	进口依存度（%）
全世界	482449	120620	123800	-3180	/	/
中国	26681	9696.82	7519.36	2177.46	36.8	32.9
中国广东	3257.4	3019.46	2252.27	767.19	92.7	69.2
中国香港	1898	3176.00	3316.34	-140.33	205.7	194.0
新加坡	1322	2749.71	2302.26	447.45	252.6	220.9
韩国	8880	3318.45	3026.31	292.14	43.2	42.1
日本	43401	6158.13	5345.09	813.03	11.0	9.6#
印度	9063	1236.17	1808.60	-572.43	20.3*	23.3*
印度尼西亚	3645	1035.14	738.68	296.46	30.2	28.6
马来西亚	1489	1608.42	1241.44	366.98	117.1	94.0
泰国	2062	1282.12	1134.00	148.13	71.4	70.2
法国	22307	4831.12	5208.06	-376.94	26.1*	27.1*
德国	29067	11313.00	9340.88	1972.16	40.1*	35.1*
英国	23450	4494.83	5923.85	-1429.01	26.1*	30.0*

注：#2000年数字；*2005年数字。

国际市场日益多元化。2001年，中国香港、美国和日本分别是广东前三大贸易伙伴。2005年起，欧盟超越日本，成为广东第三大贸易伙伴。2006年，广东与中国香港地区、美国和欧盟的贸易额分别达到1126.2亿美元、786.9亿美元和554亿美元，而与日本的贸易额为480.1亿美元，与前三大贸易伙伴的差额进一步扩大。除了日、美、西欧地区外，广东现在正奋力拓展东南亚、东欧、独联体市场，开拓中东、非洲、南美市场。2003年广东对中国香港地区、美国、欧盟和日本等市场出口合计增长28.6%，对非洲和中东等兴新市场出口分别增长52.4%和44.6%。近年来，广东与东盟的贸易快速发展，2006年的贸易额达到441.5亿美元，比2001年增长1.9倍。中国—东盟商务理事会中方秘书处提供的一份资料显示，近些年广东与东盟的交流合作不断加快，2007年双方进出口总额达560亿美元，比2006年增加了两成多，约占中国与东盟贸易总额的1/4。

（二）利用外资

　　广东是中国利用外资最多的省份，大量引进境外直接投资为广东经济增长带来了资金和技术，对促进出口、开拓国际市场、技术进步和管理创新、发展关联产业、促进产业结构调整和产业升级起到了积极作用。国际资本的流入直接牵动了广东的经济起飞和持续增长，使广东经济融入国际经济的程度不断加深。截至2007年底，全省共签订外商直接投资项目13.8万宗，实际吸收利用外资1945亿美元，占全国1/4强。据商务部统计，2007年全省新批设立外商直接投资项目9506宗，合同外资金额339.4亿美元，增长38.1%；实际吸收外资171.3亿美元，比2006年同期增长18.0%，外资集中投向高新技术产业、重化工业和现代服务业。发达国家和跨国公司投资逐步上升为主导地位。2007年底，已有181家世界500强企业在广东省设立703家企业，2007年投资新设和增资项目179家，其中新设企业54家，合同外资21.9亿美元；外商具有独立法人资格的电子信息、医药研究、汽车技术等产业的研发中心发展迅速，外商投资企业设立研发中心达310家；以物流、会展、广告、咨询等为代表的服务业发展势头强劲。

近年广东、江苏、浙江、山东利用外资规模数据

单位：亿美元

项目	年份	广东	江苏	浙江	山东
实际利用外资	2000年	145.75	66	24.8	38.1
	2005年	151.74	131.80	77.2	110.1
	2007年	196.18	66.4	103.7	110.1
其中外商直接投资	2000年	122.37	64.2	16.1	29.7
	2005年	123.64	/	/	89.7
	2007年	171.26	218.9	/	/
新增项目（个）	2000年	16879	2645	1642	2733
	2005年	8384	/	3396	/
	2007年	9506	5986	2919	1929

项目	年份	广东	江苏	浙江	山东
当年合同金额	2000年	110.86	106.2	30.7	56.1
	2005年	237.44	457.22	161.3	288.4
	2007年	339.38	435.8	204	117.4
截至2007年底世界500强企业	累计投资（家）	181	348	79	130
	设立企业（家）	703	/	211	342

2007年广东、江苏、山东利用外资行业结构数据

单位：万美元

	行业	全国	广东	江苏	山东
第一产业	农林牧渔业	92407	18295	10818	23587
第二产业	采矿业	48944	2373	3303	12074
	制造业	4086482	1044892	1371264	802234
	电力、燃气及水的生产和供应	107255	9712	47716	10831
	建筑业	43424	14089	18041	18472
第三产业	交通运输、仓储和邮政业	200676	52654	28868	11219
	信息传输、计算机服务和软件业	148524	21207	3982	4384
	批发和零售业	267652	67574	39659	7865
	住宿和餐饮业	104165	27408	11814	5326
	房地产业	1708873	351265	163304	68392
	租赁和商务服务业	401881	53403	16848	14244
	科学研究、技术服务和地质勘查业	91668	29735	3114	11071

2007年广东、江苏、浙江、山东利用外资质量数据

单位: %

	外资依存度	规模以上外资企业工业增加值比重	规模以上外资企业利税比重	外资企业出口额比重
广东	5.05	26.08	28.56	62.89
江苏	6.4	28.62	26.10	77.06
浙江	4.5	10.59	23.72	37.62
山东	3.6	15.42	23.13	52.48

数据来源: 各省统计年鉴。

外商直接投资国际比较

单位: 亿美元

国家/地区	2000年	2005年	2006年
世界	14113.66	9457.95	13058.52
中国	407.15	724.06	694.68
中国广东	145.75	123.64	145.11
中国香港	619.24	336.18	428.92
新加坡	164.84	150.04	242.07
韩国	90.02	70.50	49.50
印度	35.85	66.76	168.81
泰国	33.49	89.57	97.51
印度尼西亚	−45.50	83.37	55.56
马来西亚	37.88	39.65	60.60
越南	12.89	20.21	23.15
法国	432.50	810.63	810.76
德国	1982.77	358.67	428.70
英国	1187.64	1936.93	1395.43
日本	83.23	27.75	−65.06

（三）发展"两头在外"[1]的加工制造业

广东是加工贸易大省，广东经济的起飞，源于大力发展加工贸易。20世纪80年代，广东承接了按东亚"雁阵模式"以"前店后厂"方式从香港转移到珠江三角洲地区的约5万家传统制造业工厂。20世纪90年代以来，加工贸易不断向纵深发展，对外贸易方式已形成以一般贸易、来料加工、进料加工为主，补偿贸易、租赁贸易、出料加工、易货贸易、转口贸易等小型贸易为辅的局面。通过"三来一补"等加工制造形式，广东工业化进程得以加快，外向型经济由此呈现在世人面前。加工贸易的发展，使广东在全国经济的排名中获得了多项第一：吸收外资最多的省份，经济总量最大的省份，外贸总额最大的省份，非农就业最多的省份……凭借加工贸易的翅膀，广东已初步达到了经济起飞和工业化的目的。迄今为止，中国制造业在全球比较有竞争力的产业仍集中在服装、制鞋和玩具礼品三个传统制造业，而传统制造业优势产业集群，基本上都集中在珠江三角洲，珠江三角洲制造业是中国在全球最有竞争力的产业集群，代表中国产业在全球参与竞争的中坚力量，是"中国制造"在全球市场的主要代言人之一。2007年全省加工贸易企业进出口额达4034亿美元，占全省进出口额的63.6%，占全国加工贸易进出口额的40.9%[2]。"三来一补"、"大进大出"一度是加工贸易的"代称"，低档次、技术落后、低附加值，则又成为加工贸易的缺项。加工贸易回落是全世界都曾面临的问题，但加工贸易还要继续走下去，关键是要越走越高端。广东这个全国外贸第一大省正在下定决心大力推动加工贸易转型升级，将实施多年的外贸政策进行大转向，加速优化出口商品结构，不断提高出口商品的档次和附加值，争创拥有自主知识品牌和产权的产品，提高加工贸易增值率，实施市场多元化战略，以一般贸易补缺加工贸易。面对加工贸易转型升级这一国际难题，珠江三角洲再次担当起率先转型升级、为全国提供转型升级示范作用的重大使命。珠江三角洲将重点建设"全国加工贸易转型升级示范区"，并以此作为广东建设现代产业体系的突出重点和载体之一。

（四）发展国际市场的自主创新品牌

伴随着发展高新技术产品加工装配及属地化配套生产的需要，广东现已步入由OEM向ODM进而向OBM转变的新阶段。华为、中兴、TCL、美的、格兰仕、格力等知名企业，在国际上都已拥有了自主

1　"两头在外"：指为了解决沿海地区与内地争原料、争市场的矛盾，把生产经营的两头即原材料和销售市场都放在国际市场上去。
2　参见黄颖川：《广东拟定出口转内销计划，多重政策力推内销攻略》，南方报业传媒集团《21世纪经济报道》，2009年1月9日。

品牌和知识产权，在重点行业形成了自己的名牌和拳头产品。

深圳桑菲消费通信有限公司成立了全球最大的独立手机研发企业——中电赛龙，借助中国电子信息产业集团公司移动电话网络优势来推动自有品牌桑达移动电话的营销和售后服务，从而升级做OBM。

深圳比亚迪股份有限公司是全球第二大充电电池制造商，1995年公司成立后，投入大量人力、物力、财力，进行自主研发，创造了电池产品的800多项国内外专利，被业界称为当今的"电池神话"，公司生产线全部自行开发并获得专利，公司产品范围逐步扩展到几乎全部手机零部件，打造了比亚迪自主品牌，已有一小部分镍镉电池以自主品牌出口，打破了20世纪90年代全球充电电池技术基本被日本垄断的局面。目前，比亚迪汽车则完全是自主品牌出口。

深圳长城开发科技股份有限公司成为全球第二大专业磁头生产商，并成功打造了"KAIFA"（开发）牌电表和税控机等自主品牌产品。

深圳华为公司掌握着WCDMA[1] 从系统到芯片设计的整套设计，成为全世界少数几个能提供全套WCDMA商用系统的厂商之一；其研制的GT800数字集群通信系统技术，填补了基于GSM[2]技术的数字集群产品空白。其十年扩张千倍的发展速度，成为全球传唱的创新神话。

中兴通讯自主研发交换机，为3G[3] 技术标准"立法"。

康佳公司在汽车电子领域也取得技术突破，掌握了汽车发动机电喷控制核心技术。

国内覆铜板龙头企业广东生益科技股份有限公司原是一家港资企业，公司组建不久，便未雨绸缪开始培育自己的品牌，并逐步掌握了核心技术。目前，其销售的所有产品和全部国际认证均是"生益"自主品牌的产品。

惠州TCL集团通过多年的引进、消化和自主创新，在掌握了一系列外围技术的基础上，逐步掌握丽彩芯片设计技术等多项核心技术，研制出了超平彩电、音响电视等一系列新产品，打响了TCL的自主品牌，成为具有科技自主创新能力并在国内外具有影响力的大型企业集团。

朗科公司掌握了光盘闪存核心技术，成功在美国申请3项专利，并开始向美欧公司收取专利费用。

广东科达机电股份有限公司成功研制的"魔术师墙地砖布料机"和"干法磨边机"，可提高陶瓷花色品种和生产效率，消除陶瓷釉面砖多种缺陷，为世界首创。

珠海格力电器力推自主品牌，成功研发世界首创"数码涡旋超低温空气源热泵多联机"，坐上全球家用空调的头把交椅。

广东格兰仕集团微波炉、光波炉国内市场占有率60%以上，全球市场占有率近50%，研发成功了

---

1 WCDMA是指一种新的第三代移动通信系统，或是指宽带码分多址——一种国际电信联盟标准。
2 GSM: Global System for Mobile Communications，中文为全球移动通信系统，俗称"全球通"，是第二代移动通信技术。
3 3G: 全称为3rd Generation，即第三代移动通信。

带光波辅助加热、杀菌消毒装置的空调器，获得了PCT（专利合作条约）国际专利，属世界首创。

深圳大族激光科技股份有限公司打破国外的技术封锁，解决了激光自动化打孔制版的难题。[1]

（五）发展对外投资和技术合作

完全意义的开放应该是既进又出的双向开放，从发展开放型经济国家的情况看，商品、服务贸易、资本流动、技术交流等诸领域开放尽管在不同时期有某种不平衡，但总体上是既进又出双向并举。广东的开放也是既对外开放，同时也开拓国外市场的双向开放。

广东对外直接投资大致经历了三个时期：改革开放以前，由于国家还没有把对外投资作为国家政策，只有对外援助和对外承包工程、劳务输出等低水平的跨国经营活动；改革开放后，省、市、县各级政府及部门纷纷到港、澳地区设立对外开放"窗口"公司，为招商引资和人员来往服务，并逐步向贸易、房地产、金融等领域拓展；近两年来，为改变广东目前在国际分工价值链中的低端地位，转变外贸增长方式，实现从贸易大省向贸易强省的跨越，加紧实施和完善"走出去"的开放战略，从法规政策和信息协调上帮助、鼓励优势企业到海外发展，在更高层次、更广阔的空间里参与国际竞争，使广东在经济全球化继续深化当中获取尽可能多的利益，抓住世界产业结构调整转移的机遇，在境外建立加工基地、营销服务网络和研发机构，将自身的比较优势与国际产业转移有效地结合在一起。广东海外投资出现了另类势头，康佳、TCL、创维、中兴、华为、科龙、格力、美的等大型集团根据自身发展需要和市场规则开辟了新一轮的海外投资热潮，成为"走出去"的生力军。

2007年，广东全省境外投资额18.5亿美元，其中经核准新设境外企业及机构169家，协议投资额12.0亿美元。全省签订对外承包工程和劳务合作合同额66.1亿美元，完成营业额59.1亿美元，境外投资超过1000万美元的项目有14个，投资额占全省投资总额的88.3％。增资项目26个，协议投资额6.9亿美元。全省累计在境外90多个国家和地区设立非金融类企业1804家，协议投资72亿美元，对外工程承包和劳务合作营业额跃居全国前列。

2006年至2010年，预计广东对外承包劳务营业额年均增长10％，五年累计达到140亿美元；对外投资年均增长10％，五年累计达到19亿美元。如果说改革开放的第一个30年，广东强调的是引进、被动接受国际产业分工，那么在改革开放的第二个30年，将是引进与输出并重的时期，广东不仅要成为国际产业链条中的重要环节，更要成为决定国际产业链的重要力量。

---

1 参见裴生：《广东加工贸易调研报告》，华侨华人经济技术网，http://www.tt91.com，2006年9月11日。

2007年境外投资国内对比

单位：亿美元

地区	投资额	核准新设境外企业及机构（家）	协议投资额	对外承包工程和劳务合作合同额	完成营业额
全国	/	/	853.45	843.20	479.00
广东	18.5	169	12.0	66.1	59.1
江苏	/	255	4.7	45.3	41.60
浙江	6.1	420	6.6	20.8	20.8
山东	4.0	202	5.8	28.4	/

对外直接投资国际比较

单位: 亿美元

	2000年	2005年	2006年
世界	12391.90	8371.94	12157.89
中国*	9.16	122.61	161.30
中国广东*	5.06	/	6.02
中国香港	593.52	−272.01	434.59
新加坡	59.15	50.34	86.26
韩国	49.99	42.98	71.29
印度	5.09	24.95	96.76
泰国	−0.22	5.52	7.90
印度尼西亚	1.50	30.65	34.18
马来西亚	20.26	29.72	60.41
越南	/	0.65	0.70
法国	1774.49	1209.71	1150.36
德国	565.57	555.15	794.27
英国	2333.71	837.08	794.57
日本	315.58	457.81	502.66

*非金融类直接投资。

潮起
南粤大地

第五部

建设新农村

——广东30年农村经济社会发展

潮起南粤大地 The Rise of Guangdong潮起南粤大地 The Rise of Guangdong
潮起南粤大地 The Rise of Guangdong潮起南粤大地 The Rise of Guangdong 潮起南粤大地 The Rise of Guangdong
潮起南粤大地 The Rise of Guangdong潮起南粤大地 The Rise of Guangdong 潮起南粤大地The Rise of Guangdong

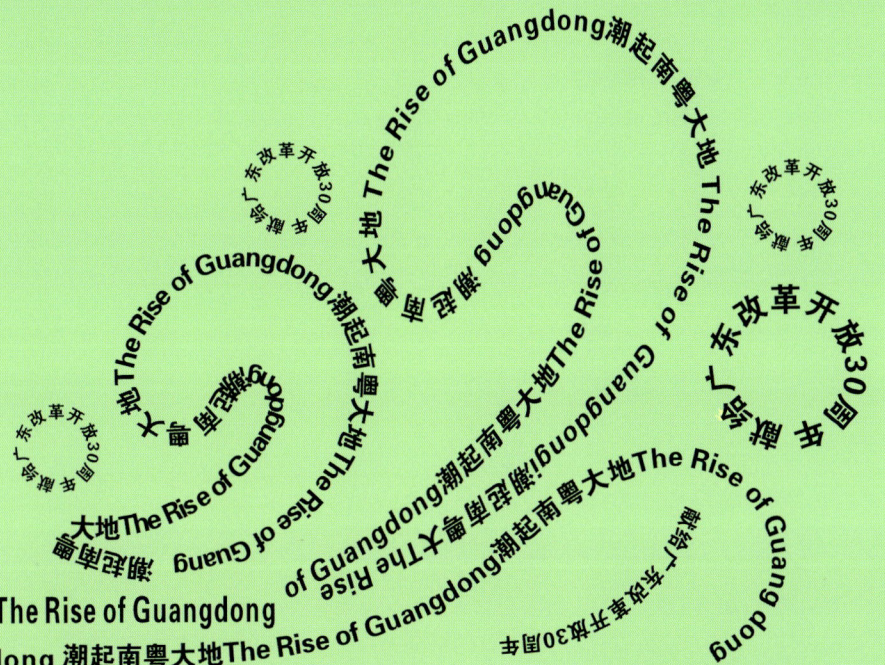

一个建设以"生产发展、生活宽裕、乡风文明、村容整洁、管理民主"为内容的新农村已经初步展现在南粤大地上。

1978年广东农林牧渔业总产值85.94亿元，2000年达到1701.18亿元，2007年则达到了2821.24亿元。目前，广东以占全国1.5％的耕地面积创造出占全国6％的农业总产值，9.8%的农业增加值，农业主要指标位居全国前列。

从"坚决刹住分小队、包产到户、分田单干"到"实行家庭联产承包责任制"，再到"土地流转"；从"统购派购"到"逐步放开价格"，最后由市场决定价格；从"自然经济"到"商品经济"再到"市场经济"的转变；从"纳粮缴税，天经地义"到"全面减免农业税"；每一次改革，都推动了农民思想的大解放，激发了农民生产潜力的大释放，促进了农业生产的大发展。

The construction of a new countryside
——Guangdong's rural economic and social development over the past 30 years

A new countryside is emerging in Guangdong, characterized by "development of production, well-off living, rural civilization, clean villages and democratic management".

In 1978, Guangdong's gross output value of farming, forestry, animal husbandry and fishery was 8.594 billion yuan. The figure reached 170.118 billion yuan in 2000 and 282.124 billion yuan in 2007. At present, with only 1.5% of China's total farmland, Guangdong is now producing 6% of China's gross agricultural output. Its major agricultural index has always ranked high nationwide.

From "determinedly prohibiting contracting farmland to production teams or families or individuals" to "the implementation of the household contract responsibility system" and then "to peasant household land mobility", from "collective and planned purchasing" to "gradual unloosening of the price control" and finally letting the market determine the price, from the transformation of "natural economy" to "commodity economy" and then "to market economy", from "peasants paying taxes in kind" to "overall remission of agricultural tax", etc. each of the above reform promotes the emancipation of peasants' ideas, stimulates release of their production potential and boosts agricultural production.

□中国双肩玉荷包荔枝之乡——阳江。图为阳东县双肩玉荷包荔枝生产基地。（图片摄影：黄国河 中共广东省阳江市委宣传部供图）

改革开放以来，中国农村改革以社会主义市场经济取代了计划经济，建立了适应社会主义市场经济要求的农村经济体制框架，基本形成了按市场需求配置农业资源、按供求决定农产品价格和农村生产要素自由流动的市场机制。这一根本性改革大大解放和发展了广东农村生产力。特别是党的十六大提出了统筹城乡经济社会发展的重要战略，2004年至2008年，中共中央连续五年下发指导农业和农村工作的一号文件，出台了一系列具有里程碑和划时代意义的支农惠农政策，极大激发了广东农村经济社会建设的积极性、创造性。30年来，建设现代农业一直是农村经济社会发展的一项重要工作，广东农业经历了从传统农业向现代农业，从计划经济向市场经济的巨变，社会主义新农村建设取得了巨大的成就。在农业经济生产条件大大改善的情况下，农业产量稳步增加，农村基础设施明显加强，农村居民生活水平和质量实大幅提高。一个建设以"生产发展、生活宽裕、乡风文明、村容整洁、管理民主"为内容的新农村已经初步展现在南粤大地上。

□ 广东鱼米之乡——阳江。图为阳东高位池水产养殖基地。（图片摄影：马文荣 中共广东省阳江市委宣传部供图）

一、广东新农村建设的发展历程

□湛江吴村是"湛江最美的村庄"之一。图为吴村乡村新貌。（图片摄影：莫观兴 中共广东省湛江市委办公室供图）

在改革开放和社会主义现代化建设新时期，广东在农村改革、建设、发展方面迈出了坚实的步伐。农业农村经济平稳发展，现代农业建设加快推进。30年来，广东新农村建设的发展经历了三个重要阶段。

第一阶段是20世纪70年代末至80年代。80年代初农村家庭联产承包责任制改革前，广东跟全国其他地区一样，人民公社制度是农村基本的组织与管理制度。20世纪70年代末开始，广东以解放农村生产力，调动农民生产积极性为目标，突破人民公社体制。通过实行家庭联产承包责任制和统分结合、双层经营体制，对计划经济体制下的以粮为纲的农业生产结构体系进行调整，在稳定粮食生产的基础上积极发展经济作物和畜牧业，农业经济效益和农民收入明显增加。这一阶段改革发展的最直接的后果之一是促成人民公社体系的解体，并由此引发了乡村组织体系的重构和重建。

　　第二阶段是在20世纪80年末到21世纪初。以市场化为取向的农村改革，是中国农村发展的历史性转折点。而领中国农村市场化改革风气之先的，便是毗邻港澳、敢为人先、勇于创新的南粤大地。进入20世纪80年代末直至21世纪初，广东以发展市场经济条件下的市场农业为导向，大力推行了以下方面的农村改革发展举措：在完善土地承包责任制基础上鼓励土地流转，促进土地的集约经营和规模经营；深化农业产业结构调整，培育主导产品和支柱产业，推动农业区域化布局、专业化生产、产业化经营，提高了农业生产的商品化、社会化和组织化程度。与此同时，这阶段尤其是到了20世纪90年代，广东乡村基层民主建设也取得很大的成效，从横向来看，乡村两委关系进一步改善，村民民主进一步发展；从纵向来看，乡村民主从村级民主向乡镇民主推进。

　　第三阶段是2002年党的十六大以来。这一阶段，在区域协调、城乡统筹发展背景下，广东农村的发展也开始出现结构性转变。随着改革不断深入，农业的政策导向、农村改革发展、国内外市场环境、以及农业自身发展条件等都发生了深刻变化。广东以推动农业农村经济社会科学发展、和谐发展为指导思想，实施统筹城乡发展战略，加快推进农村工业化、城镇化和农业产业化，大力发展现代农业，推进社会主义新农村建设。中央和省委、省人民政府更加重视"三农"问题，采取各种有效措施发展农业生产、稳定农村社会、增加农民收入，农村居民收入持续稳步增长，生活水平进一步提高，全省农村在实现总体小康目标的基础上，稳步地向全面小康目标迈进。[1]

　□湛江蔬菜生产基地。（图片摄影：黄志理　中共广东省湛江市委办公室供图）

　　1　参见张美欧：《广东农业30年改革开放从传统到现代的巨变》，《文汇报》，2008年7月3日。

二、广东新农村建设的主要业绩[1]

30年来，广东积极改革旧的生产关系和生产方式，不断探索新机制、新举措、新途径，优化农业产业结构，发展特色效益农业，提高农业质量和效益，促进农民增加收入；加强农业基础建设，推进现代农业发展，创新产业化经营形式，增强农业整体发展能力；理顺农村土地承包和集体经济管理关系，改善农业农村经济发展环境，推动农业农村经济健康持续发展。这些举措取得了明显成效。

□社会主义新农村——广东省佛山市顺德区龙江桂花村农民新居。（图片摄影：李海廉 中共广东省佛山市委办公室供图）

1　参见李珠桥、张作丹：《新农村、新农业、新农民》，广东统计信息网，http://www.gdstats.gov.cn，2008年7月30日。

（一）经济总量持续稳步增长

改革开放30年来，广东农业农村经济蓬勃发展，经济总量不断上新台阶。农业农村经济工作成效显著，在促进国民经济发展和保持社会稳定方面起着基础性的重要作用，保证了市场的有效供给，增加了农民收入，满足了社会日益增长的物质需求。全省省农业主要经济指标和主要农产品总量位居全国前列。种植业和畜牧业发展速度和经济效益同步增长，农业整体素质和综合生产水平有了较大提高。

1978年广东农林牧渔业总产值85.94亿元，2000年达到1701.18亿元，2007年则达到了2821.24亿元。目前，广东以占全国1.5%的耕地面积创造出占全国6%的农业总产值，9.8%的农业增加值，农业主要指标位居全国前列。此外，2007年，广东农产品出口额排全国第二，花卉、饲料产量第一，水果、糖料产量第三，肉类、蔬菜产量分别为第六和第七。[1] 与此同时，广东乡镇企业异军突起，农村二三产业快速发展，成为农村经济主要增长点。2006年，全省乡镇企业数达到121.59万个，乡镇企业从业人员1289.71万人，分别增长15倍和6.6倍；乡镇企业总产值16924.85亿元，1984年以来，年均增长23.8%。

（二）产业结构调整优化

30年来，从自然经济、商品经济到市场经济，广东农业生产不断满足人民的生活消费需求，不断适应市场的变化，农产品品种不断推陈出新，农产品品质日益提高，效益农业、特色农业成为农业生产的新亮点。广东合理调整农业生产布局，全面开发利用耕地、山地、草地和滩涂、水面、海洋资源，实施科技兴农，推广良种良法，发展优质高产高效的农林牧渔业生产。农村劳动力的分布结构最能说明农业产业结构调整的情况，从30年来广东农村劳动力就业结构看，从事第一产业的劳动力比重由1978年的93.7%下降到2007年的47.4%，而从事二三产业的劳动力比重则上升了46.3个百分点。另外，仅从农林牧渔业结构看，也能直接说明30年来产业结构的变化，2007年，畜牧业和渔业占农林牧渔业产值的46.7%，比1978年提高21.8个百分点。从种植业结构和品种看，优质、特色、适销、高效园艺作物持续发展，综合经济效益显著提高。2007年，蔬菜、园艺作物占农作物面积的41.3%，占种植业产值的64.1%。

1 参见张美欧：《广东农业30年改革开放从传统到现代化的巨变》，《文汇报》，2008年7月3日。

（三）科技兴农贡献增大

现代农业元素增加最显著的莫过于粮食的集约化和科技增产水平，而农业机械的大幅增长最能体现现代农业的提升水平。改革开放30年来，广东农业机械从无到有，从小到大逐步发展，主要农业机械拥有量保持较快增长，装备水平不断提高，结构优化，农机化得到快速发展，农业机械由水稻生产机械向蔬菜、苗木、花卉、水果、水产养殖、畜牧、农产品加工等多领域发展，特色、优势农作物生产机械化，畜禽、水产养殖机械化和农产品加工机械化迅速发展，高科技的农业机械不断增加。根据广东省统计局公布的数据，2007年末，全省农业机械总动力184.72亿瓦特；全省农村用电量937.25亿千瓦时。2008年广东建设现代标准农田125万亩，农业机械化水平提高，推动基层农业技术推广体系改革与建设，现代农业服务体系进一步健全。另外，农田水利建设成绩显著。各级政府投入大量资金兴修水利，治理江河，保持水土，改造低产田，整理排灌系统等农田基本建设，全省建设了大量的防洪、灌溉、排涝、发电、供水等水利设施，农业综合生产能力不断提高。目前，广东耕地总资源居全国第二十位，但每亩耕地农业产值达1955.8元，居全国第二位，科技进步贡献率达到51%。[1]

（四）农业产业化扎实开展

广东气候条件好，发展种植业得天独厚，但人多地少，全省人均只有4分多地，农业劳动力人均只有1亩多地。改革开放以来，广东对农业产业化的认识不断加深。1996年，广东省人民政府在新兴县召开农业产业化研讨会和现场会，推广新兴县温氏集团的做法。2001年，中共广东省委作出了大力推进农业产业化经营的决定，加快了全省农业产业化的进程。30年来，广东的农业（包括林业、畜牧业、渔业）逐年迈上新台阶，实现了从改革开放前的传统农业向高产、高质、高效农业、现代农业转变、提升。最直接的表现就是农业产业结构的日趋优化，经济作物和粮食的种植面积、产值比重不断增大，水产、园艺、畜牧产业已经成为广东的农业主导产业。而产业结构优化的背后是农业产业化经营机制的不断完善，通过多年的发展，目前，农业产业化经营进入了农业龙头企业与农民专业合作组织共同发展的新阶段，农业组织化程度不断提高，农业龙头企业总体规模不断扩大，辐射带动能力不断增强。参与农业产业化经营的农户不断增加，农业生产的组织化和市场化程度明

1　参见赖伟行：《科技创新促进广东农业增产增收》，《人民日报》，2007年2月10日。

显提升，在一定程度上解决了千家万户的小农户生产与千变万化的大市场交易之间的对接难题。目前，全省各类农业产业化经营组织8645家。

另外，广东的农业现代化示范区建设也取得了很大的成效。目前，珠江三角洲10大农业现代化示范区建设水平、辐射带动能力和经济社会效益进一步提升，广州、佛山、中山等地积极推进现代农业生态园区建设，向率先基本实现农业现代化迈出新步伐。此外，东西两翼和北部山区12个农业现代化示范区基本建成。目前，全省已建设占地300亩以上的各类现代农业园区300多个。新增国家级农业龙头企业13家、国家级标准化示范区30个，191家省级以上龙头企业带动农户216万户，农民专业合作经济组织增加到2095家。粤西、粤东和珠江三角洲成为我国最大的南亚热带水果、蔬菜和花卉主导产区，粤东成为中国名优单枞茶商品生产基地，粤西为中国糖蔗最重要的生产基地之一。[1]

（五）基础设施日益稳固

全省各地坚持多渠道筹措资金，不断增加对农村水、电、路等基础设施建设的投入，农村基础设施不断改善。经过多年的努力，广东广大农村已经基本上改变了过去交通不便、通讯落后、信息不灵的局面。特别是珠江三角洲农村地区已经形成纵横交错、相当发达的交通通讯等基础设施网络。2002年，广东大力推进农村饮水安全工程建设，广东农村自来水普及率显著提高，取得了显著的成效。另外，在农村沼气、规模化种养场建设、现代标准农田建设、农村危房改造、城乡防灾减灾工程和水利基础设施建设等方面，广东也取得了显著的成效。

第二次全国农业普查资料显示，2006年末，广东全省6.5%的乡镇地域内有火车站，71.5%的乡镇地域内有二级以上公路通过，97.2%的乡镇有邮电所，96.3%的乡镇有储蓄所，26.2%的乡镇有公园，90.9%的乡镇有综合市场，21.5%的乡镇有农产品专业市场。全省81.0%的镇实施集中供水，22.6%的镇生活污水经过集中处理，48.4%的镇有垃圾处理站。全省97.6%的村通公路，99.8%的村通电，98.3%的村能接收电视节目。38.1%的村饮用水经过集中净化处理，29.6%的村实施垃圾集中处理，27.6%的村有沼气池，52.2%的村完成改厕。32.3%的村地域内有50平方米以上的综合商店或超市。

（六）公共服务明显加强

随着农村经济的发展，全省广大农村社保、文化、教育、广播、电视、卫生等社会各方面事业

1 参见曾颂、何霞：《广东农业对外贸易合作在扩大》，《羊城晚报》，2008年1月17日。

也获得快速发展。到2007年，广东社会保障体系加快向城乡居民覆盖，养老、失业、工伤、医疗保险参保人数稳居全国首位，社保基金滚存结余达1917亿元，约占全国的1/5。实现社会保险市级统筹，省级调剂力度加大。被征地农民养老保障制度初步建立，珠江三角洲地区率先建立农村养老保险制度。有效解决一系列社会保险热点难点问题和涉及农民工切身利益的突出问题。启动了城镇居民基本医疗保险试点。社会救助体系日益完善，社会福利和慈善事业加快发展。特别是2003年起，中共广东省委、广东省人民政府提出实施"十项民心工程"，重点解决农村最低生活保障、行路难、饮水难、读书难、看病难、住房难等农村"一保五难"问题，极大地改善了农民群众的生产生活条件，扎实推进社会主义新农村建设，农村环境综合整治和村庄规划进展顺利，农村沼气建设步伐加快，完成农村公路路面硬化约1万千米，所有行政村实现村村通宽带互联网。另外，渔民转业转产工作进展顺利。180万农村人口饮水难问题基本解决，启动农村饮水安全工程建设。

（七）农民生活日益改善

农村居民人均纯收入可区分为现金纯收入和实物纯收入两部分，而现金收入比重的高低被作为衡量农民农业生产市场化程度的重要标志。30年来，广东农村居民人均纯收入持续增长。2007年，全省农村居民人均纯收入5624.04元，比1978年增长29.1倍，年均实际增长6.8%。农民人均生活费支出由184.89元增加到2007年的4202.32元，实际增长493.8%（1978年为100）。从上世纪九十年代初起，珠江三角洲各地已开始减免农业税。广东省委、省人民政府根据中央"多予、少取、放活"的方针，更加紧进行农村改革和一系列为农民减负工作。尤其是农村税费改革，有效地促进了农民收入的增加。2005年起全面实行免征农业税，全省农民实现了农业税赋零负担。2003年开始实施农村安居工程，到2007年底完成了省定的15万贫困户的危房改造任务。推进扶贫开发，实施整村推进、产业化扶贫、智力扶贫等措施，有效促进了山区贫困地区加快脱贫致富。1997年提前实现了《国家八七扶贫攻坚计划》所确定的消除绝对贫困的目标，农村所有贫困人口解决了温饱问题，2007年全省贫困人口由2002年的441万人减少到331万人。目前，贫困地区工农业生产迅速发展，极大改善了交通、能源、通讯、水利等基础设施建设，所有行政村实现了通电、通路、通讯、通邮、通广播电视；贫困人口的经济收入和生活水平有了较大的提高，一部分乡村实现了小康，珠江三角洲地区的广大农村发展则取得了令人瞩目的成效。

改革开放30年来，在广东省委、省政府的正确领导下，广东省水库移民工作坚持以人为本，全面落实科学发展观，努力构建和谐移民社区，水库移民生产生活发生了翻天覆地变化，一座座楼房在移民村拔地而起，一户户移民住房旧貌换新颜，一个个移民新村在南粤大地涌现。

（八）农村基层组织建设明显加强

30年来，特别是党的十四届四中全会以来，广东坚持以邓小平理论和"三个代表"重要思想为指导，深入贯彻落实科学发展观，抓住领导班子建设和提高干部素质这两个关键，采取了一系列强有力措施，深入、扎实、持久地推进以党组织为核心的农村基层组织建设。广东实施了"固本强基"工程、农村组织"三级联创"[1]、"十百千万"干部挂点驻村和1000名优秀年轻干部驻村、农村党员先进性教育等活动，提高了广大农村党员干部的思想文化水平和素质，使得农村基层组织的凝聚力、创造力、战斗力不断增强，经济社会管理能力不断提高。农村基层组织建设的加强为广东农村经济社会科学、和谐发展提供了坚强的力量保障。[2]

□广东肇庆高要市白土镇城镇建设迅速。（广东肇庆高要市白土镇供图）

1　"三级联创"是指以领导班子好、党员干部队伍好、工作机制好、小康建设业绩好、农民群众反映好为主要内容的"五好"村党支部、"五好"乡镇党委、农村基层组织建设先进县市三级联动创建活动。
2　参见万庆良：《广东农村改革发展30年的主要成就、经验及今后思路》，《农村工作通讯》，2008年第14期。

三、广东新农村建设的经验

30年来，中共广东省委、省人民政府一直高度重视农村改革发展，认真贯彻落实中央各项惠农支农政策，加大对农村的投入扶持力度。广东市场化取向的改革措施，为新农村建设注入了源源不断的动力和活力，全省农村社会生产力蓬勃发展，农村经济社会全面进步，农民生活水平显著提高，农村面貌发生了翻天覆地的新变化。总结30年广东新农村建设的经验，主要表现在六个方面。[1]

（一）坚持解放思想，更新观念

改革开放30年，也是解放思想，更新观念，推进广东农业农村改革不断深化的30年。实践证明，只有不断解放思想，摆脱陈旧观念的束缚，理清思路，开拓创新，才能开创改革和发展的新局面。从"坚决刹住分小队、包产到户、分田单干"[2]到"实行家庭联产承包责任制"，再到"土地流转"；从"统购派购"到"逐步放开价格"，最后由市场决定价格；从"自然经济"到"商品经济"再到"市场经济"的转变；从"纳粮缴税，天经地义"到"全面减免农业税"，每一次改革，都推动了农民思想的大解放，激发了农民生产潜力的大释放，促进了农业生产的大发展。目前，广东全省新一轮思想解放运动如火如荼，改革措施频频出台，社会主义新农村建设一定能够再创辉煌。

（二）坚持扬长避短，优化结构

广东调整生产结构起步较早。从1979年1月起，广东省人民政府不再下达指令性的农业计划，各地可以因地制宜安排生产计划，调整布局，提出发挥广东自然资源和经济优势，鼓励农民调整生产结构，大力发展林牧渔业生产和开展多种经营，促进生产结构的调整和产业结构的改革。1985年以后，广东加大了农业产业结构调整力度，逐步改变了单一的产业结构，形成了农村一二三产业全面

---

1 参见李珠桥、张作丹：《新农村、新农业、新农民》，广东统计信息网，http://www.gdstats.gov.cn，2008年7月30日。
2 1979年9月28日党的十一届四中全会通过的《中共中央关于农业发展若干问题的决定》规定：可以在生产队同意核算和分配的前提下，包工到作业组，但不许分田单干。

发展的农村产业结构，走出了一条全面振兴农业和农村经济的道路。进入20世纪90年代后，全省各地不断调整优化农业结构，大力发展高产、高质、高效"三高"农业，在粮食生产中增加优质水稻的面积、减少三级谷的面积，同时大力发展经济效益较高的优质水果、蔬菜、花卉等经济作物和畜牧、水产品。进入新世纪以来，广东采取六大措施加快农业结构调整，突出优势产品和优质专用无公害农产品，大力发展特色农业、"三高"农业，根据国际农产品供求状况及其变化，及时调整优化广东省的农业生产结构，控制和逐步缩小劣势产品的生产规模。在经营方面，将扶持农业龙头企业的发展，从政策、资金、技术等多方面大力推进农业产业化经营。随着中国加入世界贸易组织，广东通过改革自己的农产品外贸经营管理体系，逐步实现农业的跨国经营战略，发展外向型农业。此后，各地面向市场，深化农业结构调整，加快农产品优势区域布局，发展壮大优势产业，促进农业结构调整向内涵式方向发展，效益农业和特色农业得到较快发展。当前全省粮食与经济作物种植面积比重由1978年的8∶2调为6∶4，而产值则由76∶24变为26∶74；发展了一大批绿色食品、有机食品、无公害农产品和名牌农产品，有"中国名牌农产品"15个，居全国第一。

（三）坚持改革创新，发展农业

1991年，广东省人民政府发出了发展优质高产高效农业的通知，1992年9月，国务院作出发展高产、高质、高效农业的决定，广东在全省掀起了发展"三高"农业的高潮。1994年，中共广东省委、广东省人民政府作出《加快发展"三高"农业的决定》，指出区域化生产和企业化经营是发展"三高"农业的基本途径。多年来，全省各地根据本地实际，因地制宜，扬长避短，发展具有当地特色的优势农产品。山区丘陵地区大搞造林种果；沿海的滩涂和水面，发展海水养殖业，建立了一批优质农产品生产基地，形成区域化和专业化生产，形成自己的名牌，走出了一条农民致富路.大力发展外向型农业。改革开放以来，广东省加强与国外的经济技术合作和交流，积极引进外国优良农、畜、果新品种和先进加工技术，自20世纪80年代以来，先后引进优质稻米、甘蔗、番茄、脐橙、芒果、香蕉、瘦肉型猪、鸵鸟等农业新品种，建立起畜禽、水产、蔬菜、花卉、水果等农副产品出口基地，发展了农副产品的对外贸易，实行了国内、外两种资源的转换，有力地推动了广东"三高"农业和创汇农业的发展。使"三高"农业的概念范围有了很大的延伸。

（四）坚持科技兴农，提高效益

广东气候适宜发展农业生产，但广东人多地少，可利用的土地资源有限，必须坚持走科技兴农的路子，以现代科学技术逐步改造传统农业，依靠科技进步提升农产品质量档次，提高生产效益，使落后、分散的农业经营向集约化、规模化、科学化、贸工农一体化方向转变，不断满足多样化、优质化的市场消费需求。改革开放以来，广东不断健全和完善农业科技服务、推广体系，十分注意依靠科技进步改造传统农业，实行深度开发，发展农业生产力，建设了22个省级农业现代化示范区，并于2007年开始启动现代标准农田建设，推广农业科技和推进农业机械化、信息化、标准化，使广东省在耕地资源约束严重的条件下，农业总量持续增长。30年来，正是通过围绕优化品种结构、提高栽培技术、不断研发优质品种、推广农业先进适用技术和农业标准化生产、改造低产田、推进农业机械化、加强动植物疫情防控、培训新型农民等手段，提高了单产和产品品质，延长产品上市期、发展反季节产品、开发冬季农业以及产品保鲜加工等课题进行科技攻关和科技开发、推广，不断提高科技水平，增强产品市场竞争力，提高农业生产效益。推进农业科技自主创新，培育和发展农业龙头企业和农民专业合作组织，加强农村现代流通体系建设，提高了广东现代农业建设水平，逐步改变了农业基础薄弱、农村发展滞后的局面。

（五）坚持夯实基础，支农惠农

广东是人口大省，人多地少，全面建设小康社会和率先基本实现社会主义现代化的重点和难点在农村，因此，广东十分注意把农业和农村经济发展放到国民经济全局中统筹安排，落实各项强农惠农政策，增加农业投入，切实加强农业基础地位，推进现代农业发展；广东始终坚持"多予少取放活"的方针，合理调整国民收入分配格局，扩大公共财政对"三农"的覆盖面，加大对农业的支持力度，不折不扣地落实中央各项强农惠农政策，结合实际，制定有效措施，增加农业投入，加快现代农业基础设施和现代标准农田建设，确保粮食生产稳定发展；巩固农业农村改革成果，采取有效措施保护耕地和基本农田，稳定粮食生产，提高农业综合生产能力；加强对农业农村工作的领导，坚持统筹城乡发展，落实各项支农惠农政策，确保农业生产发展、农村社会稳定和农民收入增加，实现农村经济社会全面协调可持续发展。

（六）坚持以人为本，增加收入

　　广东始终关注解决农村民生突出问题，坚持以人为本，把增加农民收入放在农业农村农民"三农"工作的首位，致力于建立和完善农民增收长效机制。2004年广东省委、省人民政府按照多予、少取、放活的方针，实施了一系列积极有效的措施，从农业内部挖掘潜力，通过调整结构、改良品种、提高产品质量、搞好加工增值，提高农业经济效益来增加农民收入；从农业的外部，通过转移农村富余劳动力、组织劳务输出，开拓农民非农收入渠道来增加收入；健全财政对农业农村投入机制和健全完善农民增收的政策机制，从政策法规上保障农民增收的合法权益，为农民增收创造良好的社会环境等三条途径全力帮助农民增收致富。近年来，广东财政紧紧围绕"三农"工作大局，遵循"以科学规划为依据，以打造平台为抓手，以重大项目为载体，以监督检查为保障，切实提高支农资金使用整体效益"的工作思路，稳步推进支农资金整合工作，统筹整合财政支农资金，合理配置公共财政资源，切实提高支农资金整体合力和使用效益，有力地支持了社会主义新农村建设。30年来，广东农业结构调整的不断深化、效益农业的快速发展、农业产业化经营的不断推进，以及农村税费改革、稳定土地承包关系、规范征地行为和提高征地补偿标准、加强农民负担监管、实施农民转移就业培训、保护农民工合法利益等，为农民收入的持续增长创造了良好的条件，充分激发了农民的积极性。

□乌鬃鹅与其他鹅种最大的区别是骨细肉嫩，富含蛋白质，胸肌和皮下脂肪较少，食而不腻，与现代国际上推崇的低脂肪、高蛋白肉类很相符，所以早在20世纪50年代前，清远乌鬃鹅就享誉海内外，是出口港、澳和东南亚的主要鹅种。图为广东清远乌鬃鹅大型养殖场。（中共广东省清远市委办公室供图）

四、广东新农村建设的突出贡献

改革开放30年，广东新农村建设走在全国前列，对进一步改革开放，解决农业农村经济的深层次问题和矛盾具有深刻启示。各地全面推进新农村建设，实现了"五新"：现代农业建设有新发展，农民生活有新提高，生态农村建设有新面貌，农民思想面貌有新转变，农村民主政治建设有新气象。涌现出一批全国性经验典型，云浮市双档型农村医疗合作制度荣获中农办、国家统计局、求是杂志社等单位联合举办的第二届中国农村小康论坛"中国十大政府创新典型奖"；河源市千村脱贫创新扶贫政策获得中国扶贫基金会主办的"第二届中国消除贫困政策奖"；佛山市南海区、湛江市徐闻县被中组部、中农办确定为在中央党校举办的新农村建设县委书记县长培训班典型经验介绍单位。广东新农村建设对全国的贡献最为突出的有七个方面。

□广东潮州市"一名城二基地"之特色产业代表——海水网箱养殖。（中共广东省潮州市委办公室供图）

（一）率先探索包产到户改革

广东是全国率先进行包产到户改革的省份之一，家庭联产承包责任制把土地的经营权还给农民，实现了土地制度的重大变革，极大地释放了农村的生产力，也为全面改革开放打响了头炮。

广东农村家庭联产承包责任制在1978年下半年开始已在粤东、粤西、海南等偏远山区陆续出现，1979年5月20日，《人民日报》发表长文《调动农民积极性的一项有力措施——关于广东农村实行"五定一奖"[1]生产责任制的调查》，对广东的承包责任制给予肯定，并认为这一责任制走在全国前列，是中国农业体制改革的最初实验。随着农业农村改革不断深化，经营管理体制机制逐步健全，广东建立健全了以家庭承包经营为基础、统分结合的双层经营体制，基本完成了二轮土地承包。土地承包经营权有偿流转逐步推行，2005年颁布实施《广东省集体建设用地使用权流转管理办法》，在全国率先允许集体建设用地进入市场自由流转。目前全省流转面积478万亩，其中耕地面积422万亩，占耕地总面积的14.5%。

（二）大胆启动农产品价格试验

广东曾在全国率先进行放开农产品价格的试验。从1979年开始，广州塘鱼由全派购改为半开放，每年只固定派购30万担，派购价格提高30%，超产部分不论多少，由生产者自由处理。1984年11月1日，广州"顶风"全面放开蔬菜价格。价格改革的启动是尊重价值规律、尊重市场规律的重大体现，是市场化改革的真正开端。

（三）雇工经营合法化为个体经济发展破冰

1979年5月29日，肇庆地区高要县的养鱼户陈志雄雇工经营的事件被《人民日报》报道出来，在全国引起了一场大争论。更有人引经据典，从马克思的《资本论》找到例子，说雇工8人以下是个体经营，雇8人以上就是剥削了，剥削就有罪，在无产阶级的社会主义社会不能存在。争论的背后其实就是应该如何对待个体经济和私营经济的问题，但在当时"一大二公"的社会环境下，人们很难接受个体经济和私营经济的概念。最后，在中央领导和《人民日报》等中央媒体的支持下，广东顶住了压力，给雇工经营正了名，由此埋下了广东此后民营经济大发展、在国民经济格局中占有重要一

1　"五定一奖"：定劳动、定地段、定成本、定分红、定产量，超产奖励。

席的伏笔。

（四）乡镇企业经验为农村工业化铺平道路

广东乡镇企业的异军突起，大大推进了广东农村改革的市场化进程，也极大地推动了广东农村从传统社会向现代社会转型，为中国农村工业化探索出了一条全新的发展道路。改革开放之初，广东大办来料加工、来样加工、来件装配及补偿贸易"三来一补"企业，县、镇、村、联合体、个体户"五个轮子"一起转，乡镇企业如雨后春笋蓬勃发展起来，成为农村主要经济支柱。1984年广东乡镇企业总收入突破100亿大关，乡镇企业解决了大量农村新生劳动力的出路，大大增加农村集体及个人的收入，使农民离田不离乡，促进了农村科教文卫及其他公益事业的发展，为国家财政及外汇收入作出了贡献。直到现在，美的、科龙、格兰仕、万家乐等一大批大家耳熟能详的著名企业，都是在20世纪80年代乡镇企业的基础上脱胎换骨而来的。

（五）中心镇建设为解决"三农"问题提供新途径

党的十六大报告指出：发展小城镇要以现有的县城和有条件的建制镇为基础，科学规划，合理布局，同发展乡镇企业和农村服务业结合起来。消除不利于城镇化发展的体制和政策障碍，引导农村劳动力合理有序流动。推进农村工业化、城镇化和农业产业化是解决农业、农村、农民"三农"问题的根本途径，城镇化是广东迈进21世纪的重大发展战略之一，是广东基本率先实现现代化的重要保障。

为了从根本上解决农村剩余劳动力转移的问题，中共广东省委、广东省人民政府提出了中心镇带动战略：从加速农村工业化、城镇化和农业产业化的战略高度切实推进中心镇发展；通过壮大中心镇，带动星罗棋布的小城镇加快发展。2000年5月中共广东省委、广东省人民政府在广州召开全省城乡建设工作会议，会后下发了《关于加快城乡建设，推进城市化进程的若干意见》和《关于推进小城镇健康发展的意见》，明确提出全省要重点发展300个左右中心镇，使其成为布局合理、功能齐全、设施完善、环境优美、经济发达，富有地方特色和风貌的具有较强辐射和带动能力的农村区域性经济文化中心。至2005年底，全省共撤并乡镇414个，占总数的26%。基本完成中心镇规划修编，中心镇对农村经济社会发展的辐射带动作用不断增强。

（六）率先进行土地股份制探索

1993年，广东南海在全国率先进行了农村土地股份制的探索，为促进土地有序流转、让农民分享工业化、城市化的成果做了大量有益的探索，这些探索成果至今仍有重要的现实意义。

改革开放以来，务实勤劳的广东农民，在"七山一水二分田"上，以敢闯敢干的改革精神，谱写出一曲曲新篇章。30年后，广东呈现出农村经济欣欣向荣，农业生产勃勃生机，农民生活蒸蒸日上的喜人景象。

农业、农村、农民问题对中国进一步的发展具有极其重要的意义，必须通过深化改革来为今后的持续发展拓宽空间。广东在推动土地有序流转、保护农民工权益、推动林权改革等很多方面都已经在全国率先做了富有成效的探索，有很好的进一步深化改革的基础，在新一轮农村改革中，广东大有可为。

（七）试行免征农业税

农村税费改革，是党中央、国务院在农业发展新阶段为解决农业、农村和农民问题而采取的一项战略性举措，是农村继土地改革、实行家庭承包责任制之后的又一次重大改革，是关系到数亿农民和上千万镇、村干部利益关系调整的重要变革。1998年10月，国务院成立农村税费改革工作小组，着手研究制定农村税费改革方案。2000年3月，中共中央、国务院正式下发《关于进行农村税费改革试点工作的通知》，决定在部分省市进行农村税费改革试点。2000年，广东成立了农村税费改革领导小组及办事机构。2002年进行农村税费改革，大幅减轻农村税费。2003年省委、省人民政府根据广东省的实际情况，制定颁布《广东省农村税费改革试点方案》，从7月1日起，在全省范围内全面推进农村税费改革。2004年，省人民政府下发了《关于深化农业税改革的决定》。珠江三角洲地区进行了自费免征农业税改革试点，粤东粤西地区及粤北山区的农业税税率由6%降低到3%。2005年，广东省委、省人民政府下发《关于深化农村税费改革试点工作的通知》，从2005年1月1日起，全省全面免征农业税，各地由此减少的农业税收入，由省财政通过转移支付帮助解决。当年免征农业税3.515亿元，全省农民实现了农业税赋零负担，5000万农民人均减轻负担106.93元，全省农民每年从税费改革中得到55.5亿元的实惠。为了建立防止农民负担反弹的长效机制，2005年进一步制定了《广东省减轻农民负担工作部门责任制考核办法》，印发了《2006年广东省减轻农民负担工作实施意见》。广东农村税费改革工作走在全国前列。

潮起
南粤大地

第六部

经济圈的纽带

——发挥广东在三大经济圈中的区位优势

潮起南粤大地 The Rise of Guangdong潮起南粤大地 The Rise of Guangdong

潮起南粤大地 The Rise of Guangdong潮起南粤大地 The Rise of Guangdong 潮起南粤大地 The Rise of Guangdong

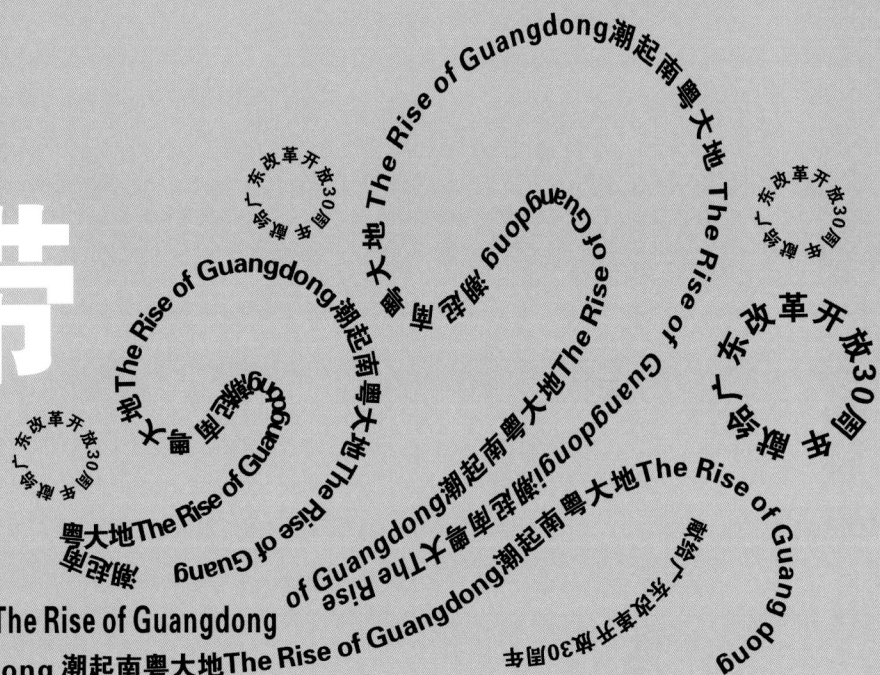

潮起南粤大地 The Rise of Guangdong潮起南粤大地 The Rise of Guangdong 潮起南粤大地The Rise of Guangdong

1979年至2007年广东累计实际利用外资1945亿美元，港、澳资金占了七成多，累计引进港、澳资企业1067万家。

1978年至2007年的29年间，香港本地生产总值由3560亿港元增加到16126亿港元，成为世界重要的金融、信息、物流中心之一。

力争经过10年至20年的努力，使广东发展成为世界上重要的制造业基地，香港发展成为世界上重要的以现代物流业和金融业为主的国际商贸服务中心，澳门发展成为世界上更具吸引力的博彩旅游中心和区域性商贸服务平台，大珠江三角洲发展成为世界上最繁荣、最具活力的经济中心之一。

据不完全统计，第一届至第四届泛珠江三角洲区域合作经贸洽谈会项目签约数超过1.4万多个，总金额超过了1.6万多亿元人民币。2005年到2007年，泛珠江三角洲内地九省区的GDP分别增长了12.6%、13.7%和14.3%，分别超过同时全国平均增长水平 2.4%、2.6%和2.9%。

2007年，广东与东盟进出口贸易总额达559.6亿美元，占中国与东盟贸易总额的1/4强，稳居全国第一。截至2007年底，广东累计引进东盟直接投资项目3839宗，直接投资66.9亿美元，广东在东盟设立的企业有131家，协议投资金额达到3.48亿美元。

The junction of the economic circle
——make full use of the location advantages of Guangdong in three economic circles

From 1979 to 2007, Guangdong's foreign investment in actual use amounted to $ 195.5 billion, among which Hong Kong and Macao takes up over 70%. It has already introduced 10.67 million enterprises from Hong Kong and Macao.

From 1978 to 2007, Hong Kong's GDP grew from HK $ 356 billion to HK $ 1.6126 trillion, making it one of the most important centers of finance, information and logistics in the world.

We are striving to turn Guangdong into an important manufacturing base of the world, Hong Kong into an international commercial service centre characterized by modern logistics and finance, Macao into one of the most attractive lottery and tourism center and regional commercial service platform and greater Pearl River Delta into one of the world's most prosperous and dynamic economic centres.

According to incomplete statistics, from the first to the fourth session of Pan Pearl River Delta Regional Economic and Trade Cooperation Conference, over 140 thousand contracts were signed, with a total of more than 1600 billion yuan. From 2005 to 2007, the GDP of the nine Pan-Pearl-River-Delta provinces and regions increased by 12.6%, 13.7% and 14.3%, exceeding the national average increase of the same period by 2.4%, 2.6% and 2.9% respectively.

In 2007, the total trade volume between Guangdong and ASEAN was $ 55.96 billion, accounting for 1/4 of the total trade volume between China and ASEAN and ranking the first in China. By the end of 2007, Guangdong had introduced 3839 projects of direct investment from ASEAN registering over $ 6.69 billion. 131 enterprises in ASEAN were of Guangdong origin. The agreed investment amounts to $ 348 million.

□湛江港位于中国大陆最南端的广东省雷州半岛（湛江市），东临南海，南望海南岛，西靠北部湾，北倚大西南。湛江港素以天然深水良港著称，是中国大陆通往东南亚、非洲、欧洲和大洋洲航程最短的港口，是中国大西南和华南地区货物的出海主通道，是全国20个沿海主要枢纽港之一，现已与世界100多个国家和地区通航。（图片摄影：李天统 中共广东省湛江市委办公室供图）

改革开放30年是广东拓展及深化区域合作与协调发展的30年。改革开放初期，广东从香港接受"三来一补"，迅速发展工业制造业，形成广东生产香港转口的"前店后厂"格局。20世纪90年代中期后，广东与港澳已形成互补发展的新格局，建立了行政首长联席会议合作机制。进入新世纪，全面实施CEPA，与港、澳开展全方位、多层次合作，合作机制进一步完善：制造业与服务业合作并进，投资贸易规模持续扩大；跨境大型基础设施建设顺利，社会民生领域合作不断深化。泛珠江三角洲[1]区域合作扎实推进，制定和实施区域合作发展规划，联合成功举办四届泛珠江三角洲论坛和经贸洽谈会，各领域合作深入推进。广东与其他各省区市的经贸合作也不断加强，援藏援疆、对口帮扶等卓有成效，粤、台经贸合作成效显著。此外，在国家的东盟合作战略中，广东也发挥了十分重要的作用。

□香港是国际的金融中心之一，金融机构和市场紧密联系。政府的政策是维持和发展完善的法律架构、监管制度、基础设施及行政体制，为参与市场的人士提供公平的竞争环境，维持金融及货币体系稳定，使香港能有效地与其他主要金融中心竞争。香港地理位置优越，是连接北美洲与欧洲时差的桥梁，与内地和其他东南亚经济体系联系紧密，又与世界各地建立了良好的通讯网络，因此能够成为重要的国际金融中心。图为香港夜景。

1　泛珠江三角洲包括珠江流域地域相邻、经贸关系密切的福建、江西、广西、海南、湖南、四川、云南、贵州和广东9省区，以及香港、澳门2个特别行政区，简称"9+2"。

一、粤、港、澳城市经济圈

香港、澳门是中国较为特殊的两个行政区。港、澳既背靠中国市场，有着广阔的腹地，又能联接世界，处于大陆与东南亚的中心，是一个理想的物流中心。广东毗邻港、澳，现在已经与港、澳共同形成最具活力的粤、港、澳城市经济圈。实践充分证明，港、澳与内地特别是与广东，已经形成了唇齿相依、休戚与共的依存关系。

（一）广东的发展离不开港、澳

从20世纪80年代开始，珠江三角洲凭借改革开放先行一步的制度创新优势、毗邻港、澳的地缘优势和劳动力与土地的低成本优势，承接港、澳产业转移，形成了粤、港、澳之间在制造业领域的"前店后厂"式跨境生产与服务的产业分工体系。这种以优势互补为基础，以国际市场为导向，以参与国际产业分工体系为特征的区域经济合作推动了珠江三角洲地区高速的经济增长和工业化进程，成就了广东世界性制造业基地的崛起，促使广东创造了工业化、城镇化、市场化的奇迹。

1979年至2007年广东累计实际利用外资1945亿美元，港、澳资金占了七成多，累计引进港、澳资企业1067万家。尽管2005年以来，广东利用外资走向多元化，但港、澳资本仍然占有很大的比例。此外，广东进出口贸易大部分是对香港和经香港转口；广东的入境游客八成来自港、澳；广东很多企业通过港、澳走向世界；港、澳还为广东带来大量的先进技术、管理经验和市场信息。港、澳同胞对广东的教育、科学、文化、卫生事业也做了大量捐助。可以说，没有与港、澳的合作，就没有广东今天的发展。[1]

正是在经济全球化与中国改革开放政策的影响下，在过去的30年中，借助得天独厚的区位和历史优势，运用港、澳的经济辐射作用并积极与全球经济体系连接，广东才得以以外向型产业为主导，驱动区域经济飞快发展，使区域的投资环境得到改善，形成的现代化交通网络，形成制造业蓬勃发展的崭新局面。目前，广东已经成为国内最大的制造业基地之一，形成了以电子、电气产业为主导，汽车、石化等重化工业同步发展的工业产业体系。

---

1 参见张德江：《合作发展共创未来——在首届"泛珠江三角洲区域合作论坛"上的讲话》，《广东调研》，2004年第7期。

（二）港、澳的发展离不开广东

改革开放以来，粤、港、澳合作发展不仅使广东成为重要的工业化基地，使珠江三角洲成为中国改革开放的试验区和排头兵，而且使港、澳地区从劳动密集型制造业中心转变成为国际金融和商贸服务中心。港、澳、珠江三角洲地区以其密切的经济联系、强盛的经济活力和持续的经济增长，被国际舆论称之为中国的"金三角经济区"。事实证明港、澳的发展同样也离不开广东。

1978年至2007年的29年间，香港本地生产总值由3560亿港元增加到16126亿港元，成为世界重要的金融、信息、物流中心之一。香港的繁荣发展与祖国的改革开放和广东的快速发展密不可分。30年来，香港制造业的八成转向广东拓展，利用内地的资源优势和政策优惠，顺利完成了企业扩张和产业结构的优化升级。香港的物流七成以上来自广东，香港现代服务业的飞速发展，与广东制造业基地的形成有着直接的关系。澳门在与广东经济社会的各方面合作中也取得丰硕成果，有力地推动了澳门的稳定和繁荣。近几年，港、澳的国内游客五成以上源自广东，充分显示了港、澳发展与广东的紧密联系。从2003年7月28日广东率先开办了个人赴港、澳旅游至2008年6月，广东省共签发赴香港个人游签注2603.49万多个，赴澳门个人游签注2277.23万多个，签注数量以平均每年约100万个的幅度逐年上升。[1]

香港是亚洲太平洋地区乃至全球重要的国际金融、商贸、航运和科技资讯中心，具有开放经济条件下成熟的市场经济体制，以及发展完备的金融体系、庞大的外汇储备、货币可自由兑换、低税率的简单税制，此外，还有世界先进的运输和通讯基础设施、世界一流的高等教育水平和国际化人才体系，是世界经济最活跃、最具竞争力的经济体之一。

澳门由于地域狭小，人口密度大、资源有限，单纯在澳门开发旅游资源受到一定限制。中国开放与广东快速发展，对澳门旅游的发展有巨大的推动力。以澳门多年发展旅游业的丰富经验和雄厚资金，利用香港这个国际化城市和自由港的地位，借助广东丰富的旅游资源，发展澳门旅游业大有可为。

1　参见邓新建、邓珺、夏晓露：《广东五年签发港澳个人游签注近5千万》，《法制日报》，2008年8月5日。

（三）构建粤、港、澳紧密合作区，增创国际竞争新优势

2004年开始实施的内地与港、澳更紧密经贸关系的安排（CEPA），为提升大珠江三角洲[1]的合作发展带来新的机遇。粤、港、澳三地政府高度重视，抢抓先机，确定了"前瞻、全局、务实、互利"的合作原则与合作的目标、领域、项目和措施。三地将加强合作，力争经过10年至20年的努力，使广东发展成为世界上重要的制造业基地，香港发展成为世界上重要的以现代物流业和金融业为主的国际商贸服务中心，澳门发展成为世界上更具吸引力的博彩旅游中心和区域性商贸服务平台，大珠江三角洲发展成为世界上最繁荣、最具活力的经济中心之一。粤、港、澳合作从合作模式看，"前店后厂"将转向"共同市场"；从合作内容看，以制造业为主体的合作向以服务业为主体的合作转变；从合作机制看，市场引导下的企业自发合作将向市场主导、政府规制和企业为主体的自觉合作转变。

中共广东省委、广东省人民政府《关于争当实践科学发展观排头兵的决定》就深化粤、港、澳合作提出了一系列重大战略举措，力求构建粤、港、澳紧密合作区，增创国际竞争新优势。这些举措包括：贯彻"一国两制"[2]方针，以互利共赢、平等协商为原则，创新合作思路和方式，注重发挥市场主体作用，全面推进粤、港、澳紧密合作；加大CEPA在广东先行先试的力度，深化粤、港、澳产业转型升级合作；发挥港、澳在广东产业优化升级中的桥梁作用，将港、澳与广东的优势相结合，加快发展高端服务业，提高广东的国际竞争力；推进粤、港、澳金融合作与创新，建立更紧密的区域金融协调与合作机制；加强三地空间和城市群的发展规划协调，加大基础设施建设和资源整合力度，积极推进口岸查验模式改革，促进粤、港、澳经济、社会、文化、科技、教育、卫生等全面交流合作，实现三地人员、资金、货物、信息等要素便捷流动；充分发挥省会城市和港、澳周边城市在粤、港、澳合作中的先导作用。

（四）全面落实珠三角地区改革发展规划纲要

《珠三角地区改革发展规划纲要（2008—2020年）》明确提出，要着力加强与港澳合作，扩大对内对外开放，率先建立更加开放的经济体系；要坚持"一国两制"方针，推进与港澳紧密合作、

1　"大珠江三角洲"是指现在的珠江三角洲（含广州、深圳、佛山、珠海、东莞、中山、惠州、江门、肇庆九市，国务院2009年1月发布的《珠江三角洲地区改革发展规划纲要（2008—2020）》就从这个角度使用"珠江三角洲"概念）加港、澳地区，广义上则是指粤、港、澳三地构成的区域。目前多从广义上使用"大珠江三角洲"的概念。

2　"一国两制"：即一个国家，两种制度。在中华人民共和国内，大陆主体地区实行社会主义制度，台、港、澳地区实行资本主义制度。

融合发展，共同打造亚太地区最具活力和国际竞争力的城市群。并提出了推进广东与港澳更紧密合作的具体规划：

一是推进重大基础设施对接。本着互惠互补的原则，加强与港澳的协调合作，充分发挥彼此的优势，支持与港澳在城市规划、轨道交通网络、信息网络、能源基础网络、城市供水等方面进行对接。支持港口、码头、机场等基础设施建设、运营和管理等方面的合作。支持共同规划实施环珠江口地区的"湾区"重点行动计划。积极开展与港澳海关合作，深化口岸通关业务改革，探索监管结果互认共享机制，加强在打击走私、知识产权保护方面的合作。支持广东省与港澳地区人员往来便利化，优化"144小时便利免签证"。

二是加强产业合作。全力支持在珠江三角洲地区的港澳加工贸易企业延伸产业链条，向现代服务业和先进制造业发展，实现转型升级。同时支持劳动密集企业顺利过渡，并协助港资企业拓展内地市场，以增加应对外部环境急剧变化的能力。深化落实内地与港澳更紧密经贸关系安排（CEPA）力度，做好对港澳的先行先试工作。支持粤港澳合作发展服务业，巩固香港作为国际金融、贸易、航运、物流、高增值服务中心和澳门作为世界旅游休闲中心的地位。坚持上下游错位发展，加强与港澳金融业的合作。支持港澳地区银行人民币业务稳健发展，开展对港澳地区贸易项下使用人民币计价、结算试点。鼓励共同发展国际物流产业、会展产业、文化产业和旅游业。加大开展银行、证券、保险、评估、会计、法律、教育、医疗等领域从业资格互认工作力度，为服务业的发展创造条件。支持珠江三角洲地区企业到香港上市融资。支持科技创新合作，建立港深、港穗、珠澳创新合作机制。规划建设广州南沙新区、深圳前后海地区、深港边界区、珠海横琴新区、珠澳跨境合作区等合作区域，作为加强与港澳服务业、高新技术产业等方面合作的载体。鼓励粤港澳三地优势互补，联手参与国际竞争。

三是共建优质生活圈。鼓励在教育、医疗、社会保障、文化、应急管理、知识产权保护等方面开展合作，为港澳人员到内地工作和生活提供便利。推动专业技能人才培训的合作。完善粤港澳三地传染病疫情信息通报与联防联控、突发公共卫生事件应急合作机制和食品、农产品卫生事件互通协查机制。支持建立劳动关系协调合作机制。共同建立绿色大珠江三角洲地区优质生活圈。鼓励建立污染联防联治机制，开展治理环境污染、共建跨境生态保护区、保护水库集水区。支持粤港共同研究合作发展清洁能源及可再生能源，实施清洁生产等方面的合作，建设具有经济效益的区域能源供应销售网络。确保输港澳农副产品和供水的优质安全。支持粤港澳合作推行清洁能源政策，逐步实现统一采用优于全国其他地区的汽车燃料、船舶燃油与排放标准，力争改善珠江三角洲地区空气质量。支持发展珠江三角洲区域的循环经济产业，鼓励粤港澳开展物料回收、循环再用、转废为能

的合作，研究废物管理合作模式。

四是创新合作方式。加强与港澳协调沟通，推动经济和社会发展的合作。支持粤港澳三地在中央有关部门指导下，扩大就合作事宜进行自主协商的范围。鼓励在协商一致的前提下，与港澳共同编制区域合作规划。完善粤港、粤澳行政首长联席会议机制，增强联席会议推动合作的实际效用。坚持市场为主、政府引导的原则，进一步发挥企业和社会组织的作用，鼓励学术界、工商界建立多形式的交流合作机制。[1]

---

[1] 国家发展和改革委员会：珠江三角洲地区改革发展规划纲要(2008—2020年)。

二、泛珠三角区域协作经济圈

广东强调以世界眼光和战略思维，从推动国家区域协调发展总体布局的高度，从促进港、澳繁荣稳定的大局，审视和推动泛珠江三角洲区域合作。2003年以来，广东一直致力于推动泛珠江三角洲经济圈的合作与发展，打破自我封闭，将粤、港、澳合作范围扩展到广东周边省区，建立多边合作机制，强化经济互补关系，努力构建贯穿中部、西部和南部的区域经济协作区。泛珠江三角洲区域合作不仅促进了"9+2"各方的互联互动、协调发展，而且推动了国家区域发展总体战略的实施。

（一）成功搭建合作平台

2004年，在《泛珠江三角洲区域合作框架协议》下，泛珠江三角洲合作各方进一步探索区域合作"虚"、"实"结合的新路子，搭建同台唱戏、互利共赢的平台，找到了合作的空间和共创未来的途径。

2004年6月至7月，泛珠江三角洲成功举办了首届泛珠江三角洲区域合作与发展论坛和泛珠江三角洲区域经贸合作洽谈会。自此，论坛和洽谈会就成了泛珠江三角洲区域合作的两大平台，论坛是各方、各界沟通、协调和交流宣传的重要形式，洽谈会则为各方提供了经济贸易推介合作的舞台。2005年至2007年，在第二届和第三届泛珠江三角洲论坛行政首长联席会议上，先后通过了《泛珠江三角洲区域合作发展规划纲要》及综合交通运输、能源、科技、信息化、环保等规划，为未来泛珠江三角洲区域合作与发展描绘了美丽的蓝图。交通部编制印发了《泛珠江三角洲区域合作公路水路交通基础设施规划纲要》，从国家层面为泛珠江三角洲区域进行规划，提高了规划的层次和水平。

据不完全统计，第一届至第四届泛珠江三角洲区域合作经贸洽谈会项目签约数超过1.4万多个，总金额超过了1.6万多亿元人民币。2005年到2007年，泛珠江三角洲内地九省区的GDP分别增长了12.6%、13.7%和14.3%，分别超过同时全国平均增长水平2.4%、2.6%和2.9%。

泛珠江三角洲区域合作促进了内地与港、澳互动发展，在"一国两制"条件下，港、澳长期繁荣稳定，港、澳近年经济持续增长，澳门方面的增长较迅猛。2005年香港、澳门GDP增长均达7%左右，2006年港澳分别增长6.8%和16.6%，2007年分别增长6%和25%。同时，泛珠江三角洲区域合作也为广东发展拓展空间和腹地，使广东在能源、市场和环保等多个方面得到有力支持，促进了广东经济发展方式的转变，取得了实在的利益。

（二）"无障碍"市场建设取得进展

政府积极推动区域市场建立开放市场准则，加快市场规范和协调管理，有力地促进了区域内商品和生产要素的自由流动，为加快形成区域内公平开放、有序竞争的"无障碍"的大市场奠定了基础。

自2004年泛珠江三角洲区域合作开展以来，泛珠江三角洲区域合作各方加快构建公路、铁路、水运、航空相结合的跨区域综合交通运输体系，区域交通网络日趋完善，为开放的市场建设提供了硬件支持。此外，新的合作机制和措施也为消除区域内部的市场障碍发挥了作用。九省区各部门联合出台了《关于创造开放的市场环境的工作方案》、《关于促进企业合作发展的工作方案》、《关于商标行政保护合作的工作方案》、《关于加强市场监管和行政执法合作的工作方案》、《关于加强信息交流的工作方案》等方案，签署了《泛珠江三角洲区域工商行政管理合作协议》、《泛珠江三角洲区域（九省区）质量技术监督合作框架协议》、《泛珠江三角洲（九省区）物价部门交流合作框架协议》、《泛珠江三角洲区域知识产权合作协议》等协议。通过合作交流，清理保护性法规，改善投资环境并吸引跨省区投资，加强执法合作和联动协查，搭建信息交流网络平台，整合区域内有关资源，泛珠江三角洲区域内各生产要素流动越来越顺畅，为建立区域内公平、公开、开放的市场环境打通障碍。

（三）成为走向世界的品牌

"9+2"论坛的成果一届比一届明显，泛珠江三角洲区域合作"内联外合、自力更生、充分发挥地域整体合力"的新发展模式已经初步形成。区域内各地政府积极向外界推介泛珠江三角洲这个区域合作发展的品牌，泛珠江三角洲区域合作已经引起了世界范围内的关注。

泛珠江三角洲区域各方特别是香港、澳门、广东、广西、云南等在国际上联手推介泛珠江三角洲，扩大了泛珠江三角洲合作的影响力和吸引力，树立了泛珠江三角洲的良好品牌形象，极大地提升了泛珠江三角洲的国际影响力。例如，从2003年开始，粤、港先后在东亚、欧洲、北美等地联合举办了十多场大型经贸洽谈会，签订了众多投资、贸易和经济合作项目，提高了泛珠江三角洲的影响力。在第三届论坛期间举办的泛珠—东盟对话会上，东盟国家有关官员对泛珠江三角洲区域合作给予了高度赞誉，希望尽快建立泛珠与东盟的合作机制，以更好地推动中国—东盟自由贸易区的建设。近年来，泛珠江三角洲各省（区）与东盟的投资、贸易合作迅速发展。此外，各省（区）还通过泛珠江三角洲区域平台加强与欧洲、北美、非洲、中东、俄罗斯的合作。欧洲、北美、阿拉伯等地区的一些政府和大型企业明确表示要加强与泛珠江三角洲地区合作，并派观察员、企业家代表参加论坛，泛珠江三角洲的国际影响力逐步增强。

□2004年7月14日，在广州举行首届泛珠三角区域经贸合作洽谈会。图为洽谈会主席台。（中共广东省广州市委宣传部供图）

三、广东与东盟经贸合作经济圈

从2003年开始，中国—东盟自由贸易区正式实施，双方之间的贸易进展非常快。中国和东盟的双边贸易额2007年比2006年提高26%，达到2026美元，提前3年完成了双边贸易的目标。目前，东盟已经是中国继欧盟、日本、美国之后的第四大贸易伙伴。由于历史和人缘等因素，广东与东盟国家有着悠久的贸易关系。20世纪70年代末以来，中国实行对外开放政策，广东作为中国向世界开放的重要"窗口"和"先行地区"之一，广东把与东盟合作放在十分突出的位置，优先发展了与东盟国家的经贸往来。2007年，广东与东盟进出口贸易总额达559.6亿美元，占中国与东盟贸易总额的1/4强，稳居全国第一。截至2007年底，广东累计引进东盟直接投资项目3839宗，直接投资66.9亿美元，广东在东盟设立的企业有131家，协议投资金额达到3.48亿美元。

（一）对外开放，使广东与东盟经贸合作占据先机

改革开放30年来，广东的对外经济贸易，实现惊人的高速增长，多年位居全国之冠，这些都对中国国民经济和社会的发展，以及对中国经济体制改革起了巨大的推动作用。一方面，打开国门之后，便于吸收、借鉴西方发达国家和地区对现代市场经济的许多管理办法、发展高新技术及其产业的经验，另一方面，引进外资、发展外贸要求在经济体制和经济运行机制上同国际市场接轨，按国际惯例办事，从而推动了经济体制改革和法制建设以及市场观念的形成与发

□2008年9月5日，中共中央政治局委员、中共广东省委书记汪洋（左二）在雅加达与东盟秘书长素林(右二)共同出席了广东省人民政府与东盟秘书处合作备忘录签署仪式。（图片摄影：南方日报记者 胡键）

展。广东所取得的这些成就，是同广东对外开放的先行一步密不可分的，而这种先行优势，对于广东与东盟国家经贸关系的加速发展有着至关重要的意义。

（二）人缘优势促进广东与东盟合作

广东地区是众多海外华人的出生地、祖籍地，广东许多家庭在海外有各式各样的亲戚。我们可从东盟国家华人的祖籍比例中找出这种联系。在印度尼西亚，祖籍广东的占49%；在泰国，祖籍广东的占79%；在菲律宾，祖籍广东的占12%；在马来西亚，祖籍广东的占57%。在新加坡，祖籍广东的占45%。

（三）广东与东盟经济技术存在着互补空间

广东与东盟在制造业和技术结构方面存在着巨大的互补空间。从东盟的发展来看，东盟国家的基础工业相对薄弱，机电产品的进口量需求较大，每年的进口金额达到500亿美元左右，大部分属于中、低档产品。就广东省目前的经济结构来看，电子通讯、电气机械、石油化工三大支柱产业产值所占比重已经达到50%左右。广东省已经拥有一批具有核心竞争力的主导产业。因此，广东的电子、电气、机械设备、化工等产品对东盟的出口具有很大的潜力，并可以此带动珠江三角洲的产业升级。[1]

（四）经济合作全面展开

从广东与东盟的经济合作来看，双方产业合作步伐加快。依托中国—东盟合作这一重要平台，按照"合作共赢、资源共享"的原则，广东已经积极与东盟各国建立起各种合作交流渠道，积极推进与东盟在商品贸易、资源开发、工程承包、投资办厂等方面的深度合作，在共同抵御金融风暴方面取得了明显成果。近年来，东盟国家在广东的投资不断增加，双方在制造业、旅游业、科学技术和劳务等方面合作日益加快，并取得较大成效。东盟是广东商品出口增长较快的市场。2008年，广东对东盟进出口626.1亿美元。其中，新加坡仍是广东对东盟出口的最大市场，仅2008年1月至8月，出口额达到59.1亿美元，对马来西亚、泰国、印度尼西亚出口增长都在三四成左右，对越南和菲律宾的出口额也分别达到16.7亿美元和14.9亿美元，都大幅增长四成以上，是广东在东盟市场中出口增幅较快的市场。从进口方面看，2008年广东从东盟进口379.5亿美元，增长7%，比全省进口增幅高1.6个百分点。[2]

1 参见广东省社会科学院国际经济所课题组：《深化泛珠与东盟的合作，打造更为紧密的经济圈》，南方网，http://www.southcn.com，2005年11月5日。
2 参见(1)姚志德、叶瑜：《广东开拓东盟市场尝到甜头》，《市场报》，2009年2月16日；（2）吴哲、钟雁明：《粤企征战东盟：生意大，潜力更大》，《南方日报》，2008年10月22日。

潮起
南粤大地

第七部
南粤巡礼
——各市全面实现小康目标进程

潮起南粤大地 The Rise of Guangdong潮起南粤大地 The Rise of Guangdong
潮起南粤大地 The Rise of Guangdong潮起南粤大地 The Rise of Guangdong 潮起南粤大地 The Rise of Guangdong
潮起南粤大地 The Rise of Guangdong潮起南粤大地 The Rise of Guangdong 潮起南粤大地 The Rise of Guangdong

2007年，珠江三角洲完成生产总值25606.87亿元，占全省GDP比重的79.7%，比1978年提高27.2个百分点；珠江三角洲以占全国3.6%的人口和占地不足0.6%的土地，创造出了经济总量（GDP）占全国比重高达10.3%的经济奇迹。

　　广东东翼四市竞相发展，在全省经济社会发展格局中异军突起，整个地区一改贫穷落后面貌，处处朝气蓬勃，生机盎然。

　　西翼是广东传统的粮食、水果生产基地，农业产业一直以较高的速度发展。西翼的工业发展特色明显，石油和天然气开采业、石油加工业、农副食品加工业、金属制品业等已经初步成为支柱行业产业。

　　山区五市利用资源优势和后发优势，加强基础设施建设，交通网络发达，同时，承接珠三角产业转移，大力发展特色经济，使经济增长明显加快，结构不断优化，居民收入较快增加，整体实力跨上了一个新的台阶，发展后劲增强。

Visiting Guangdong
——the process of constructing well-off cities in an All-round Way

In 2007, the Pearl River Delta's total output value was 2560.687 billion yuan, taking up 79.7% of that of the whole province, 27.2% higher than that of 1978. The 3.6% of China's whole population in Guangdong together with the 0.6% of China's land are creating an economic miracle of 10.3% of China's GDP.

Rivaling each other in the development, the four cities on the east wing of Guangdong are emerging in the whole province's economic and social development pattern. The past poverty is now nowhere to be found. Instead, there is vigor and vitality everywhere.

The west wing of Guangdong, a production base for grain and fruits, is developing its agriculture at a rapid pace. The industrial development of west wing was distinctively characterized by its pillar industries: petroleum and natural gas extraction, petroleum processing, farm produce processing, metal product industry, etc.

The five cities in the mountainous areas are drawing on their resource advantage and late-development advantage to strengthen the construction of infrastructure, and to improve the traffic network. Meanwhile, they undertake the industry transfer of the Pearl River Delta and vigorously develop their economy with local characteristics. By accelerating the economic growth and continuously optimizing the economic structure, the growth rate of the residents' incomes has also been rapidly increased. The overall strength is being pushed onto a new stage with lasting impetus.

改革开放以来，广东长期按照分类指导、梯度推进的方针，推行协调发展、共同富裕的区域发展政策，发挥经济特区和珠江三角洲地区的龙头带动作用，加快了东西两翼地区和粤北山区的发展步伐，广东全面建设小康社会进程逐年加快，实现程度呈逐步上升趋势。据《2007年广东全面建设小康社会进程监测报告》，2007年广东全面建设小康实现程度为85.6%，超过全国平均水平12.7个百分点[1]。当下广东区域经济社会发展呈现出以下的总体特点和态势：经济发展实力增强；社会和谐建设进展较快；居民生活质量大为改善；民主法制建设稳步推进；文化教育事业加快发展；资源环境有所改善。就各个区域的发展进程而言，改革开放30年，广东区域经济发展各具特色。珠江三角洲地区一马当先，成为改革开放的排头兵，东西两翼与山区亦呈现出加快发展的良好势头。以下是广东21个地市科学发展的最新成就和情况。

1　参见欧卫东、陈新、彭惜君：《广东省全面建设小康社会进程监测报告》，广东统计信息网，www.gdstats.gov.cn，2008年12月3日。

改革开放30周年巡礼

口广州市是广东省省会，全省政治、经济和文化中心。
图为在白云山上远眺广州城。（全景图片社供图）

一、珠江三角洲领跑广东经济

　　2007年，珠江三角洲完成生产总值25606.87亿元，占全省GDP比重的79.7%，比1978年提高27.2个百分点；珠江三角洲以占全国3.6%的人口和占地不足0.6%的土地，创造出了经济总量（GDP）占全国比重高达10.3%的经济奇迹。经过多年的改革发展，珠江三角洲已经逐步建成了全国范围内经济繁荣、科学教育先进、产业结构优化、社会分工合理、基础设施配套、服务体系完善、生态环境优美、社会秩序良好、精神生活丰富的经济区。其中，广州、深圳等城市在国内城市发展中居前列，在国际上具有一定的影响力。珠江三角洲已经初步形成了以电子信息产业为先导的高新技术产业带，成为国际经贸的重要基地，社会主义市场经济体制先行区和可持续发展示范区。珠江三角洲各市领跑广东经济发展，具体表现为几个方面：一是经济总量迅速增大，发展后劲不断增强。二是工业先行服务跟进，结构优化换代更新。三是市场销售畅旺，社会商品丰富。四是出口规模名列前茅，外资利用成效显著。五是财富积聚大幅上升，居民生活富裕。[1]

　　1　参见广东省统计局：《改革开放30年广东四大区域经济发展概述》，中华人民共和国国家统计局网，http://www.stats.gov.cn，2008年8月20日。

广东改革开放30周年巡礼之一：广州

敢领风骚三十载，首善之区正扬帆

改革开放30年来，在中共中央、国务院和中共广东省委、广东省人民政府的正确领导下，广州得改革开放风气之先，始终坚持高举中国特色社会主义伟大旗帜，以马克思列宁主义、毛泽东思想、邓小平理论和"三个代表"重要思想为指导，全面贯彻落实科学发展观，解放思想、实事求是，抓住机遇、大胆探索，发挥区域性中心城市的优势，不断战胜各种困难和挑战，推动经济社会发展不断迈上新台阶。

1. 坚持以改革开放促发展，不断增创发展新优势

广州率先改革高度集中的计划经济体制，以流通体制为突破口推进城市改革。推进国有经济布局的战略性调整，不断增强国有经济的控制力和竞争力；大力支持民营经济发展，构建国有经济、民营经济和外资经济共同繁荣发展的经济结构；着力提高对外经贸水平，不断拓展全方位、多层次、宽领域的对外开放新格局；贯彻以工促农、以城带乡思路和多予少取放活方针，加快社会主义新农村建设，促进城乡区域协调互动发展。30年间，全市生产总值由43.09亿元提高到7109.18亿元，增长45倍（按可比价格计算，下同），经济总量已连续18年居全国大城市第三位。三次产业结构由11.67：58.59：29.74调整为2.11：39.48：58.41。人均生产总值从907元增加到71808元（按常住人口计算，折合9443美元），增长21.4倍。

2. 坚持城市现代化建设与管理并重并举，城市环境面貌日新月异

以科学规划为引导，实施"南拓、北优、东进、西联、中调"城市空间发展战略，着力建设适

□ 广州的人居环境处于全国最为先进行列中，在国际屡获嘉奖。图为广州市越秀区优美的人居环境。（广州越秀区委宣传部供图）

□ 图为具有国际化综合功能的广州市天河中央商务区，集中了大量的金融、商贸、文化、服务以及大量的商务办公和酒店、公寓等设施。具有最完善的交通、通信等现代化的基础设施和良好环境，有大量的公司、金融机构、企业财团在这是开展各种商务活动。（图片摄影：王列）

改革开放30周年巡礼

宜创业发展、适宜生活居住的城市环境，广州初步形成城市中心区、城市副中心、卫星城、小城镇协调发展的格局。以综合交通运输体系为重点加强城市基础设施建设，不断完善以空港、海港、铁路、高速快速路网和轨道交通为主骨架的现代化枢纽型基础设施体系；以实施"青山绿地、蓝天碧水"工程为重点加强生态文明建设，建立完善"两级政府、三级管理、四级网络"[1]的新型城市管理体制，城市可持续发展能力日益提高。近年来，广州先后荣膺"国际花园城市"、"中国优秀旅游城市"称号，荣获"联合国改善人居环境最佳范例奖"和"中国人居环境范例奖"，成功创建国家园林城市、国家卫生城市、国家环境保护模范城市、国家森林城市。

3. 坚持党的领导、人民当家做主、依法治国的有机统一，着力发展社会主义民主政治

广州坚持和完善人民代表大会制度，在全国较早建立立法项目库和专家库，率先制定立法顾问制度、立法听证制度和监督听证制度；坚持和完善中国共产党领导的多党合作和政治协商制度，实行政治协商在党委决策之前、人大通过之前、政府实施之前的"三在前"制度，聘请党外人士担任特约监督员、检查员、审计员、教育督导员；坚持依法治市战略，建立行政执法公开、行政执法过错责任追究、行政执法评议考核等制度，形成被司法部誉为"广州模式"的大调解格局。

4. 坚持以先进文化为引领，努力提升城市文化品格

广州全面加强思想道德建设，以创建全国文明城市为龙头深入开展精神文明创建活动，深化文化管理体制改革，加快推进文化基础设施建设，加强和改善公共文化服务，促进文化市场繁荣发展，城市文化品位日益提高。先后承办和协办羊城国际粤剧节、第二届中国金鸡百花电影节、第五届中国戏剧节等大型活动，中国音乐"金钟奖"永久落户广州。群众体育蓬勃发展，竞技体育成绩斐然。成功举办第六届、第九届全国运动会、第八届全国少数民族传统体育运动会和第四十九届世界乒乓球锦标赛等重大赛事，成功取得2010年第十六届亚洲运动会主办权。

5. 坚持以人为本、与民同心，切实解决人民群众的现实利益问题

广州加大教育投入力度，深化教育体制改革，建成启用广州大学城，初步形成现代国民教育体系和终身教育体系，成为省教育强市；实施积极的就业政策，建立健全公共就业服务体系。建立健全社会保障体系，完善具有广州特色的社会保障"五道防线"，加大财政对医疗卫生事业的投入，城乡居民生活水平和生活质量不断提升。

广州改革开放30年的实践证明，坚持走中国特色社会主义道路，不断开创改革开放和现代化建设新局面，必须坚持解放思想、实事求是、与时俱进，以改革创新精神不断破解发展难题；必须坚

---

1 "两级政府"指市、区两级政府；"三级管理"指市、区、街道三级管理；"四级网络"指市、区、街道、居委会四级网络。这是一种政府主导、社会化的城市管理体制。广州于1998年建立这种体制。

持从实际出发，积极探索实践与中心城市相适应的发展规律；必须坚持以经济建设为中心，推进经济社会全面协调可持续发展；必须坚持不断提高对外开放水平，在充分利用国际国内两种资源两个市场中增强城市国际竞争力；必须坚持以人为本，努力实现好、维护好、发展好最广大人民群众的根本利益；必须坚持以改革创新精神加强和改进党的建设，为改革开放提供坚强政治和组织保证。

经过30年的发展，广州取得了令人瞩目的成就。面向未来，广州正站在一个新的历史起点上。坚持走全面、协调、可持续的城市化发展路子，努力成为广东建立现代产业体系和建设宜居城市的"首善之区"，是中共广东省委、广东省人民政府为广州新一轮发展确立的新目标、新定位。新形势赋予新使命，新目标激发新动力。广州正在以新一轮思想大解放为引领，切实增强"首善"意识，以深入开展学习实践科学发展观活动为契机，努力推动广州实现新一轮跨越式发展。用5年到10年的时间，广州将基本建立科学发展的体制机制，推动经济社会发展全面转入科学发展轨道。广州人民将努力把广州打造成为坚持走中国特色城市化道路、建立现代产业体系和建设宜居城市的示范区，引领全省科学发展的"首善之区"，面向世界、服务全国的国家经济中心城市之一，跻身亚洲重要城市行列，整体提升在世界城市体系中的地位。

蓝图绘就，目标在前。广州，扬帆正当时！

□提高人民群众满意度，成为广东各级政府执政为民首要任务。广州二沙岛是改善人居环境规划建设的典范之作。她位于越秀珠江河段中的一个沙洲，珠水环岛而过，是最具有广州现代风情的宝地。岛中的星海音乐厅，广东美术馆及一片片高尚的生活住宅小区和体育训练基地掩映在绿树中。（图片摄影：黄志忠　广东《大经贸》杂志社供图）

改革开放立潮头，创新之城再先行

作为改革开放的"试验田"和"示范区"，深圳发展壮大的每一步，都离不开中央和省里的关怀和支持，更离不开坚持不懈的思想解放和始终不渝的改革创新。围绕建立和完善社会主义市场经济体制的目标，深圳以敢为天下先的精神，进行了一系列大胆的实践和探索。2007年，深圳市地区生产总值达6801.57亿元，地方财政一般预算收入658.06亿元，在全国大城市中分别居第四位、第三位；出口总额1685.42亿美元，获得国际专利2480项，均居全国各城市第一位。深圳的成功，给人以启迪。

1. 抓住经济全球化机遇，从"引进来"到"走出去"

开放是深圳的发展之源，深圳能有今天的发展局面，首先得益于在不断扩大开放中抓住机遇、用好机遇。深圳从"引进来"到"走出去"经历了四个趋势性变化。一是以吸引港资为主到外资来源全球化。从大规模引进港资，到外资来源扩大到90多个国家和地区。二是从来料加工、来样加工、来件装配、补偿贸易"三来一补"到企业"走出去"。利用"三来一补"企业的溢出效应，培育有国际竞争力的本土企业，积极参与国际市场竞争，从"引进来"到"走出去"。三是从内向型联合到外向型联合。以产品加工、贸易、科技成果、资金和其他资源为纽带，通过内地、深圳、海外"三点一线"的联合模式，共建出口加工基地，携手走向国际市场，使深圳和内地的出口规模迅速扩大。四是从利用"香港因素"到深、港紧密合作。从与香港建立"前店后厂"的产业合作关系，到共建世界级大都市。

2. 敢为天下先，积极探索社会主义市场经济新体制

□ 深圳是中国第四大城市，与香港山水相连。在短短的30年里，深圳从一个小渔村发展成为初具规模的现代化城市，创造了世界城市化、工业化和现代化的奇迹。图为深圳城市新貌。（全景图片社供图）

□ 深圳由一个昔日的边陲小镇发展成为欣欣向荣的现代化城市，综合经济实力跃居全国大中城市前列，基本建立社会主义市场经济体制，创造了罕见的工业化、城市化和现代化发展速度。图为繁华的深圳城市夜景。（全景图片社供图）

改革开放30周年巡礼

20世纪80年代，深圳率先在全国建立起市场经济的基本体系和运行机制。1980年，深圳签订了第一个土地有期有偿使用协议书。1987年，深圳率先采取土地使用权公开拍卖、公开招标、协商议价等3种有偿让渡方式，允许土地使用权的转让、再转让和抵押。国有土地使用权的公开拍卖，开创了中国国有土地商品化经营的先例。1982年1月，深圳引进了全国第一家外资银行——南洋商业银行深圳分行。1985年在全国率先建立外汇调剂中心。1990年成立深圳证券交易所，发行第一张股票，吹响了中国发展资本市场的前奏。深圳最早推行国有企业股份制改革，推进股权多元化，建立法人治理结构。最先探索建立国有资产监管体制和运营机制，建立了国资委（办）、资产经营公司、国有企业三个层次的国有资产管理体制。深圳在全国率先开展了政府绩效评估试点，推行部门责任"白皮书"制度，在政府效能建设上迈出重要步伐。在全国率先开展行政审批制度改革，通过三轮改革，全市审批、核准事项减少了60%左右。

3. 大力发展高新技术产业，推进产业结构优化升级

深圳几乎从零起步，实现高新技术产业跨越式发展。1991年至2007年，高新技术产业以年均超过40%的速度增长，2007年的产值达7599亿元，占工业总产值的54%左右。其中，具有自主知识产权的高新技术产品产值4400多亿元，占全部高新技术产品产值的58%。中共深圳市委从1990年提出以"高科技产业为先导"起，深圳始终如一地坚持以发展高新技术产业为目标，不为任何风险所惧、不被任何干扰所惑，推动从"深圳加工"、"深圳制造"到"深圳创造"。深圳市人民政府掌握的财政资金通过贷款贴息、贷款担保、资本金补助和奖励等方式向高新技术产业倾斜，引导越来越多的社会资金和外资投向高新技术产业。此外，在土地、厂房等资源配置上向自主创新的高新技术产业倾斜，努力营造适宜高新技术产业发展的硬环境和软环境。深圳着力培育高新技术产业集群。通过建设高新技术产业园区和高新技术产业带，培育高新技术产业发展基地，促进高新技术产业集群发展，不断完善高新技术产业链；同时，注重培育具有行业领先优势的龙头企业，通过这些企业率先发展，带动整个产业发展。近年来，一大批民营科技企业迅速成长起来，市场份额做到了所属行业的国内第一。

□深圳的城市综合竞争力位列内地城市前列。未来深圳将建设成为中国高新技术产业基地和区域性金融中心、信息中心、商贸中心、运输中心及旅游胜地，将成为现代化的国际性城市。图为在莲花山上俯瞰深圳市区。（图片摄影：王列）

4. 鼓励企业成为创新主体，努力建设创新型城市

深圳建立了以市场为导向、以企业为主体、以国内高等院校和科研院所为依托、官产学研资介相结合的研究开发体系，自主创新能力不断增强。一是建立以企业为主体的创新体系。形成"四个90%以上"的格局，即：90%以上的研发机构设立在企业，90%以上的研发人员集中在企业，90%以上的研发资金来源于企业，90%以上的职务发明专利出自于企业。经过多年发展，深圳从事高技术产品研发生产的企业有3万多家，企业自主创新蔚然成风。二是建立以风险投资和贷款担保为主的政府支持体系。1994年由政府出资成立的高新技术产业投资担保公司，专门在企业创新创业初期进行投资或提供贷款担保，为1800多家企业提供了担保服务，担保项目2000多个。1999年，深圳又成立了由政府控股的创新投资公司，专为企业的创新创业活动进行风险投资。三是大力推动产学研结合。深圳大力加强公共研发、公共技术、公共检测、公共信息等开放平台建设，鼓励企业与国内外的高校、科研机构建立互利互惠的市场化协作关系，通过成果转让、委托开发、联合开发、共建开发机构和科技型企业实体等，开展多种形式的产学研合作。产学研的有机结合不仅为深圳培养了一批创新型人才，而且孵化出大量科技企业。

5. 坚持中国特色社会主义理论体系，不断提高党的执政能力

从经济特区始建起，中国共产党的领导核心作用就无处不在。在把握发展方向上，深圳的重大发展战略，都是经过科学论证提出的，并通过党的代表大会确定为指导方针。在班子建设上，以"务实、和谐、善政、廉洁"为目标，全面加强领导班子建设。在基层组织建设上，突破"单位建党"的单一模式，按照属地管理原则，积极探索"社区党建"，哪里有党员，哪里就有党的组织。在队伍建设上，以健全反腐保廉体系为重点，大力实施"阳光工程"，重大决策和经济事项，凡能公开的一律向社会公开，从源头上防止腐败。

当前，深圳正处于改革发展关键时期，面临新的发展机遇，也面临新的挑战。按照科学发展观的要求，深圳提出未来经济社会发展新的更高的目标。

春风又唤南海潮。党的十七大和中共广东省委十届三次全会吹响了新一轮改革开放的号角，深圳又迎来发展的春天，深圳的明天会更好。[1]

1　参见中国特色发展之路课题组赴广东省深圳市调研组：《横空出世看深圳——深圳市经济社会发展调查》，《人民日报》，2008年11月10日。

广东改革开放30周年巡礼之三：佛山

历史名城大发展，改革开放铸辉煌

　　佛山是中国改革开放的核心地带和先行地区之一。改革开放30年来，在中共广东省委、广东省人民政府的正确领导下，佛山人民不断解放思想，大胆改革，开放搞活，发挥毗邻港、澳的区位优势，极大地解放和发展了社会生产力，取得经济社会发展先走一步的辉煌成就。佛山先后成为国家卫生城市、国家园林城市、国家历史文化名城、联合国"人类住区优秀范例"城市、全国科技进步先进市、中国品牌经济城市。中国社会科学院发布的《中国城市竞争力蓝皮书》（2007）评价佛山为全国两岸四地城市综合竞争力排名第九位城市。

　　1. 改革开放30年，是佛山经济持续快速发展，城市综合实力明显增强的30年

　　佛山坚持以经济建设为中心，紧紧扭住发展第一要务，抢抓机遇，推动经济持续快速发展，城市综合实力跃上新台阶。2007年，佛山生产总值达到3605.11亿元，比1978年增长105倍，年均增长17.4%，发展速度在全国大中城市中排名第二位，经济总量居全省第三位，居全国大中城市第十一位。经济增长方式不断转变，从主要由第一、二产业带动向主要由第二、三产业发展带动转变。经济结构不断优化，产业发展呈现出适度重型化、高级化趋势，高新技术产业迅速崛起，产业聚集水平逐步提升，形成家用电器、机械装备、金属材料加工及制品、陶瓷及其他建材、纺织服装、电子信息、食品饮料、塑料制品、精细化工及医药、家具用品等十大优势主导行业，工业规模接近1万亿元，成为广东乃至全国重要的制造业基地。民营经济迅速崛起，贡献率达到64.5%，成为推动佛山经济发展的主导力量。对外开放的广度和深度不断拓展，外源型经济发展水平不断提高，累计实际利

□2006年10月8日，在中心组团新城区可容纳三万六千多人的佛山世纪莲体育中心落成。11月18日，在此举办广东省第十二届运动会。（图片摄影：杨耀桐 中共广东省佛山市委办公室供图）

□1973年9月，位于祖庙路的佛山新广场落成，石级座位可容纳八千人。（图片摄影：杨耀桐 中共广东省佛山市委办公室供图）

改革开放30周年巡礼

用外资170.67亿美元，引进世界500强企业39家，在广泛吸纳世界人类文明成果的同时，推动佛山大踏步走向世界，与全球200多个国家和地区建立起贸易伙伴关系，产品市场遍布全球五大洲。

2. 改革开放30年，是佛山社会各项事业全面进步，和谐社会建设取得明显成效的30年

科技体制改革不断深化，区域性技术创新平台快速发展，产业技术水平不断提高，专利的申请量和授权量位居全省前茅，科技进步对经济拉动作用日益增强。教育事业取得长足发展，建立起比较完善的现代国民教育体系，各类优质教育均衡协调发展，成为全省第一批实现普及九年义务教育、高中阶段教育的地市和广东省教育强市、省现代化教育试点市。岭南传统文化特色充分弘扬，现代都市文明全面发展，成功承办亚洲文化部长论坛暨第七届亚洲艺术节以及第十二届省运会。卫生事业全面发展，公共卫生和医疗救助体系不断完善，覆盖全市的公共卫生三级网络基本形成，人民群众健康水平和卫生事业各项指标基本达到中等发达国家水平。社会矛盾调处机制和利益协调机制不断完善，社会治安综合治理全面加强，保障公共安全和处置突发事件能力明显提高，社会和谐稳定发展。资源节约型、环境友好型社会建设全面推进，生态环境保护和治理力度、资源综合利用率不断增强，推动经济社会又好又快发展。

3. 改革开放30年，是佛山城市建设日新月异，组团式现代化大城市雏形显现的30年

改革开放以来，佛山不断加强城市建设管理，强化城市综合功能，增强城市凝聚力和辐射力，城市知名度和竞争力全面提升。2003年，佛山把握行政区划调整的历史机遇，确立组团式现代化大城市发展战略，编制现代化大城市发展规划，大力推进城市基础设施建设，一批高速公路、省运会场馆、佛山一环等重大项目陆续建成使用，中国第一条城际轨道交通广佛地铁加快建设，全市公路密度达133.5千米／每百平方千米，达到中等发达国家水平，初步展现出组团式现代化大城市的框架和雏形。实施路桥收费站、城市组团公交营运线路、邮政电信网络等资源整合，优化提升城市发展资源，逐步形成"同城生活、同城便利、同城发展"的格局，为广大市民创造舒适而有品位的现代化城市生产生活环境。城市投融资改革不断深化，城市可经营项目投资多元化、市场化步伐逐步加快，城市行政管理综合执法工作稳步推进，城市建设管理水平全面提升，城市居民生活和居住环境大大改善，城市面貌焕然一新。

4. 改革开放30年，是佛山民生事业全面发展，人民生活水平显著提升的30年

随着改革开放的不断深化和经济社会的快速发展，佛山城乡居民收入不断增加，人民生活质量明显改善，实现了居民生活从温饱到小康的跨越，部分先发地区已迈入富裕行列。2007年，全市农村居民人均纯收入达8958元，比1978年增长38.4倍；城镇居民人均可支配收入达21754.36元，比1980年增长38.4倍；恩格尔系数从1980年的66.6%下降至2007年的30.9%，城乡居民人均居住面积

达到44.7平方米，移动电话、空调、家用电脑、轿车等新兴消费品已普遍进入城乡居民家庭。社会基本保障水平不断提高，失业登记率1.8%，全市城镇职工基本养老、工伤、失业保险全面实行市级统筹，全征土地农村居民养老保险补贴制度不断完善，城乡居民门诊医疗保险制度全面实施。低保、五保和教育救助、住房救助、医疗救助、法律援助、临时救济等社会救助体系逐步完善，实现城乡救助统一标准和动态应保尽保，低收入群体的基本生活得到有效保障。城乡培训就业一体化进程明显加快，城乡就业服务体系不断健全，零就业家庭基本消除，广大人民群众从改革开放中得到了真正的实惠。

□佛山市高明区荷城鸟瞰。（图片摄影：黎雄杰 中共广东省佛山市委办公室供图）

潮平两岸阔，风正一帆悬

"春江潮水连海平，海上明月共潮生"。在改革开放和社会主义现代化建设新时期，珠海不辱使命，以多方面超前的改革举措和开放措施，为全国的改革开放提供了良好的示范作用，以一往无前的进取精神和波澜壮阔的创新实践谱写着改革开放的时代最强音。从珠海特区成立的第一天起，特区人就秉承使命，以敢闯敢冒、敢为天下先的勇气，杀出一条血路，创造了一个又一个发展奇迹。

1. 始终坚持走可持续发展道路

珠海坚决执行城市规划管理的"八个统一"（即统一规划、统一征地、统一划分功能区、统一控制竖向标高、统一审查设计、统一基础设施建设、统一风景园林绿化管理、统一市容街景管理）、环境保护的"八个不准"（即不准在山坡25米等高线以上部分兴建非供游客休憩和观赏的建筑物；不准在海边、河边规定范围内兴建建筑物；不准在风景区和公园内兴建非供公众游乐、休憩或观赏的建筑物；不准乱开石场；不准建设有大烟囱或有严重污染的项目；不准乱设广告牌，以防有碍市容街景；市内的噪声不准超过45分贝；不准修建没有停车场的任何建筑物），以及建设项目的"环保一票否决权"制度，留下了青山绿水、碧海蓝天，打造了良好的生态文明品牌，先后获得"国家环保模范城市"、"国家级生态示范区"、"国际改善居住环境最佳范例奖"等众多美誉，2007年又荣获"中国十大最具幸福感城市"称号。

2. 坚持发展壮大优势特色产业

□珠海自1980年成为经济特区以来，为把珠海建设成为一个现代化城市和经济特区，珠海市政府决定进行城市环境综合治理工作，以改变城市基础设施落后、居住环境恶劣的面貌，为发展经济、改善人民生活创造条件。图为美丽的珠海夜景。（图片摄影：王列）

□珠海于1980年成为经济特区。为确保本身的高科技和旅游地位，珠海抑制重工业发展。按总工业输出额计，主要工业依次为：电子及通讯设备、电子仪器及机械、办公室仪器。以高科技为重点的工业体系，综合发展的外向型经济。图为珠海市区风貌。（全景图片社供图）

改革开放30周年巡礼

　　珠海形成了电子信息、家电电气、石油化工、电力能源、生物医药、精密机械制造等六大产业支柱，经济增长质量和效益不断提高。与初建特区的1980年比较，本地生产总值年均增长21%，2007年达到886.84亿元；工业总产值年均增长30.3%，2007年突破2500亿元；地方财政收入年均增长26.6%，2007达到75.82亿元，均创造了珠海经济发展的最好水平。

　　3. 坚持体制创新和科技创新，努力增强发展的动力

　　珠海连续8年被评为"全国科技进步先进市"，"科技重奖"开全国之先河。

　　4. 坚持以人为本，切实改善民生

　　珠海在全国率先实施"十二年免费教育"，率先建立"小病治疗免费、中病进入保险、大病统筹救助"的全民医疗保障体系，切实让人民群众享受到发展成果。

　　总之，珠海坚持经济建设、城市建设与环境建设同步规划、同步发展，逐步形成开门见山、推窗见海、山海相依、绿树蓝天的独特自然生态优势，努力打造宜居、创业和魅力城市，体现人与自然的完美统一，走出了一条经济、社会、环境协调发展的道路。珠海经济特区发展的成就是高举中国特色社会主义伟大旗帜、在中共广东省委、广东省人民政府的正确领导下取得的，充分验证了中央创立经济特区的英明决策。

　　总结珠海发展历程，最主要的经验就是必须坚持解放思想，冲破旧有思维模式和传统观念的束缚；必须不断进行改革创新，破除阻碍科学发展的障碍，构建充满活力、富有效率、有利于科学发

□横琴大桥（图片摄影：王列）

展的体制机制；必须不断扩大对内对外开放，充分发挥毗邻港、澳的区位优势，积极融入国际经济大循环，推动经济走向国际化；必须正确处理好经济发展与环境保护、经济发展与改善民生的关系，坚持率先发展、科学发展、和谐发展。

党的十七大明确提出，要"更好发挥经济特区、上海浦东新区、天津滨海新区在改革开放和自主创新中的重要作用"。中共广东省委明确要求，继续解放思想，坚持改革开放，努力争当科学发展排头兵。作为中国特色社会主义先行示范区的经济特区，珠海又一次站在了推动科学发展的风浪潮头之上。在此背景下，珠海正在谋划新一轮的大发展，思考如何更好地肩负起经济特区的新使命。珠海现在正在坚定不移地贯彻落实科学发展观，紧紧抓住党的十七大明确提出建设生态文明的重大机遇，建设生态文明新特区、争当科学发展示范市。经过3年至5年的努力，珠海的改革开放将实现新突破，经济建设、城市建设、生态建设和社会民生等将迈上新台阶；经过10年的努力，珠海将基本建成经济发达、生态良好、社会公平，既有魅力又有实力的城市，成为科学发展的示范市。

已往不谏，来者可追。改革开放是决定当代中国命运的关键抉择，是发展中国特色社会主义、实现中华民族伟大复兴的必由之路。踏上新征程的珠海，将以更大的改革创新勇气、更强的改革创新能力、更好的改革创新成效，在新的形势下继续为全国的深化改革、扩大开放作出示范，为广东的改革开放和现代化建设作出新的更大贡献。

□珠海与澳门紧密相连，图片左边为澳门，右边为珠海。（图片摄影：王列）

广东改革开放30周年巡礼之五：江门

侨乡扶摇上，迎风展翅飞

　　改革开放30年，是江门在中共广东省委、广东省人民政府的领导下，高举中国特色社会主义伟大旗帜，坚持以经济建设为中心，坚持改革开放，实事求是，解放思想，大胆探索，勇于进取，推动经济和社会各项事业全面发展的30年。30年来，江门历届党委政府本着对江门父老乡亲和江门长远发展负责的精神，把以人为本的价值取向贯穿于发展的各个方面、各个环节，全面推进政治、经济、文化和社会建设，闯出了一条适合江门自己的、经济社会协调发展的路子。30年来，江门从一个农业市迅速发展成为现代化的工业城市，2007年全市实现生产总值1107.07亿元，人均生产总值26882元，工农业总产值2727.61亿元，地方财政收入62.43亿元。30年是一次历史的大跨越，江门30年来的建设成就足以彪炳史册，光照后人。具体来说，江门改革开放30年取得了如下成就：

　　1. 经济持续快速发展，经济实力显著增强

　　改革开放以来，随着工作重心转移，实行一系列改革开放政策，犹如春风吹拂，使侨乡大地充满生机，春意盎然，从此侨乡经济发展踏上历史新征途，经济发展步入快车道。2007年全市生产总值比1978年增长76倍，年平均增长13.3%，经济总量在全省名列前茅。人均生产总值由1978年的455元提高到2007年的26882元，增长了58倍。同时，产业结构不断优化，三次产业比例由1978年的35.2:40.2:24.6演进为8.4:55.6:36，形成了机电、纺织服装、食品、造纸及纸制品、电子信息、建材等六大支柱产业，高新技术产业快速发展，企业自主创新能力大为增强，中国名牌产品14个，省名牌产品60个。

□ 广东江门市蓬江区地处中国广东省珠江三角洲西翼，是粤、港、澳经济圈的重要区域、全国著名侨乡——江门市的政治、经济、文化中心。（图片摄影：黎剑斌 中共江门市委宣传部供图）

□ 广东江门市开平市地处珠江三角洲西南部，是全国著名的华侨之乡，也是建筑之乡、碉楼之乡和文化艺术之乡。

改革开放30周年巡礼

2. 基础设施日臻完善，城乡面貌日新月异

30年来，江门花大力气，多方筹集资金，全面加大基础设施建设力度，取得了突破性进展，基础设施日臻完善。从1978年至2007年，全市累计完成固定资产投资总额2384.57亿元。江门市区建成区面积由1978年7平方千米扩展到现在的199.57平方千米，建成了完善的交通网络，境内高速公路通车里程达351千米，居全省地级市首位。轻轨、铁路正在规划建设，初步形成高速公路、铁路、水路为一体的立体化交通格局。区位优势、资源优势、交通优势日益突出，城乡一体化进程不断加快，生态建设令人瞩目。滨江大道建成通车，滨江新区建设拉开了序幕。宜业宜居宜游的江门已成为南中国一颗璀璨的明珠。

3. 打好"侨"牌，拓展外向型经济

30年来，江门充分发挥"中国第一侨乡"的优势，重视落实各项侨务政策，做好归侨的安置工作，唤起了广大侨胞的爱国爱乡热情，越来越多的侨胞回到家乡投资办厂，直接参与家乡的经济建设；与此同时，江门良好的投资环境引得外国投资者纷至沓来。30年来，累计实际利用外资110多亿美元，世界500强企业有23家在江门投资设厂；外贸出口累计超过660亿美元，并与美国、日本及欧盟、东盟等180多个国家和地区建立了贸易关系。

4. 城乡居民收入大幅增加，生活水平由总体小康向全面小康迈进

30年来，侨乡人民生活水平犹如"芝麻开花节节高"。农民生活由贫困向全面小康迈进，农民人均纯收入2007年达5887元，比1978年增长49倍。城镇居民2007年可支配收入15149元。居民生活水平从数量扩张型向质量提高型转变，恩格尔系数大幅下降，文化娱乐保健消费快速增长。

5. 大力推进和谐社会建设，各项社会事业欣欣向荣

30年来，江门坚持社会主义政治文明、物质文明、精神文明和生态文明一起抓，坚持以人为本，坚持科学发展，采取各种措施大力发展科技、教育、文化、卫生、体育等各项事业，维护社会稳定，人民群众的文化素质和精神面貌发生巨大变化，和谐江门的良好局面已经形成。

"雄关漫道真如铁，而今迈步从头越。"展望未来，江门任重道远。经过30年奋进历程的锤炼，积蓄30年巨变的无穷能量，伴随着祖国继续深化改革和扩大开放的大潮，江门的社会经济发展一定能够实现新的飞跃，侨乡必将迎来更加美好而辉煌的明天！[1]

1　参见《江门日报》记者：《在新的历史起点实现新的跨越——访市委书记、市人大常委会主任陈继兴》，《江门日报》，2008年12月8日。

□位于江门新会的李锦记食品有限公司为全国最大调味生产基地。（图片摄影：谢富瑞 中共江门市委宣传部供图）

□2008年中国（江门）摩托车博览会暨经贸洽谈会在江门召开。（图片摄影：周华东 中共江门市委宣传部供图）

广东改革开放30周年巡礼之六：东莞

世界工厂赢美誉，莞邑腾飞再变身

改革开放30年来，在中共广东省委、广东省人民政府的领导下，东莞坚持以邓小平理论、"三个代表"重要思想为指导，深入贯彻落实科学发展观，坚持解放思想、抢抓机遇，与时俱进、开拓创新，走出了一条沿海开放地区建设中国特色社会主义的独特道路，不断推进经济社会又好又快发展，成为中国改革开放和现代化建设精彩而生动的缩影。2007年全市实现生产总值3151亿元，来源于东莞地区的财政总收入540亿元。东莞综合竞争力位居全国大中城市第十五位。实践充分证明，改革开放是东莞的起步之基、发展之源、腾飞之路。总的来看，经历30年的改革开放，东莞基本实现了以下"五化"：

1. 农村工业化

1978年以来，东莞将自己的地理人文优势与以港、澳、台为主的外部资本优势、以中西部为主的内地劳动力优势相结合，构造了面向国际市场的高效率制造产业链，走出了一条以外向型工业为导向的农村工业化道路。1979年至2007年，东莞工业总产值年均增长27%，2007年达6649.85亿元，工业对经济增长的贡献率达63.7%。全市共有制造业企业2万多家，形成了一个以轻纺工业为主体，以电子、机械、服装、食品、塑料、化工、医药、建材等行业为支柱的现代化工业体系。"东莞制造"驰名中外。

2. 城乡一体化

东莞坚持城乡一体发展，在2465平方千米市域范围内统筹建设水电路通信等基础设施。近年来

□ 2006年10月14日至18日在"中国羊毛衫名镇"——广东省东莞市大朗镇毛织贸易中心隆重举行第五届中国（大朗）国际毛织产品交易会。图为交易会的盛况。（东莞市地方志编纂办公室供图）

□ 东坑镇位于广东省东莞市中部，地处穗、深、港经济走廊，公路网络完善，北距广州70千米，南至深圳特区60千米，距东莞火车站5千米，距香港90千米。图为东坑争辉夜。（东莞市地方志编纂办公室供图）

□ 东莞市区鸟瞰图（2003年摄）。（东莞市地方志编纂办公室供图）

改革开放30周年巡礼

又投入几百亿元建设城市新区，市区建成区由改革开放前的5平方千米扩大到300平方千米。全市32个镇（街）基本上都达到了中小城市的规模，基本实现了镇镇通高速公路或高等级快速路，全市96家三星级以上酒店大部分分布在乡镇。国家统计局评出全国千强镇，东莞28个镇全部上榜，其中3个镇分别位于第一、三、五名。今日东莞，城乡差别基本消失，融为一体。

3. 体制市场化

东莞坚持市场取向，少限多放，重点从投资领域、要素市场、用人渠道、企业经营权等入手，放开政策限制、体制束缚、资源配置，充分发挥市场的作用，不断激发改革创新活力。东莞在全国最早实行政府审批办事"一条龙"，在全国较早实行"以路养路、以电养电"、以地换路等方式，加快基础设施建设。政府在20世纪90年代初就已全部退出竞争性行业的投资经营，全市500多家国有集体企业全部完成改制转制，目前民营经济增加值占全市生产总值的1/3，税收占40%，形成公有经济、外资经济和个体私营经济共同发展的良好态势。

4. 经济国际化

东莞全面参与国际分工和合作，利用外资规模不断扩大，质量逐年提高。1978年以前利用外资几乎是空白，如今来自全球近40个国家和地区的客商在东莞投资兴办了16500多家企业，其中世界500强48家，港台及国外上市公司800多家，累计实际利用外资超过380亿美元，2007年全市进出口总额1050亿美元。东莞已成为一个国际性制造业名城。

5. 生活小康化

东莞始终抓住提高人民生活水平和幸福指数这个根本不放，把改革开放的成果转化为老百姓

□广东现代国际展览中心位于有"家具之都展览名镇"之称的东莞市厚街镇，于2000年5月破土动工，历时5年全面竣工，是一座现代化的大型展馆。（东莞市地方志编纂办公室供图）

□东莞市行政文化区全景。（东莞市地方志编纂办公室供图）

可以享受得到的实惠，使人民生活超过宽裕小康水平，正向殷实小康迈进。2007年城市居民可支配收入27025元，农民人均纯收入11606元。率先在全国建立了覆盖城乡的农（居）民基本养老保险、农（居）民基本医疗保险和计划生育养老保险。城镇人均住房面积达57.38平方米。城镇化率达85.09%。大学入学率按常住人口算每万人达32.6人。市、镇、村（社区）各级都建立了比较完善的科普、教育、文化、体育、卫生等服务网络。传统与现代、沿海与内地、东方与西洋，各种不同的文化在这里交汇融合。

总结东莞30年的实践，有以下经验：一是坚持解放思想，不断破除观念束缚。30年来，东莞始终坚持从实际出发，思想不断解放，观念不断更新，敢闯敢试，大胆突破各种思想障碍。二是坚持抢抓机遇，大力实施外向带动。在改革开放的大潮中，东莞紧紧抓住港资、台资以及国际大企业转移的三次重大机遇，走出了一条以加工贸易为切入点参与国际分工的经济国际化道路，不断推进外源型经济从低级化向高级化提升。三是坚持与时俱进，适时推进调整转型。30年来，东莞历届党委政府坚持适时谋变，在保持发展连续性的基础上，不断对发展的具体方式进行创新和提升，努力开辟具有时代特征、东莞特色的发展之路。四是坚持市场取向，不断激发改革创新活力。在经济社会发展中，东莞坚持少限多放，放开政策限制、体制束缚、资源配置，充分发挥市场的作用，调动基层推进发展的主动性、积极性。

面对新形势新任务，东莞确立了推进经济社会双转型的发展战略，率先探索东莞特色的科学发展之路，争当实践科学发展观排头兵。东莞将深化改革开放，走创新发展之路；加快转型升级，走科学发展之路；坚持统筹兼顾，走协调发展之路；实施环保优先，走生态发展之路；强化以人为本，走和谐发展之路。

广东改革开放30周年巡礼之七：中山

建设创业创新宜居城市，铸就伟人故里瞩目辉煌

　　中山古称香山，是中国伟大民主革命先行者孙中山先生的故乡，地处珠江三角洲中南部，北连广州，毗邻港、澳。中山市下辖1个国家级火炬高技术产业开发区，5个街道办事处，18个镇，总面积1800平方千米，户籍人口145.1万人。30年来，在中共中央、国务院、中共广东省委、广东省人民政府的正确领导下，中山得改革开放风气之先，认真贯彻落实科学发展观，全面推进经济社会持续健康快速发展，实现从珠江三角洲传统农业县向珠江口西岸重要制造业城市的跨越，正加快向适宜创业、适宜创新、适宜居住的全面协调可持续发展新型城市迈进。

　　1. 坚持科学发展，城市综合实力显著增强

　　改革开放初期，中山紧紧抓住机遇、先行一步，建设了全国第一个中外合作宾馆、第一个高尔夫球场、第一个大型机械游乐园等，成为广东"四小虎"[1] 之一。进入21世纪，中山坚持解放思想、与时俱进，积极实施工业强市战略，大力推进现代服务业，改造提升传统产业，加快发展现代农业，以占广东省1%的国土面积、不到2%的户籍人口，连续多年创造了全省第五位的经济总量。2007年生产总值1210.7亿元，工业生产总值3585.9亿元，固定资产投资396.3亿元，财政一般预算收入86.1亿元，分别比1988年增长23倍、101倍、58.8倍和40.6倍（按可比价）；城镇职工年平均工资超过2.7万元，农民人均年纯收入超过1万元，分别比1988年增长11.3倍和7.4倍。先后获得国家卫生城市、全国园林城市、中国优秀旅游城市、全国环保模范城市、联合国"人居奖"、国家双拥模范城市、首批全国文明城市等多项荣誉。

1　广东"四小虎"：指20世纪80年代起经济迅猛发展的广东顺德、南海、中山、东莞四市。

□广东省中山市政府投入1.6亿元搬迁原粤中船厂，将原厂址改建成现代与历史融为一体的主题式公园——岐江公园，荣获美国景观设计师协会2002年度荣誉设计奖和第十届全国美术作品环境艺术类金奖。（中共广东省中山市委办公室供图）

□孙文纪念公园位于中山市中心城区南面，兴中道与城桂路的连接处，坐落在中山新十景"兴中缀锦"上，占地26.6公顷，1996年11月孙中山先生诞辰之日全面竣工开放。这个公园的牌匾还是由台湾著名书法家、岭南派国画大师欧豪年教授书写。与其他旅游景点不同，该公园不设门票，游人可以免费进园自由参观游览。（图片摄影：王列）

改革开放30周年巡礼

2. 坚持以人为本，和谐中山建设全面推进

中山坚持全市人民共享改革发展成果，投入300亿元开展基础设施、平安中山、社会保障、绿色中山等民生工程建设，近年财政收入近六成用于公共服务和公共产品，新增财力近七成用于公共服务和新农村建设，让城乡居民都有一份养老保险、一份医疗保险和一个就业创业机会。2008年实现城乡居民住院医疗保险应保尽保，2009将年实现城乡农村基本养老保险应保尽保。公共卫生体系不断完善，建立起市、镇、村三级公共卫生服务体系，城市居民做到"小病在社区，大病进医院，康复回社区"。2002年中山在全省率先提出统筹城乡就业新思路，目前已初步解决农村户籍居民就业问题，部分镇区户籍居民自主创业比例高达50%以上。24个镇区全部成为省级教育强镇，部分镇区推行12年甚至15年义务教育，中山成为全省教育强市；城乡安居工程实现基本需求与安康需求并重，投入2亿元在城区推进经济适用房和廉租房建设，在农村推进低保户危房改造工程和建设农民居住小区。在全市范围内建成了覆盖城乡的治安视频监控系统、镇区综治中心和村（居）综治站、警务室、法律服务室等，成为广东第一个获得全国社会治安综合治理优秀地市"长安杯"的城市。

3. 坚持改革发展，城乡一体化迈上新台阶

中山市坚持以改革为动力，以社会建设为载体，以公共服务均等化为手段，大力推进城乡一体化建设。2007年全市户籍人均生产总值达1.1万美元，农村居民人均纯收入突破万元大关，城市化率达84.2%。做到了"四个统筹"：一是统筹城乡区域发展。科学规划城乡布局，促进城乡三次产业协调发展，加快城乡产业融合，缩小区域差距，着力打破城乡二元发展格局。二是统筹城乡经济发展。市财政每年拿出1000万元作为专业镇发展资金，加强城乡经济融合，按照"宜城则城、宜乡则乡"的原则，优化内部产业结构，形成了由26个国家级产业基地和14个省级专业镇组成的横跨城乡

□中山市是我国沿海开放城市之一，近年来大力推进"工业强市"战略，先后建成了全国包装印刷基地、国家健康科技产业基地、电子信息产业基地、民营科技园等技术含量较高的工业园区，基本形成了以高新技术产业为龙头，以优质产品为拳头的多元化产品结构。图为中山市区。（图片摄影：王列）

的产业集群。三是统筹城乡基础建设。大力促进城市基础设施向农村延伸、城市公共服务向农村覆盖，夯实城乡和谐发展基础。在较早实现村村通公交、通宽带、通自来水的基础上。2008年起，进一步推进"六项村级工作"，即村村有候车亭、村村有卫生站、村村有村庄规划、村村耕地连片开发、村村农路

□中山市内四通八达的高速路网。（中共广东省中山市委办公室供图）

硬底化、村村集体经济年纯收入超100万元。四是统筹城乡生态建设。以创建全国生态城市为契机，把占全市土地面积1/9的五桂山划定为生态保护区；投资约30亿元建设镇区污水处理厂和组团式垃圾处理基地，生活污水和垃圾处理率分别达到85%和100%；逐步淘汰高耗能、高污染产业，一批传统制造业企业通过发展研发营销等环节，走上"总部经济"道路。循环经济发展模式带动了城乡生态文明，7个镇被命名为全国环境优美乡镇。"既要金山银山，更要绿水青山"，成为这座充满幸福感城市的真实名片。

今天的中山，正围绕"推进经济强市、和谐中山、宜居城市、法治社会、文化名城和社会主义新农村建设"六大目标，以民生为根本，以发展为要务、以改革为动力，充分运用改革开放30年打下的物质与体制基础，全力推动新一轮大发展。明天的中山，将建设成为经济更加繁荣、社会更加和谐、环境更加优美、人民更加幸福，适宜创业、适宜创新、适宜居住的新型城市，为伟人故里带来更加瞩目的辉煌。

广东改革开放30周年巡礼之八：惠州

科学发展迈开大步，构建和谐惠民之州

惠州市位于广东省东南部、珠江三角洲东北端，南临南海大亚湾，毗邻广州、东莞、深圳、香港。现辖惠城区、惠阳区、惠东县、博罗县、龙门县。设有大亚湾经济技术开发区和仲恺高新技术产业开发区两个国家级开发区。陆地面积1.12万平方千米，占珠江三角洲经济区面积的1/4，海域面积4520平方千米，海岸线长223.6千米，是广东省的海洋大市之一。全市常住人口377万人。改革开放30年来，坚持以邓小平理论、"三个代表"重要思想为指导，深入贯彻落实科学发展观，在中共广东省委、广东省人民政府的正确领导下，惠州近年来，经济社会发展成就斐然。惠州相继获得"中国优秀旅游城市"、"国家卫生城市"、"国家园林城市"、"国家环境保护模范城市"、"全国双拥模范城"、"全国造林绿化十佳城市"、"中国人居环境范例奖"、"全国文明城市"等称号。

改革开放以前，惠州的自然地理优势未得到充分发挥，经济基础相当薄弱。1979年，全市国内生产总值6.79亿元；工农业总产值8.09亿元，其中工业产值仅为2.8亿元。改革开放以后，尤其是1988年地改市后，惠州人民奋起直追，全市经济社会进入了迅速发展、充满生机活力的新时期。30年间，惠州由一块寂寂无闻的边陲之地变为一方备受关注的投资热土；由一个典型的农业经济区域变为进入工业化中期阶段的新型城市。

如今的惠州，经济蓬勃发展，势头强劲、蒸蒸日上。已成为"国家电子信息产业基地"，是世

□惠阳淡水中心区。

改革开放30周年巡礼

□惠州市的海岸风景。

界最大的电话机、电池和镭射光头生产基地之一，亚洲最大的计算机主板生产基地之一，中国最大的电视机、汽车音响、高级电工产品和照相机生产基地之一。有一批地方大型国有控股企业和大型民营企业生机勃发。TCL、德赛、华阳、侨兴等4家企业进入中国电子信息百强前25名。2007年，全市生产总值、金融机构存款余额、招商引资项目合同总额三项指标均突破1000亿元大关，标志着惠州迈入了全国一类重点城市行列。2008年，惠州生产总值达1280亿元，比上年增长11.5%，呈现出速度快、效益好、结构优、后劲足的良好局面。尤为可喜的是，继投资额达43亿美元的中海壳牌南海石化项目于2006年正式投产后，总投资200亿元人民币的中海油惠州1200万吨炼油项目也已于2008年正式投产。未来几年，惠州还有抽水蓄能电站等一批总投资达千亿元人民币的项目建设投产，将为惠州积蓄更为强劲的发展势能。

2008年，新一轮思想大解放的热潮涌动南粤大地，新一轮科学发展的竞争也随之开始。2008年2月，中共中央和中共广东省委选定惠州作为全党深入学习实践科学发展观活动试点单位，把活动作为推动惠州发展转型升级，提升发展成果惠及民生水平的重要契机。按照中共中央政治局委员、省委书记汪洋同志为惠州发展确立的"惠州作为全党深入学习实践科学发展观活动试点单位，理应在推进科学发展、促进惠民利民方面率先探索，努力建设成为科学发展的'惠民之州'"的总目标、总任务，惠州市以解放思想为先导，以创新载体为抓手，以解决问题为重点，以制度创新为动力，以群众满意为标准，推动学习实践活动深入开展，取得了较大的成效。2008年，全市主要经济指标均居广东前列；CPI [1]居珠江三角洲末位；环保责任考核名列全省第一；社会更加和谐稳定，信访各项指标全线下降，奥运期间做到了"零上访"。经国家统计局专业调查队测评，群众对试点工作满意度达到98.2%。科学发展没有句号，解放思想永无止境。"努力把惠州建设成为国际级石化名城、国家级电子信息产业强市、全省实践科学发展观的模范市和人人安居乐业、家家富裕安康、处处和谐秀美的'惠民之州'"，是惠州市人民的共同愿望和长远目标，并将有力有序有效加以推进。

---

1 CPI：英文Consumer Price Index的缩写，意为消费者物价指数。CPI过大，则表明通货膨胀已成为经济不稳定因素。

广东改革开放30周年巡礼之九：肇庆

向东看往东赶，实现历史跨越

　　地处改革开放前沿地区的肇庆，在中共广东省委、广东省人民政府的正确领导下，历届党委、政府带领全市干部群众，以邓小平理论和"三个代表"重要思想为指导，以科学发展观为统领，坚决贯彻落实党的路线方针政策，以经济建设为中心，坚持改革开放，不断推动经济社会又好又快发展。改革开放以来，特别是近几年来，肇庆确立"向东看、往东赶，加快融入珠江三角洲"的战略取向，围绕建设"繁荣活力、文明法治、和谐安康、生态环保肇庆"奋斗目标，大力实施工业主导、重大项目带动、三产旺市、科教兴市和人才强市、区域协调发展"五大战略"，加速发展工业、城市、县域、港口物流"四大经济"，积极实施职业技能培训、教育均衡发展、便民廉医、全民安居、生产生活环境改善"五大民生工程"，经济社会面貌发生了巨大变化，实现了历史性跨越，迈上了科学发展新里程。

　　1. 改革开放30年，肇庆综合实力显著增强

　　30年来，肇庆的经济建设取得了巨大成就，经济总量迅速壮大，经济质量快速提升，产业结构不断优化，财政实力明显增强。2007年，肇庆实现生产总值593.1亿元，比1978增长68.7倍；人均生产总值15915元，增长50.8倍。三次产业比例从30年前以第一产业为主的"一二三"经济格局，演变为现在的"三二一"发展格局。2007年，肇庆地方财政一般预算收入达到32.74亿元，比1978年增长41.5倍；城市居民人均可支配收入12278元，增长32.5倍；农民人均纯收入5085元，增长53.5倍。人民生活从基本温饱进入总体小康。

□迅速崛起的肇庆高新区。（图片摄影：徐晓东 中共广东省肇庆市委办公室供图）

□广东肇庆城区新貌——端城新姿。（图片摄影：黎飞雄 中共广东省肇庆市委办公室供图）

改革开放30周年巡礼

□肇庆交通新貌——广肇高速公路。（图片摄影：徐晓东 中共广东省肇庆市委办公室供图）

2. 改革开放30年，肇庆工业经济高速增长

30年前，肇庆工业企业规模小，生产能力落后，全市工业总产值不足10亿元。改革开放后，肇庆坚持工业立市发展战略，以园区建设为载体，外源型和内源型工业并举，工业规模迅速扩大，经济效益大幅提高，形成了电子信息、生物制药、食品饮料、金属加工、汽车配件、装备制造、林产化工、新型建材等优势产业。2007年，全市规模以上工业总产值675亿元，30年增长100倍，工业企业利税总额增长77.7倍；外资和民营工业总产值分别占全市的47.8%和44.4%。肇庆正逐渐从一个农业大市发展成为新兴的工业城市。

3. 改革开放30年，肇庆对外开放全面推进

改革开放前，肇庆对外经济交往甚少，只有对港、澳地区少量的农林土特产品出口，全市外贸出口总额仅0.24亿美元。改革开放后，肇庆坚持改革促开放、开放促开发，对外开放呈全方位、多层次、宽领域拓展的良好态势，利用外资从无到有、增长迅猛，外向型经济蓬勃发展。全市累计实际吸收外资超75亿美元，近五年累计超过32亿美元。2007年，全市外贸出口总额21.73亿美元，比1978年增长91倍。

4. 改革开放30年，肇庆农村经济全面发展

改革开放前，肇庆农业"以粮为纲"，农业总产值仅4.86亿元，农民人均纯收入不足100元。家庭联产承包责任制的落实，极大地调动了广大农民的积极性，劳动生产率不断提高，农产品日益丰富，农村经济迅速壮大，农村生活水平稳步提升。尤其是近年来肇庆坚持以工业化、城镇化和农业

产业化为主要手段化解农业、农村和农民问题，取得了明显成效。现代农业迅速崛起，形成了名优水果、蔬菜、生猪、优质水产品等特色主导产业，2007年全市农业总产值达217.56亿元，比1978年增长43.8倍；农村三大产业全面发展，县域经济综合实力显著增强；以生态文明村、省卫生村建设为抓手，社会主义新农村建设有效推进，农村各项事业蓬勃发展。

5. 改革开放30年，肇庆城市建设日新月异

改革开放以来，肇庆城市建设迅猛发展，基础设施日臻完善，经济发展后劲大大增强。2007年全市完成基本建设投资125.74亿元，比1978年增长208倍。改革开放以来，先后建成了500千米环市路、广肇高速、三茂铁路、西江大桥、三榕港等一大批交通工程，对接珠江三角洲的水、陆、铁、空综合立体交通体系基本形成。按照建设最适宜旅游、最适宜人居、最适宜创业城市的目标定位，在城市发展规划上突显"山、湖、城、江"特色，城市建设步伐不断加快，城市功能不断提升，城市管理不断加强，城市环境不断优化，城乡公共设施不断完善，旅游、房地产、交通、通讯、商贸、金融等行业迅猛发展，城市面貌焕然一新。肇庆正在建设最适宜人居的城市。

6. 改革开放30年，肇庆社会事业繁荣发展

改革开放以来，随着经济持续快速健康发展，以改善民生为重点的各项社会事业全面进步。尤其是近年来肇庆积极实施民生工程，有效地推进了社会各项事业的繁荣发展。科教兴市迈出新步伐，科技服务体系不断完善，科技创新水平明显提高。国民教育跨上了历史的快车道，中小学布局调整工作成效显著，普及九年义务教育各项指标达到或超过国家考核要求，高中教育加快发展，职业教育发展速度和规模居全省前列，高等教育发展迅速。社会保障体系逐步完善，覆盖范围不断扩大，保障水平明显提高，全市新型农村合作医疗参合率达99.59%。文化名市建设扎实有效，民主法制建设稳步推进，卫生、体育等事业突飞猛进，群众精神文化生活日益丰富。

30年的改革开放造就了肇庆今日的成就和辉煌。在新的历史起点上，肇庆干部群众正在深入贯彻党的十七大、十七届三中全会精神和中共广东省委、广东省人民政府争当实践科学发展观排头兵的重大工作部署，继续解放思想，坚持改革开放，推动科学发展，促进社会和谐，努力把肇庆建设成为未来广东发展的新增长极，成为能够代表广东科学发展成果的城市，再谱科学发展新篇章！

□汕头海湾大桥。（图片摄影：柯晓 中共广东省汕头市委政策研究室供图）

二、东翼经济多头并进，异军突起

　　改革开放30年来，充分发挥侨乡优势，大力开展招商引资，广东东翼四市竞相发展，在全省经济社会发展格局中异军突起，整个地区一改贫穷落后面貌，处处朝气蓬勃，生机盎然。目前，东翼经济发展已经有一定基础，经济实力增强，产业结构较好，民营经济较发达，优势产业突出对外贸易基础较好，交通通讯便捷，起步台阶高。

广东改革开放30周年巡礼之十：汕头

开放城市敢先行，科学发展再飞跃

汕头市位于广东省东部、南海之滨，是全国四个经济特区之一、沿海开放城市、著名侨乡和东南沿海的重要港口城市，海洋资源、港口资源、民资民力、侨资侨力丰富。现辖金平、龙湖、澄海、濠江、潮阳、潮南6个区和南澳县。总面积2064.4平方千米，总人口500.82万人。改革开放30年来，在中共广东省委、广东省人民政府的正确领导下，汕头坚持以邓小平理论、"三个代表"重要思想为指导，深入贯彻落实科学发展观，汕头经济社会发展取得了显著成就，先后进入"中国城市综合实力50强"、"国家卫生城市"、"国家环境保护模范城市"、"中国优秀旅游城市"、"全国双拥模范城"、"中国投资环境百佳城市"、"国家知识产权试点城市"、"中国品牌经济城市"等行列，为全国全省改革开放事业作出了积极贡献。

1. 经济综合实力显著增强

实现了从传统农业到现代农业的转变，工业成为经济发展的主导力量，地区生产总值（GDP）从1978年的8.71亿元，跃升到2007年的850亿元，年均递增16.5%；人均GDP从306元提高到2007年的17048元，增长55.71倍。地方财政一般预算收入从1978年的1.15亿元到2007年的42.49亿元，增长36.95倍。工业总产值从1978年的不足3亿元，跃升到2007年的1742.7亿元，当年工业增加值达412.77亿元，占全市GDP的比重达48.6%，工业对经济增长的贡献率达到58.3%。规模以上工业总产值首次突破千亿元大关，达1069.26亿元，比上年增长16.8%，占全市工业总产值的61.3%。形成了纺织服装、工艺玩具、化工塑料、食品加工、机械装备、印刷包装、音像材料、电子信息等一批有地方

□1989年汕头市长平路、金环路东南角原是一片沙地。（图片摄影：柯晓 中共广东省汕头市委政策研究室供图）

□2008年6月拍摄的长平路东片区。（图片摄影：李俊伟 中共广东省汕头市委政策研究室供图）

改革开放30周年巡礼

□汕头市游泳跳水馆是中华人民共和国第九届运动会跳水项目的比赛场馆，位于汕头市南滨路中段，占地面积300亩（含二期建设用地）、总建筑面积2.5万平方米，绿化面积约5万平方米，比赛可容纳观众2701人，总投资3.5亿元，由汕头市自筹资金兴建，于2002年4月29日通过工程总验收，2002年6月1日正式开馆并对外开放，是汕头经济特区进入21世纪最具有现代气派的大型公共体育设施，可承担国际性的游泳、跳水比赛。（图片摄影：柯晓 中共广东省汕头市委政策研究室供图）

特色的支柱产业和优势产业。全市社会消费品零售总额从1978年的4.35亿元提高到2007年的473.21亿元。汕头市是全国首个十连冠"吨谷市"。2007年，全市完成农业总产值90.12亿元。特色农业的产值占农业总产值比重已达83.7%。三次产业比例从1978年的24.1：38：37.9调整为2007年的5.6：52.9：41.5。人民生活总体进入小康，汕头城镇居民可支配收入年均增长6%。2007年，中心城区居民人均可支配收入11716元，农村居民人均纯收入4581元。

2. 基础设施建设大跨越

积极规划和推进建设东部城市经济带、工业经济带和生态经济带建设。中心城区建成区面积从1978年的7.25平方千米扩大到2007年的118.06平方千米，形成以海港、空港为中心，高等级公路、铁路为骨架的海陆空现代化立体交通网络。作为中国沿海5个港口群体中的主要港口，汕头港拥有万吨级以上深水泊位16个，5万吨级石化泊位、5万吨级航道工程正在建设，10万吨级集装箱泊位和30万吨级原油码头工程前期工作正在进行。华能汕头电厂一、二期工程建成投产，华能海门电厂6×

100万千瓦超临界发电机组建设快速推进。

3. 精神文明建设大发展

以政府为主导、多元化投资、全民办教育的发展格局形成。多年高考成绩位居全省前列，创造过全省六连冠的佳绩。汕头现有全日制大学、专科院校各一所，各种中等学校237所，成人高等学校8所，成人中专12所，中小学校1075所。各类民办学校59所。"海纳百川，自强不息"的汕头精神发扬光大，孕育出新时期乐善好施的"关微精神"[1]。建成全国首个侨批[2]博物馆。市博物馆、图书馆投入使用。文化体制建设稳步推进，潮剧剧本与演员获得国家多个最高戏剧奖项。先后被授予"中国民族民间艺术之乡"称号。基本形成三级医疗卫生防治网络，医疗技术水平位居全省前列。全市孕产妇死亡率下降至8.71／10万，婴儿死亡率为5.37‰，接近发达国家水平，平均期望寿命达到75岁。体育事业蓬勃发展，汕头籍运动员在跳水、乒乓球、举重、体操和武术等共有20人在8个项目上取得70多个世界冠军。

4. 民主法制建设大进步

人民代表大会制度、政治协商制度巩固完善，爱国统一战线发展壮大，依法治市进程加快，立法工作稳步推进，基层民主政治建设全面推进。从1996年6月授予汕头市地方立法权以来至2008年6月，汕头市共制定、修改、废止法规69件，现行有效法规47件。其中经济特区法规24件，较大市法规20件，法规性决定3件。全面推进依法行政，推进民主决策。完善政务公开、厂务公开、财务公开等各项制度。截至2008年6月，全市1051个村（居）完成换届选举。四次蝉联全国双拥模范城，并成为全国首个残疾人工作示范城市。

汕头在新的历史起点上确定了实现新一轮大发展的总体思路和奋斗目标，力争提前实现"三年打基础、五年大变化、十年大发展"的奋斗目标，经过10年左右的努力，经济社会发展全面进入科学发展轨道，使汕头成为新时期最开放、最具活力、最宜居住创业的地区之一，成为敢闯敢试、先行先试、经济繁荣、法制完善、环境优美、侨乡特色明显、人民安居乐业的经济特区，成为实践科学发展观的排头兵。

---

1 2007年12月6日开始，《南方日报》连续一周推出"寻找关微"系列报道，追踪向"希望工程"捐款而"不露脸、不出名、不暴露任何个人信息"的汕头市扶贫济困典型——"关微"。"关微精神"是一种助人为乐、甘于奉献、乐善好施、不求回报的精神。
2 潮梅地区的俗称"番批"，专指海外华侨通过民间渠道寄回国内的汇款，其中绝大部分附有家书。

迎潮头励精图治，红土地沧桑巨变

1988年经国务院批准，海陆丰地区在汕尾[1]设立地级市——汕尾市，下辖市城区、海丰县、陆河县，代管陆丰市，并设红海湾开发区和华侨管理区两个市辖经济区。汕尾建市以来，在中共广东省委、广东省人民政府的正确领导下，海陆丰人民高举中国特色社会主义伟大旗帜，沐浴着改革开放的春风，发扬敢为人先、无私奉献的精神，在这片美丽而神奇的红土地上，艰苦创业，励精图治，吹响了加快老区脱贫奔康，建设美好家园的号角，实现了"大跨越，大提高，大发展"，谱写了自强不息、开拓创新的壮丽史诗，饱经风霜的红土地上发生了沧海桑田般的巨变。

1. 经济综合实力实现大跨越

2007年全市地区生产总值295.43亿元，年均增长13.5%，是建市前的12.67倍，人均生产总值首次突破1万大元，达到10440元。工业总产值增长75.89倍，年均增长24.3%，建市前财政一般预算收入仅有4000多万元，2007年首次突破了10亿元大关，达到12.16亿元，20年增长了27.8倍，年均增长18.3%。外商直接投资增长95.68倍，年均增长25.7%，外贸出口总值增长52.46倍，年均增长22%。全市经济结构逐年优化，初步形成了电力能源、电子信息、食品制造、纺织服装、金银珠宝首饰加工等五大支柱产业。电力能源工业迅速崛起，汕尾发电厂1、2号机组投入商业运行，3、4号机组即将动工。以信利、德昌为主导的高新技术产业发展迅猛，信利电子有限公司成为全国最大的TFT产品生产基地，汕尾成为粤东最大的高新技术产品出口基地。厦深铁路汕尾段、陆丰核电、海丰核电、海

1　1988年1月，经国务院批准，在原海丰、陆丰两县的行政区域上设置地级汕尾市。

□汕尾市城乡面貌发生了沧海桑田的巨大变化。建市之初，市区建设面积只有4平方公里，现在市区建设面积达到25平方公里，11年间市区从一个沿海边陲小镇迅速崛起为一座初具中等规模的滨海城市。图为汕尾市区夜景。

□汕尾城区风貌。

改革开放30周年巡礼

丰小漠石化、碧桂园、宝丽华、万福等一批重点项目正在加紧推进，"深圳汕尾区域发展特别合作区"等产业转移园区项目进展加快。这些项目将对汕尾的经济带来极大的拉动作用，为汕尾的跨越发展打下扎实的基础。

2. 基础设施和城乡面貌发生大变化

建市以来，特别是近年来，城乡面貌发生了巨大变化，投资环境明显改善。20年来，全市共投入资金近900亿元，相继建成了一批交通、通讯、能源、水利、市政等设施项目。全市现有公路通车里程5148千米，是1987年的4.06倍。全市用电量21.98亿千瓦时，是1987年的12.35倍。1994年全市实现城乡电话交换程控化、交换数字化，2007年城乡电话机用户57.4万户，是1988年的40.7倍，移动电话用户114.6万户，是1995年的56.7倍。城市中心市区面积从建市初的4平方千米扩展到21平方千米，昔日的边陲小镇发展成为一座"海在城中、城在山中"的适宜居住、创业、休闲的现代化滨海新城。

3. 人民生活水平得到大提高

建市以来，经过不懈努力，汕尾老区逐步摆脱了贫困落后的状况，人民收入稳步提高，消费能力不断增强。2007年，市区居民人均可支配收入

□汕尾红海湾风车岛。（图片摄影：崔新基）

□汕尾市位于粤东沿海，水域辽阔，水产资源丰富。图为汕尾鱼港。（图片来源：汕尾市规划网）

9567元，比1987年增长9.1倍，农民人均纯收入4273元，比1987年增长6.3倍，年均增长10.5%，城镇在岗职工年平均工资为17405元，比1987年增长13.9倍，年均增长14.5%。2007年末城乡居民储蓄存款余额137.91亿元，20年翻了六番，年均增长23.1%。符合条件的城乡居民基本纳入最低生活保障范围，农村合作医疗覆盖面100%，80%行政村实现公路硬底化；涉及人民群众切身利益的问题得到较好解决。广大人民群众的衣、食、住、行、用等生活条件大为改善，"日求三餐，夜望一宿"的贫困现象已成历史。今日汕尾，社会大局稳定和谐，人民群众安居乐业，城乡处处呈现出勃勃生机、欣欣向荣的喜人景象。

4. 科教文卫体等事业获得大发展

全市教育体制和办学体制改革初见成效，教育教学管理不断强化，城乡免费义务教育得到落实，教育教学质量不断提高。2007年全市普通中学在校学生24.84万人，小学在校学生47.55万人，分别是1987年的4.07倍和1.99倍。2007年高考入围人数近万人，创历史新高，首次摘取两个单科满分的全省状元。以实施"文化工程"为依托，汕尾完善了市级到村（居委）的文化设施体系，新建了一批文化场馆和"农"家书屋。一批优秀文化作品获省表彰。稀有的民间剧种正字戏、白字戏、西秦戏和艺术皮影戏、滚地金龙等五个项目被国务院颁布为首批国家级非物质文化遗产。红宫红场被中宣部确定为全国爱国主义教育示范基地，汕尾被评为"中国民间文化艺术之乡"。全市62个乡镇（场）全部建立了农村合作医疗制度，覆盖率达100%，参合人数达170多万人，参合率达92.2%，医疗条件不断改善。2007年末，全市拥有卫生机构81个，医院、卫生院床位4235张，各类卫生技术人员6327人，其中医生2656人，每千人拥有卫生技术人员2.2人。全市认真贯彻落实《体育法》及《全民健身计划纲要》，全民健身运动、群众性体育活动蓬勃开展。扩建完善了一批体育场、馆设施。成功承办第九届全国运动会、第十一届省运动会的帆板、帆船比赛等一系列重大赛事。占地12.75万平方米的汕尾市全民健身广场投入使用。体育竞技水平居全省中等水平，为国家培养输送了近300名优秀运动员。

"雄关漫道真如铁，而今迈步从头越。"当前，全市人民按照中共汕尾市第五次代表大会"抢抓新机遇，推进新跨越，共建新汕尾"的要求，紧紧围绕"活力汕尾、人文汕尾、和谐汕尾、清新汕尾"的奋斗目标，正在努力把汕尾建设成为工业、旅游业和海洋产业为主导的现代化滨海新城。

广东改革开放30周年巡礼之十二：潮州

岭海名邦涌春潮，开拓创新展宏图

改革开放30年来，在中共广东省委、广东省人民政府的正确领导下，潮州市坚持以邓小平理论、"三个代表"重要思想为指导，深入贯彻落实科学发展观，沐浴着改革开放的春风，发生了翻天覆地的变化，取得了辉煌的发展成就，展现了岭海名邦迷人的风采。

1. 经济持续较快发展，综合实力明显增强

30年来，潮州紧紧抓住发展第一要务，调整优化产业结构，提升产业发展层次，壮大经济整体实力，生产总值由1978年的4.27亿元增加到2007年的380.2亿元，年均增长14.2%。人均GDP由1978年的239元增加到2007年的14967元，增长62.62倍，年均增长11.9%。城镇居民人均可支配收入由1978年的268元增加到2007年的10391元；农民人均纯收入由1978年的81元增加到2007年的4599元。全市民营经济突飞猛进，特色产业做强做大，已经形成了陶瓷、食品、婚纱晚礼服、塑料工艺鞋、不锈钢制品、包装印刷、电子机电、水族器材等特色产业集群，获得"中国瓷都"、"中国婚纱晚礼服名城"、"国家日用陶瓷特色产业基地"、"中国服装跨国采购产业基地"等称号，累计拥有省级以上名牌名标230项，其中中国名牌产品18项，数量居全省第五位；有21个企业品牌被省认定为"中国出口名牌"，居全省首位。陶瓷、食品、服装、不锈钢四大产业集群被广东省人民政府定为广东省特色产业升级示范区，枫溪区被广东省定为创建区域国际品牌试点单位。有地方特色的茶叶、花卉、水产、水果、畜牧等产业发展势头良好，农业产业化进程加快，潮州被定为全国唯一的无公害乌龙茶生产示范基地，三百门渔港被定为国家一级渔港。

□ "一名城二基地"之新区一角。（图片摄影：陈楚霖 中共广东省潮州市委政策研究室供图）

□潮州 "一名城二基地"之广济桥。（图片摄影：曹萱 中共广东省潮州市委政策研究室供图）

改革开放30周年巡礼

2. 基础设施日臻完善，发展环境不断优化

潮州立足长远发展，坚持适度超前原则，以大项目拉动大发展，加快基础设施和重点项目建设，城市基础设施日益完善。陆路交通方便快捷，汕汾高速公路、广梅汕铁路、厦深高速铁路以及国道、省道横贯其中，使潮州形成四通八达的交通网络。潮州港是"国家一类对外开放口岸"，港口经济发展潜力巨大。潮州在发展经济的同时，注重生态环境保护、生物多样性保护及水土保持等方面的工作，环境质量总体良好，连续七年在省环境保护责任考核中获得优秀等次。并先后获得"国家园林城市"、"中国人居环境范例奖"等称号。

3. 文化资源优化整合，文化建设亮点纷呈

潮州是"国家历史文化名城"，自东晋咸和六年(公元331年)建制以来，已有1670多年的历史，素有"岭海名邦"、"海滨邹鲁"的美称。全市现有国家级重点文物保护单位8处，省级文物保护单位9处，有11个项目列入国家非物质文化遗产保护名录，数量占全省1/7，居全省各市首位。作为"中国优秀旅游城市"，潮州发挥人文资源众多、旅游资源丰富的优势，大力发展文化旅游产业，修复一批文物景点，振兴一批传统工艺，建设一批文化设施，创作一批文化精品，壮大一批文化产业，提升了城市文化品位。广济桥、韩文公祠、开元寺等景点扬名海内外，成为岭南著名旅游胜地。潮州按照全省建设"文化大省"的战略部署，扎实推进公民思想道德建设，大力弘扬"开放、务实、创新、奉献"的新时期潮州人精神，公民素质和城乡文明程度不断提高，连续三届获"广东省文明城市"称号。

4. 侨乡优势充分发挥，区域合作上新台阶

潮州是中国著名侨乡，海外华侨华人和港、澳、台同胞众多。潮州发挥侨乡优势，积极实施"回归工程"，发动和吸引旅外乡亲支持家乡建设，历年来累计接受捐资超过13亿元。对外交流不断加强，与泰国曼谷市建立友好城市关系，开创国内地级市与外国首都缔结友好城市的先河。潮州把招商引资作为事关长远发展的重大事情来抓，创新招商方式，完善引资机制，优化利用外资结构，招商引资工作令人瞩

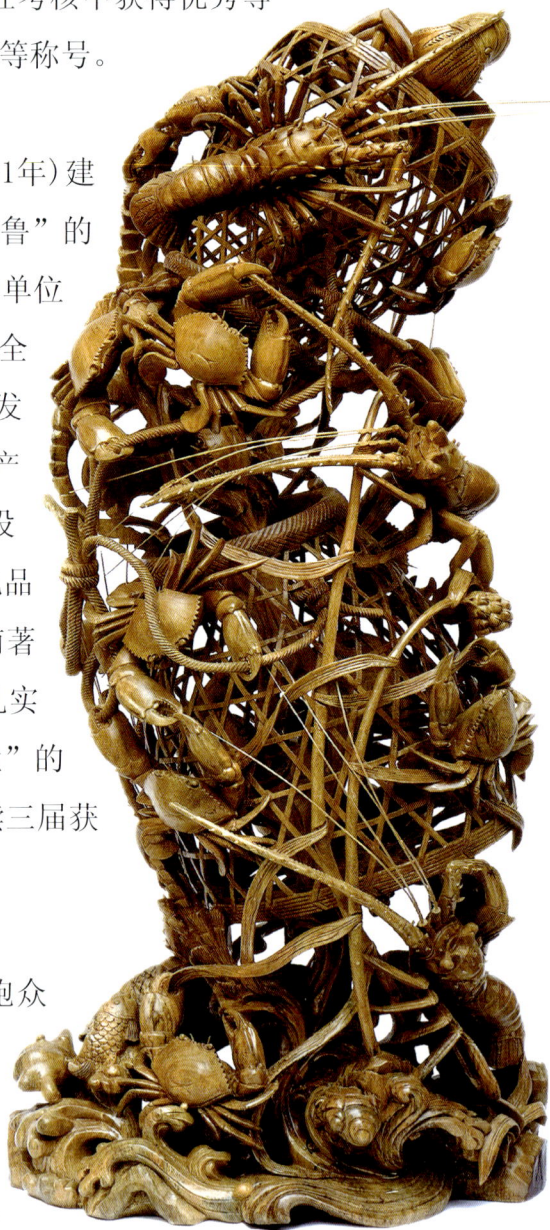

□潮州非物质文化遗产：木雕。（图片摄影：陈楚霖 中共广东潮州市委政策研究室供图）

目。积极参与港澳台地区、东盟自由贸易区、泛珠江三角洲、闽粤赣十三地市、海峡西岸经济圈的区域合作。辟建深圳南山（潮州）产业转移工业园，主动承接珠江三角洲等先进地区产业转移。树立"大粤东"观念，重视与粤东周边城市的合作，努力构建"大潮汕"经济发展新格局。

5. 民生问题不断改善，社会建设和谐发展。

中共潮州市委、潮州市人民政府坚持立党为公、执政为民的理念，以发展社会事业为载体，以改善人民生活为抓手，扎扎实实为人民群众办好事实事，社会主义和谐社会建设扎实推进。全力实施"科教兴市"战略，优先发展教育事业，大力发展各级各类教育，素质教育扎实推进，教育质量不断提高，基础教育和职业教育实现了新突破。积极扩大城乡就业，再就业扶持政策得到落实，城镇就业形势稳定。实施"智力扶贫工程"，在全省率先将城镇特困、低保、单亲和零就业家庭子女纳入免费职业技能培训，被国家劳动和社会保障部认定为"城市公共就业服务机构综合性服务单位"。建立健全多层次的社会保障体系，养老、失业、工伤和医疗保障等社会保障覆盖面不断扩大。城镇居民最低生活保障标准不断提高。在全省率先建立扶贫济困长效机制，在全市实施"春风暖人心"帮扶特困家庭爱心工程等富有潮州特色的民心工程，使各类困难群体的生活得到有效保障。全市12个社区被列入省首批"六好"[1] 平安和谐社区，被中央文明委作为典型经验在全国推广。深入开展"平安潮州"建设，严厉打击"两抢两盗"等犯罪活动，在全省率先利用社会资源建设"平安潮州"治安视频监控系统，加强社会层面控制，全市社会保持和谐稳定。

春潮涌，宏图展。潮州市正奋力打造好"一名城两基地"（国内有重要影响力的历史文化名城、国内重要的特色产业基地和广东重要的能源石化基地），建设"经济发达、文化繁荣、社会和谐、富裕安康的广东'东大门'"的新征程更加催人奋进、鼓舞人心。乘着改革开放的春风，吹响科学发展的号角，潮州市250万人民正在市委市政府的领导下，解放思想，与时俱进，开拓创新，勇往直前，争当推动科学发展、再铸粤东辉煌的排头兵，继续谱写建设中国特色社会主义新篇章。

1　即自治好、管理好、服务好、治安好、环境好、风尚好。

广东改革开放30周年巡礼之十三：揭阳

筚路蓝缕谋发展，艰苦创业铸辉煌

改革开放30年，尤其是1992年建市以来，在中共广东省委、广东省人民政府的正确领导下，揭阳积极落实中共中央、国务院的富民强国政策，坚定不移地实行改革开放，经济社会发展取得了令人瞩目的成就。全市生产总值从1978年的7.16亿元增至2007年的592.27亿元，增长82.7倍，年均增长14.4%；人均生产总值从205元增至10452元，增长50.9倍，年均增长12.4%；地方财政一般预算收入从0.89亿元增至17.32亿元，增长19.5倍，年均增长10.8%。三次产业结构从1978年的48.6:32.9:18.5演变为2007年的14.1:53.8:32.1，实现从第一产业主导型向第二产业主导型转变。

1. 农村经济蓬勃发展

1992年至1998年粮食生产连续7年夺得大丰收，实现单产、总产连续五年"双超历史"。惠来、普宁、揭西三县（市）被命名为"国家商品粮基地县"，榕城区和揭东县连续三年获得"吨谷县"称号。揭阳市成为粤东高产、高质、高效"三高"农业商品基地，先后荣获中国"青梅之乡"（普宁）、"青榄之乡"（普宁）、"蕉柑之乡"（普宁）、"竹笋之乡"（揭东）、"荔枝之乡"（惠来）等美誉。2007年，农林牧渔业总产值131亿元，比1978年增长15.3倍，年均增长10.1%。

2. 工业经济渐成体系

随着"工业立市"战略的实施，工业生产腾飞发展，揭阳初步形成以纺织服装、五金机械、食品制药、化工塑料、电子信息等为主导，以轻工型和外向型工业为主体的工业体系。目前，全市有工业企业3万多家（其中规模以上企业1048家），上市公司5家，国家免检产品7个，中国名牌产品2

□揭普高速公路起于揭阳市新亨镇，与汕梅高速公路相交，终于普宁市池尾镇，接普惠高速公路，全长45.93千米。（图片摄影：杨继斌等 中共广东省揭阳市委、市政府供图）

□揭阳市区临江北路。（图片摄影：杨继斌 中共广东省揭阳市委、市政府供图）

改革开放30周年巡礼

个，省名牌产品19个，驰名商标7件，省著名商标74件。先后荣获"中国五金基地市"、"亚洲玉都"、"中国玉都"、"中国纺织产业基地"（普宁）、"中国中药名城"（普宁）和"中国能源工业大县"（惠来）等称号。2007年，工业总产值1270.22亿元，比1978年增长447倍，年均增长23.4%。

3. 城乡市场繁荣活跃

城乡市场从无到有、从小到大、从大到强，逐步发展形成以市区为中心、普宁市区为次中心，县城市场为骨干，乡镇市场为补充，高、中、低档相配套，大、中、小型相结合的市场网络。目前，全市各类商业网点6万多个，商品交易市场150个（其中年交易额超亿元的批发市场16个），物流、仓储企业188家，专卖店、连锁店和货仓式商场等新兴商业网点不断涌现。2007年，社会消费品零售总额208.92亿元，比1978年增长49.7倍，年均增长14.5%。

4. 对外经贸发展较快

改革开放以来，发挥侨乡优势和华侨侨胞，港、澳、台同胞的桥梁纽带作用，加强对外经贸交流与合作，大力发展对外经贸，积极引进外商投资，鼓励创办中外合资、中外合作、外商独资"三资"企业，促进外向型经济较快发展。2007年，外贸出口总额17.69亿元，比1992年增长6.2倍，年均增长14.1%；建市16年来，累计实际利用外资34.93亿美元，约占全社会固定资产投资总额的1/4，为经济社会的发展注入了活力。

5. 基础设施建设加快

建市16年来，累计全社会固定资产投资1244.85亿元，是建市前14年总和的26倍。全市沿海、沿江主要港口码头泊位达46个，其中3000吨级以上16个；1996年广梅汕铁路揭阳路段建成通车，结束了揭阳无铁路的历史；深汕、普惠、揭普、梅揭高速公路先后建成通车；汕揭、潮揭高速公路、揭阳潮汕机场建设步伐加快。全市公路通车里程达4396千米（其中高速公路190千米），公路密度83.5千米/百平方千米，初步形成以空港、海港为龙头，以高速铁路、高速公路、高等级公路为支撑，以村通公路为基础的水陆空立体交通格局。能源方面，全市已建成500千伏变电站1座、220千伏变电站7座、110千伏变电站34座、风能电厂2座，统筹装机总容量17.04万千瓦，基本形成以220千伏输变电线路为骨干、110千伏线路为配套的供电网络。

6. 城乡面貌明显改观

改革开放特别是建市后，先后建成榕江、榕东、梅东、环市北河大桥、西凤大桥等桥梁以及，榕江大型音乐喷泉等项目，市政道路从建市初期的11条16.2千米增至118条125千米，人均占有绿地面积5.05平方米，绿化覆盖率32.24%，城区面积从建市前7.8平方千米扩展至41.5平方千米，已初具中等城市规模。各县（市）城区、中心镇也建成一批市政项目，带动和辐射农村发展的能力不断增强。

7. 社会事业协调推进

1994年高标准完成扫盲，1996年实现普及九年义务教育达标，2006年、2008年农村和城镇先后实现九年免费义务教育目标。高等教育从无到有，先后创办揭阳学院、潮汕职业技术学院和市综合中专、技校等高（中）等学校。医疗卫生设施得到加强，先后建成市慈云红十字会医院、疾控中心、卫监所、妇幼保健院等，医院床位数增至6060张；新型农村合作医疗制度得到落实，2007年覆盖所有行政村，参合率92.5%。

8. 人民生活不断改善

改革开放后，伴随着经济社会的快速发展，城乡居民收入较快增长，生活水平不断提高。2007年，城乡居民储蓄存款余额447.18亿元，比1978年增长1787.7倍，年均增长29.5%；城镇居民人均可支配收入10751元，比1997年增长1.07倍，年均增长7.5%；农村居民人均纯收入4561元，比1997年增长0.4倍，年均增长3.41%。城乡低保政策得到落实，养老、医疗等保障制度逐步建立健全，群众看病难、读书难等问题逐步得到解决，人民生活质量明显提高。

改革开放30年，揭阳人民一步一个脚印艰苦创业，战胜一个又一个的困难，创造了一个又一个的奇迹。当前及今后一个时期，是揭阳快速发展、迅速崛起、赶上全省发展平均水平的关键阶段。全市上下将按照"解放思想，创新机制，增强信心，抢抓机遇，艰苦奋斗，突出特色，科学发展，构建和谐，十年赶上全省发展平均水平"的总体要求，强力推动经济社会更好更快发展，续写新篇章，再创新辉煌！

□揭阳市惠来风能发电厂风机。（图片摄影：杨继斌 中共广东省揭阳市委、市政府供图）

□1998年的茂名石化炼油厂（1350万吨/年，国内首座千万吨级原油加工基地）。（中共广东省茂名市委办公室供图）

三、西翼经济大步跨越，努力赶超

    30年来，随着改革开放的不断深入，广东西翼地区大力进行基础设施建设，为经济社会的进一步发展创造条件，亦呈现出加快发展的良好势头。西翼是广东传统的粮食、水果生产基地，农业产业一直以较高的速度发展。茂名和湛江是广东农业的第一和第二大市；粤西的香蕉、荔枝、龙眼、芒果和菠萝等大宗岭南佳果，誉满全国，并飘洋过海走向世界；西翼地区水产品产量共占全省比重的38.3%。而改革开放后，茂名、湛江和阳江三市均实施"工业立市"的发展战略，按科学发展观的要求加快推进工业结构的调整，工业发展逐步加快，西翼的工业发展特色明显，石油和天然气开采业、石油加工业、农副食品加工业、金属制品业等已经初步成为支柱行业产业。

广东改革开放30周年巡礼之十四：湛江

潮落潮起巨变路，东风春雨化彩虹

春雷乍动，万物复苏。1978年，党的十一届三中全会像一声春雷，震撼港城大地，从此湛江走上了栉风沐雨、艰苦创业的改革开放的巨变之路。

1. 春潮涌动

改革开放之初，在中共中央和中共广东省委的正确领导下，湛江敢于破除"左"的禁锢，在农村进行大刀阔斧的改革：改革价格、税收、信贷和农副产品收购方面的政策；放宽对自留地、家庭副业和集市贸易的限制；实行家庭联产承包责任制，分田到户；鼓励农民劳动致富，走农林牧副渔全面发展，农工商综合经营的道路；培育专业户，发展合作经济组织，创办商品生产基地，扩大城乡经济交往，兴办农业技术服务机构，推广科技成果。改革，极大地焕发了广大农民的创造性和积极性，解放和发展了农村生产力，农村处处呈现勃勃生机，农村面貌不断改观，农民生活逐步改善。此后，改革从农村渐次推向城市，简政放权、实行经济责任制、以税代利、扩大企业自主权、增强企业活力、改组兼并组建企业集团、建立现代企业制度、扶持非公有制经济发展等改革措施逐步实施，改革浪潮席卷湛江大地。改革伴随着对外开放，冲破了湛江长期封闭的社会形态，尤其是1984年湛江被列为全国首批沿海开放城市，设立国家级湛江经济技术开发区之后，对外开放的格局基本形成。

2. 潮起潮落

邓小平同志1992年视察南方发表重要谈话和党的十四大召开后，全国各地改革开放再掀高潮。

□湛江开发区全景。（图片摄影：陈明利　中共广东省湛江市委办公室供图）

□美丽的湛江碧海蓝天，满城翠绿。图为霞山观海长廊。（图片摄影：陈明利　中共广东省湛江市委办公室供图）

改革开放30周年巡礼

但此时，湛江的实业经济仍较落后，1998年，湛江总结了经验教训，按照中共广东省委"抓班子、促发展、保稳定"和"发挥湛江优势，推动经济发展尽快进入快车道"的总体要求，带领全市人民振奋精神，顽强拼搏，大力实施雷州半岛西南部改水治旱和建设南亚热带农业示范区"两大工程"，使农村的生产条件发生了历史性的变化；大力推进以国有企业改革为重点的各项改革，关系300多万农民切身利益的糖业改革获得巨大成功，使濒临崩溃的糖业获得了新生，全市经济社会发展从低谷奋起，逐步走上良性循环、全面振兴的轨道。

3. 春潮再起

2003年春，胡锦涛总书记亲临湛江视察，作出了"抓住机遇，发挥优势，加快发展"的重要指示。总书记的指示如一股东风，一场春雨，化为湛江加快发展的浩荡春潮，使刚进入21世纪初的湛江开启了加快现代化建设、全面建设小康社会的新阶段。这一时期，湛江以"建设现代化的新兴港口工业城市和美丽的南方海滨城市"为目标，进一步解放思想，勇于开拓进取，确立并大力实施"工业立市，以港兴市"发展战略，狠抓发展第一要务，全力推进工业进程，强化工业主导地位，加快建设"老百姓城市"和社会主义新农村步伐，加快建设文化大市，积极建设生态文明，大力实施"民心工程"，推动和谐湛江建设，经济社会保持协调健康持续发展，城乡面貌焕然一新。2007年，全市完成生产总值892.56亿元，相当于1978年的73.8倍，年均增长10.5%；人均生产总值13217元，比1978年增长10.2倍，年均增长8.3%；三次产业占GDP的比重由1978年的51.4:29.0:19.6变为19.8:47.4:32.8；来源于湛江的财政总收入已达185亿元，比1984年增长80.77倍，年均增长21.1%；城市综合实力排在全国百强城市第八十二位。"工业立市"成效显著，以中石化、中石油、中海油等一批临港重化项目为龙头的工业已成为拉动全市经济增长的主要动力，形成了石化、电力、制糖、家电、水产品加工、纺织、饲料、造纸等八大工业支柱产业，全市工业总产值首次突破1000亿元大关，达到1121.74亿元，比1978年增长51倍，年均增速14.5%。"以港兴市"成绩斐然，湛江港已发展成为国家12个主枢纽港之一，拥有25万吨级深水航道、30万吨级陆岸油码头和25万吨级铁矿石码头，与世界100多个国家和地区直接通航，是中国石油和天然气的重要登陆点、加工点和出发站；配套齐全的海运、铁路、公路、航空、管道等综合运输体系，使湛江成为区域性交通枢纽城市；2007年全市港口货物吞吐量达9165万吨，比1978年的1109万吨增长826.4%。社会主义新农村建设异军突起，广大农村正在发生一场积极深刻的变革；特色农业蓬勃发展，拥有中国重要的蔗糖、水果、蔬菜、热带作物生产基地和全国最大的桉树、剑麻基地，成为著名的菠萝、香蕉、芒果、红橙之乡。特色文化进一步发展，东海人龙舞、吴川飘色、遂溪舞狮、雷州石狗、雷剧等地方文化被赋予新的内涵；湖光岩世界地质公园，全国面积最大、品种最多的红树林国家级自然保护区和中国大陆近海保存最完好、面积最大的珊瑚礁国家级自然保护区为湛江增光添彩。生态环境清新宜人，建成区绿化覆盖率居全国重点城市第二位，城市环境综合质量连续四年排名国家环境保护重点城市前三位，先后获得广东省卫生城市、广东省文明城市、中国优秀旅游城市、国家园林城市、全国十大休闲城市等称号。

30年的历程表明，与时俱进、解放思想、改革创新是时代要求，是推动湛江振兴发展的强大动力。湛江改革开放30年的成就，都是冲破一切妨碍发展的传统观念，摆脱一切束缚发展的陈规陋习，革除一切阻挠发展的体制弊端，改变一切影响发展的思维方式取得的结果。30年的实践证明，必须坚定不移地走中国特色社会主义道路，必须坚定不移地坚持改革开放，必须坚定不移地深入贯彻落实科学发展观，必须坚定不移地探索和实践切合湛江实际的发展路子，必须坚定不移地加强党的建设特别是领导班子建设，必须坚定不移地促进社会和谐稳定。

当前，千万吨钢铁项目的落户给湛江带来了千载难逢的重大发展机遇。建设城乡协调、生态文明的科学发展试点市，给湛江搭建了先行先试的历史舞台。只要坚持继续解放思想，坚持改革开放，深入贯彻落实科学发展观，大力实施"工业立市、港口兴市、生态建市"发展战略，湛江的试点市建设就一定能够取得成功，湛江的科学发展、后发崛起就一定能够实现！

□湛江东兴炼油厂外景。（图片摄影：陈明利　中共广东省湛江市委办公室供图）

广东改革开放30周年巡礼之十五：茂名

南方油城现代化，争当两翼排头兵

30年来，在中共广东省委、广东省人民政府的正确领导下，在发展中国特色社会主义的道路上，沐浴着改革开放的春风，茂名跟全国、全省一样发生了翻天覆地的变化，各行各业都取得了令人瞩目的成就，先后被国家和省评为"全国创建文明城市工作先进城市"、"国家园林城市"、"全国城市环境综合整治先进城市"、"中国优秀旅游城市"、"全国减灾安居工程模范市"（是全国第一个也是目前唯一一个）、"全国科技强警示范市"、"全国综合实力百强市"、"广东省文明城市"、"广东省卫生城市"。改革开放30年是茂名经济发展实现阔步前进的30年，是社会面貌发生深刻变化的30年，也是老百姓得到实惠最多的30年。

1. 全市经济逐步实现又好又快发展

茂名地处粤西，素有"南方油城"之称，1959年设市，1983年实行市管县体制。现辖1县（电白县）、2区（茂南区、茂港区），代管3个县级市（信宜市、高州市、化州市）。1978年茂名地区（含高州、信宜、化州三市）生产总值仅为13.06亿元，到2007年，地区生产总值已达到1066.85亿元，增加81.7倍，年均增长12.6%，是建国以来经济增长最快，持续时间最长的时期。经济总量居全省第八位、东西两翼第一位，是东西两翼第一个GDP跃上千亿元台阶的城市。全市人均GDP由1978年的322元增加至2007年的17113元，增加53.1倍，年均增长13.9%。茂名石化已从1978年的年产428万吨的炼油厂发展为拥有1350万吨/年炼油和100万吨/年乙烯生产能力的全国最大的炼化一体化企业；茂名还是中国最大的水果生产基地、广东农业第一大市，高产、高质、高效"三高"农业享誉省内

□1984年的茂名石化炼油厂（500万吨/年）。（中共广东省茂名市委办公室供图）

□国内首座百万吨乙烯生产基地——茂名石化乙烯厂（2006年摄）。（中共广东省茂名市委办公室供图）

改革开放30周年巡礼

外。在经济总量快速壮大的同时，农业经济向工业经济转型加快，2007年全市三大产业的比例为19.4:41.2:39.4，非农产业的比重比1978年提高了16个百分点。税收总收入141.21亿元，增长58.7倍；财政一般预算收入31.66亿元，增长11.6倍；城镇在岗职工人均工资收入19886元，增长35倍；农村居民人均纯收入5052元，增长40.4倍。茂名经济正健步迈向全面、协调、可持续的科学发展轨道。

2. 一大批民生问题得到有效解决

近几年来，中共茂名市委、茂名市人民政府高度重视和关注民生，牢固树立"以人为本"的执政理念，解决了一大批事关群众切身利益的问题。特别是大规模持续推进的"告别泥砖房工程"，坚持"咬定目标不放松，一届接着一届干"，目前已取得决定性胜利。全市共投入资金108.36亿元，改造泥砖房31.7万户，受益农民达150万人，已完成原计划改造任务的90%以上，并荣获全国首个"减灾安居工程模范市"荣誉称号。新型农村合作医疗参合率100%。乡镇卫生院、村级卫生站设施不断完善。90%以上村委会已通硬底化公路。近年来共投入资金1.5亿元，建设农村饮水工程72宗，解决了48.69万群众饮水难的问题。通过免费培训、介绍或鼓励自谋职业等多种途径，妥善解决了下岗工人的再就业问题，城镇登记失业率控制在3.5%以内；累计有序输出农村劳动力80多万人。企业退休人员养老金逐年增加，100%按时足额社会化发放。16.1万名城乡居民获得最低生活保障，基本实现应保尽保，2007年共发放低保金6712万元。

3. 社会建设全面进步、硕果累累

茂名积极推动各项社会事业发展，一个充满生机与活力的茂名正在呈现。着力打造冼夫人文化、石油文化、荔枝文化和民俗文化等特色文化品牌，在新一轮的经济发展潮中逐步掀起了新一轮的文化发展潮。积极实施文化精品工程、"五创"工程和"先进文化进万村（家）工程"，推动群众性精神文明创建活动向深度和广度发展，有200多件各类艺术作品获全省和全国奖项；长篇报告文学《果魂》获得广东省"五个一"工程奖。儿童舞蹈《油城酷娃》获全国群星大奖，演员受到胡锦涛总书记的亲切接见。义务教育和示范性高中建设跻身全省、全国先进，高考上省专科线以上人数连续7年稳居全省第二，信宜教育城被省领导誉为"全国一大奇迹，一大德政工程"。全市现有中等职业学校37所、技工学校7所，在校生12.6万人，每年输送技能型人才6.7万人，中等职业技术教育办学综合实力已从改革开放之初在全省相对滞后的水平跃升到全省前列。致力于打造"平安和谐茂名"，社会治安综合治理工作取得显著成效，人民群众的安全感普遍增强。特别在化解矛盾方面，初步建立起人民调解、行政调解、司法调解相互衔接的大调解新格局。近年来民间矛盾纠纷调处成功率达95%以上，没有发生大规模的群体性事件和恶性事故，没有发生重特大安全事故，连续多年被

评为全省社会治安综合治理工作优秀市。

4. 党的执政能力和先进性建设不断加强

多年来，茂名坚持德才兼备、群众公认的原则，认真执行《干部任用工作条例》，逐步形成了正确的用人导向和风清气正的用人环境。在中共广东省委对茂名《干部任用条例》执行情况检查中，共160多人参加民主测评，优秀票占90%以上。切实关心基层干部，抓好"十百千万"干部下基层驻农村活动，抓好新经济组织、新社会组织党建工作，固本强基工程成效显著。化州创建新型农村党小组的经验得到中共中央、中共广东省委领导的关注和肯定，农村基层党建工作呈现出新的生机活力，全市涌现出一批在全国、全省有影响的基层先进典型。

改革开放的伟大实践表明，坚持深化改革扩大开放，坚持以经济建设为中心，坚持以科学发展观统揽全局，是茂名30年来取得经济社会辉煌成就的根本所在，是茂名进一步推进"工业立市"战略、加快构建三次产业协调发展的现代产业体系、全面建设茂名小康社会必须牢牢把握的基本方针。

按照继续解放思想、促进科学发展的要求，沿着进一步推进改革开放的既定方向，茂名将努力建设和谐粤西、经济强市，争当广东东西两翼实践科学发展观排头兵，创造更加美好的明天！

□茂名市的建设成就辉煌，现已发展成为目前全国最大的炼油工业基地、全国最大的水果生产基地、全国重要的北运蔬菜生产基地和广东省重要的能源、重化工业基地。图为茂名城市新貌。（中共广东省茂名市委办公室供图）

广东改革开放30周年巡礼之十六：阳江

波澜壮阔三十年，漠阳江畔尽朝晖

1978年，党的十一届三中全会使神州大地春意盎然、万象更新。在中共广东省委、广东省人民政府的正确领导下，在发展中国特色社会主义道路上，沐浴着改革开放的春风，阳江人民敢于创新，勇于开拓，奋发进取，顽强拼搏，在漠阳大地上谱写了一曲又一曲创新创优创业的动人乐章，先后荣获了"中国优秀旅游城市"、"中国刀剪之都"、"中国温泉之乡"、"中国风筝之乡"、"全国双拥模范城"、"中国诗词之市"、"中国楹联文化城市"等美誉。30年来，阳江综合实力大幅跃升，经济结构不断优化，城镇化进程快速推进，社会事业全面发展，人民生活显著改善，进入了发展历史上最好最快的时期。

1. 经济建设协调发展，综合实力不断增强

阳江经济建设稳步、协调发展，综合实力不断跃上新台阶。2007年，阳江市地区生产总值达407.86亿元，发展后劲不断增强，被评为"最具投资潜力的城市"。一是工业快速发展。阳江已发展成为广东重要的轻工业基地和中国刀剪之都，目前已初步形成以五金刀剪、食品加工、轻纺服装、机电建材、钢铁冶炼、医药化工和家具编织等为主的轻工业体系。二是农业生机勃勃。建市以来全市农业总产值年均增长7.3%。目前，漠江大地瓜果飘香，一年四季不断。传统南药资源丰富。海洋经济不断壮大，水产品总量和人均占有量连续多年居广东省前列，被誉为"广东鱼仓"。三是第三产业蒸蒸日上。改革开放以来，阳江旅游、餐饮服务、交通运输、批发零售等传统服务业不断提升，新兴服务业迅速崛起，住房、汽车、通信等消费快速增长，成为新的经济增长点。2007年全

□中国优秀旅游城市——阳江。图为阳春马兰风光。（图片摄影：马文荣 中共广东省阳江市委宣传部供图）

改革开放30周年巡礼

市第三产业实现增加值145.78亿元，成为三大产业中年均增长最快的产业。

2．城乡建设日臻完善，城乡面貌日新月异

30年来，阳江城乡基础设施建设日益完善，城镇化水平不断提高，中心镇辐射带动作用日益增强，昔日的县城已发展成为初具规模的中等海滨城市。市区建成区面积由1987年的7.2平方千米扩展到现在的38平方千米，是建市前的5倍；全市城镇人口达到108.6万人，城镇化水平由建市前的16.7%提高到2007年的46.08%，城乡面貌焕然一新。高楼林立、道路纵横、水系环绕、绿地相间，一幢幢高楼、一条条道路、一片片绿地，无不书写着改革开放30年来的辉煌，展现着她的美丽、繁荣、生态、和谐。

3．社会事业全面发展，生活水平显著改善

改革开放的30年，是阳江教育、卫生、科技、文化等各项社会事业全面发展的30年。改革开放前教育体系残缺不全的历史被大笔改写，基本形成以基础教育、中等教育与成人高等教育，普通教育与职业教育等学历教育为主体的比较完整的教育体系，全面普及义务教育并成功创建特殊教育学校。农村医疗基础条件大幅改善，新建市疾控中心，公共卫生体系不断完善，新型农村合作医疗制度覆盖面达到97.6%。2008年，全市每千人拥有医生0.8人，相当于1987年的3.2倍。科技自主创新能力显著提高，全市共有国家级高新技术企业3家，省级高新技术企业80家，累计申请专利4953件，累计授权专利3362件，年专利申请量一直居粤西地区前列，并被认定为"广东省知识产权试点城市"。文化事业健康发展，"南粤锦绣工程"、"南海文化长廊"、"山区文化建设议案"、"文

□中国菜刀中心——阳江十八子集团有限公司厂区。（图片摄影：莫小锋 中共广东省阳江市委宣传部供图）

化信息资源共享工程"、广播电视"村村通"工程、农村电影放映工程和省东西两翼文化项目扶持工程大力开展，文化建设遍地开花，人民精神文化生活日益丰富。改革开放的春风吹遍漠阳大地，城乡居民生活质量持续改善，2007年人均生产总值17392元，全市社会消费品零售总额222.09亿元，城镇人均住房总建筑面积50.48平方米。城镇居民恩格尔系数逐年降低，整体步入了富裕小康生活水平。

30年艰苦探索，30年奋发进取，30年翻天巨变。阳江人民用自己的双手创造出无愧于历史，无愧于时代的光辉业绩。面对新形势，新机遇，新挑战，阳江人民正以改革开放30周年为新的起点，用豪情和壮志抒写阳江创业史上浓墨重彩的新篇章，让阳江经济发展得更快，城市建设得更美，社会发展更和谐，人民生活更幸福。

□2006年中国城市生活质量50佳城市——阳江。图为阳江市鸳鸯湖生活区一角。（图片摄影：袁丹心 中共广东省阳江市委宣传部供图）

□清远市风光。（中共广东省清远市委办公室供图）

四、山区五市急起直追，渐入佳境

　　改革开放以来，广东山区五市也不断加快向全面小康迈进的步伐，为全省率先实现现代化而努力。尤其是近年来，山区发展已经成为广东区域发展的突出亮点之一，例如，在2000年至2005年，五个山区市生产总值和地方一般预算收入增幅高于全省平均水平。山区五市利用资源优势和后发优势，加强基础设施建设，交通网络发达，同时，承接珠江三角洲产业转移，大力发展特色经济，使经济增长明显加快，结构不断优化，居民收入较快增加，整体实力跨上了一个新的台阶，发展后劲增强。

全面提速加快发展，康庄大道崭新篇章

梅州地处粤东北部山区，曾经是全省"荒山面积最大、水土流失最严重、贫困人口最多"的地区。改革开放以来，在中共广东省委、广东省人民政府的坚强领导下，梅州高举中国特色社会主义伟大旗帜，坚定不移地深化改革，扩大开放，制定实施"三个希望"（希望在山、希望在路、希望在外）、"四个梅州"（开放梅州、工业梅州、生态梅州、文化梅州）、绿色崛起等一系列战略举措，坚持解放思想、走出"围龙"，坚持不等不躁、着眼长远，坚持扬长避短、开拓创新，坚持借外促内、合力攻坚，充分调动广大干部群众的积极性、创造性，充分激发广大华侨在内的海内外乡贤支持家乡建设的热情，走出了一条欠发达地区全面提速、加快发展的跨越之路，走出了一条偏远山区"走出去、引进来"的开放之路，走出了一条传统农业地区加快工业化进程的创新之路。

1. 经济实力显著增强

2007年，全市生产总值410.62亿元，人均生产总值9976元，一般预算财政收入22.97亿元，分别是1978年的14.36倍、12.41倍和23.2倍；8个县（市、区）一般预算财政收入全部超亿元。从2004年起，来源于梅州的税收总收入年年超过财政总支出。全市形成了以烟草、建材、电力、矿业、汽车零部件、电子信息等为支柱的山区特色工业体系，发展了梅雁水电、宝新能源、广东明珠、嘉应制药、塔牌集团、威华股份等6家上市企业，工业增加值145.8亿元，比1978年增长31.33倍，年均增长12.7%。全市建立了金柚、茶叶、油茶、脐橙、南药等一大批特色农业基地，发展了各级以上农业龙头企业238家，打造了"中国金柚之乡"、"中国著名单枞茶之乡"，农业总产值达到145.22

□2006年的元宵节，梅州市区烟火璀璨。（图片摄影：曾灼新）

□梅州市全景。

改革开放30周年巡礼

亿元，比1978年增长4.13倍。梅州旅游产业发展迅猛，现代服务业协调发展，雁南飞茶田度假村、雁鸣湖旅游度假村、叶剑英纪念园成为全国知名旅游品牌，梅县荣膺首批"中国旅游强县"称号，第三产业增加值142.88亿元，比1978年增长22.9倍，年均增长12.7%。今日梅州，三次产业比重由48.24:27.84:23.22调整为22.00:43.21:34.79。已从传统的农业社会，大步迈向一二三产业协调发展的工业化阶段，进入了历史上最好最快的发展时期。

2. 文教事业持续繁荣

客家文化得到弘扬和彰显。客家山歌、广东汉乐、广东汉剧、埔寨火龙、席狮舞和五华提线木偶等被列入国家非物质文化遗产保护目录，《啼笑冤家》、《山稔果》、《等郎妹》、《山魂》等一大批客家文学艺术精品产生。广播电视网络实现全覆盖，基层文化设施日臻完善，群众性精神文明创建活动蓬勃开展，崇文重教传统得到发扬光大。九年制义务教育全面普及，高中教育、职业教育、高等教育实现跨越发展。2007年，全市高中阶段教育在校生16.08万人，毛入学率达到59.9%。30年来，先后为国家输送大学生23.7万多人。嘉应学院升格为本科院校，在校生达1.4万人，成为地方特色鲜明的综合性院校。

3. 生态建设卓有成效

积极响应"十年绿化广东"的号召，全面实施造林绿化和治理水土流失两大系统工程，昔日荒山瘠岭重披绿装。深入开展"绿满梅州"大行动，扎实推进森林围城、绿色通道、林分改造、森林公园、自然保护区、生态环境保护等六大绿色工程建设，森林覆盖率居全省第三，成为全国第三批水土保持示范城市，蕉岭、梅县先后获得"全国绿化模范县"称号，梅县荣膺"全国绿色小康县"称号，蕉岭、梅江区、梅县、平远4个县（区）建成"省级林业生态县"。今日梅州，天更蓝，水更绿，山更青，成为全省重要的生态屏障。

4. 城乡面貌日新月异

中心城市、次中心城市、县城、中心镇协调发展，城市化率大幅提高。梅城从建市之初的8.1平方千米、12万人扩展到40平方千米、38万人，先后获得国家历史文化名城、中国优秀旅游城市等殊荣。"一江两岸"改造工程被国家水利部誉为城市堤防建设"梅州模式"，荣获"联合国人居环境项目优秀范例奖"和"中国人居环境范例奖"。交通公路建设取得重大突破，市到县（市、区）、县到镇均实现"1小时交通圈"，镇到行政村村委会公路全部实现水泥硬底化，全市公路通车总里程、每百平方千米公路密度均居全省山区市首位。梅县机场，广梅汕、梅坎铁路，梅揭、梅河、天汕高速梅州段等先后通航通车，形成了航空、铁路、公路、水运的立体交通网。今日梅州，城乡优美，宜居宜业，焕发出前所未有的生机和活力。

5. 人民生活全面改善

2007年，全市农民年人均纯收入4613元，职工年人均工资17983元，市区居民年人均可支配收入10802元，年均增长分别达到12.8%、12.4%和15.1%。民生状况明显改善，行路难、饮水难、读书难、看病难、住房难等问题得到有效解决。社会保障体系不断完善，城乡低保实现动态下的应保尽保，新型农村合作医疗基本实现常住人口全覆盖。2007年起，在全省率先推行农房统保政策，政府出资每年为全市87.5万农户的400万间房屋购买保险。从20世纪80年代开展扶贫开发以来，贫困户和贫困人口分别减少15.7万户、96.3万人。以韩江、梅江沿岸180千米堤围除险加固为重点的水利防灾减灾工程建设全面启动，城乡水利防洪抗灾能力得到有效提升。社会治安综合治理全面加强，社会治安满意度连续11年超过90%，是全省刑事发案率最低的地级市。今日梅州，人民安居乐业，社会和谐稳定，山区百姓享受更多更好的发展改革成果。

6. 民主法制和党的建设不断加强

基层民主不断扩大，依法治市进程加快，广大人民群众更加积极参与民主决策、民主管理、民主监督，享有更多更广泛的民主权利。坚持以改革创新精神推进党的建设，干部人事制度改革积极推进，固本强基工程扎实开展，基层党组织建设不断加强，党政战略后备人才等后备干部队伍培养成效明显，党员队伍快速发展壮大，基本形成了对山区群众利益不损害、能保障、有提高的群众基础，形成了能长期艰苦奋斗、始终干净干事的山区市县镇村干部队伍基础，形成了政治上有凝聚力、经济上能正常运转的县、镇、村基层政权基础，各级党组织的执政能力明显提升，党委领导核心作用、党支部战斗堡垒作用和广大党员先锋模范作用充分发挥。今日梅州，党风清正，政风清廉，民风纯朴，形成了谋发展、思稳定、促和谐的良好氛围。

当前，梅州市正在深入贯彻落实党的十七大精神和省委、广东省人民政府的决策部署，突出宜居带动宜业、宜业提升宜居，坚定不移地走绿色崛起之路，努力把梅州建设成为广东的生态、文化、平安名城和绿色现代产业基地，加快建设富裕和谐秀美的新梅州。一是致力于建设宜居城乡，增创发展新优势。二是致力于培育绿色现代产业，推动经济新跨越。三是致力于增强文教实力，建设文化新名城。四是致力于改善民生状况，实现群众生活质量新提升。五是致力于加强党的建设，增强领导科学发展新能力。

万绿湖水扬春波，客家古邑写新篇

　　客家古邑，万绿河源，是岭南文化发祥地和中国革命策源地之一，物华天宝，人杰地灵。1988年1月7日，国务院批准河源撤县建市，从此掀开了河源历史的新篇章，开启了河源发展的新纪元。改革开放以来，河源人民结合实际，进行了艰辛的探索和实践，提出了造林种果、小庄园、大基地、现代生态农业等农业发展思路；提出了建设工业走廊、工业立市、新型工业化道路、效益园区等工业发展思路；提出了开发万绿湖、生态旅游、旅游休闲度假基地等旅游发展思路；提出了开发中心城区等城市发展思路。河源先后获得"全国卫生先进城市"、"全国环境综合治理先进城市"、"中国优秀旅游城市"、"港澳及海外华人心目中最适宜居住和创业的城市"、"全国生态环境保护最佳范例"、"全国双拥模范城"、"广东省文明城市"、"广东省园林城市"、"中华恐龙之乡"等荣誉称号，城市增长竞争力排名全国第二位、中国最有魅力城市200强第十四名。[1] 这些成绩的取得，是中国特色社会主义理论和党的路线方针政策正确指引的结果，是中共广东省委、广东省人民政府正确领导的结果，是全市人民共同奋斗的结果，也是社会各界人士帮助和支持的结果。

　　1. 坚持以经济建设为中心，聚精会神搞建设，一心一意谋发展

　　河源冲破交通闭塞、资金短缺、人才匮乏等种种障碍，克服经济通胀、金融危机、市场波动等种种困难，战胜"非典"疫情、特大洪灾、禽流感等种种挑战，坚持"工业立市"，建设了"一区

　　1　参见《南方日报》电子版20080919期，http://press.idoican.com.cn/detail/。

□亚洲最大的模具架制造企业——龙记集团。(中共广东省河源市委办公室供图)

□河源城市全景图。(中共广东省河源市委办公室供图)

改革开放**30**周年巡礼

六园"[1]，建成京九、广梅汕铁路和惠河、梅河、粤赣高速公路，营造"赚钱多、麻烦少、身体好"的营商环境，河源成了广大客商投资兴业的"热土"，民营经济蓬勃发展，全市经济实现跨越式发展。2007年全市生产总值332.34亿元，与1987年相比，增长14.5倍；规模以上工业增加值148.44亿元，增长67.8倍；农业总产值81.06亿元，增长2.9倍；财政一般预算收入15.16亿

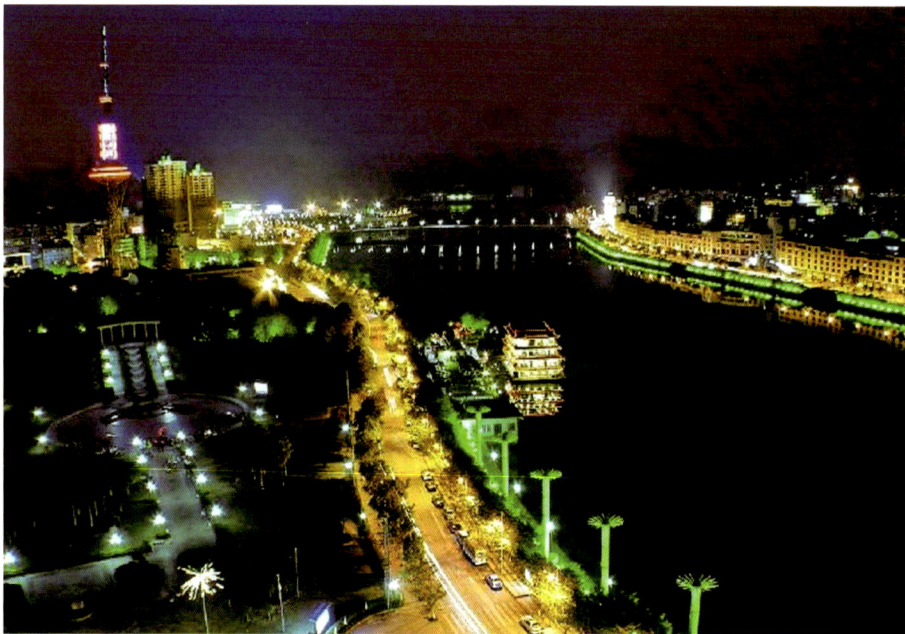

□河源市中心夜景。

元，增长36.3倍。河源由广东偏僻的山区变成了粤东北陆路交通枢纽，由一个落后的小山城变成了一座新兴现代城市。

2. 坚持发展为了人民，发展依靠人民，发展成果由人民共享

河源高度重视民主与法制建设，充分发挥人大、政协及各民主党派的作用，充分发挥驻军，中央、省驻河源单位和工青妇等群众团体的作用，汇集各方力量积极推进扶贫开发和社会主义新农村建设。大力发展社会各项事业，认真解决群众最低生活保障和行路难、读书难、饮水难、看病难、住房难等问题。崇文重教蔚然成风，新建和改造中小学校510所，创建河源职业技术学院、市技工学校，建起市体育馆、群艺馆、青少年宫、美术馆等一批文体设施。积极开展各项文明教育和创建活动，涌现出一批先进典型。2007年与1987年相比，全市农村居民人均纯收入增长9.4倍，城镇在岗职工年均工资增长15.1倍，城乡居民储蓄存款余额增长87.1倍。全市人民的生活条件不断改善，幸福指数不断提高。

3. 坚持保护河源的绿水青山

河源是广东重要的生态屏障和饮用水源地。历届领导班子带领干部群众，种植水源涵养林和生态公益林，建设自然保护区和森林公园，建成一批环保基础设施，严把工业项目环保准入关，依法管理矿产资源开发，全市生态环境保持优良，江河水质始终保持国家地表水Ⅰ—Ⅱ类标准，空气质量始终保持在一级水平，森林覆盖率达70.7%，连续四年在全省环境质量考核和珠江综合整治考核

---

1 指河源市高新区和所辖市五县一区工业园。

中获得双优秀，被列入广东省"环境保护教育基地"，是全国五个"生态环境保护最佳范例城市"之一。

4. 坚持抓党风促政风带民风，努力营造风清气正、干净干事的良好氛围

实施固本强基工程，提高各级党组织的执政能力。开展"三讲"和先进性教育，发挥广大党员的先锋模范作用。加强作风建设，弘扬"栽树人"精神和"增坝精神"。建立科学的干部考核管理制度和选拔任用机制，培养了一批又一批年轻优秀的领导干部。用马克思主义中国化最新成果武装头脑，推进党员干部思想的解放和理念的创新。健全教育、制度、监督并重的惩治和预防腐败体系，促进了党风政风民风进一步好转。

进入新的发展时期，河源将进一步解放思想，围绕全面建设小康社会的目标，充分发挥区位优势、资源优势、生态优势、人文优势和后发优势，扎实推进经济建设、政治建设、文化建设、社会建设、党的建设、生态建设和平安建设；构建经济体系、生态体系、民生体系、党建体系；实现产业结构好、基础设施好、生态环境好、人口素质好、社会保障好、社会风尚好；把河源打造成广东省手机生产基地、新兴制造业基地、绿色农副产品生产加工基地、休闲旅游度假基地、面向国内市场的商贸物流基地；成为全省生态发展示范区，争当广东山区实践科学发展观的排头兵。

口河源是"港深水塔"，全省最大的两个水库——新丰江水库和枫树坝水库都在河源境内。滔滔不绝的东江水，不但滋润着珠江三角洲东部，而且通过东深供水工程流入香港。图为碧波荡漾的万绿湖。（中共广东省河源市委办公室供图）

开拓进取显身手，奋发图强成大业

改革开放30年来，在中共广东省委、广东省人民政府的坚强领导下，中共韶关市委、韶关市人民政府团结带领全市人民高举中国特色社会主义伟大旗帜，坚持以邓小平理论、"三个代表"重要思想为指导，牢固树立和落实科学发展观，以经济建设为中心，解放思想，改革开放，开拓进取，奋发图强，经济建设和社会各项事业取得了巨大成就。

1. 综合实力显著增强

改革开放30年来，韶关经济始终保持健康快速发展。2004年城市综合竞争力跃居广东省二类地区首位，2005年进入中国综合实力百强城市。2007年完成生产总值471.7亿元，是1978年的49.3倍，年均增长9.4%。2007年来源于韶关的财政总收入达88.1亿元、地方财政一般预算收入突破30亿元，分别比上年增长32.1%和31.8%，增幅居全省第四位。三次产业比例由1978年的31.7:48.6:19.7，调整为2007年的14.2:48.5:37.3。2007年，全市合同利用外资5.1亿美元、实际利用外资1.5亿美元。1981年至2007年，全市合同吸收外资年均递增27.4%、实际吸收外资年均递增34.5%。进出口总额从1978年的300多万美元增加到2007年的12.9亿美元，已与世界五大洲100多个国家和地区开展了贸易往来业务。全面完成国有企改革，全面取消农业税、牧业税、农业特产税、屠宰税，认真落实粮食直补、农机购置补贴、农资综合补贴等惠农政策，调动了各方面的积极性。2008年上半年，全市生产总值256.3亿元，同比增长12.3%，高于全国、全省1.9和1.6个百分点。

□ 韶关是名副其实的旅游资源大市，拥有世界地质公园丹霞山、禅宗祖庭南华寺为代表的旅游景区景点集群。其中中国红石公园——丹霞山，面积290平方千米，是广东省面积最大的风景区，先后被评为国家风景名胜区、国家级地质地貌自然保护区、国家"4A"级旅游区、国家地质公园、世界地质公园。图为丹霞山一景。（图片摄影：刘加青 中共广东省韶关市委办公室供图）

□ 韶关农业特色鲜明，主要农副产品有优质稻、优质鱼、优质畜禽、优质蔬菜、优质水果、蚕桑、糖蔗、黄烟、毛竹、松香等，是粤港澳重要的农产品生产加工基地。图为新丰县新力农业发展有限公司生产基地。（图片摄影：肖凯明 中共广东省韶关市委办公室供图）

□ 韶关工业企业2.1万多家，形成了以钢铁、有色金属、电力、烟草、机械、医药、建筑材料等为主的产业体系。其中，韶钢集团跻身世界钢铁企业100强之列，凡口铅锌矿储量名列亚洲第四、产量位居全国第三，韶关冶炼厂铅锌产量名列全国第三，乳源东阳光公司铝箔生产名列全国第一，韶铸集团是全国最大的铸锻件专业生产企业之一。图为大型国有企业韶钢集团夜景。（图片摄影：吴长江 中共广东省韶关市委办公室供图）

改革开放30周年巡礼

2. 城乡面貌日新月异

交通建设取得重大突破，2003年在全省率先实现了省城到山区市通高速公路；2007年末全市通车里程13046千米，为改革开放前的2.7倍，公路密度每百平方千米71千米。城市面貌焕然一新，市区面积扩大至2870平方千米，建成区扩展到80.88平方千米，常住人口发展到89.4万人，成为广东山区唯一的大城市。城市知名度显著提高，先后获得中国优秀旅游城市、全国卫生先进城市、全国双拥模范城、广东省卫生城市、广东省历史文化名城、广东省文明城市称号，还被评为港澳及海外华人眼中"最具旅游活力的城市"和"中国旅游竞争力百强城市"。城市环境明显改善，2007年末市区建成区绿地率35.61%，人均公共绿地7.78平方米；市区空气质量优于国家二级标准，饮用水源水质达标率100%。新农村建设扎实推进，60%的农户住上楼房或红砖瓦房，13.1万农户用上沼气，全部行政村实现了通机动车、通电话、通邮、通广播电视，95%的行政村实现通水泥公路。

3. 社会事业全面进步

科技工作成效显著，自2005年起发明专利申请量连续三年居全省山区市首位，2007年科技进步对经济增长贡献率为45%。教育综合实力显著增强，全市小学适龄儿童少年入学率100%，初中阶段学生毛入学率100%；户籍人口高中阶段教育毛入学率88.1%，居广东省东西北地区之首；中等职业技术教育名列全省地级市第一；韶关学院发展成为粤北唯一的本科院校。公共卫生水平居全省前列，建立起覆盖城乡居民的基本卫生保健制度，新型农村合作医疗实现了县级统筹，覆盖率达95.9%，提前3年实现全覆盖的目标；市直公立医院人均门诊、住院费用连续4年在全省各市处于最低水平。人口计生、文化、体育等各项事业长足发展。

4. 居民生活水平明显提高

居民收入稳步增长，全市农村居民人均纯收入、在岗职工平均工资、市区城镇居民人均可支配收入分别由1980年的176元、821元、459元增加到2007年的4306元、23047元和13545元；2008年6月末城乡居民储蓄存款余额401.17亿元，是1978年4651万元的863倍。消费水平明显提高，2007年末市区居民恩格尔系数36.8%，比1980年的58.4%下降21.6个百分点。居住条件明显改善，2007年末城镇人均住房使用面积23.78平方米、农村居民人均住房面积19.4平方米。社会保障体系不断完善，低保和五保对象实现了应保尽保，在全省率先基本解决市区和县城"双困户"住房问题。智力扶贫成效显著，2005年减免37.7万名农村贫困生书杂费，2007年免收农村义务教育阶段学生课本费，2008年起全面实施城镇免费义务教育。

5. 社会更加安定和谐

民主法制建设全面加强，各级党委、政府坚持依法行政、民主施政、科学理政、从严治政，机关工作人员办事效率和服务质量全面提高。"平安韶关"建设扎实推进，安全生产形势稳步趋好，安全生产控制指标自2005年以来连续三年大幅下降，2007年成为全省唯一的安全生产综合试点市。社会治安综合治理成效明显，连续8年被评为全省社会治安综合治理优秀市。多次战胜严重自然灾害，特别是2006年抗击了"7·15"超百年一遇特大洪灾和2008年初抵御了80年一遇低温雨雪冰冻灾害，保护了人民生命财产安全。市场秩序规范有序。精神文明建设成绩突出，涌现出知识工人、抗洪英雄、模范共产党员、优秀人民调解员、农民致富带头人和"感动韶关十佳道德模范"等一批先进典型，以及大批文明单位、文明村镇、文明社区和文明家庭，城乡文明程度不断提高。

今后，韶关市将围绕全面建设小康社会这一总体目标，推动全市经济社会又好又快发展，争当全省山区科学发展排头兵。力争经过5年到10年的努力，将韶关打造成为全国生态文明建设示范市，广东生态发展主力军，全省实施产业、劳动力"双转移"战略先行区，山区宜居城乡优选地。

□韶关市是广东省规划的区域性中心城市之一，市区建成区面积80.88平方公里、非农业人口60.5万，先后荣获中国优秀旅游城市、全国卫生先进市、全国双拥模范城、广东省卫生城市、广东省历史文化名城、广东省文明城市等称号。图为韶关市区新貌。（图片摄影：何颂 中共广东省韶关市委办公室供图）

广东改革开放30周年巡礼之二十：清远

经济"寒极"变"热土"，粤北新城竞风流

改革开放30年来，在中共广东省委、广东省人民政府的正确领导下，清远坚定不移地走中国特色社会主义道路，经济社会发生翻天覆地变化，从经济"寒极"变为投资"热土"，从农业社会发展迈进了工业化中期社会，从默默无闻的粤北小城镇迅速崛起为"中国优秀旅游城市"、"中国宜居城市"、"全国综合实力百强城市"，创造了令人瞩目的欠发达地区跨越发展的"清远现象"。

1. 经济实力：实现从下游到中游的跨越

进入21世纪后，尤其是党的十六大以来，清远市更新观念，及时把握发达地区产业转移的历史契机，制定以"工业化"为核心的"三化一园"[1]发展战略，创新招商引资方法，5年以来，引进项目2200多个，计划总投资2000多亿元。在招商引资项目的强力推动下，清远经济社会突飞猛进，成为建市以来经济社会发展最好、最快的时期。2007年9月25日，在国家统计局公布2006年度全国286个地级以上城市综合实力排名中，清远居全国第九十五位，进入全国综合实力百强市行列。2003年至2007年，全市GDP从180亿元猛增到570多亿元，增长了近2倍，年均增长24%，大大高于全国年均增长10.5%和全省年均增长14.5%的水平。近年来全省公布的八项主要经济指标中，多数指标增长速度走在全省21个地级以上市的前列，从全省21个市的第十九位上升到十三位，提升了六位，取得了经济增长速度全省"四连冠"的辉煌成绩。短短5年时间工业总产值实现了从"百亿元到千亿元"的跨越，进入到全省十大工业城市行列，成为广东山区和东西两翼跨越式发展的排头兵。

1　"三化一园"，指走市场化、工业化、城市化之路，建设珠江三角洲后花园。

□清远市是广东省少数民族人口主要聚居区，是省内世居少数民族人口最多的地级市。图为连南盘王节活动。（中共广东省清远市委供图）

□清新全貌。（图片摄影：杨格亮 中共广东省清远市委供图）

改革开放30周年巡礼

2. 农林牧渔业：结构调整确保持续增长

改革开放以来，清远以市场为导向，积极引导农民加快结构调整，推进现代农业、特色农业、效益农业和生态农业建设，大力发展农业产业化经营组织，农业产业化、集约化、规模化程度不断提高，农业综合生产能力明显增强。在确保粮食生产基本稳定的情况下，大力发展无公害蔬菜、优质水果、优质鱼、清远鸡、乌鬃鹅、瘦肉型猪、奶牛等各种优质高效农业。目前全市农业产业化组织达到126个，其中农业龙头企业88个，农业产业化经营达到全省中等水平。

3. 工业经济：实现从12.5亿到1100亿的飞跃

党的十六大以来，清远创新思维，创新发展方式，制定了新的"工业立市、工业强市"战略，打开山门，大力开展招商引资工作。2003年以来，全市工业投入固定资产建设资金600多亿元，先后引进了安徽海螺集团、台湾水泥集团、东鹏陶瓷、温氏集团等包括中国企业五百强在内的大批国内外知名品牌企业。工业集群化、园区化程度不断提高，建成了中国最大的先进水泥生产基地、中国（清远）再生资源示范基地、中国铜都、清远陶瓷工业城等一批特色鲜明的工业园区。有7个产品被评为"中国名牌产品"或"国家免检产品"，7家企业商标被评为"广东省著名商标"和"广东省名

□北江姐妹桥。（中共广东省清远市委供图）

牌产品"。全市初步形成了建材、电力、机械装备、金属制品、纺织服装、制鞋皮革、电子家电、农副产品加工、化学医药、废旧金属材料回收等十大工业体系。自2004年起工业总产值年均增长速度都在50％以上，连续四年成为全省增长最快的地区。2007年，全市工业企业单位数接近1万家，其中规模以上工业达到570多家，全部工业总产值达到1176亿元。

□清远市沿江风光。（中共广东省清远市委供图）

4．旅游事业蓬勃发展

清远市山峦叠翠，江河纵横。20世纪90年代后期实施"后花园"战略以来，旅游基础设施明显加强，积极开发了富有地方特色的清远温泉、清远漂流、清远山水、清远奇洞、清远风情等五大旅游品牌。目前全市星级宾馆46家，其中四星级以上8家，已拥有6个国家"4A"级旅游景区。荣获了"中国优秀旅游城市"、"中国漂流之乡"、"中国温泉之乡"、"中国龙舟之乡"等8个区域性旅游品牌。清新、阳山和连州先后被评为"广东省旅游强县"。清新还被评为首批"中国旅游强县"试点县。率先推出"生态体育"竞赛项目，成功承办了世界杯飞碟赛、国际漂流大赛、全国龙舟锦标赛等一系列大型生态体育赛事。2007年"广东清远漂流"作为广东唯一入选景区，与"北京八达岭长城"一道被评为"欧洲人最喜欢的中国十大景区"。极具地方少数民族风情的"耍歌堂"表演节目被评为"中国非物质文化遗产"，瑶族长鼓舞、凤舞、闹花灯、小长鼓舞、舞马鹿、舞被狮、豆腐节等7项富有地方民俗特色的文化项目被评为"广东省非物质文化遗产"。丰富的旅游项目和深厚的旅游文化，吸引了大批国内外游客前来观光度假。2006年，全市游客突破1100万人次，旅游收入35.9亿元。

广东改革开放30周年巡礼之二十一：云浮

广东大西关，发展不平凡

云浮，广东的西大门，粤桂省际间的"黄金通道"，毗邻珠江三角洲的"生态花园"。改革开放30年，特别是1994年云浮建立地级市以来，在中共广东省委、广东省人民政府的正确领导下，云浮人民高举中国特色社会主义伟大旗帜，沐浴着改革开放的春风，以敢为人先的勇气和永无止境的创新精神，作出不平凡的探索实践，绘就出一幅幅壮丽的画卷。

1. 经济实力不断提升

1994年以来，全市生产总值年均增长9.3%，人均生产总值年均增长7.6%，地方财政一般预算收入年均增长15.7%。初步形成了石材、不锈钢制品、水泥、硫化工、电子等产业集群。农业产业化成就突出，如广东温氏集团公司，从20世纪80年代初的8000元投资起家，现发展成为全国最大的农业龙头企业之一，2007年销售收入117亿元，在全国20个省（市、区）建有100家分公司，带动3.6万多农户。云浮硫铁矿储量和品位均居世界第一，形成中国最大的硫铁矿生产基地，有"东方硫都"之称。云城区是全国最大的石材生产基地，先后获得"中国石材基地中心"、"中国石材流通示范基地"、"中国人造石之都"称号，已连续五届举办"中国（云浮）国际石材科技展览会"。新兴共有不锈钢企业40多家，获"中国不锈钢餐厨具制品之乡"称号。罗定市成为"中国肉桂之乡"，新兴县成为"中国果品加工之乡"，郁南县成为"中国无核黄皮之乡"、"中国柑桔产业龙头县"，云安县成为"广东省首个循环经济试点县"。2007年，全市生产总值271.01亿元、人均生产总值11498元、地方财政一般预算收入13.97亿元、全社会固定资产投资额139.56亿元，分别比1994年增

□ 广东省农业龙头企业和全国农业产业化重点龙头企业——广东温氏食品集团有限公司总部。（图片摄影：冯超君 中共广东省云浮市委办公室供图）

□ 云浮污水处理厂。（图片摄影：黄小涧 中共广东省云浮市委办公室供图）

□ 图为云浮市温氏生物科技园。（图片摄影：冯超君 中共广东省云浮市委办公室供图）

改革开放30周年巡礼

□年产600万吨水泥生产企业——中材集团梳下水泥生产企业。（图片摄影：王木强 中共广东省云浮市委办公室供图）

长2.2倍、1.6倍、5.7倍、3.4倍。

2. 发展环境不断改善

以公路为重点的基础设施建设日臻完善，沟通大西南、融入珠江三角洲和港澳经济生活圈步伐加快。广梧高速公路已通至云浮市区，南广高速铁路已开工，云岑高速动工在即，市、县、镇全部通三级以上公路，镇到行政村公路100%实现硬底化。中心城区建设初具规模，昔日的小县城已发展成为一个生态宜居的区域性中心城市。初步建成了云城初城工业园、罗定宏利达工业园等工业园区，佛山（云浮）和顺德（新兴）两个省级产业转移工业园区建设稳步推进，中山（郁南）产业转移园、罗定双东环保工业园、云安六都工业园等园区正加紧规划。服务型政府形象基本建立，设立了市县镇三级行政服务中心、市县政府公众信息网、市电子政务信息平台，以及民营企业投诉中心等，依法行政水平不断提高。

3. 社会事业协调发展

建市以来新增中小学校学位近10万个，城乡免费义务教育政策全面落实，教育综合实力不断增强，职业技术教育进一步发展，成为全省唯一的"广东省农村教育信息化示范市"。公共卫生服务能力不断提高，建立了疾病预防控制中心、建设和改造薄弱卫生院、改善村卫生站，是全省首个农村中医工作先进市。开发禅宗六祖文化、南江文化和石文化资源，《六祖诞庙会》、《禾楼舞》、《云浮石艺》、《泷洲歌》、《连滩山歌》、《张公庙庙会》等被列入广东省非物质文化遗产保护名录，城镇精神文明创建力度不断增强，群众的文明程度不断提高。

4. 人民生活明显改善

2007年，全市农村居民人均纯收入达到4825元，在全省排第九位，城乡人均收入差别比为2.42:1，小于全省的3.15:1和全国的3.3:1。全市低保救济对象实现应保尽保，率先在全省解决农村群众饮水难问题，全面完成省定困难户危房改造任务。开展智力扶贫工程，生态文明村受惠群众越来越多，创新农村合作医疗制度，"双档型"农村合作医疗基本实现全覆盖，并获2006年度地方政府创新典型称号。社会和谐稳定，群众对社会治安的满意度2007年在全省排第四位。

5. 体制创新不断深入

实施"活力民主，阳光村务"工程、发展镇（街）社会群团组织、率先在省内建立农民住房统保制度和生猪综合责任保险制度等，完善了村民自治机制、引入了非政府组织参与农村社会事务管理模式、增强了农村居民防灾抗灾减灾能力。其中，"活力民主，阳光村务"工程2007年获得全国首届村务公开民主管理制度创新奖。这些统筹城乡协调发展的制度设计和实践，走在全省乃至全国的前列，符合中国共产党执政为民的价值取向，成为云浮和谐社会建设的最大亮点。

改革开放30年，给云浮带来了无限的生机活力。云浮主业突出，生活富足，生态优良，民风淳朴，潜力巨大，前景看好。现在，云浮市委、市政府正在制定实施《云浮市资源环境城乡区域统筹发展规划》，努力在科学发展的道路上推进跨越，把云浮建设成为广东富庶文明的大西关。充满青春活力的云浮，在新一轮解放思想、深入学习实践科学发展观活动中，将再次掀起了改革创新之风，在科学发展的道路上迈出更加坚实的步伐。

□云浮市区全景图。（图片摄影：徐登科 中共广东省云浮市委办公室供图）

□山清水秀的云浮市。（图片摄影：刘景光 中共广东省云浮市委办供图）

潮起
南粤大地

第八部

改革开放掠影

——老百姓的故事

潮起南粤大地 The Rise of Guangdong潮起南粤大地 The Rise of Guangdong
潮起南粤大地 The Rise of Guangdong潮起南粤大地 The Rise of Guangdong 潮起南粤大地 The Rise of Guangdong
潮起南粤大地 The Rise of Guangdong潮起南粤大地 The Rise of Guangdong 潮起南粤大地 The Rise of Guangdong

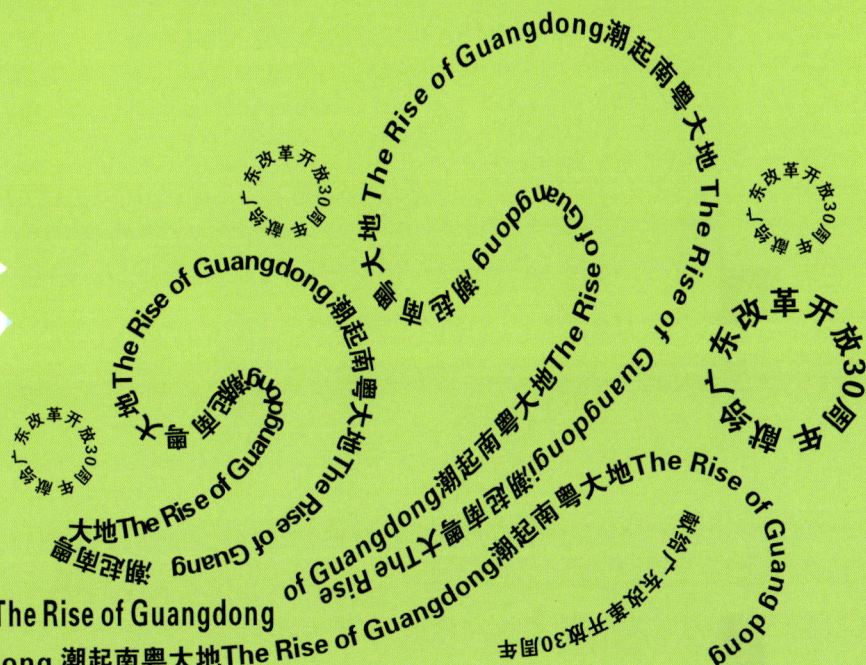

　　1978年，广东的人均地区生产总值只有480元；改革开放前，在中国的排行榜上，广东的经济增长速度连续14年低于全国平均水平。是改革开放的惊天号角，改变了广东，使南粤大地上的芸芸众生从此迈上幸福安康的康庄大道。

　　广东商人的"敢"即敢于去闯，"先"是先行一步，争取第一。广东人是实干派，有冒险精神，但更知道巧干，"看见红灯绕着走，见到绿灯赶快走，没有灯摸着走"是粤商敢于冲破旧计划体制的最为突出的特性。广东商人创造了"洗脚上田"，"羊统领狮虎"，农民领导博士、硕士的奇迹，就充分体现了粤商善于抓住机会，巧于以行动实现机会的商业精神。

　　大小商户皆可刷卡实现了不带现金的轻松购物，随处可见的交费终端免去了交水费、电费、电话费的排队之苦，手持一张"羊城通"IC卡，就可以乘公交车，坐地铁，乘出租车，甚至可以像银行卡一样用于商业消费，享受打折的实惠。

A glimpse of reform and opening up
——stories of the common folk

In 1978, Guangdong's per capita regional total value of output was only 480 yuan. Before reform and opening up, Guangdong's economic growth had been lower than the national average level for 14 years. It was the reform and opening up policy that has transformed Guangdong in such a way that people in Guangdong are led to a happy and well-off society.

Businessmen in Guangdong are bold to do what others dare not do and quick to go ahead of others. People in Guangdong are practical, adventurous and ingenious. The most typical cantonese businessman would avoid "the red light" by getting around it if it's on; he would hasten the speed if the green light is on; and he would explore the way ahead if there is no light. Businessmen in Guangdong created miracles such as peasants leading people with doctor's degree and master's degree, which fully reflects their business spirit, i.e. to timely seize the opportunities and ingeniously make full use of them.

Payment by card service available in various shops enables people to go shopping without cash. Bill paying terminals everywhere spare us the trouble to wait in line for paying our bills for water, electricity and cell phone. With a Yang Cheng Tong Card, you can take buses, metro and taxies. It can even be used for commercial purposes at a discount.

□龙舟竞赛展现了广东人精神风采。（图片摄影：谢富瑞　中共江门市委宣传部供图）

3 0年的改革开放，烙下一只只敢为人先、务实创新的改革脚印，书写着一篇篇穷则思变、创业致富、富而思进的奋斗史，演奏出曲曲经济腾飞、人民幸福、社会和谐进步的华丽乐章。广东改革开放的故事，是社会主义中国生机蓬勃的生动反映。是人民创造历史的故事，是老百姓燃烧激情的故事。

□ 舞狮是广东人开业庆典的传统节目。图为广州市上下九商业步行街一角。（图片摄影：江铁锐）

一、广东人的昨日和今日

广东濒临南海，毗邻港、澳，具有优势的地理条件和深厚的人文积淀。自汉代起，广东就已成为"海上丝绸之路"的重要起点，成为东西方经济文化交流的桥梁。明清以降，广东得以成为中国商品经济发展的摇篮。到近代，广东又成为中国民主革命的策源地。新中国成立以后，广东的社会主义革命和建设的重要成就，取得了历史性的进步。但是，由于"左"的思想和传统的计划经济体制、闭关锁国政策的影响，特别是"文化大革命"的十年浩劫，广东的经济社会发展仍然比较缓慢。1978年，广东的人均地区生产总值只有480元；改革开放前，在中国的排行榜上，广东的经济增长速度连续14年低于全国平均水平。是改革开放的惊天号角，改变了广东，使南粤大地上的芸芸众生从此迈上幸福安康的康庄大道。这里，通过精选今昔对比的若干老百姓的故事，来折射广东改革开放以来历史性巨变。

（一）"洗脚上田"的新粤商

广东人素有重商的风气，从作为古"丝绸之路"出海口时的贸易繁荣，到近代以广州港口为中心的中国对外经济的发达，都推动了广东商业的兴盛，并造就了商行天下的粤商。改革开放后，敢为人先的广东人依凭毗邻港、澳的区位优势和改革开放优惠政策，成为中国改革开放30年引领中国经济改革大潮的先行者。但改革开放前和改革开放初期，广东商人却常被看作是搞投机倒把的小商小贩、唯利是图的暴发户，长期处于形象被"矮化"的困扰中。1992年，邓小平同志视察南方重要讲话发表之后，广东商人终迎来了"春天的故事"。顺德一把扇（裕华）、三水一瓶水（健力宝）、鹤山一条毯（拉舍尔）风靡全国，以"珠江水、广东粮、岭南衣、粤家电"为代表的粤货越过长江以北，占据了全国的大半市场。"广东制造"不但成了国人追捧的潮流，更成为"Made in China"的主力部队。"靓女先嫁"、"先生孩子后取名"、"遇到红灯绕道走"一个个具有时代气息、粤地特色的新语汇、新名词常见之于中国各大媒体的经济报道之中。在"左倾"思想仍暗潮涌动的改革开放初期，广东如果没有一批有着敢为人先的创业精神和深谙策略的改革家、企业家，只靠有限的"区位优势"和"优惠政策"也难以"点石成金"。广东商人的"敢"即敢于去闯；"先"是先行一步，争取第一。广东人是实干派，有冒险精神，但更知道巧干，"看见红灯绕着走，见到绿灯赶快走，没有灯摸着走"是粤商敢于冲破旧计划体制的最为突出的特性。广东商人创造了"洗脚上田"，"羊统领狮虎"，农民领导博士、硕士的奇迹，就充分体现了粤商善于抓住机会，巧于以行动实现机会的商业精神。正是这种"敢干"、"先干"、"巧干"的特性，使粤商在改革开放后的每一个时期都能敏锐地抓住了高增长行业。从20世纪80年代的轻工业到90年代的家电电子业，再到21世纪初的汽车、石化产业、房地产业，直至今日的电子信息、生物医药等高科技产业，粤商总能先人一步，将大量新兴业态和商业领域的先进技术最先应用于广东的企业。从改革开放初期依靠来料加工、来样加工、来件装配和补偿贸易"三来一补"加工贸易掘得"第一桶金"，到率先引进港、台和国外先进技术和管理经验，再到20世纪90年代中期起大力发展自主品牌、自主科技，逐渐进行产业结构的调整和产业升级转型，广东总是在不断打造新的品牌。经过改革开放30年的锤炼，当年"洗脚上田"的广东商人和广东企业以其开放兼容、开拓创新的精神不断地实现着质的飞跃，成为具备全球眼光和品牌意识、创新意识的"新粤商"。

（二）我们都是"广东人"

古有中原人南迁岭南，以"客居"他乡自称为客家人。改革开放后，大举进军广东的新"客家人"在南粤落地、生根、发芽，不仅安家乐业，更是加入广东建设，融入南粤生活，成为广东经济建设和社会发展的重要力量。他们中有外来务工者，有科学技术人才，有创业者，他们为广东的经济建设添砖加瓦，为岭南的经济文化增添了姿彩。

新中国成立初期，中国的人口流动和迁徙并不受行政限制。1958年，全国人大常委会通过《中华人民共和国户口登记条例》，城市的大门对农民关闭。1984年，中央允许务工、经商、办服务业的农民自理口粮到集镇落户，20多年的城乡隔绝体制终于有所松动。此后几年间，大批农民向乡镇转移。20世纪80年代末90年代初，随着沿海地区的开放，农民涌向沿海的大城市。1992年邓小平同志视察南方发表重要讲话之后，打工潮呈现波澜壮阔之势。20世纪80年代初，中国大陆改革开放，广东凭借地利及敢闯敢干的勇气在全国率先起步，南粤大地上涌起的经济大潮吸引全国各地创业者，"东南西北中，发财到广东"的口号响遍全国。在随后的20年间，广东长久地吸引着全国的精英"不辞长作岭南人"[1]。广东成为中国吸引外来跨省人口最多的省份，深圳、东莞、广州也就成为中国吸引外来人口最多的三个城市。事实上，广东吸引外来人口最快的年份，往往也是其经济增长最快的年份。1984年至1989年，1993年至1996年，2001年至2007年，是广东经济自1978年以来飞速

1　[宋]苏轼：《惠州一绝》。

增长的年份，也是外来人口大量进入的年份。

　　大量劳动力——外来工，是广东改革开放最大的生力军，为"广东制造"作出了巨大的贡献。2005年广东省总工会的调查显示，除西藏外，中国大陆其他省份全都有来广东务工青年，主要集中在湖南、四川、湖北、江西、广西、河南等6个省区，比例高达八成以上。20世纪70年代至80年代，来广东打工的第一代外来工，他们的理想是挣钱回家盖房子、娶媳妇，而近十年来的第二代外来工，则以创业、融入城市生活为打拼目标。近年来，为解决外来工的容留问题，广东省也做了相当多的细致工作。广东许多城市为优秀外来务工人员优先解决户口。为提升外来工的素质、发展空间，在许多城市都有针对外来工的免费知识及技能培训，当地政府针对外来工设立专门的教育基金。对于外来工子女的教育问题，各地也都相继在酝酿和出台相关的政策。

　　今日的广东，正朝着创新发展，力争率先实现现代化和小康型社会的方向大步前进，为此，广东在安家落户、子女教育等方面为大量科技、经济、文化人才的引进制定了诸多优惠的政策，营造了极为宽松的人才环境。

（三）广东个体私营户的今昔

　　1979年春，党的十一届三中全会开过之后，全国爆发知识青年返城潮，800万知识青年如洪峰一般从乡村涌向城市。1979年，广州回城知识青年容志仁自食其力，靠100块钱在广州西华路上开了一家只有几平方米的"容光"小食店，推出了每份一角，有粥有粉的"学生餐"。这是当时全城最便宜的早餐，一时大受欢迎，名震羊城。容志仁成为第一代的个体户。当时《南方日报》立即用一个整版报道了容志仁的事迹。一时间，容志仁的事迹名扬全国，外地人到广州，有的专门坐车来"容光"吃肠粉。容志仁还作为个体经济代表，进京受到时任中共中央总书记胡耀邦同志的接见。1980年8月，中央出台文件鼓励和扶持个体经济适当发展，认为一切守法的个体劳动者应当受到社会的尊重。从此，理发、修鞋、磨刀、修伞、修家具、卖小吃等，大量第一批城市个体户在街头诞生。中央扶持个体经济发展的政策，迅速催生了广东个体工商业的蓬勃发展。"广商"、"广货"走遍全国，饮食行业的"生猛海鲜"，集市贸易的"雅马哈鱼档"，美容美发业的"广州师傅"、"珍珍发屋"等热门词响遍全国。1984年，由珠江电影制片厂以广东个体户的形象为蓝本拍摄的影片《雅马哈鱼档》，使改革开放后广东个体户自食其力，创业致富的形象根植于在全国人民的心中。改革开放初期，广东个体户主要从事饮食、美容美发、服装批发零售和日常生活品批发零售等，他们的致富在很大程度上得益于毗邻港、澳，商品丰富、新颖，流通快捷和服务理念先进之利。20世纪

90年代，随着广东经济实力、经济地位的不断增强，以及广东制造业的迅猛发展，珠江三角洲地区迅速成为了全国商品贸易和生产物资流通的中心，各种新型业态的商业中心和专业批发市场蜂拥建立。商品交易的繁荣使广东个体从业者的数量逐年激增，经营服务范围扩大，而特色经营、连锁经营、加盟经营、代理经营、电子商务等新型经营手段，也使其经营模式发生了重大的变化。

1979年的广东高要县农民陈志雄承包了八亩鱼塘，因夫妻两个干不过来，也就只好雇人帮忙了。陈志雄的"雇工"行为触动了时值社会的意识形态的禁区。为此，《人民日报》开辟了怎样看待陈志雄承包鱼塘问题的专栏，《人民日报》及国内其他报刊展开了历时四个月的讨论。中共广东省委出面肯定了陈志雄的承包方法和经营方式，认为就其经济效益来说，比原来"吃大锅饭"的集体经营要好"。中共广东省委的态度为当时私营企业的雇工政策开足了绿灯。事实上，改革开放以来个体私营经济一直是广东经济建设最有力的推进器。以"广东四小虎"顺德、南海、中山、东莞为代表，从20世纪80年代始，广东珠江三角洲等地便是依靠"游击队"（私营企业）、"武工队"（乡镇企业)等模式迅速发展起来，收获了改革开放的"第一桶金"。

1997年党的十五大召开以来，个体、私营经济的地位得到了进一步的提升。广东省人民政府先后发出了《广东省人民政府关于促进个体私营经济发展的通知》、《关于大力发展个体私营经济的决定》和《广东省关于促进个体私营经济加快发展的实施办法》等文件，广东省人大也出台了《广东省个体工商户和私营企业权益保护条例》，明确相关政策和实施措施，保证了广东个体私营经济的持续、健康、快速发展。2007年，全省个体私营经济单位个数347.49万个，同比增长13.6%，其中，私营企业62.27万个，增长12.9%；个体工商户280.72万户，增长14.2%，均居全国之首。

（四）"铺有百万金"的批发商

作为改革开放以来广东经济发展的重要形式，专业市场的崛起，对于推动广东省尤其是珠江三角洲区域经济的发展起到过至关重要的作用。

1979年后，广州作为改革开放的前沿，国外各种各样的商品正是从这里流向全国，使它继续充当全国最发达繁荣的商业城市，引领着全国的商业大潮。广州成为中国现代流通业一系列新兴业态的发源地。国内最早的现代购物中心是"广州天河城"，最早的大型室内电脑批发市场是"广州电脑城"、最早的大型室内服装专业批发市场是"白马服装批发市场"，最早的大型电器专业批发市场是"海印电器城"。一直到20世纪90年代中期，全国最大的商贸流通企业近半数位居广州。

广东的专业批发市场以其功能健全、区域性强、产品集中、数量充足、门类齐全而闻名中外。

每年吸引来自国内及世界各地客商到广东批量采购，有效地推动了广东经济尤其是旅游服务业的发展。广州的南方大厦、广州百货、天河城、白马市场、海印电器城、北京路等著名商业景点，东莞的虎门服务批发市场群，中山的古镇灯饰批发市场群，深圳书城，群星闪烁，照耀全国。"发财到广州"、"广货遍天下"，成为一度流行的时髦和风景。

批发市场的繁荣，造就了批发商一铺"日进百万金"的神话。无论是20世纪80年代的广州高第街，还是20世纪90年代后的广州白马服装批发市场；无论是曾独领风骚的广州百货、天河城，还是而今的广东各地各种形态商业城、商业圈的群雄并起，都因此在广东造就了成千上万的"百万富翁"。进入2008年，广东的商品交易市场的持续活跃，商品交易总量保持增长，仍居全国前列。"铺有百万金"的故事将续写新篇章。

（五）广东花农

广东的花卉种植历史悠久，闻名于世。1949年后，广东的花卉出口曾经是中国外贸中一支重要的创汇力量。但改革开放前，广东的花卉业成了"封建主义"、"资本主义"、"修正主义"的东西受到批判。改革开放后，广东的花卉业又逐渐复兴，广东花农第一次实现了种花致富的梦想。顺德、中山的花农则成了这一致富故事的主角。

1981年，顺德花市在陈村举办，拉开了陈村花卉产业化发展的序幕；1983年，陈村镇在广珠路陈村段举办首届迎春花市，此后20多年连续举办迎春花市，使陈村逐渐成为国内著名的百花之乡。近年来，陈村的花农从花卉产业的经营中，已经创下了近20亿元以上的销售收入。如今，广东最大的花卉交易市场——陈村花卉世界已吸引了来自国内外的400多家商户，其中有60多户是外资企业，英国、法国、美国、韩国、澳大利亚等国的著名花卉企业随处可见。陈村花农已走向世界。

在以菊花远近闻名的中山小榄镇，所有花卉苗木的企业基本上都是当地的农民从一个小小的花卉园或者苗木场慢慢做起，并逐渐形成相对集中的大片种植和批发市场。1998年以后，他们成功地在上海、成都、长沙、宁波等地打开市场，他们让上海人在家门口就能见到8到10种棕榈类植物，他们还是香港迪斯尼乐园目前在中国内地唯一的苗木供应商，中山花农一直以此为骄傲，他们真正把"珠江三角洲：世界花圃"的品牌打了出去。

据2005年的不完全统计，当时，广东已建立中外合资、中外合作、外商独资的"三资"花卉企业600家以上，吸引外资近8亿美元，花卉种植面积近130万亩，产值超过100亿元人民币。世界

□广州美称"花城"，其一年一度的迎春花市，已为世人所瞩目。春节前夕，广州的大街小巷都摆满了鲜花、盆橘，各大公园都举办迎春花展，特别是除夕前三天，各区的主题街道上搭起彩楼，拱起花架，四乡花农纷纷涌来，摆开阵势，售花卖橘，十里长街，繁花似锦，人海如潮，一直闹到初一凌晨，方才散去，这就是广州特有的年宵花市。图为广州越秀区花市一景。（图片摄影：黄志忠 广东《大经贸》杂志社供图）

最大的鲜花生产国荷兰每年从广东进口的盆景达1200万盆，金额达2000多万美元。

（六）广东渔民

　　广东濒临南海，渔区分布广，渔民数量多。改革开放前，广东渔民主要靠近海捕捞业为生，过常年以船为家的"水上漂"生活，落后的渔业生产方式和生活环境使广大渔民的生活极为困难。改革开放后，生产体制的转变，极大地激发了渔民的生产热情，促进了渔业生产的发展；而海洋养殖业和加工工业在广东渔村的率先发展，进一步繁荣了广东的渔业经济，增强了渔民的致富能力，造就了一批先富起来的渔民和渔民新村，使广东渔民的生活水平和居住环境得到了极大的提高。

　　20世纪80年代初，深圳罗湖渔民村利用特区政策，大力发展经济，组建运输车队和运输船队，办起了来料加工厂，发展养殖业，村民生活提前奔小康，家家都新建了小洋楼。到了1981年，罗湖

□全球最大的罗非鱼生产基地——茂名。图为罗非鱼养殖基地一角。（中共广东省茂名市委办公室供图）

渔民村成为全国第一个万元户村，被誉为是中国最富的村庄。正是这一名声，吸引了邓小平同志于1984年前来视察。2001年后，罗湖渔民新村建成12栋有着图书馆、健身区、停车场的时尚住宅楼，每3户分得1幢，他们自己住在单元楼的高层，将较低的楼层统一出租。每户村民每月可得2.5万元的租金。[1]

从20世纪90年代起，由于经济结构的调整和渔业资源的减少，大量广东渔民上岸谋生。为了保障上岸后广大渔民的生产和生活，广东省制定政策，帮助扶持沿海渔民转产转业，并为转产转业渔民创造良好的就业和生活环境，大力发展水产养殖、加工流通、休闲渔业和远洋渔业及船网修造业，组织实施渔民安居工程和渔民培训，拓宽就业门路，提高渔民就业能力。广东还投入大量资金，扶持建设渔民新村，让渔民结束"水上漂"的日子，分享改革开放的经济成果。

在遂溪县港门镇石角圩的渔民村里，有一幢幢被当地渔民喻为"捞"回来的小洋楼。由于近海渔业资源的日趋缺乏，1992年，石角圩的渔民在县人民政府的组织下大胆尝试，开始了远洋渔业，打破了不少人关于"水泥船不可进行远洋捕捞"的断言。在生意最火红的时期，每艘船年利润超过100多万元，渔民最高年分配人均超过5万元。

（七）广东户口

改革开放以来广东经济的高速发展，带动了城乡一体化的飞速发展，产生了大量农业人口转化的需求，而日益增多的省内人口的流动和省外务工人员的流入，使传统的户籍制度面临着巨大的冲击。

1998年6月，广州市迈开了广东探索户籍改革的第一步，推出蓝印户口政策。根据此政策，广州的外来户可以通过购房、投资、纳税、人才引进、留学人员引进等方式入户广州城市户口。深圳、珠海、东莞、佛山等珠江三角洲城市也先后出台了蓝印户口政策。此举打破一直被诟病的户籍转换限制，为省外人才的流动和引入打开了大门，并为拉动广东城市房地产的发展起了积极的推动作用。

2001年12月5日，广东省发布《关于我省进一步改革户籍管理制度的意见》，启动广东户籍改革。由此，广东取消了农业、非农业户口性质划分，广东的公民不再分城里人、农村人，都统称为"居民"。广东人只要有固定住所和稳定的职业，符合相关条件，就可以自主选择户口落籍地。同时，该户籍改革放宽了科技人才入户条件，允许广州、深圳两大中心城市实施有利于提高人口质量

1　参见新京报社编著：《日志中国（1978～2008）——回望改革开放30年》第1卷，中国民主制出版社2008年版。

和引进高层次人才的户籍政策。作为计划经济的标志性产物，已实行了40多年的户籍制度，终于在改革开放的前沿地广东实现了突破。

2007年，东莞市社会保障工作已经打破了户籍界限。不管是本市户籍，还是外地户籍，都同样参加社保，同样享受社保待遇。

2008年8月1日起，深圳市在全市实施居住证制度，持有深圳"居住证"的居民子女，可在深圳接受义务教育；持有10年长期"居住证"的居民将被纳入社会保障体系。居住证承载众多行政管理和公共服务内容。至此，深圳在住房、医疗、养老、教育诸领域均突破户籍限制。2008年6月，深圳市法制办审议通过《深圳市住房保障条例（草案送审稿）》，首次将非户籍人群列入住房保障体系。2008年10月，深圳市告别一市两制管理法制，实现特区内外户口自由迁移。

二、广东的新生活

　　历经改革开放30年的历史性嬗变，广东人民的生活方式发生了许多值得留下镜像的新变化。这里，仅从广东的现实生活中撷取一组镜头，作为广东改革开放30年老百姓生活方式现代化的佐证。

（一）爱行天下的广东游客

　　2008年国庆节一大早，广州的机场、车站便热闹沸腾起来，成千上万背着行装、拖家带口的旅游大军涌向这里，踏上出门度假的行程。这在广州，是每逢春节、五一、国庆等长假必定上演的旅

□2008年11月29日，"2008旅游大促销暨广东国际旅游展览会"开幕式在广州举行。较以往三届，本届展览会更具国际化，来自澳大利亚、日本、印度等15个国家和地区的政府及企业参展，有展位46个。在国内展区，来自吉林、安徽、山东等15个省区的各级旅游局及旅游企业也积极参展，展示独具魅力的旅游资源。图为天河体育中心会场。（图片摄影：王列）

游"大戏"。

随着城市居民生活水平的不断提高，广东省多数城市居民家庭过上小康生活，更有相当的家庭生活达到富裕水平。迈向富裕的城市居民已不再满足于吃饱喝足看电视这样的生活模式，集锻炼、休闲、娱乐、交友等为一体的旅游消费日益受到居民的青睐。近年来，无论是出国游，还是国内游，每逢黄金周都有几百万广东人选择出行度假，还有五成以上的广东人会参加到省内游等短途旅游活动中。即使是在平常的"双休日"，省内各大旅行社也是客源不断。爱旅游，看天下，已成为广东人的主要休闲消费习惯。2007年，广东省内旅行社组团国内游1569.57万人次，出境游382.04万人次。出游人数增多连带刺激广东旅游业的发展，据2007广东省旅游局统计，广东总共有旅行社961家，其中有36家旅行社入围2007年度全国旅行社双百强，在全国排名第一。

作为改革开放的前沿，广东2003年率先试办个人赴港、澳旅游，2004年广东全省全面实施了居民个人赴港、澳旅游，港、澳自由行正式开放。直至2008年6月，广东已签发赴港、澳个人游签注4880万个，广东人游港、澳犹如赶集一样方便，广东人消费力强也带动了港、澳旅游经济、第三产业的发展。

不光是城市居民，解决了温饱基本需求的广东省农民消费观念正在发生变化，旅游热在逐步实现小康的广东农村悄然兴起。广东省统计局农调队最新抽样调查显示，每年广东出游大军中有200多万是农民，占广东农村居民总人口的近6%。而近年来，广东省内外来务工者也逐渐成为省内游的主力军。

（二）广州人的数字生活

经过20多年发展，广东信息网络体系初步达到世界先进技术水平，信息产业规模居全国首位，各领域信息化应用逐步深入。2008年，广东省发布《广东省信息化发展纲要（2005—2020年）》明确提出：到2020年，全省信息产业发展、信息技术研究、信息环境建设及信息资源利用等方面主要指标将达到中等发达国家以上水平，实现产业信息化，建成"数字广东"。

作为"数字化"的先行区，广州人很早就已经融入到"数字化"的生活中了——全国第一个跨行自动柜员机（ATM）互通系统广东银联，全国最先进的数字化门诊医疗信息系统，全国最早的智能化示范小区等都在广州诞生。广州已经形成了覆盖全市的基础信息网络体系，建成了广州市互联网交换中心，同时国民经济信息化工程逐步启动。事实上，信息化发展着实给广州人带来了生活方式的改变。大小商户皆可刷卡实现了不带现金的轻松购物，随处可见的交费终端免去了交水费、电费、电话费的排队之苦，手持一张"羊城通"IC卡，就可以乘公交车，坐地铁，乘出租车，甚至可以像银行卡一样用于商业消费，享受打折的实惠。"羊城通"从2002年初开始发卡，当年8月便发卡100万张；而两年后已发展到230多万张——广州常住人口几乎每3人就拥有一张。信息化消费的兴起也给企业带来了巨大商机。据统计，每年广东邮政票务派送的网络订票业务收入就达1亿元，约占其全部售票量的两成。

（三）"吃在广州"的现代诠义

异彩纷呈的饮食文化，是反映广州经济社会发展的一个重要窗口。广州地处沿海，交通便利，自古是中外经济、文化交流的重埠。开放的环境，赋予了广州人开放的思维方式，反映到饮食上就是一种"无所不吃"的开放与兼容心态。广州街头遍布南北各地风味的饭店餐馆，几乎全国各大菜系、世界各地风味可以找到。

广州人善于发掘传统地方风味食品和食法，不断移植改造，推陈出新。粤菜厨师中流传着这样的祖训："有传统，无正宗。"体现了广州人敢为天下先的勇气和开拓创新的精神。广州饮食把吃和烹调提高到艺术的境界上来，成为岭南文化的重要组成部分，并且大大丰富了岭南文化的内涵和特色，对中国以及亚太地区的饮食文化都产生深远的影响。

随着经济的发展、社会的进步以及对外开放的不断扩大，广州饮食文化也在不断地发展和变化。一方面，广州饮食文化受到外来文化的冲击，如以麦当劳、肯德基等为代表的西方快餐文化，占据了不少年青人和儿童的市场，使不少人的生活习俗、文化观念也发生了的新变化。另一方面，人民生活水平的不断提高，为广州饮食文化的发展奠定了经济基础，"食在广州"也面临良好的发展机遇。譬如，广州的酒家饭店设置与旅游景点发展相配套，重视老字号的保护和建设，与旅游产品整体规划，互相促进；旅游部门每年举办"广州国际美食节"，吸引了八方来客，广泛推介广州饮食文化，把饮食与旅游的有效地结合起来。[1]

（四）"没到过高第街，就不算到过广州"

高第街是一条历史悠久的商业街，它的发展史反映着广东改革开放后商品经济的繁荣和个体经济的活跃。

---

[1] 参见第十六届亚洲运动会组委会：《异彩纷呈的广州饮食文化》，亚组委官方网，http://www.gz2010.cn，2008年11月8日。

新中国成立前，高第街是广州著名商业中心之一，是广州有名的日用百货的集散地。新中国成立后，高第街发生了很大变化，成为海内外闻名的商业街。1980年，工商局成立为在高第街经营的商贩发牌照，高第街成了广州市乃至全国第一个工业品市场。1986年后的两三年，高第街迎来了它的鼎盛期，统领全国的服装批发市场，一天的客流达20万人，外地客很多，连香港客商都来这里订货。当时，大批来自东北、华北、

□图为现今的广州高第街。（图片摄影：王列）

华东的客商纷纷南下广州，在高第街赚得第一桶金。十多年前，高第街就有了不少身家几百万的富翁，有了"未到过高第街，不算到过广州"的说法。

曾经辉煌的高第街已经退出了历史舞台，而今上下九、北京路、天河城三大商业圈的迅速形成，延续着广州——中国最兴旺商品交易中心和购物圣地的美誉。无论是对于本埠人还是外埠人来说，上下九，北京路和天河城是必去之处。

（五）爱车的东莞人

富起来的广东人爱车，最早创办来料加工、来样加工、来件装配、补偿贸易"三来一补"合资加工企业的东莞人更爱车。

2007年东莞市生产总值达3151亿元，比1978年增长119.8倍；东莞财政收入539.54亿元，增长441.2倍。经济飞速发展带动了东莞的汽车消费市场的兴旺，2007年东莞城市居民每百户家庭拥有家用汽车52辆，居全国前列。东莞市产权交易中心作为东莞市小汽车车牌号码受委托公开竞价发放单位，每月要发放300个车牌号码，每次都被"抢购"一空。"粤S·8S888"更以32.7万元的天价成交，创下了东莞小汽车号牌拍卖成交价的历史新高。

近两年来，买车已不是东莞本地人和老板的专利，在东莞创业和打工的非户籍人口逐渐成为东莞车辆消费的生力军。根据东莞市车管所公布的一组数据，截至2007年11月，东莞市的汽车保有量首次突破60万辆，其中33.5万辆是在2003年后入户上牌的。2008年1月7日至1月13日一周时间内，车辆入户4172辆，车主一半是新莞人。

（六）开到家门口的广州地铁

□地铁以3分钟至5分钟一班，提速了广州人的工作节奏和改善了生活质量。（图片摄影：江铁锐）

广州地铁从1993年开始建设。至2008年15年间，广州市大手笔兴建地铁，先后开通1、2、3、4号线，现里程达116千米，日均客流量超过160万人次。

作为贯穿广州城东部和西部最重要的路线之一，地铁5号线将在2009年正式开通运营。广州这样一个拥有1000多万人口、且人口高度密集的城市，将首次形成真正意义上的"开到家门口"的地铁环状运营线网。地铁的发展不但给一直受交通拥堵之苦的广州市民提供了便捷的交通工具，减轻了广州城市交通的巨大压力，也悄然改变着广州人的居住理念和生活方式。地铁线上，楼宇得以兴旺，土地增值，人流聚集，居住、商业、文化、社会等区域性功能迅速形成，带动周边经济发展。

按照目前的速度，广州将在2010年前建成200多千米的轨道交通线路。届时，广州将成为继纽约（432千米）、伦敦（420千米）、巴黎（330千米）、莫斯科（262千米）、东京（248千米）、汉城（224千米）后又一轨道交通超过200千米的城市，昂首跨入城市交通的"地铁时代"[1]。

按照远期规划，广州地铁还计划到2020年建成20条线路，通车500千米。不但要实现大广州半小时直达市区中心，还将连接珠江三角洲城际轨道交通，直达东莞、佛山、珠海等地，打造广州与周边城市的1小时生活圈。

（七）和谐生态人居环境

广东是中国改革开放最早的省份，城市化进程领先于内地。目前从总体上来看，广东人居环境竞争力领先于国内其他地区。广东交通网络、通信网络发达，医疗等城市发展配套设施齐全。珠江三角洲四季如春，气候宜人，吸引了不少外地人才到广东安家落户。

1　参见顾士然：《广州地铁高速发展，广州将跨入"地铁时代"》，《广州日报》，2006年1月9日。

改革开放以来，广东省是在全国率先推动商品房开发的地区。房地产开发水平不断提高，为广东社会经济发展作出了重大贡献。20世纪90年代房地产业的发展，促使广东城镇居民提前4年实现世纪末人均10平方米居住面积的小康目标。2007年，广东完成房地产投资量达2510亿元，几乎相当于1978年改革开放后至20世纪末开发总量的50%。2007年广东商品住宅竣工3309万平方米，比改革开放前29年全省城镇建成住宅的总量还多近430万平方米。2007年广东省城镇居民人均居住建筑面积33.8平方米，是改革开放初的近6倍；三成多的家庭居住商品房，九成居民家庭拥有自己产权的住房。

□海洋资源成为广东未来发展重要战略目标。图为连续六届南海开渔节在广东阳江闸坡举行时渔船出海竞捕情景。（图片摄影：马文荣 中共广东省阳江市委宣传部供图）

30年来，广东城镇住宅小区建设和管理始终处于全国领先地位。近年来，全省的城市环境有了较大改善，涌现出一大批人居环境改善的优秀范例。至1992年、1997年，深圳、中山两市先后获得联合国"人居奖"，直至2007年，全国获此殊荣的城市仅有13个，广东是全国获奖最多的省份之一。此外，佛山、广州、珠海等市还分别获得"全球人类住区最佳范例奖"、"国际改善居住环境最佳行动奖"等单项奖励。2001年，深圳市获得国家建设部"中国人居环境奖"。2006年，广州市和江门市同获国家建设部颁发的中国人居环境奖（水环境治理优秀范例城市）。肇庆、梅州、惠州等城市也曾先后荣获"中国人居环境奖"的单项奖励。

三、和谐新广东

从党的十六届六中全会提出建设社会主义和谐社会构想以来，广东就一直致力于和谐新广东的建设。经过几年的建设，现已初现国泰民安的景象。

（一）广东新农村

改革开放以来，务实勤劳的广东农民，在"七山一水二分田"的岭南大地上，以敢闯敢干的改革精神，谱写出一曲又一曲的新华章。今日广东已呈现出农村经济欣欣向荣，农业生产勃勃生机，农民生活蒸蒸日上的喜人景象。

□广东阳江渔民搬入新村的庆典活动。（中共广东省阳江市委办公室供图）

进入21世纪，广东的农业经济得到了长足进步，农村建设亦日新月异。广东省积极实践中共中央提出的构建和谐社会，建设社会主义新农村的要求，注重城乡协调发展，把促进农民增收摆在农业、农村、农民工作的首位。广东各地的社会主义新农村建设呈现出百花齐放、各具特色的局面。

根据第二次全国农业普查对广东1047.73万个农村居住1年以上常住户的住宅情况普查结果，2006年，广东农村居民平均每户拥有住宅面积120.82平米，有99.6%拥有自己的住宅；有84.1%的农户改革开放后新建了住房。

国家统计局广东调查总队公布的最新数据显示，2008年上半年广东农村居民人均现金收入3474.2元，同比增加393.8元，增长12.8%，增幅比上年同期提高6.5个百分点，扣除价格因素，实际增长4.2%。与此同时，广东农村居民上半年人均现金支出2850.3元，同比增加392.0元，增长15.9%。

广东社会主义新农村建设在不同的实践中涌现出不同的模式：有以解决农村居民生活保障和饮水难、看病难、住房难、读书难和行路难为重点的模式；有统筹城乡发展，推进新农村建设与当地工业化、城镇化进程相衔接的模式；有发展现代农业，以生产发展解决建设新农村问题的模式；有发展县域经济，通过农村工业、非农化、城镇化来带动新农村建设的模式等。这些不同的模式向我们展示了广东人在建设社会主义新农村中，因地制宜、科学规划、量力而行的务实精神和自主创新的精神。[1]

（二）社区党建与和谐社区

"构建和谐广东，建设美好家园。"这是广东省建设"和谐社区"工作中提出的一句响亮口号。

2003年3月，中共广东省委通过了《关于实施固本强基工程全面推进党的基层组织建设的决定》，对社区党建工作作出了全面部署。全省各级党委和政府以服务群众为重点，积极推进社区的全面建设。

广东省现有5917个社区居委会，为了适应城市基层管理体制改革和社区建设的需要，已经建立党组织的有5875个，全省基本实现了"一社区一支部"的要求。广东逐步建立和健全街道社区党建工作组织管理体系，完善社区服务体系，改进工作条件，推进基层民主政治建设，建立起了一支素质较高的社区工作者队伍。广东加强社区党建工作，提出了"领导班子好，党员干部队伍好，工作

1 参见陈清浩：《新农村建设多种模式各领风骚》，《南方日报》，2006年2月10日。

机制好，工作业绩好，群众反映好"等"五个好"的目标。

珠海市香洲区狮山街道率先创建了社区党组织代表大会制度。通过召开社区党组织代表大会，邀请76个不同行政隶属关系的单位党组织代表共商狮山社区的发展大计，集思广益，实现了资源共享，优势互补，达成了同建和谐社区的共识。湛江市赤坎区寸金街九二一社区党支部成立"离退休党员工作站"，使离退休党员不仅找到了家，过上组织生活，又能老有所为，发挥余热。他们积极协助社区开展社会治安、民事调解、城市管理、环境卫生和青少年教育等工作。在社区党建工作的带动下，广东的和谐社区建设成效显著。深圳市南山区北头社区，原来只是一个小渔村，村民主要以养蚝、捕鱼为生，伴随着深圳特区的迅猛发展，昔日的小渔村逐渐发展成为一个充满现代生活气息的城市社区，并一跃成为"全国百佳学习型社区"。广东卫生改革已经融入社区发展。目前，全省有社区卫生服务中心743所，服务站731个，此外，还有1.22万余个基层门诊部（所）为居民提供基本医疗等专项卫生服务。同时，还打破所有制界限，支持集体、私营社会力量举办社区服务中心43所，卫生服务站268个。据不完全统计，2004年以来，全省各地级以上市投入资金9800万元、区（县）级投入资金2.7亿元用于社区卫生服务。[1]

（三）城市生活

改革开放以前，由于其地理位置临近港、澳地区，广东曾长期作为战备前沿地区，无法成为国内投资的重点，工业农业生产、城市生活基础建设和城市公共服务都严重滞后，而在计划经济体制的束缚下，生活物质的匮乏，也使广东城市居民的生活水平远落后于全国其他地区。

改革开放后，广东成为改革开放的前沿阵地和先行区，在全国率先享受了经济政策的各种优惠条件，广州、深圳、珠海、东莞、中山、顺德等珠江三角洲地区的城市成为投资引商的重点和先驱城市。外来投资和工业产业的兴起和蓬勃发展，迅速增强了广东的国民经济实力。经济的腾飞，使广东的城市建设日新月异，城市化进程不断深入，城市公共服务体系不断完善。城市交通、供水供电、通讯、信息化工程等基础建设发展迅速。城市居民的人均收入、消费结构、居住质量、交通状况、教育投入、社会保障、医疗卫生、生命健康、公共安全、人居环境、文化休闲、就业等生活质量指数日益提高。广东各主要城市生活质量指数居全国主要城市前列。

由于珠江三角洲地区周边城镇的经济迅速发展，城乡的差别减少，东莞、深圳、顺德、佛山、南海渐渐与广州连成一片，以前的城乡变为大小城市连成一个城市群整体，形成珠三角经济圈的整

1　参见潘跃：《"和谐社区建设工程"正在广东省全面铺开》，人民网，http://paper.people.com.cn，2007年2月3日。

体概念。城市化的进程，使广东珠三角地区的许多农村地区的农民成为城市居民，融入到城市生活之中。

改革开放30年来，经济的迅速发展，接收的信息快而新，收入分配制度的灵活，用人观点的新颖，具有活力的广东地区吸引力也与日俱增，成为吸引和凝聚人才的地方，因此内地不少人才纷纷南下，寻找发展空间。同时由于城市的迅速发展，基础建设需要大量的劳动力，民工南下打工也成为风潮。随着外来人口的不断增多，第二代移民已然成长起来。同时，对外开放使广州、深圳、珠海等主要城市的国际化日趋明显，在广州城里甚至出现了一片片的外国人聚居区。南北文化的共融和国际化的发展，使广东城市居民的饮食、生活习惯发生很大变化，城市生活更趋多元化。

□利用城市空间溜冰的孩子们。（图片摄影：江铁锐）

（四）"外来工"子女

广东的经济发展和社会建设离不开大量外来务工人员，外来务工人员子女的入学、社保问题受到广东省各级党委、政府和社会各界的重视和关心。近年来，广东一直在积极制定相关政策和措施，寻求有效的解决办法。

2005年6月，广东省人民政府公布了《广东省教育现代化建设纲要实施意见（2004—2010年）》，规定连续暂住5年广东的外来工子女可读公办学校。

2006年，专门招收外来工子女的黄埔区同仁小学正式挂牌晋升为省一级学校，这是广东省首家成为省一级学校的流动人员子女学校。

自2006年起，深圳市以超过25亿元的资金在深圳市外来工聚集的宝安区新建41所学校。新建和改造学校完成后，新增学位逾13万个，极大地缓解了深圳外来人员子女的入学难问题。

　　到2007年，全省义务教育阶段非户籍务工人员子女达到244.08万人，占全国的56.8%，较2003年增加120.43万人。

　　2008年2月，广东省教育厅、省财政厅、省审计厅和省监察厅联合印发《广东省城镇免费义务教育实施办法》。从2008年春季学期起，在全省城镇全面实施免费义务教育，免除义务教育阶段学生的学杂费和课本费，外来工子女在流入当地同样享受免费义务教育。

　　2008年，广州、深圳、珠海先后出台相关政策，规定符合条件的外来工子女可参加社保。

□广东是全国最多外来工的省份。图为东莞市外来工的休闲生活。（图片摄影：张超满　中共广东省东莞市委办供图）

潮起
南粤大地

第九部

南风窗
——海外侨胞、台港澳同胞的重大贡献

潮起南粤大地 The Rise of Guangdong潮起南粤大地 The Rise of Guangdong
潮起南粤大地 The Rise of Guangdong潮起南粤大地 The Rise of Guangdong 潮起南粤大地 The Rise of Guangdong
潮起南粤大地 The Rise of Guangdong潮起南粤大地 The Rise of Guangdong 潮起南粤大地The Rise of Guangdong

据估计，现祖籍广东的海外侨胞，台、港、澳同胞分布在全世界180多个国家和地区，共有2500多万人；省内归侨侨眷有2000多万人，均占全国的70%。改革开放以来，广东直接吸收外资超过1200亿美元，其中海外侨胞和台、港、澳同胞资金约占70%；广东吸收海外侨胞和台、港、澳同胞捐赠资金近400亿元，捐赠总额约占全国的70%。目前，广东全省有侨资企业(含台、港、澳)近3.9万家，约占全省外资企业总数的63%。海外侨胞，台、港、澳同胞是广东改革开放一支极为重要的力量，对推动广东改革开放作出了不可磨灭的重大贡献。

Nanfeng Chuang
——a significant contribution from overseas Chinese and Compatriots from Taiwan, Hong Kong and Macao

It is estimated that there are 25 million Cantonese overseas Chinese and Compatriots from Taiwan, Hong Kong and Macao , distributed over more than 180 countries and regions. There are over 200 million returned overseas Chinese and their family members, taking up 70% of the total of the whole country. Since reform and opening up, Guangdong has absorbed $ 120 billion of direct foreign investment, among which 70% was contributed by overseas Chinese and Compatriots from Taiwan, Hong Kong and Macao. Guangdong has received 40 billion yuan of donation from overseas Chinese and Compatriots from Taiwan, Hong Kong and Macao, accounting for 70% of the total of the country.At present, there are nearly 39 thousand overseas Chinese ventures (including enterprises owned by Taiwan, Hong Kong and Macao) , accounting for 63% of all foreign-owned enterprises in Guangdong. Overseas Chinese and Compatriots from Taiwan, Hong Kong and Macao are an important force for Guangdong's reform and opening up, making indelible contributions in pushing the cause forward.

□ 白天鹅宾馆是中国第一间中外合作的五星级宾馆，也是我国第一家由中国人自行设计、施工、管理的大型现代化酒店。（图片摄影：黄志忠 广东《大经贸》杂志社供图）

广东濒临南海，毗邻港、澳，对外开放历史悠久，移居海外人口众多，是中国最大的侨乡。据
估计，现祖籍广东的海外侨胞，台、港、澳同胞分布在全世界180多个国家和地区，共有2500
多万人；省内归侨侨眷有2000多万人，均占全国的70%。改革开放以来，广东直接吸收外资超过1200
亿美元，其中海外侨胞和台、港、澳同胞资金约占70%；广东吸收海外侨胞和台、港、澳同胞捐赠资
金近400亿元，捐赠总额约占全国的70%。目前，广东全省有侨资企业(含台、港、澳)近3.9万家，约
占全省外资企业总数的63%。海外侨胞，台、港、澳同胞是广东改革开放一支极为重要的力量，对推
动广东改革开放作出了不可磨灭的重大贡献。

□1984年1月，邓小平（前排左三）、杨尚昆（后排左一）、王震（后排左二）在珠海和霍英东（前排右二）、马万祺夫妇（前排左
二、一）、柯华军合影。（广东省档案馆供图）

一、开放动力

□1979年叶剑英同志（右一）在广东省珠海市接见中华总商会会长何贤（右二）、副会长马万祺（左三）等。（广东省档案馆供图）

1978年12月召开的党的十一届三中全会，确立了实施改革开放的基本国策。但是，对外开放如何起步考验着中共领导人的眼光和智慧。改革开放的春风最先拂动侨乡，经济特区的创办，首先都是基于华人华侨因素。可以说，关键时刻，海外侨胞，台、港、澳同胞成为开启改革开放闸门的强劲动力。

1979年初广东省领导之所以有"杀出一条血路来"的豪气，离不开他们对"毗邻港澳、华侨众多"独特省情的科学认识和把握。1979年时任中共广东省委领导人的吴南生同志提议在汕头划出一块地方搞经济试验区，据说他的一个主要考虑就是潮汕地区海外华侨华人全国最多，约占全国海外华人华侨的1/3，许多在外面很有影响力的人物，可以动员他们回来投资。邓小平同志在谋划中国改革开放蓝图时，之所以确定广东为改革开放的先行点，并把四个经济特区中的三个放在广东，海外侨胞，台、港、澳同胞是重要的考量。"海外关系"成为中国改革开放这场历史大变革的助燃剂和推动力。他在1991年回忆时说："那一年确定了四个经济特区，主要是从地理条件考虑的。深圳毗邻香港，珠海靠近澳门，汕头是因为东南亚国家潮州人多，厦门是因为闽南人在外国经商的多"[1]。

1978年，全国第一家来料加工、来样加工、来件装配、补偿贸易"三来一补"企业太平手袋厂在东莞虎门镇落户。以此为突破口，东莞主动参与国际分工，把东

□1979年，时任中共广东省委书记兼深圳市委书记的吴南生同志（右二）陪同庄世平先生与李嘉诚先生等考察深圳特区。

莞逐渐打造成国际性制造业基地。侨资企业的成功实践发挥了先导和示范作用，带动更多外商来粤投资。在帮助广东引进外来资金的同时，海外侨胞，台、港、澳同胞还为广东引进了先进理念、技术与管理方法。侨资企业带来了国外先进的技术和管理知识，一大批具有国际水平的技术设备被广东许多家企业使用，使新老企业设备得到改造和发展，优化了产业结构，提高了产业水平，同时促进了自主创新，增强了广东产品在国际市场的竞争力。华侨华人，台、港、澳同胞的市场观念、商品意识、时间效益观念、文化教育观念等，促进了广东人素质的进一步提高，推动了广东经济进一步腾飞。

总之，在当代改革开放这一历史大潮中，海外关系是广东率先改革开放的重要催化剂和动力，海外侨胞，台、港、澳同胞不仅给广东带来大量资金，还带来了先进的理念、丰富的信息、广泛的关系、宽阔的通道，使广东能迅速了解世界走向世界、融入世界、率先与国际接轨。

□1986年东莞市规模最大的对外加工工厂是中堂玩具厂。图为上下班的工人们。（广东省档案馆供图）

二、建设功臣

　　海外侨胞，台、港、澳同胞热心发展工业，有振兴实业，使广东日益繁荣的思想。1978年落户东莞虎门镇的太平手袋厂，成为海外华侨华人参与广东改革开放30年建设历程的标本。

　　1978年7月15日，国务院颁布了《开展对外加工装配业务试行办法》。7月30日，濒临破产的香港商人张子弥先生，带着几个手袋和一些碎片，乘车穿越连绵的绿色原野，来到虎门。他与太平服装厂达成的合作协议包括：张子弥先生提供原材料和设备，东莞方面出厂房、人力，赚取加工费，每个月加工费的20%偿还给张子弥先生做设备款。[1] 就这样，由中国工商总局发放的关于"三来一补"企业的第一个牌照，"粤字001号"正式诞生了。

□ 东莞太平手袋厂是广东省引进的第一家"三来一补"企业。图为车间一角。（东莞市地方志编纂办公室供图）

1　参见吴哲、邹红波：《中国首家合资企业太平手袋厂落成》，《南方日报》，2008年9月4日。

这是广东也是内地开办的第一家来料加工厂。这家手袋厂尽管规模极小、设备落后、产品低档，但却掀开了广东利用外资的序幕。1980年，中国第一家中外合资企业——中山温泉宾馆落户中山。华侨华人，台、港、澳同胞汇款大力支持侨眷，归国华侨，台、港、澳同胞在广东的亲属办工厂，他们创办工厂能适应故乡经济建设和人民生活的需要，蓬勃兴起，成为广东社会主义工业建设的一支生力军。

第一波外资潮基本上是侨商，他们在国内投资环境较差，甚至在发展前景不太明朗的情况下，满怀着爱国热情回到家乡。改革开放之初，由于投资环境和法制不健全，外国人不敢贸然来华投资，此时，大批台、港、澳、侨商以"领头羊"的精神率先来粤投资，对外资起到了极强的示范带动作用。据国家工商总局1987年统计，华侨华人，台、港、澳同胞投资企业占当时外商投资企业总数的80%，投资额占外商投资总数的70%。在开放初期，珠江三角洲地区随处可见"华侨投资一个厂，救活一条村"的生动场景。[1] 广东改革开放头9年，侨汇收入达26亿美元，银行在私人手中吸引侨汇存款达10亿美元，全省共引进外资45亿美元，其中绝大部分是侨胞，台、港、澳同胞的资金。这笔大额资金对加速广东经济建设起了巨大的作用。据不完全统计，改革开放以来广东累计实际吸收外商直接投资1770多亿美元，其中，台、港、澳同胞和海外侨胞投资资金达1200亿美元，占全省实际吸收外资总量近七成；目前全省有侨资企业（包括台、港、澳资企业）有3.9万家，约占全省外资企业总数的7成。广东是国内侨胞投资最早，侨资企业最多，侨资经济发展最快的省份。时至今日，海外侨胞，台、港、澳同胞仍然是广东引进资金、技术和人才的重要来源和渠道，仍然是广东各项建设事业的重要参与者。

侨资企业拉动了投资增长，推动基础设施建设。侨商投资的大型港口、码头、高速公路项目构筑起广东一流的基础设施，增强了发展潜力。在广东投资的侨资企业来自全世界40多个国家和地区。主要分布在珠江三角洲地区，其中深圳、东莞、广州三市侨资企业数量居前三位。珠江三角洲地区9市占全省侨资企业的88%。珠江三角洲工业迅速发展后，华侨华人，台、港、澳同胞又转移到粤东、粤西、粤北等山区发展工业。过去，山区是被外资"遗忘的角落"，现在春风吹度，清远、梅州、河源等山区实际利用华侨华人，台、港、澳同胞等外资每年都在不断增长。

改革开放初期，华侨华人，台、港、澳同胞等外资，在深圳、珠海、汕头等三个特区和全省各地经营"三来一补"业务，产品一般为轻工业如服装加工及维修、运输等，随后向电子、手表等技术档次较高的工业发展。到20世纪90年代，他们投资广东建设的大项目增多，投资结构日趋优化合

1 参见郭军、沈卫红、段燕：《侨资企业占据了广东外资大半壁江山》，《南方日报》，2007年7月20日。

理。目前，产业分布主要集中在轻工、日用化工、纺织服装、食品饮料、电子信息、建筑材料等领域。

经过多年的发展，广东侨资企业的规模、质量和结构都发生了很大改变。改革开放初期，以港资为主的侨资企业规模比较小，一些企业的投资总额只有10多万美元，经过多年的发展，侨资企业规模不断扩大。至2004年底，投资总额超过500万美元的侨资企业有近3300家，企业平均投资额达263万美元，涌现出众多大型企业。随着广东投资环境的不断完善，具备了承接以电子、通信、信息产品为主的高新科技产业，从事高新技术产业的侨商也纷纷来广东投资创业，侨资高新技术企业发展迅速。侨资企业也带动了广东城镇化进程，侨资企业集中的珠江三角洲地区，大量农村和农业人口向城镇和工业迁移，加快了工业化和城镇化的步伐。

总之，海外关系对广东在物质方面的贡献，是我们长期重视的、可量化的经济上的贡献，主要表现在投资、捐赠和侨汇等方面。正如中共中央政治局委员、中共广东省委书记汪洋同志在接见华侨华人代表时所指出的那样，海外关系对广东经济建设发展所作的贡献，怎么评价都不过分。[1]

---

1 参见林琳：《海外关系是个好东西》，南方网，http://www.southcn.com，2008年9月1日。

三、世界桥梁

华人华侨，台、港、澳同胞以其既有本土资源又有中国背景的特殊优势，成为广东了解世界、走向世界的重要桥梁，也成为世界走进广东的引路者。

他们拓宽了国际市场营销渠道，推动"广东制造"走向世界。华侨华人，台、港、澳同胞同广东人民合作，多渠道发展外向型经济，出口商品大增。他们同世界各国商业企业家有密切联系，有销售商品的网络，成为广东产品在境外代销的商业大军。由于他们在境外各国有立足点、商店、公司，广东的外贸机构常在香港和境外各大城市主办商品展销会，扩大广东商品对外贸易的宣传，扩展了世界市场。华侨华人，台、港、澳同胞大批到广东参观、旅游和从事经济等活动，也促使广东在对外活动中按国际惯例办事，推动广东发展更上一层楼。

归结起来，海外侨胞，台、港、澳同胞在过去30年的"世界桥梁"作用主要表现在两个方面：一是担当友好往来的"红娘"。30年来，随着中国经济社会的高速发展，越来越多的华侨华人当起了"红娘"，成为看不见的"GDP"。最突出的体现就是在国际友好城市的建立上，改革开放30年，广东已建立国际友好城市关系78对，让五湖四海结成了"一家亲"。由于粤籍华人对所属文化的大力推介，"广东名片"飞遍五湖四海。二是促进合作交流的推手。30年来，广东与外国在经济、科技、文化、教育等领域广泛开展合作交流，许多由海外关系穿针引线和大力推动而成。如今，中国企业走向世界，"中国制造"遍布五洲，海外侨胞，台、港、澳同胞的引路助推举足轻重。

□洛溪大桥位于广州市海珠区与番禺区之间的珠江沥滘航道上，是广州市区连接番禺的交通要道。该桥全长1916米，宽15.5米。主桥长480米，双向四车道，于1984年10月动工，1988年建成通车，北端连接广州大道，南端连接105国道，是全国政协副主席霍英东先生捐出1000多万元人民币兴建的，并由番禺路桥公司负责管理。该桥在当时是亚洲同类桥梁之冠，全球排名第六位。（广东省档案馆供图）

四、捐赠榜样

榜样的力量是无穷的。30年来，海外侨胞，台、港、澳同胞以实际行动对此作出了很好的诠释。许多海外侨胞、港澳同胞以其成功的事业、感人的事迹、拼搏的精神、高尚的品格、爱国的情操得到了侨乡人民的尊重和爱戴，他们敢为人先、开拓进取、诚实守信、念祖爱乡、造福社会的精神已成为广东人的精神的重要组成部分。[1]

华侨华人，台、港、澳同胞虽然身在境外，但深受中华民族传统文化熏陶，无论在异乡打拼还是回国投资兴业，强烈的恋祖爱乡之情、造福桑梓之愿始终挥之不去，推动着他们一次又一次把事业的成果转化为家乡公益事业，福泽千千万万家乡百姓。改革开放30年来，他们的捐献成为加快广东经济、文化、教育、科技、卫生、体育等事业建设发展的巨大资源。

□1986年香港爱国人士李嘉诚（前左一）捐资创建了广东汕头大学，10月17日，李嘉诚先生到汕头大学巡视，图为李嘉诚参观生物系。（广东省档案馆供图）

据不完全统计，改革开放以来到2008年底，海外侨胞，台、港、澳同胞在广东捐赠兴办公益慈善事业的款物折合人民币近400亿元，占全国侨捐资金总数的70％。近3.3万个侨捐项目遍布全省各地。利用这些捐款，广东兴办了学校、医院、敬老院、幼儿园、文博、水利设施、道路桥梁等项目3

1 参见林琳：《海外关系是个好东西》，南方网，http://www.southcn.com，2008年9月1日。

万多宗。[1]侨捐学校更是占了全省中小学校的80%，达到1.8万多所，对发展侨乡教育事业作出了关键性的贡献。

在众多的捐赠者中，相当部分是事业宏大的殷商巨富，据统计，捐赠累计过千万元的侨商近200人，过亿元的达20多位。如香港著名爱国人士李嘉诚先生，捐巨款建设潮州民房，创办汕头大学及其附属医院，为广东侨乡的建设作出重大贡献。全国政协副主席、香港知名人士霍英东先生，捐港币3000万元建沙湾大桥，捐10亿港币为"霍英东家乡建设基金会"作经费。美国侨胞雷登先生在故乡台山捐款兴建了洗衣厂、九曲桥等67项工程。他们无私的捐献，使广东各项事业得到大力发展。而更多的是默默无闻、将毕生积蓄义无反顾地捐做家乡公益慈善事业的普通侨胞，在许多侨乡，流传着像日本侨胞吴桂显先生、香港同胞谭煜燊先生那样，捐赠出手阔绰、生活简单节俭的感人故事。加拿大侨胞霍宗杰先生爱好收藏字画，但为了做善事，把大批名家作品拍卖用作善事。侨商热心家乡公益，不计名利、不图回报的事迹说也说不完。

侨商捐赠带动了广东慈善事业的发展和慈善文化的形成。改革开放30年，尤其是近年来，慈善事业陆续在侨乡兴起，形成为新的侨乡文化，促进了社会的和谐。比如广州市的"教育基金百万行"，江门、中山、顺德的"慈善万人行"等，就是由海外侨胞带动的海内外乡亲共同参与的慈善盛事。其中，广州"教育基金百万行"由广州市教育基金会等十多家单位联合创办于1992年，在港、澳同胞，海外华侨热心支持下，取得了累累硕果，至今已筹集到的教育基金折合人民币总额超过3亿元，在全国产生了深远积极的社会影响。中山慈善万人行举办20年超过200万人次参与，超过100万人捐献善款，募集总额达4亿多元，以"慈善万人行"为载体的社会捐赠、救助以及志愿者活动已经成为中山市民生活中的一部分，融入了中山人的血脉。相对于当前国内慈善事业刚起步阶段，华侨捐赠已擎起中国慈善事业的主体，华侨慈善文化成为中国慈善文化的核心元素。

近年来，广东出台了系列政策法规加强对侨捐项目捐赠者和受赠人合法权益的保护，省侨办也致力推动在全省建立侨捐项目监督管理制度，有效地保护了侨胞的捐赠积极性，激发了他们的捐赠热情。2003年以来，海外侨胞，台、港、澳同胞捐赠广东公益慈善事业金额有增无减，年均超过7亿元。

2006年广东部分地区遭遇超百年一遇洪涝灾害，广州市侨商会、深圳市侨商国际联合会、深圳市归侨企业家联合会、中山市侨资企业商会、江门市侨商总会等侨商组织以及海内外一大批侨商，踊跃为灾区捐款捐物，总额达1.1亿多元，其中2000多万元用于补助灾区"全倒户"重建住房，惠及

1　参见郭军、沈卫红、段燕：《侨资企业占广东外资大半壁江山》，《南方日报》，2007年7月20日。

韶关、潮州、梅州、河源、清远五市52条村3010户"全倒户"，有力地支持了广东灾区救灾重建，受到中共广东省委、广东省人民政府的高度肯定。

改革开放以来，广东全省接受侨捐金额1000万元以上的镇（街）共有248个，受赠额1亿元以上的镇（街）达29个；捐建教育、卫生、体育、基础设施、扶贫济困等项目3.3万宗；建立各类公益基金近3000个；接受捐赠额在10亿元以上的地级市有：江门、汕头、广州、深圳、佛山、梅州、揭阳、潮州、中山、汕尾等。

五、慈善楷模

改革开放30年来，广大海外侨胞，台、港、澳同胞在积极支持参与广东经济建设的同时，慷慨捐资赠物，致力于公益慈善事业，捐赠的金额、捐赠项目的数量、参与捐赠的人数都很庞大，为广东的社会发展和进步作出了不可磨灭的重要贡献。参与捐赠的海外侨胞，港、澳同胞来自上百个国家和地区，个人捐赠总额最高的达31亿元，捐赠累计1000万元以上的达200多人，涌现出一大批侨捐慈善家。

2008年，广东省人民政府侨务办公室、广东南方电视台、南方日报社评选出"改革开放30年，华人慈善30人"。这30人在改革开放30年为广东社会公益慈善事业捐赠款物超过100亿元，占全省侨捐总额的1/4强。这30人代表了众多为广东经济社会发展作出不可磨灭贡献的海外华人，台、港、澳侨胞。本书以获得"慈善风范奖、慈善人物奖和慈善精神奖"这个评选的结果为依据，简要记叙相关人物对广东的捐赠贡献情况。

（一）华人慈善30人慈善风范奖得主

此次评选中，获慈善风范奖者共5人。慈善风范奖主要纪念为广东省公益事业作出重大贡献的已故海外侨胞和台、港、澳同胞。这里按评选结果的排序依次作简要介绍。

霍英东（1923～2006）

祖籍番禺。生前系香港中华总商会永远名誉会长。早在1979年，他与何贤、何添先生带头捐资300万港元，在番禺市桥兴建富有园林特色的番禺宾馆。1984年，他出资10亿港元成立"霍英东基金会"，以投资、捐赠等方式参与祖国和家乡的建设和公益慈善事业。后又捐3000万港元成立"霍英东番禺家乡建设基金会"，投入基金会3.96亿港元，用于发展交通和各项公益事业。霍英东先生毕生追求祖国强大，人民幸福，为家乡

的改革开放和现代化事业作出了巨大贡献。

吴桂显（1922～2001）

祖籍中山市石岐区员峰村。生前系日本广东同乡会会长，日本横滨市中学学校理事长。吴桂显先生变卖在日本的家业，先后向中山学院、中山师范、中山中专、中山一中等学校捐资3700多万港元，还设立"吴桂显教育基金会"，建起两栋基金楼，以其收益永久性支持家乡教育事业的发展。至今，获基金奖励的师生达2000多人。此

外，吴桂显先生还先后在中山大学、暨南大学、河源以及河北、湖北、四川、广西等地捐资支持教育事业和兴建"希望小学"。

谢慧如（1913～1996）

祖籍潮安县官塘白水湖村。生前任泰国中华总商会主席和泰国潮州会馆永远名誉主席。谢慧如先生一生爱国爱乡，热心公益事业，捐建了潮州官塘中小学、泰佛殿、慧如图书馆、韩江大桥、谢慧如潮剧艺术中心、慧如公园等20多个项目，1991年4月在潮州市设立优秀市民奖励基金会。捐赠金额达6804万人民币。

伍舜德（1912～2003）

祖籍台山。生前为香港美心集团董事长。

伍舜德先生一贯爱国爱乡，大力支持祖国和家乡兴办各项公益事业，捐建项目上百个，捐资额达1.2亿元。除了其本人及家庭捐资外，他还发动其他旅外乡亲积极捐资支持祖国和家乡建设，其事迹在侨乡有口皆碑。

石景宜（1916～2007）

祖籍佛山市南海区。生前为香港汉荣书局有限公司董事长。石景宜先生一生致力于内地与台、港、澳之间的文化交流，以"赠书报国"。近30年来共向中国内地图书馆无偿捐赠图书约600万册，总值超过4亿港元，被誉为海峡两岸"文化书使"。

（二）华人慈善30人慈善人物奖得主

此次评选中，获慈善人物奖者共20人。慈善人物奖，主要表彰为广东公益慈善事业作出突出贡献的海外侨胞和台港澳同胞。这里按评选结果排序依次作简要介绍。

1. 李嘉诚（1928～）

祖籍潮州市湘桥区。现任香港长江实业(集团)有限公司主席。李嘉诚先生自1978年至今在潮州市捐赠超过1亿元。另外独资捐建汕头大学31亿港元。在潮州捐赠项目包括：群众公寓，修复开元寺，扩建潮安医院，新建潮州医院，韩江大桥，体育馆，教育奖励基金，残疾人活动中心，70所基础小学等。

2. 曾宪梓（1934～）

祖籍梅县。香港金利来集团董事局主席。几十年来，曾宪梓先生在嘉应大学、东山中学、扶大中学、水白中学、华侨中学、学艺中学、宪梓中学，以及兴宁、五华、大埔、平远等县的中小学兴建教学楼、馆，设立教育基金，资助兴建嘉应大桥、剑英大桥、畲江大桥、梅县人民医院"荣发纪念楼"、黄塘医院高压氧医疗中心等，累计捐资人民币1.2亿元。在全国各地捐资6.3亿元。

3. 田家炳（1919～）

祖籍大埔县香港田氏化工厂有限公司董事长。几十年来，捐资兴建嘉应大学科学馆、嘉应教育学院教学楼、艺术馆；在大埔兴建湖寮大桥、电视台、银江水电站、玉湖中学和家炳一、二、三、四、五中学；在平远捐建医院和体育场等，累计捐资人民币2.2亿元。在内地捐资达12亿元。

4. 陈伟南（1919～）

出生于潮安县沙溪沙二村。现任香港屏山企业有限公司董事长兼总经理，香港潮属社团总会创会主席。陈伟南先生是香港爱国实业家和杰出的社会活动家，爱国爱乡、热心公益，尤其重视教育和医疗事业，自1985年至今捐赠款超1亿元人民币，捐赠了100多个项目。陈伟南先生是潮州市慈善公益事业的代表人物，其"事业的成功在于努力，人生的价值在于奉献"的人生观为人所称道，广为传颂。

5. 利国伟（1918～）

祖籍开平。原系香港恒生银行董事长。自改革开放以来，利国伟先生先后捐资人民币达2.3亿元，资助五邑大学、江门市中心医院及开平市60多所中小学校扩建校舍和教学楼，以及

文化教育、医疗卫生、抗洪赈灾等近200多个项目，为家乡兴学育才、医疗卫生、造福桑梓等方面作出卓越贡献。

6. 方润华（1924～）

祖籍东莞厚街。香港协成行发展有限公司总经理，香港成立方润华基金、方树福堂基金主席。两基金至今已在国内捐建了希望工程小学65所，希望工程模式之中学29所，幼儿园19所，以及中小学图书馆、教育中心、工业培训中心、残疾人康复中心等数所，并在国内部分大学设立"奖教奖学金"，被授予"扶贫状元"称号。2005年，还在中国科学院古脊椎动物和古人类研究所捐建了"树华古人类馆"。累计捐赠总额达3亿多元人民币。

7. 李兆基（1926～）

祖籍顺德大良。现任香港恒基兆业地产有限公司及恒基兆业发展有限公司主席兼总经理，恒基中国集团有限公司主席、总裁。李兆基博士早于1978年就率先捐资180万元扩建顺德华侨中学，1980年捐资310万元兴建顺德医院，1991年捐赠500万元助建顺德体育中心，1993年至1994年捐巨资8000万元兴建李兆基中学，2000年又捐资5000万元助建顺德职业技术学院。多年来，李兆基博士共为顺德福利事业捐资超过1.7亿元。

8. 郑裕彤（1925～）

祖籍顺德伦教。现任香港新世界发展有限公司主席、香港周大福珠宝金行有限公司主席。郑裕彤博士早在1978年便捐资180万港元扩建顺德华侨中学；1980年捐赠310万元助建顺德医院，1992年捐赠500万元助建顺德体育中心，1994年捐巨资8000万元兴建独具规模的郑裕彤中学，2000年又捐巨资5000万元助建顺德职业技术学院等。多年来，郑裕彤博士共为顺德公益慈善事业捐资逾2亿元。

9. 谢国民（1939～）

祖籍汕头市澄海区。现任泰国正大（卜蜂）集团董事长。正大（卜蜂）集团是第一家投资中国的跨国公司，谢氏家族大力支持家乡建设，热心家乡教育和公益事业，先后捐资1.5亿兴建澄海华侨医院、华侨中学、华侨小学、蓬中华侨学校、谢易初中学、正大体育馆等，赞助潮汕星河奖基金，设立奖教奖学基金等。

10. 林世铿（1939～）

祖籍惠来县。现任香港益丰集团公司董事长等职。改革开放以来，林世铿先生在揭阳捐赠的公益项目有揭阳职业技术学院慈云教学楼、揭阳一中、揭西县人民医院、揭西五云中学、揭西新园小学、揭阳溪南学校、揭阳华侨中学、惠来实验中学、惠来武玄小学、惠来兵营慈云大桥等60多个，捐赠金额3亿多人民币。

11. 黄球（1921～）

生于新会。现为香港兴业财务置业有限公司董事长，香港五邑工商总会名誉会长。改革开放之后，黄球先生率先关心支持家乡发展教育、文化及其他公益事业，共捐资7500多万元。此外，还在广州、江门捐巨资兴学育才。他除个人慷慨解囊、多善举外，且在集资建设侨乡各项公益事业中起到倡导和带动作用。

12. 赵泰来（1954～）

生于东莞，旅英华侨。著名文物与艺术收藏家。赵泰来先生从事古今中外各种文物与艺术品收藏活动30多年，陆续向广州艺术博物馆捐赠藏品4万多件，其中近千件是国家一级、二级文物。在番禺宝墨园，他捐赠的文物和艺术品数量达20个集装箱1万多件。他共向祖国捐献文物5万多件，总价值超过8亿元，曾获"2005年世界杰出华人奖"。

13. 杨钊（1947～）

祖籍惠州。现任香港旭日集团董事长。1993年，他捐资1000万港元给惠州大学建教学楼；多年来旭日捐资的中、小学有10多所；为广东阳山县大良乡扶贫捐款200万港元，向广东惠州市教育基金捐款300万港元。实实在在的善举，实实在在的爱心，多年来，杨钊已捐献2亿多元港元建学校、助残疾、扶贫困、救灾民，支持祖国的科学文化及相关事业。

14. 苏东霖（1919～）

祖籍肇庆四会。现为香港中区街坊会名誉会长，香港肇庆各邑同乡会总会长。苏东霖先生一套西装穿了十多年，住房面积不足50平方米。但是，改革开放以来，苏东霖先生先后在肇庆、四会、广宁、怀集、韶关等地捐资教育、卫生、文化、旅游等公益事业100多宗，捐款近人民币7000万元。

15. 江可伯（1926～）

祖籍高州市大井镇，现任香港安达国际有限公司董事局主席。江可伯先生先后捐赠7000多万元支持家乡建校兴学、修路架桥、扶贫慈善等公益事业。2006年将投资3100万元的瑞英果场捐赠给当地村委会，2007年将价值3000万元的茂名安达大厦捐赠给茂名市扶贫基金会。

16. 古润金（1959～）

祖籍中山市五桂山镇，出生于马来西亚吉隆坡，是第三代华裔。现任完美(中国)日用品有限公司董事长、马来西亚中山会馆联合会会长。古润金先生不忘回报社会，迄今为止在中山及全国各地以个人或公司名义向各项慈善公益事业捐资赠物近1.4亿元，还先后在全国各地捐建了67所"完美希望小学"。

17. 吴清亮（1926～）

祖籍潮安县浮洋镇大吴村。现任新加坡吴德南控股集团董事主席。20多年来，吴清亮先生捐款超5000万人民币。捐赠项目包括：大吴幼儿园、小学、中学、自来水厂、村道、桥梁、无害化卫生间、秀英园、镇卫生院等几十个项目。

18. 陈卓林（1962～）

祖籍中山。现任香港雅居乐地产主席。去年以来，先后捐资5000万元支持中国华文教育基金会用于发展海外华文教育，捐赠1000万元支持广东侨心慈善基金会，在今年的抗震救灾中，捐资逾1亿元。

19. 翟美卿（1964～）

生于广州。深圳侨界知名人士，广东香江集团总裁，金海马集团董事长。香江集团，从成立之初到现在，一直积极开展公益、慈善、扶贫、救灾、兴教、助学等各项活动共捐资4亿元，捐建了200多所学校，资助了3万多名失学的青少年。

20. 曾沐彬（1931～）

祖籍兴宁市。印度尼西亚"塑料大王"。几十年来，曾沐彬先生和夫人肖汉芬女士一起，捐资兴建兴宁沐彬中学、汉芬小学和梅州市华侨博物馆、梅州市客家公园、梅县人民广场等一大批社会公益福利事业，捐资金额达5000多万元。

（三）华人慈善30人慈善精神奖得主

此次评选中，获慈善精神奖者共5人。慈善精神奖，表彰捐款不多甚至没有捐款，但长期从事公益慈善活动，甚至一生行善的海外侨胞和台港澳同胞。这里按评选结果的排序依次介绍。

1. 傅宝珠（1948～）

香港人。原来是香港南朗医院的护士，1997年因腿部受伤安装了人造髋骨而退休。3年前她来到佛山市高明区潭山康复新村，默默照顾那里的102名麻风病康复者，改善医疗条件，引导"麻风病人"重新踏入社会。她的努力引起了社会各界对麻风病人的关爱和帮助，消除了人们对"麻风村"的偏见。她被当地老百姓称为"当代白求恩"。

2. 陈佩珊（1950～）

祖籍东莞，出生在澳大利亚。退休后居香港。她放弃舒适的阔太太生活，来到怀集县桥头镇中学义务教学超过7年。在她的引导下，海外和港澳地区的热心团体及个人积极关注怀集山区的教育。经她引荐的爱心捐资共计385.5多万元，建造及修缮学校28所，资助学生2500多人次，捐赠教具、文具20批，建造路桥1座。她从香港引荐了医生、技工等8批100多人到桥头镇进行短期义教，2002年她带领桥头镇10多名教师到香港参观学习先进教学经验。

3. 梁植（1922～）

原籍博罗。早年移居香港经商。从1984年起，他每年春节捐款慰问家乡军烈属、困难户，24年来从未间断，捐助对象从16户增加到432户，至今已经捐出港币超过100万元。他还长期坚持捐助家乡医疗、卫生、教育、桥梁等公益事业。更令人感动的是，梁植先生把继续资助困难户和优抚对象的愿望写进遗嘱，使资助延续到他辞世后30年。

4. 邹文桂（1923～）

原籍中山三乡。生于巴拿马，凭着不懈努力而拥有了自己的杂货铺，成为一名商人。1979年，邹文桂回到了阔别40多年的故乡。之后，邹文桂几乎每年都不远万里回家乡，带头捐资教育、兴建老人中心等。邹文桂并不是一个富有的人，他捐给家乡的钱都是他节俭省下来的。多年来，他向白石村的福利事业及教育事业捐赠达200多万元。

5. 黄汉光（1938～）

生于香港。现任深圳市侨联荣誉主席，深圳侨报社名誉社长。20世纪80年代初期，他就开始捐资公益事业，仅80年代初期他个人资助龙岗镇南约村建设包括：建学校、球场、筑桥、修路等，资助总额以现市值计达100万元，而当时他正处于艰苦创业时期，连办公室和住房都是租的。1997以来，他连续12年每年中秋都从香港赶回龙岗慰问老人及归侨困难户，送去礼物和慰问金，总值超过40万元，他的关怀使这里的老人们在无形中已将他视做亲人。黄汉光先生没有在国内设立任何企业，他本身也不是一个很富有的人，但他热心捐资办学，修桥筑路，敬老扶幼，善助伤残，兴建公园。20多年来，他已经为社会公益事业捐款近500万元。黄汉光一直坚信：公益慈善事业是值得用心去做的事，也是他一生都会坚持的事。

潮起
南粤大地

第十部
建设文化大省
——全民科学文化素质普遍提高

潮起南粤大地 The Rise of Guangdong潮起南粤大地 The Rise of Guangdong

潮起南粤大地 The Rise of Guangdong潮起南粤大地 The Rise of Guangdong 潮起南粤大地 The Rise of Guangdong

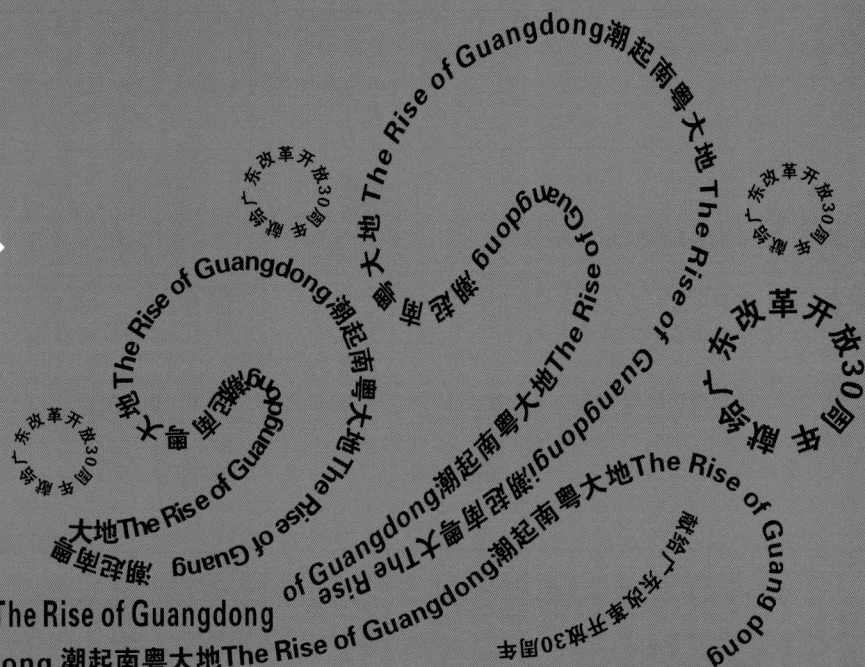

潮起南粤大地 The Rise of Guangdong潮起南粤大地 The Rise of Guangdong

建设文化大省，是中共广东省委为了贯彻落实党的十六大精神，全面建设小康社会，在2002年12月召开的中共广东省委九届二次全会上提出的新举措。

　　据不完全统计，10所高校在大学城设置了80多个学院、200多个专业。未来的广州大学城，将突破高校发展的瓶颈状态，形成完善有序的高校格局，提高广州文化教育中心城市的地位。

　　伴随着30年改革开放的历程，广东报业改革曲折前进中"领风气之先"，由最早的南方日报一枝独秀，到如今南方日报报业集团、羊城晚报报业集团、广州日报报业集团、深圳报业集团群雄竞起的态势，成就了全国报业最有活力、最有影响的市场。

Guangdong as a major cultural province
——General improvement of scientific and cultural qualities of the people

To build a province with rich culture is a new undertaking proposed at the second plenary of the ninth conference of the provincial party committee of Guangdong,which is designated to live up to the guiding principles of the Sixteenth National Congress for building a well-off society in an all-round way.

According to the incomplete statistics, over 200 majors have been established in more than 80 colleges of 10 ten universities in Guangzhou Higher Education Mega Center. The growing Guangzhou Higher Education Mega Center will fledge by breaking traditional bottle necks of university development and then enhance Guangzhou as the key city of culture and education.

The reform of the press industry outshines other industries in the twists and turns of the reform and opening up since 1978. It grew from its earliest stage with Nanfang Daily eclipsing others to its present state with Nanfang Daily, Yangcheng News, Guangzhou Daily, Shenzhen Press Group competing with each other. And this makes Guangzhou the most dynamic and influential market in the country's press industry.

□中山纪念堂是广东省重点文物保护单位，现为全国重点文物保护单位。是广州人民和海外华侨为了纪念伟大的革命先行者孙中山先生而筹资兴建的。纪念堂坐落于孙中山先生当年的总统府旧址上，由中国著名建筑师吕彦直设计，1929年动工，到1931年完成。（图片摄影：王列）

广东作为全国改革开放的先行地区，在邓小平理论和"三个代表"重要思想指引下，深入贯彻落实科学发展观，创造了经济发展的奇迹，从一个相对贫困的边陲省份一跃成为全国第一经济强省。如何继续保持这种发展势头？加强文化大省建设，提升文化竞争软实力成为广东经济、政治、文化、社会全面可持续发展的重要战略抉择。建设文化大省，是中共广东省委为了贯彻落实党的十六大精神，全面建设小康社会，在2002年12月召开的中共广东省委九届二次全会上提出的新举措。此次会后，广东省文化体制改革和文化大省建设领导小组成立，确立了文化大省建设的领导机构。2003年9月23日，中共广东省委、广东省人民政府在广州召开了广东省文化大省建设工作会议。会后，相继出台了《广东省文化体制改革试点工作方案》、《中共广东省委、广东省人民政府关于加快建设文化大省的决定》、《广东省建设文化大省规划纲要（2003—2010年）》和《关于深化文化体制改革，建设文化大省的若干配套经济政策》等一系列文件，对实施文化大省建设战略提供了实施路径、组织保障和政策支持。下面，以文化大省建设工作为重点对广东改革开放30年来的文化建设情况分专题进行概说。

□湛江醒狮是国家首批非物质文化遗产保护项目之一，是在2008年北京奥运会开幕式上亮相鸟巢的唯一一个广东民间艺术。（图片摄影：李满青 中共广东省湛江市委办公室供图）

一、改革开放时期对优秀岭南文化遗产的传承

岭南文化是土著文化、各个时期的移民文化以及海外文化在交流、碰撞、激荡、整合的过程中形成的。改革开放以来，广东经济社会的飞速发展，教育和现代科学技术的日益发达，国际化经济、文化交流的日益丰富，为岭南文化赋予了新时代特征和创新发展的活力。也正是如此，岭南文化虽然是一种年轻的文化形态，却以其务实、创新、开放、兼容的生命力，在古老而壮观的中华文化大系统中展示出属于自己的那一份辉煌。

□ 广州十三行。人们现在常常提起"广州的十三行"，那个"金山珠海，天子南库"的中西贸易交流中心，洋货如山、樯舶奔辏的景象，仅仅是广东人曾经"富甲天下"的回忆，但十三行留给广东人最重要的是开放、交流、兼容、创新、进取、务实的文化传统，遵从市场经济规律和遵守市场规则的商业精神，恪守诚信的商业道德。

□珠玑巷。广东不少人，只要谈起祖先，就说从南雄珠玑巷来的。珠玑古巷位于距离南雄市区东北方向10公里远的珠玑镇，整条珠玑巷长约1华里。自唐朝丞相张九龄开凿梅关驿道之后，珠玑巷很快成为梅关驿道上的一个商业重镇。它是古代中原地区的人民经商或躲避战乱迁徙岭南地区的中转站，根据谱牒记载，现在分布在珠江三角洲地区的大多数广府人都是原珠玑巷居民的后裔。如今，珠玑巷后裔已分布于世界各地。因此，珠玑巷成为了广府民系的民系认同物。（中共广东省韶关市委办公室供图）

（一）广府文化

□粤剧又称大戏或者广东大戏，源自南戏，自明朝嘉靖年间开始在广东、广西出现，是糅合唱做念打、乐师配乐、戏台服饰、抽象形体等等的表演艺术。图为粤剧表演艺术家红线女。代表剧目有：《搜书院》、《关汉卿》、《昭君公主》和现代戏《山乡风云》等。（广州粤剧团供图）

广府人主要由早期移民与古越族杂处同化而成。广府民系文化特征以珠江三角洲最为突出，既有古南越遗传，更受中原汉文化哺育，又受西方文化及殖民地畸形经济因素影响，具有多元的层次和构成因素。

广府民系分布的地域西江、北江流域及珠江三角洲，在广东是封建文化最早开发的地区。两宋以后，珠江三角洲的开发已初具规模，到了明代，是当时岭南著名的粮食和多种经济作物的生产基地，顺德、南海、中山、番禺等地基塘农业驰名于世。珠江三角洲具有多层次的农业经济架构，又有广州这个世界贸易大港为依托，农副产品和手工业产品长期以来市场产销活跃。明代后期，珠江三角洲的农业生产商品化倾向日渐明显，成为岭南最活跃、最具商品意识，因而最富有反传统精神的地区。广东近代工业的新兴产业，主要从19世纪末叶从珠江三角洲一带兴起。经济发达推动了文化的兴盛，珠江三角洲地区从宋代以来，人文兴旺，一直居于全省人才优势的地位。广府文化的中心城市广州，自古以来是广东乃至岭南区域政治、经济和文化中心。在建筑、艺术、宗教、戏剧、音乐、文学、绘画、工艺、饮食、园林、风俗等各个文化领域，处处表现出悠久的历史渊源和鲜明的个性，给人以多层次、立体的和丰富的感受，使广府文化在广东各民系文化中占有优越的地位。

由于至少从汉代开始与海外文化的接触交流不断，故广府民系的人民，在三大民系中最具开放性，比较易于接受外来新事物，敢于吸收、模仿和学习西方物质文明和精神文明，并将传统文化与之相互融合。广府人还具有敢于探索和尝试的拼搏精神，视野较为宽广，思路较为开阔，商品意识和价值观念较强，精明能干，善于计算，创造了珠江三角洲多元化农业商品经济，以广府人为主干的"广帮商人"清中期就已驰名全国。古往今来，广东特别是珠江三角洲一带一直是一个商业贸易比较发达的地区，"崇利"的商品价值观念渗透到岭南社会各个角落。广府人由于最早受到海外，尤其是近代西方先进文化思想的影响，得风气之先，加上强悍的民性，冒险、创新的气质，因而反抗性和斗争性也特别强烈，精英辈出，在推翻封建帝制、建立新中国以及改革开放、发展经济的历史进程中，有一种"敢为天下人先"的最为宝贵的性格特征。[1]

（二）潮汕文化

□非物质文化遗产：潮绣，中国四大名绣之一。与广绣合称为粤绣。潮汕地区的主要传统工艺美术品。自清代以来，潮汕妇女多勤纺织，女子到了十一二岁，其母即为预制嫁衣，家家户户都会织缝刺绣。清代粤绣工人大多是广州、潮州人，特别潮州绣工技巧更高，而且男子精于绣功，为其他省市所罕见。刺绣艺术被广泛应用于日常生活实用装饰品上。（图片摄影：曹萱 中共广东潮州市委政策研究室供图）

海内外潮人的根，在广东潮汕地区（以现在广东汕头、潮州、揭阳三市为中心）。宋元时期，大量移民入潮，闽文化北来，使潮汕地区全面开发，是潮汕文化形成的重要时期。明清时期，最终形成有鲜明特征的潮汕民系文化。潮汕地区从宋代起由于经济的迅速发展，文化教育事业也相应发展，人才辈出。潮汕文化是一个动态的开放体系。它的形成过程，是本地原住民文化和移民文化经过多次互相影响，互相吸收而逐渐融合的过程。在自成体系之后，由于潮汕人的迁徙，潮汕文化向海外传播，同时吸收其他文化的因素，不断发展。

潮汕地区地狭人稠，人口与资源和环境矛盾很大，激烈的竞争环境培养了潮汕人的创造、开拓和冒险精神，也形成了潮汕人外出到海外谋生的社会风气。潮汕人在农业上精耕细作，在手工业上精雕细琢，在商业上更是精打细算，极善经营，闻名海内外，有"中国的犹太人"之称。清中叶著称一时的广帮商人，主要由广州帮和潮州帮商人组成，潮商在国内的东南沿海及江南一带生意做得很大，在泰国、新加坡一带颇有实力。强烈的商品意识，是潮汕人一种颇具优势的文化潜质，使他们在改革开放时期足迹遍及城乡，渗透各行各业，特别活跃。

潮汕文化体系中民间艺术多姿多彩，琳琅满目，尤以石雕、木雕、剪纸、嵌瓷、潮剧、英歌舞、潮乐和舞狮最为著名。潮汕地区的历史文化和中原文化有着紧密联系。在普宁市广太镇虎头埔发现的距今4000多年的新石器时期窑群遗址，是目前国内发现的最大的新石器时期窑群遗址。这些

---

1 参见广东省地方史志办公室：《广府文化及传统民俗》，南方网，http://www.southcn.com，2003年1月23日。

发现证明了新石器时代粤东文明已与中原实现同步，那时的粤东已不是人们所说的"蛮荒之地"。[1]

□潮剧又名潮州戏、潮音戏、潮调、白字戏，主要流行于潮汕方言区，是用潮汕方言演唱的一个古老的地方戏曲剧种。2006年5月20日，潮剧经国务院批准列入第一批国家级非物质文化遗产名录。（图片摄影：陈楚霖　中共广东潮州市委政策研究室供图）

（三）客家文化

千百年来，客家人的先民们从中原越黄河，跨长江，沿赣江上溯至赣州，越过武夷山到长汀，最后来到粤东深山——梅州。在辛勤耕耘创立新的家园的过程中，他们不断与南方的百越族（主要是畲、黎、瑶等族）融合，不仅形成了一个稳定的社会群体，而且创造出了独具特色的客家文化。

客家人崇尚华夏正统文化，有着不畏艰辛、开拓进取、崇文重教、爱国爱乡的精神品格。在迁移和开发的过程中，一代又一代的客家人正是靠着这些精神和优良传统的传承，战胜了各种艰难困苦，建成了自己的新家园。中国近现代史上三次革命运动——太平天国运动、资产阶级民主革命、中央苏区土地革命及其二万五千里长征，都与客家人有着莫大的关系。从洪秀全到孙中山，从罗芳伯到丁日昌，从"睁眼看世界第一人"黄遵宪到"总在关键时刻起关键作用"的开国元帅叶剑英，一代又一代的客家英杰，引领了民族解放和历史发展的潮流，为国家和民族作出了巨大贡献。从

1　参见广东省地方史志办公室：《潮汕民系文化特征》，南方网，http://www.southcn.com，2003年1月23日。

1911年至2007年，在梅州走出去客家人中，就产生228位大学校长和473位梅州籍将军。

客家民俗亦有着深厚的文化积淀：以中原古汉语为基础的客家话，是中国汉语八大方言之一；梅州山区百姓的家传服饰仍有汉唐遗风；优美隽永的客家山歌蜚声海内外；独具魅力、古朴典雅的客家围楼、围龙屋等特色民居，堪称中国民宅建筑之瑰宝。[1]

□河源市最具代表性的客家古村落——南园第一村。（中共广东省河源市委办公室供图）

（四）华侨文化

华侨文化是岭南文化形成自身特色的催化剂和极其重要的组成部分，没有华侨文化也就没有岭南文化。

---

1 参见（1）罗艾桦、杨应森：《广东客家博物馆正式开馆》，人民网，http://www.people.com.cn，2008年4月8日；（2）乔还田：《客家人与客家文化漫谈》，人民网，http://www.people.com.cn，2006年11月1日。

广东是中国移民海外和海上通商贸易最早、最多的省份，海上贸易频繁，海外华侨众多，是东西方文明交汇和中西文化碰撞与交融的一个重要结合点。广东华侨文化最典型地代表了华侨文化的本质特征。五邑、广府侨乡的华侨文化是这一本质特征的典型代表，在中国华侨华人史中占有不可替代的地位。广东的"侨味"文化可以说是一枝独秀，更显广东文化特色。

广东侨乡文化是一种主动开放、学习、接纳的文化。"侨"而不崇洋媚外，不全盘西化；"乡"而不迂腐，不顽固。广东侨乡文化具有深厚的历史底蕴和独到的民族特性，因而在中国侨乡文化研究领域具有代表性。

华侨兴则广东兴。近代广东成为中国民族工业和民族资产阶级诞生地之一，华侨担当开路先锋。在19世纪末20世纪初，正值中国民族工业的开端。华侨带着先进技术和自身积累的资本，纷纷回到广东投资，侨资企业成为当时广东的重要经济支柱。

华侨和则广东和。华侨文化对于现代和谐广东同样意义重大。捐赠款物兴办学校、设立医院、修桥铺路、开办赈灾恤难的慈善机构等，改善侨乡的文化教育、医疗卫生和交通运输等条件，造福乡梓，是海外侨胞、港、澳同胞的优良传统，代代相传。[1]

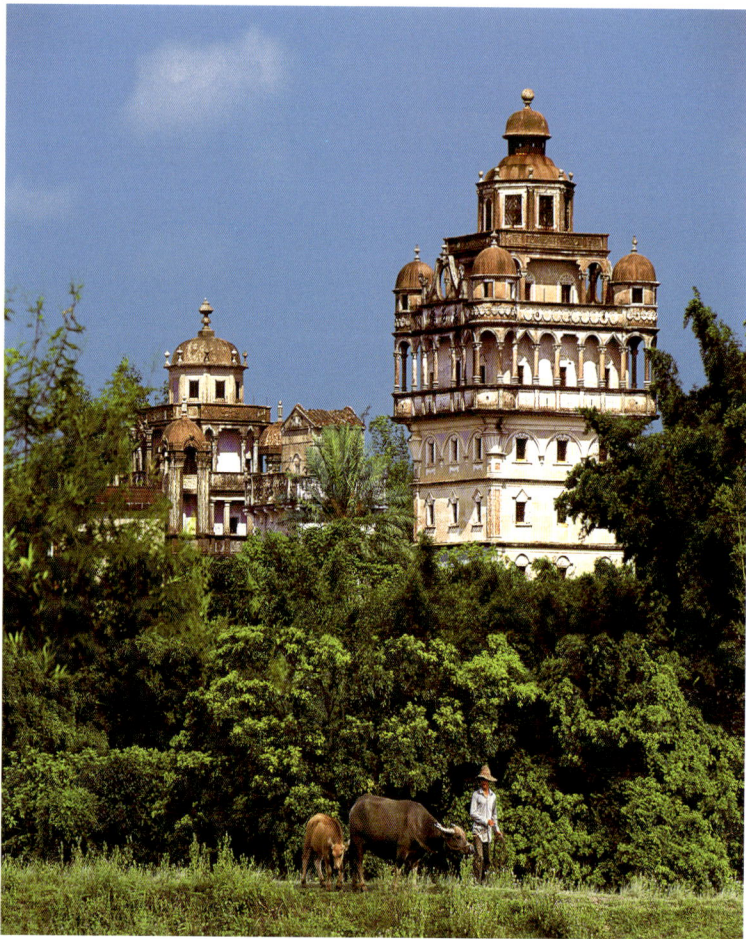

□侨乡建筑是侨乡文化中最具特色的文化。其中，五邑地区的碉楼则是最具特色的中西结合的建筑。以世界文化遗产开平碉楼与古村落为代表，建筑文化是广东华侨文化最为直观的体现方式之一。开平是中国的"碉楼之乡"，汇集了不同国家和地区、不同历史时期、不同建筑流派和不同宗教的海内外建筑艺术，它被誉为"世界建筑艺术的长廊"。（图片摄影：何树炯 中共江门市委宣传部供图）

（五）海上丝绸之路

根据史籍记载和出土文物印证，在2000多年前的秦汉时代，当中国江南广大地区还处在未开发的榛莽状态的时候，广州（古时称番禺）即已一枝独秀，成为一个人烟稠密，对外贸易的大都会，而

1　参见陈毓铮等：《华侨文化与广东建设文化大省的理论探索》，中国评论新闻网，http://www.chinareviewnews.com，2008年9月10日。

且一直是中国海上对外贸易的第一大港和重要港口。

目前有足够的史料和文物证明，中国海上丝绸之路的最早始发港就是广州。作为汉唐以来中国对外贸易的最大港口，历经2000年的洗礼却久盛不衰，直至鸦片战争前夕，对外贸易仍然盛况空前，中国丝、瓷、茶等出口商品和外国的进口商品都会聚于广州贸易。中国海上丝绸之路的第一大港口和重要港口的特殊地位，不仅促进了广州经济的发展，使广州成为中国近代民族资本主义工业的发源地，而且使广州成为中国近现代革命思想、革命活动的发祥地和策源地。广州开放对外贸易对近代中国经济发展和革命贡献之大，影响之深，是国内任何一个城市不可比拟的。[1]

新中国成立后，特别是改革开放后，广州港迅速恢复其世界重要港口的光彩，继续承载着推动中西文化交流和中外贸易的重要使命。而现在每年两届的规模空前、闻名于世的"中国进出口商品交易会"等各种世界性会展在广州的举行，正是广州港重现繁荣的最好佐证。改革开放以来，随经济实力的不断增长，广州市投入大量的人力、物力和财力对已发现和发掘的"海上丝绸之路"遗迹和遗物进行系列保护和开发利用。这些遗迹和遗物既有考古遗迹、档案文献、历史画稿，也有铭刻着2000多年中西交往历史印记的建筑。2008年12月，中国国家文物局已准备将"广州海上丝绸之路文化遗产"项目列入中国"世界文化遗产预备名单"。这意味着不久后，广州海上丝绸之路将获取世遗的"入场券"。

（六）文化遗产保护

广东是一个特色鲜明的沿海省份，是祖国的南大门，毗邻港、澳，华侨众多，近代以来得风气之先，是中国近代革命思潮与民主革命的策源地，当代改革开放的先行地区；岭南文化以其开放性、兼容性等特点在国内独树一帜。因而广东文化遗产体现出浓厚的区域特征，举世瞩目。

广东历史人文资源"家底"丰厚，国家级文物在全国各省中居中上水平；海洋文化遗产、华人文物、革命文物、名人资源等在国内地位显著；名城、名镇、名村数量名列前茅；非物质文化遗产数量相当可观。

广东历来重视文化资源保护，各级政府在历史人文资源保护与抢救方面做了大量工作，并安排充分的经费投入。各地还积极组织申报国家历史文化名城、名镇、名村。

2005年3月，国务院发布了《关于加强我国非物质文化遗产保护工作的意见》，广东省相关部门迅速行动，建立了省非物质文化遗产保护中心，全面推进广东非物质文化资源的普查、认定、申

1　参见广州市旅游局：《广州导游词•海上丝绸之路发祥地》，导游人网，http://www.guideren.com，2007年5月18日。

报、保护和发掘、整理、研究工作。

□东莞市茶山镇南社村的古建筑群是全国重点文物保护单位。（东莞市地方志编纂办公室供图）

20世纪80年代，在阳江海域发现的"南海一号"宋代沉船，有可能成为继秦始皇兵马俑之后中国又一个有世界影响的重大考古发现，对海上丝绸之路、中外关系研究等具有重要价值，为此国家在阳江创建国内唯一的考古与培训基地。而广东省在该地投资建设"海上丝路博物馆"，建成之后将是"世界先进、亚洲一流"的现代化水下考古专业博物馆。

著名侨乡开平市，保存着近代以来的碉楼1446座，有中西合璧的，仿

□"南海一号"于2007年12月28日顺利进入广东海上丝绸之路博物馆。（图片摄影：曾岳 中共广东省阳江市委宣传部供图）

古罗马的，德国堡垒式的，土耳其伊斯兰教式的，数量与形式之多，全国罕见，成为侨乡建筑的一大特色，目前已成功申报为世界文化遗产。

□在广东客家侨乡，传统客家大屋也吸收西方建筑文化养分，形成中西合璧的围龙屋，如梅州白宫洋湖尾村联芳楼、程江乡的万秋楼、松口镇的南华又庐等；在城镇规划布局上，侨乡聚落也反应了传统文化与西方文化的调适和良好结合，采用网络状布局，如鸦片战争后的开埠城市汕头。图为花萼楼围龙屋，位于广东省梅州市大埔县，其设计精巧、结构独特，显示了客家人圆满、团结、平均、平等的生活理念，是目前广东土围楼中规模最大、设计最精美、保存最完整的民居古建筑，是世界民居建筑的一大奇观。（图片摄影：曾灼新）

　　近现代革命建筑更多，如广州三元里平英团旧址、东莞林则徐销烟池与虎门炮台、广州国民党"一大"旧址、黄埔军校旧址、广州大元帅府旧址、中华全国总工会旧址、广州农民运动讲习所等，成为中国百年革命风云的缩影和见证。

　　此外，广州南越国宫殿遗址、博罗县横岭山先秦墓地、深圳屋背岭遗址、南汉德陵、康陵遗址，先后入选1997年、2000年、2001年、2004年度全国十大考古新发现，也充分体现了悠久而辉煌的岭南历史与文化。[1]

　　1　参见梁桂全主编：《广东历史资源调研报告》，社会科学文献出版社2008年版。

□镇海楼——广州标志性建筑之一，广东省级文物保护单位。全楼高25米，呈长方形，阔31米，深16米。下面两层围墙用红砂岩条石砌造，三层以上为砖墙，外墙逐层收减，有复檐5层，绿琉璃瓦覆盖，饰有石湾彩釉鳌鱼花脊，朱墙绿瓦，巍峨壮观，被誉为"岭南第一胜览"。（图片摄影：王列）

□名人文化遗产。观念文化寓于人物之中，侨乡英才辈出，独领风骚。中山故居、澄海市"岭南第一侨宅"陈慈黉故居、华富村郑皇故里、恩平冯如故居、陈芳故居、黄埔村胡氏大屋、梅县南华又庐等名人故居，成为现在人民了解华侨文化，体会华侨精神的文化景观。图为孙中山故居。（中共广东省中山市委办公室供图）

□ 黄埔军校旧址位于中国广州市黄埔区长洲岛内，原为清朝陆军小学和海军学校校舍。民国13年(1924年)6月16日，孙中山在苏联顾问帮助下，创办了培养军事干部的学校，名为中国国民党陆军军官学校而后更名为中华民国陆军军官学校迄今。因校址设于黄埔长洲岛，通称黄埔军校。（图片摄影：江铁锐）

□ 五仙观位于广州市惠福西路，建于明洪武十年(1377年)，是一座祭祀五仙的谷神庙。该观坐北朝南，门上的大匾上有清人书之"五仙大观"四字。依山而建的五仙观，现存有头门、后殿、东斋与西斋。其绿琉璃瓦重檐歇山顶，木构架保存十分完好，玲珑新巧。后殿东侧有裸露的红砂岩层，上有巨大的脚印状凹穴，古人一向以为这是"仙人足迹"，得以保存下来。明清两代，这里分别以"穗石洞天"和"五仙霞洞"列入了"羊城八景"的行列。图为五仙观里的"岭南第一楼"。（图片摄影：孙卫明）

□ 西汉南越王博物馆坐落在越秀山公园西面的象岗，是岭南地区年代最早的一座大型彩绘石室墓，共7室，深藏于岗顶之下20米，1983年6月被发现，是近年来我国五大考古发现之一。该墓主人是南越开国之君赵佗的孙子——第二代南越王赵眛，其尸身穿丝缕玉衣。陵墓的建造距今已有2100多年。陵墓中有15名殉葬人和1000多件珍贵的随葬品，主要是玉器和青铜器。（图片摄影：王列）

□广州陈家祠为广东省陈氏的合族祠堂，又称陈氏书院。陈家祠建于清光绪十六年至二十年(1890年~1894年)，由黎巨林设计。整座建筑坐北向南，占地1.5万平方米，主体建筑为6400平方米。为三进五间九堂六院大小19座建筑组成。陈家祠以其巧夺天工的装饰艺术著称，它荟萃了岭南民间建筑装饰艺术之大成，以其三雕、三塑、一铸铁著称，号称百粤冠祠。（图片摄影：江铁锐）

□北京路千年古楼遗址。北京路一带从古至今，都是广州地区最繁华的商业集散地。根据史料和专家考证，目前，北京路、教育路和西湖路周边区域已有或已建成及挖出的历史文化遗地有：秦番禺城遗址、秦汉造船工地遗址、西汉南越国宫署遗址、唐清海军楼遗址、南汉御花园、明大佛寺、明城隍庙、明清大南门遗址、清庐江书院、广州起义纪念馆等十多个朝代的十多个具有较高历史文化价值的文物古迹。（图片摄影：王列）

□饮食文化遗产。广东凉茶起源于数百年前，据传在公元306年，岭南老百姓根据东晋道学医药家葛洪的医学理论，根据本地的气候、水土特性，以中医养生理论为指导，总结出的一系列具有清热解毒、生津止渴等功效的饮料。2005年广式凉茶首先被认定为广东省食品文化遗产，2006年被国务院正式批准为首批国家级非物质文化遗产，包括王老吉、黄振龙、金葫芦等粤、港、澳地区的21家企业拥有的18个品牌54个配方及术语将受到法律保护，极大地提高了凉茶的文化形象。2007年6月广东在全国举办了凉茶文化巡展，并建立了凉茶博物馆。从2002年至2007年，广东凉茶销售量年平均增长都在15％，成为了食品行业新的增长点。2008年上半年广东凉茶销售达到近400万吨。超过了可口可乐在中国的销售总量。
    王老吉凉茶是中国广东著名凉茶，于清朝道光年间（约1830年）由广东鹤山人王泽邦（乳名阿吉）所创。图为凉茶产品（图片摄影：黄志忠 广东《大经贸》杂志社供图）

二、改革开放中的理论武装和教育、科技工作

改革开放和社会主义现代化建设新时期广东的文化建设，特别是2002年之后的文化大省建设，主要围绕知识文化建设、大众文化建设、文化产业发展三大领域展开。这里，我们先探讨知识文化建设。广东是中国特色社会主义理论的试验场。广东改革开放和现代化建设一切成就的取得，首先要归功于高举中国特色社会主义旗帜，坚持以中国特色社会主义理论为指导，坚定不移地探索中国特色社会主义新路。因此，理论武装工作，从来都是广东文化建设特别是文化大省建设的重中之重。如前所述，广东在文化建设特别是文化大省建设中，一直在推进科教兴粤战略和人才强省战略。因此，素质教育特别是高等教育，科技工作特别是科技创新，都是广东新时期知识文化建设亮丽的风景线。

（一）理论武装

在文化建设中，理论武装工作是最核心和最重要的工作，因为经济建设、政治建设、文化建设、社会建设、生态文明建设都需要坚持用科学理论武装头脑。改革开放30年来，广东始终坚持以理论学习引导各项工作的创新，以理论研究为广东发展提供战略思路，以理论普及提高全省各级领导者的理论素养和全民的科学素质，形成了具有广东特色的坚持用科学理论武装人的长效机制。

1. 理论学习

改革开放之初，当极"左"思想及计划经济仍禁锢森严、社会上不敢谈论商品经济的时候，以卓炯为代表的广东经济理论界开全国先河，大谈商品经济，研讨如何大力发展商品经济，任仲夷同志等省领导带头鼓励相关的理论探索，专请卓炯为全省县委书记讲课。为了有效开展理论学习，中共广东省委坚持中心组学习制度，通过省委中心组的学习带动全省各级党委中心组的学习。中共广东省委定期组织理论专题学习，请各行业的领导或专家作主题发言，回答在理论学习中遇到的疑难问题，为各级领导干部不断增加或更新理论知识，形成了一个行之有效的贯彻落实科学发展观的学习机制。中共广东省委中心组每月举办一次"广东学习论坛"，向厅级以上党员领导干部讲解党的重大理论创新成果和党中央提出的重大战略思想及如何应对国际竞争及在中央的统筹下如何治理地方。在"广东学习论坛"的影响带动下，全省许多地市和单位的中心组都举办了类似的论坛，如"东莞学习论坛"、"潮州学习论坛"等等。为了将科学发展观落到实处，2008年中共广东省委中心组还开展了全省大调研，通过走群众路线，进行研讨式学习。为了及时将党的十七大精神贯彻落实下去，广东省委成立了宣讲团，赴各地进行十七大精神宣讲。各地各部门也开展了相应的宣讲活动。中共广东省委常委、宣传部长林雄同志要求，宣讲十七大精神，要紧紧围绕十七大的主题，突出十七大提出的重大理论观点、重大战略思想、重大工作部署的宣讲；要坚持贴近实际、贴近生活、贴近群众，努力从中国与世界、历史与现实、理论与实践的结合上，把干部群众在学习贯彻十七大精神过程中提出的热点难点问题说充分、讲清楚；要坚持科学性和艺术性的统一，运用干部群众听得进、听得懂、听得好的语言，讲准十七大精神，讲清我们前进的方向，讲强干部群众的信念，激励广大干部群众为落实十七大提出的各项任务而共同奋斗，同心同德把广东建设得更好。[1]为适应现代社会快速发展变化的新形势和现代科技发展的新趋势，中共广东省委宣传部和中国移动广东公司，还共同创建了"网络学习天地"服务系统。该系统是集手机彩信、手机邮箱、手机上网、互联网于一体的学习平台，主要包括科学理论、社会科学知识普及、中华文化、学习信息服务等四大板块，设有近十个专栏，所有内容都经过精心筛选、提炼，均是公务员工作学习需要的理论知识。使用"网络学习天地"服务系统，可以实现随身、随时、随地，自由、自在、自如地学习。该系统作为理论学习和理论宣传的新方式，具有传播速度快、覆盖面广、渗透力强等特点，创全国理论宣传的先河，对推动中国特色社会主义理论普及和当代中国马克思主义大众化，营造浓厚的学习氛围，具有现实意义。2008年9月27日，中共中央政治局委员、广东省委书记、省委学习实践活动领导小组组长汪洋同志在全省深入开展学习实践科学发展观活动动员大会中强调，广东科学发展的任务重、压力大，需要进一步加强理论武装。

2. 理论研究

在马克思主义理论研究和建设工程的带动下，广东哲学、社会科学基础研究和应用研究硕果累累。1982年，中共广东省委设立了广东省社会科学基金，1983年起由省社会科学界联合会统一组织开展优秀社会科学研究成果评奖活动。从1988年1月开始，由广东省和广州市社会科学界六个单位联手举办、以"双月研讨会"的形式连续召开六次大型的"社会主义初级阶段市场经济研讨会"，提出市场经济只是一种资源配置形式，不是资本主义的专有物，资本主义也有计划，社会主义也有市场，理直气壮地提出广东应走社会主义市场经济的道路。从20世纪90年代开始，广东加大了对社会科学的支持力度。中共广东省委、广东省人民政府定期召开"省长与专家座谈会"，实行省重大决策咨询研究课题公开招标，开展评选"广东省优秀中青年社会科学家"活动，出版《广东省优秀

---

1 参见中共广东省委宣讲团：《十七大精神宣讲要全面准确》，南方网，http://www.southcn.com，2007年11月8日。

中青年社会科学家文库》丛书，建立"广东省资助优秀社会科学著作出版基金"，设立"广东省社会科学优秀成果奖（政府奖）"等，为理论研究提供了一个宽松环境。广东社会科学工作者结合实际，以邓小平理论、"三个代表"重要思想为指导，贯彻落实科学发展观，紧跟时代的步伐，深入探索和帮助剖解改革开放所遇到的理论问题，发挥了地方党委、政府的思想库、智囊团的作用。广东省人民政府发展研究中心成立至今，已经完成1300多项研究成果，其中有5项获中国发展研究奖5项。改革开放以来，广东省社会科学院已经在核心期刊和参与领导决策研究发表或完成论文及研究报告1.5万多篇，并出版《广东百科全书》等丛书、论文集、学术专著书籍约130余种约500部，总字数超过2亿字，基本形成了围绕全省中心工作和经济社会发展需要、全面开展为党政决策服务的科研工作新格局。广东省社会科学院决策咨询研究成果，仅2008年度得到中共广东省委主要领导批示者就不下10项，另有不少成果得到其他省领导批示或被发给中共广东省委常委会议、全体会议作参阅材料。除广东省人民政府发展研究中心、广东省社会科学院外，全省高校系统、党校系统、社会科学研究系统、党政机关、实际工作部门所产生的理论研究成果，更是层出不穷，数不胜数，其中不少成果对广东改革开放进程发挥了重要的作用。2000年至2005年，国家教育部在广东省高校设立人文社会科学重点研究基地5个，省级人文社会科学重点研究基地9个，全省社会科学工作者共承担各类国家社会科学基金项目500多个。近年来，广东承担的国家社会科学基金项目申报增幅和立项总数居全国省份前茅。广东组织两届广东省哲学社会科学优秀成果奖颁奖活动，为繁荣广东哲学社会科学发挥了积极作用，《广东历史人文资源调研报告》等一批有分量的文化研究成果为广东文化建设提供了理论支持。

3. 理论普及

广东省社会科学工作者在改革开放理论研究方面处于理论前沿地位的同时，理论普及也做得有声有色。在"广东学习论坛"、"岭南大讲坛"、"南方理论前沿论坛"三大品牌论坛的带动下，各种理论研讨会、论坛给广东人的思想武装提供了头脑风暴式学习载体，成为广东推动马克思主义中国化、大众化学习普及活动的特色品牌工程，较好地发挥了以正确的理论引导人的作用。《岭南大讲坛》是中共广东省委宣传部、广东省社会科学界联合会共同主办的高品位公益论坛，也是广东文化大省建设的品牌工程之一。其宗旨是弘扬人文精神，传播先进文化，普及社会科学知识，提升社会理性。目前已成功启动四大板块：第一是论坛类板块，主要采取讲授形式。它包括六个系列：一是"岭南大讲坛·学术论坛"；二是"岭南大讲坛·公众论坛"；三是"岭南大讲坛·地市论坛"；四是"岭南大讲坛·巡回论坛"；五是"岭南大讲坛·艺术论坛"；六是"岭南大讲坛·企业论坛"。

第二是研讨类板块，主要采取研讨形式。具体是指每月一次的小型研讨会——"岭南学术论坛"，该板块已举办35期。每期都围绕一个主题展开研讨，这些主题既有学术界关心的重大基础理论问题，也有广东省委、省人民政府领导所关注的重大现实问题。其目的是为促进广东省社会科学界各个学科的建设与发展提供沟通的理论平台，并为党和政府提供理论支持与决策参考。第三是访谈类板块，主要采取访谈形式。在南方网理论频道开设的"岭南大讲坛•热点网谈"节目紧密结合网上热点社会问题及广东省的重大新闻事件，以"网上讲坛"的形式邀请嘉宾与网友在线交流，用贴近网民的话语引导网民用马克思主义理论和正确的世界观来讨论、思考及理解在经济发展和社会变革时期出现的各类问题，充实网上理论宣传内容，创新宣传方式，加强理论宣传的能动性，构建一片全新的主流舆论强势的网上理论宣传阵地。第四是读物类板块，主要采取编辑出版文字、音像出版物形式。经过近三年的摸索与实践，《岭南大讲坛》的品牌效应日益显现，在社会上产生了良好的影响和广泛的社会效应，不仅深受公众的喜爱，还得到中共广东省委领导的肯定和广东省主体传媒的关注以及社会各界的支持。现在，已初步形成了网络、报纸、电视、广播等立体传播态势，进一步扩大了"岭南大讲坛"的覆盖面和社会影响力，有力地推动了广东省社会科学普及工作的发展。[1]

"广东社会科学普及周"是广东推动马克思主义大众化普及的另一个品牌。从2005年开始，每年举办一次，实现全省三级联动。举办社会科学普及周活动是中共广东省委与政府实施广东经济社会可持续发展战略的一项行之有效、持之以恒的哲学社会科学普及、资政育人的重要举措，对促进哲学社会科学成果的转化运用，加快提高全省人民的思想道德素质和科学文化素质，增强社会理性，促进社会和谐发挥了积极作用。广东还初步建立了覆盖全省的社会科学普及工作网络，建立了90个社会科学普及示范基地，成立了广东省社会科学普及工作协会，夯实了广东省哲学社会科学普及工作的基础。[2] 为纪念改革开放30周年，广东省对30年改革开放的理论与实践进行了全面总结，重点组织撰写出版了一批纸质平面和影视光盘作品。中共中央政治局委员、广东省委书记汪洋同志为《广东改革开放30年研究丛书》[3] 作了总序。该丛书对广东改革开放30年巨大成就、实践经验和未来前进方向等问题进行了系统总结和深入研究，内容涵盖经济、政治、文化、法律、城市、农村、科技、教育、社会、党建等10个方面，为全面深入研究广东改革开放做了大量有益工作，迈出了重要一步。由中共广东省委宣传部、广东省社会科学院、广东电视台联合摄制的纪念广东改革开放30周年的电视理论专题片《新路》，也在社会上产生了良好的反响。

4．集智献策

1　根据南方网理论频道、广东省社会科学联合会网站相关材料综合整理。
2　参见胡键：《"广东曲线"：强有力理论支持与智力服务》，《南方日报》，2007年5月14日。
3　该丛书由中共广东省委宣传部、中山大学、广东省社会科学院共同组织编写，广东人民出版社2008年出版。

　　参事、文史工作是党的统一战线工作的重要方面，是政府工作的组成部分，是我国民主政治建设的具体体现。改革开放以来，参事、文史事业为推进政府决策科学化、民主化、程序化，为巩固社会和谐的共同思想基础推进文化建设，发挥着重要作用，受到各级领导的高度重视。

　　近年来，在省委、省政府的正确领导下，在国务院参事室、中央文史研究馆的亲切指导下，广东省政府参事室（文史研究馆）紧紧围绕省委、省政府的中心工作，充分发挥"智囊团"和"人才库"的显著优势，组织参事、馆员资政为民，谋道传文，为经济强省、文化大省、法制社会和和谐广东建设献智献策，开创了省委、省政府领导最重视的时期以及和谐发展最好的时期。

　　政府参事察实情、讲实话、办实事，排民忧、解民难、达民意，参事调研队伍强、内容实、成果精，参事建议角度新、方法新、措施新，得到国务院参事室、省委、省政府、有关地市领导以及省市有关部门的重视和采用。建设生态特呈岛的调研报告引起省领导的高度重视，省委办公厅将调研报告改写成省委专报，呈报中央有关部门。参事工作成为党和政府了解民情、反映民意、集中民智、密切联系群众的重要渠道，为加强民主政治建设，推进政府依法行政，推动广东经济和社会深入、和谐发展，作出了不可磨灭的贡献。

　　文史工作围绕省委、省政府提出的建设文化大省的要求，充分发挥"资治、教育、存史"功能，以"探寻古典，激发当代"为主题，开展文史研究、艺术创作、统战联谊等各项工作，积极参与文化大省建设。组织馆员开展文化调研活动，挖掘区域文化亮点，树立地方文化品牌。举办"广东历史文化名人巡礼"等大型学术活动，编辑出版大量文史研究著作，为岭南文化研究积累宝贵财富。举办广东—蒙特利尔书画交流展等雅集活动，传承岭南文艺，呵护艺苑奇葩。创建中央文史研究馆书画院南方基地，改善馆员的活动环境、创建学术交流空间，加强对外友好往来、增添宣传联谊平台。

　　"贤良之士众，则国家之治厚"。在新的形势和科学发展的大潮中，在省委、省政府的领导下，广东省人民政府参事室（文史研究馆）将紧密团结在以胡锦涛同志为总书记的党中央周围，高举邓小平理论和"三个代表"重要思想伟大旗帜，全面落实科学发展观，与时俱进，开拓创新，以统战性为立足之本，以咨询性为强体之路，紧紧围绕省委、省政府的中心工作，为广东参事、文史事业的发展再创新篇！

（二）发展教育

进入21世纪以来，广东"科教兴省"的步伐进一步加快，连续采取一系列优先发展教育的重大举措，对全省的基础教育和高等教育不惜重金投入，使广东教育无论在速度上还是在规模上都产生了飞跃性的发展。

1. 广州大学城建设

一方面，广州大学城建设具有优越的地理位置和构建理念。广州大学城位于番禺区新造镇小谷围岛及其南岸地区，西邻洛溪岛、北邻生物岛、东邻长洲岛。与琶洲岛举目相望，规划范围43.3平方千米。距广州市中心约17千米，距市桥约13千米。可容纳学生18万至20万人，总人口达35万至40万人(包括村镇人口)，相当于一个中等规模的城市，估计总投资规模将达到200亿到300亿元。广州大学城是国内一流的大学园区，是华南地区高级人才培养、科学研究和交流的中心，是"学、研、产"一体化发展的新城市。另一方面，广州大学城可谓是藏龙卧虎，各具特色。广州大学城现有10所高校进驻：中山大学，华南理工大学，华南师范大学，广东外语外贸大学，广东工业大学，广州中医药大学，广州大学，广东药学院，广州美术学院，星海音乐学院。各高校都把大学城校区的建设作为本校实现跨越式发展的一个新起点和新的契机，都以机制创新和管理创新大力推进新校区建设。从学校总体发展目标出发，在内部管理、用人机制、人才培养、学科建设、专业设置等方面大胆创新，积极主动地投入新校区建设工作中，办出各校的特色。据不完全统计，10所高校在大学城设置了80多个学院、200多个专业。未来的广州大学城，将突破高校发展的瓶颈状态，形成完善有序的高校格局，提高广州文化教育中心城市的地位。[1]

2. 基础教育30年的变化

改革开放30年，广东教育领域坚持"面向现代化、面向世界、面向未来"的指导方针，实行多项改革措施，全方位地推进基础教育事业的发展。一是教育体系基本形成。以普及九年义务教育为目标，村设小学、乡镇设初中、县城设高中的模式使全省中小学校建设规范发展；以初高中分离，全省建设100所国家级示范高中、200所普通高中为标志，示范高中建设取得令人瞩目成绩。二是规模持续扩大。30年前，广东中等职业学校175所，普通中学2236所，小学23820所。到2007年，中等职业学校增加到812所，普通中学增加到3598所，小学则合并为19891所。三是经费投入逐年增加。30年来，广东不断加大教育经费支出力度，基础教育投入逐年增加。1978年，全省教育经费支出仅

---

[1] 参见百度百科词条：《广州大学城》，百度网，http://baike.baidu.com，2009年1月29日。

19.95亿元。2007年，全省教育经费支出达到1142.28亿元，是1978年的57.26倍，平均每年增长14.98%，名列全国第一。四是推行"免费大餐"，迈开了城镇免费义务教育第一步。2008年春季开始，全省城镇义务教育阶段学生全面免除书杂费。至此，全省实现了全免费的义务教育，广东建设中心镇，农村43万学生享免费义务教育，步步都领先全国。五是入学率大幅提升。2007年，全省小学学龄儿童入学率99.78%，小学毕业生升学率96.67%，初中阶段毛入学率100%，初中毕业生升学率77.65%，高中阶段毛入学率65.4%。[1]

□执信中学是孙中山先生于1921年为纪念近代民主革命家朱执信先生而亲手创办的纪念性、示范性学校，在中国现代教育史上，他曾率先推进新学制，开中国现代教育之先河。早在20世纪20年代，执信中学就是国内37所重点中学之一。1978年再次定为省市重点中学，1994年被评为广东省一级学校。（图片摄影：江铁锐）

3. 高等教育30年的变化。

改革开放30年来，广东高等教育事业经历了从恢复到改革、发展和创新的一系列巨变。作为改革开放的前沿，广东高等教育事业融入中国改革开放和社会主义现代化建设的大潮，解放思想，敢于创新，谋变化，促发展，加强内涵建设，注重人才培养质量、综合素质和竞争力的提升，实现了历史性的跨越式发展。1978年至1998年，广东普通高等学校只有23所，在校生24万人，成人高等学校56所。30年间发生了翻天覆地的变化，至2008年，普通高校已达到109所，在校生达到111.97万人，研究生在校生达到5.44万人，是1978年的36.47倍，年平均增长速度达到13.2%。成人教育从无到有，2007年，全省成人高等教育在校生达到42.42万人。1978年，全省学校教职工人数仅有51.62万人，其中专任教师42.27万人。2007年，教职工人数和专任教师分别增加到102.16万人和86.1万人，增长了一倍多。在全省教师队伍中，普通高等学校副高级职称以上教师所占比重达到37.71%，中级职称以上比重达到58.89%。进入21世纪，广东高等教育事业发生了翻天覆地的变化，高等学校办学规模不断扩大，办学质量和水平不断提高，自主创新能力不断增强。[2]

5. 全民科学文化素质教育

改革开放30年，广东紧紧围绕"节约能源资源、保护生态环境、保障安全健康"的工作主题，结合实际开展了大量影响广泛的活动。举办全民性科技进步活动月。配合全国科普活动周、全国科

---

1 参见刘建民：《广东30年教育事业发展》，广东统计信息网，http://www.gdstats.gov.cn，2008年11月6日。
2 参见刘建民：《广东30年教育事业发展》，广东统计信息网，http://www.gdstats.gov.cn，2008年11月6日。

普日等，举办了"资源节约、人人参与"大型科普活动、《建设资源节约型》图片巡回展览、首届广东省公众科学素质大赛等，在社会上产生广泛的影响。30年来，广东加强科普基础设施建设。目前全省建有各级科技馆50多座。正在建设农村党员干部现代远程教育体系，2008年实现覆盖全省。广东省财政还投资19亿元建设广东科学中心，投入4000多万元改造广东科学馆。组织部和科协联合在全省农村实施"一站一栏一员一基地"工程；科技、教育、农业等充分利用社会资源在全省城乡建立"农民科技书屋"、科普教育基地和科普画廊。30年来，广东加强科普资源的开发与共享。建立了广东省科普资源信息库，组织开发了一批满足群众需求的科普作品，通过多种方式免费向社会提供。举办了第二届全省科普作品评选活动，征集了一大批优秀科普作品。目前，全省3000个科普画廊基本做到每月定期更换一到两种科普挂图。在素质教育方面，广东积极开展未成年人科学素质行动。教育系统积极推进新科学课程的全面实施，深化中小学科学课程教材、内容、教法改革，构建具有当地特色的科学课程体系。科技、科协、共青团、妇联、中科院广州分院等结合各自优势，以创新和实践为导向，充分发挥科技教育特色学校、青少年科技教育基地以及科技辅导员的作用，广泛开展了青少年科技创新大赛、大手拉小手科技传播行动、科技夏令营、校园科技节、"争做合格家长、培养合格人才"等各类青少年科技教育活动。以科技培训为抓手，积极推进农民科学素质行动。改革开放30年来，经济飞速发展的广东在提高科学文化素质教育方面取得了巨大的成就，形成了自己的特色。[1]

□1924年，世纪伟人孙中山先生亲手筹办中山大学，亲笔题写了"博学、审问、慎思、明辨、笃行"的校训。原校名为广东大学，1926年，正式改名为中山大学。现有四个校区，总面积达6.17平方千米。图为中山大学小礼堂。（图片摄影：江铁锐）

1　参见广东省全民科学素质工作领导小组办公室：《广东省〈全民科学素质行动计划纲要〉实施情况调研》，全民科学素质行动网，http://www.kxsz.org.cn，2008年2月28日。

□ 经过50多年的建设和发展，华南理工大学成为立足华南、面向全国、以工见长，理工结合，管、经、文、法多学科协调发展的综合性大学。图为华南理工大学正门。（图片摄影：江铁锐）

□ 暨南大学是中国第一所由国家创办的华侨学府，是中国第一所招收外国留学生的大学，是目前全国境外生最多的大学，是国家"211工程"重点综合性大学，直属国务院侨务办公室领导。（图片摄影：江铁锐）

□华南农业大学是广东省和农业部"九五"、"十五"共建"211工程"全国重点大学，已有100年的办学历史。学校悠久的办学历史可追溯至始创于1909年的广东全省农事试验场暨附设农业讲习所。1952年，在全国高校院系调整时，由中山大学农学院、岭南大学农学院和广西大学农学院畜牧兽医系及病虫害系的一部分合并成立华南农学院，隶属农业部主管。毛泽东主席亲笔题写了校名。1984年，更名为华南农业大学。（图片摄影：江铁锐）

□广州美术学院创建于1953年，原名中南美术专科学校，校址湖北武昌，是国家根据美术教育宏观布局的需要，整合了华南文艺学院、中南文艺学院和广西艺专的美术专业，集中了中南五省最优秀的美术教育人才和中央美术学院的一批新秀，设立在中南地区的一所美术院校。1958年秋，迁校至广州，正式更名为广州美术学院，并开始招收本科生。（图片摄影：江铁锐）

□广东外语外贸大学是1995年6月由原广州外国语学院和原广州对外贸易学院合并组建的广东省涉外型重点大学。学校现有编制内专任教师总数达到1011人，其中教授、副教授比例达到41.8%，具有硕士以上学位比例达到83.1%。此外，还聘有70位客座教授和60多位长期外籍专家。（广东外语外贸大学供图）

□广东工业大学是具有50多年历史的一所以工为主、工理经管文法结合的、多科性协调发展的省属重点大学。学校坐落在中国南方名城广州，地理位置优越，校园占地总面积3348亩，现有校舍建筑面积158余万平方米，有大学城校园及东风路、龙洞等多个校区。（广东工业大学供图）

□华南师范大学始建于1933年，是一所哲学、经济学、法学、教育学、文学、历史学、理学、工学、管理学等学科齐全的省属重点大学，是广东省属高校中唯一的国家"211工程"重点建设大学。（图片摄影：江铁锐）

□星海音乐学院地处岭南文化中心——广州。其办学历史可追溯到1932年由中国现代音乐教育先驱马思聪、陈洪先生创办的专业音乐学校——"广州音乐院"。学院名称历经变化，1957年10月重建并更名为"广州音乐学校"，1958年更名为"广州音乐专科学校"。1977年开始招收本科生，1981年6月经国务院批准，"广州音乐专科学校"升格为"广州音乐学院"。同年，取得学士学位授予权资格。1985年12月，为纪念人民音乐家冼星海，"广州音乐学院"更名为星海音乐学院。（图片摄影：江铁锐）

□广州大学是经教育部批准，于2000年由广州师范学院、华南建设学院（西院）、广州教育学院、原广州大学和广州高等师范专科学校等高校合并组建而成的综合性大学。学校于1958年开始招收普通本科生，1983年获硕士学位授予权，2006年获博士学位授予权。（图片摄影：江铁锐）

4. 民办教育犹如雨后春笋在南粤大地蓬勃发展，成为发展教育的新生力量

广东培正学院（原民办培正商学院），是1993年由以梁尚立董事长为首的培正校友及社会友人捐资创办的。学院位于广州市花都区赤坭镇集益水库旁，山清水秀，环境优美，是一所招收国家任务生的非营利性的全日制民办普通本科高校。建院15年来，学院从初创时的2个专业，发展到2008年的12个教学单位设有28个本科专业及专业方向，31个专科专业及专业方向，学院从以商科为主的专科院校发展为同时具有本科和专科、以本科教育为主的两个人才培养层次的多科性本科院校。目前，学院有在校生1.25万多人。专职教师635人（兼职教师40人），其中正、副教授等高级专业技术职务教师191人，享受国务院特殊津贴的专家9人，具有博士、硕士学位的教师213人。培正学院是广东省政府第一所报教育部"升本"的民办院校；1998年被中国民办高等教育委员会授予"全国民办高校先进单位"称号；2003年被评为广东省首届民办教育"十佳"单位；2004年被评为"全国百强学校"；2005年被广东省政府授予"先进民办学校"称号。董事长梁尚立先生荣获全国"民办高等教育创业奖"和"民办教育卓越成就奖"等多项奖励。

□ 广东民办教育如火如荼。图为华南师大康大教育园校园（华南师大康大教育园供图）

华南师大康大教育园，坐落在萝岗区内。园区占地1000亩，于1994年中国民间办学发端之时，由广州康大工业科技产业有限公司创办，是广东省民办教育的先行者。

经过十几年的励精图治，现在的华南师大康大教育园已成为一个包含一所独立本科学院（华南师范大学增城学院），一所高等职业学院（广州康大职业技术学院）、一个正在筹建中的职业教育与培训基地三大板块的教育阵地，日益成为广州市开发区、萝岗区的教育文化中心。

（三）科技创新

改革开放30年来，广东在科技创新方面积累了宝贵经验。广东强大的制造能力，早已是全球叙述的重心。"广东制造"的风靡，是广东崛起的最重要物质见证。这里有世界上最重要的鞋业基地、陶瓷基地之一；米老鼠、芭比娃娃等鼎鼎大名的玩具，从东莞生产线上流向世界各地；国际IT界，也曾流传"珠江三角洲塞车，全球电脑缺货"之说。

1. 科技投入

1991年7月，全省科技工作会议在国内率先提出"第一把手抓第一生产力"的要求。会议台了《关于依靠科技进步推动经济发展的决定》。此后，广东率先建立科技工业园区，首开技术市场立法先河，首创政府重奖科技人员制度，首创"科技进步活动月"全民科普活动，创办深圳国际高新技术成果交易会和中国留学人员广州科技交流会，率先开展省部产学研结合试点和建立国家自然科学基金广东联合基金，在践行科教兴国战略和自主创新战略中发挥了试验田和排头兵作用。1998年《关于依靠科技进步推动产业结构优化升级的决定》、2004年《关于加快建设科技强省的决定》，2005年《关于提高自主创新能力提升产业竞争力的决定》等一系列有利于广东科技发展的政策颁布，更是使广东科技创新进入高速发展的快车道。改革开放以来，广东省的科技经费投入、R&D经费和财政科技拨款均呈每年稳步增长的趋势，到2007年，全省科技活动经费支出为686.85亿元，占本省生产总值的3.2%，其中R&D经费支出405.5亿元，占国内生产总值的比例为1.30%。截至2008年年

□ 广州科学城是广州市正在兴建的一个现代化科学园区，位于风景秀丽的白云山生态保护区边缘，东接黄埔，北邻白云，南望珠江，西靠广州新城市中心珠江新城，地处广州知识密集区，规划面积22.74平方千米，起步区4平方千米。它是广州市东部发展战略的中心区域，是广州市发展高新技术产业的示范基地。（图片摄影：王列）

末，全省县及县级以上国有研究与开发机构、科技情报和文献机构435个。大中型工业企业拥有技术开发机构1900个。全省从事科技活动人员49.9万人。民营科技企业7740家，从业人员140万，技工贸收入8500亿元。[1]

2. 自主创新

广东各级党委政府始终把自主创新摆在整个科技工作的突出位置上，积极培育创新载体，建立健全自主创新激励制度，有效组织实施自主创新成果的转化，鼓励产学研密切合作。经过努力，全省自主创新体系日趋完善，自主创新实力大幅提升，自主创新正逐步发展成为支撑广东经济社会发展的擎天柱。根据国家科技部公布的全国科技进步的评价结果，从2000年至2004年，广东的科技综合实力连续四年居全国第三。其中，外国直接投资、企业设计能力、产业国际竞争力三个指标均位居全国之首。2006年广东省科技进步对经济的贡献率已经上升到50%。截至2008年年底，广东省拥有国家级工程研究中心17家，已建立省级工程研究（技术）中心342家；国家级企业（集团）技术中心36家。高技术产业化示范工程项目41项，重大技术装备研制项目85项。认定技术创新专业镇277个，建立专业镇技术创新平台170个。[2] 广东省科技创新最突出的特点就是以企业为主体的创新活动蓬勃发展。广东近七成的研发机构设在企业。九成的科技经费来自企业，六成多的高新技术产品以企业为主研制开发。在新产品与名牌产品方面，近年来，广东开发新产品和获取名牌产品数量和质量都不断上升，在全国具有重要的地位。广东共有221个产品获"全国名牌产品"称号，连续6年居全国各省市"金牌"之首。

3. 达到国际先进水平的优秀成果

改革开放以来，广东省十分重视科技创新工作，进一步完善科技成果奖励机制，陆续出台一系列鼓励创新的政策措施，极大地促进了全省科技成果数量和水平的进一步提高，越来越多的科技成果达到国际和国内领先先进水平，其中一些科技成果还荣获国家科技进步奖项，实现了历史性的突破，对推进广东科技创新工作发挥了重要作用。1979年广东省设立优秀成果奖，对全省优秀科技成果和科技工作者进行表彰和奖励；1986年和1988年，广东省人民政府分别设立省科技进步奖和自然科学奖，2000年，广东省人民政府设立科学技术奖。同时，增设科学技术特等奖，总结和推广一批对广东省经济建设与社会发展作出特殊贡献的公民和组织。2001年至2005年，全省共受理科技奖励申报项目3804项，授予省科技奖励项目1542项，其中特等奖10项，一等奖100项，二等奖374项，三等奖1058项。2007年度，广东获国家级科技奖励29项，创历史之最；省级重大科技成果480项；广东

---

1 参见广东省统计局国家统计局广东调查总队：《2008年广东国民经济和社会发展统计公报》，《南方日报》，2009年2月25日。
2 参见广东省统计局国家统计局广东调查总队：《2008年广东国民经济和社会发展统计公报》，《南方日报》，2009年2月25日。

省科学技术奖项目289项，有近45%的项目达到国际领先水平或先进水平，这批项目累计新增利润224亿元，新增税收64亿元，节支总额达337亿元各增长约60%。广东高新技术产业技术创新能力近年提高很快，部分重点和关键领域已接近或达到国际先进水平，纳米基础科学研究、基因技术等一些前沿技术基本处于国际研究同一水平。在第三代移动通信设备(3G)、光网络、核心交换路由器、下一代网络(NGN)方面，华为、中兴等公司的研发一直处于国际前沿。在移动通信领域方面，华为、中兴均提出了具有自主知识产权的TD—SCDMA标准，积极参与国际通信标准的制定。[1]

□ 在广州大学城小谷围岛的最西端，耗资19亿元人民币、历时近5年建成的广东科学中心在2008年9月27日，中心正式对公众开放。（图片摄影：江铁锐）

---

1 参见（1）谢明权等：《广东科技创新能力的现状与比较》，《高科技与产业化》，2005年第10期；（2）黄华华：《大力推进自主创新，加快建设创新型广东》，《科技日报》2007年8月10日；（3）段功伟：《从第一经济大省到创新型社会——使命：广东2002—2007（创新篇）》，《南方日报》，2007年5月18日。

三、大众文化建设

　　党的十六大以来，广东省认真贯彻落实党中央关于"把精神文明建设落实到基层"的重要指示精神，从实践"三个代表"重要思想和落实科学发展观的高度出发，把大众文化建设作为建设文化大省的重要内容，纳入《广东省建设文化大省规划纲要》，还召开了全省基层文化工作会议，出台了《进一步加强基层文化建设的意见》。近年广东省大众文化建设呈现出全面推进、繁荣发展的可喜局面。

（一）群众文化生活

　　近年来，随着经济建设的持续快速健康发展，人民群众对文化生活的需求空前增长，广东省各地尽力用多种群众喜闻乐见的方式丰富群众文化生活，促进文化大省建设。"群众音乐舞蹈花会"、"百歌颂中华"、"'星海之声'万众歌会"等全省性大型群众活动，在全省群众文化建设中发挥了具有鲜明导向性的龙头示范作用，极大地推动了各地群众文化活动的蓬勃开展。

□非物质文化遗产：潮州大锣鼓。潮州大锣鼓以打击乐为主，是以大鼓为中心，以唢呐为领奏的大型合奏形式。鼓手既是乐队主奏，又是乐队指挥。鼓手槌击鼓心、鼓边、鼓沿，采取响击、闷击、重击、轻击以及节奏变化，手槌加花等手法，指挥着乐队的演奏。（图片摄影：陈楚霖 中共广东潮州市委政策研究室供图）

　　广州市自1998年实施"金穗工程"以来，全市群众文化生活十分活跃。2005年3月，广州黄埔南海神庙举办的"'波罗诞'千年庙会"，成为继"羊城音乐花会"、"金钟奖"广场演出之后广州又一个群众文化的品牌。广州群文工作者创作的具有浓郁"西关风味"的舞蹈《老火靓汤》、小剧《相思艇仔粥》等作品，在2000年至2005年的五届全国群星奖比赛中，获得了11个金奖，1个银奖，4个优秀奖，成绩居全国前列。深圳市福田区打造"一千米文化圈"，佛山市南海区创建"桂花艺术工程"等，载体新、形式活、影响大、效果好。

尤其可喜的是，广东省东西两翼和广大山区的群众文化活动也日益活跃，像湛江市开展的以创建特色文化村、建设农村文化室、举办农民文化节为主要内容的农村"三文"活动，就深受当地群众欢迎，成为广东省群众文化建设的新亮点。近年来，河源的恐龙文化、茂名的"冼夫人"文化、韶关的珠玑文化、肇庆的龙母文化，都成为各地发展人文旅游的王牌。南田村也成为湛江打造"特色文化村"旅游的试点之一。2005年，客家山歌与广东汉乐、火龙、船灯和木偶，被梅州送省申报第一批国家级非物质文化遗产代表名录。

基层群众自发组成的文艺团体也开始走出全国，走向世界。全省1万多个业余合唱团，在国际各大合唱赛事中荣获奖项100多个。东莞长安镇由洗脚上田的农民企业家自发组成的业余粤剧团，2002年成为全国第一个进入人民大会堂献演的业余剧团。

□2006年沙田镇首届龙舟节。（东莞市地方志编纂办公室供图）

（二）文化设施建设

在"大城市以文化论输赢"已成为全球共识的时代，有魅力的大型文化设施，成为最能体现城市品位和赢得地位的文化名片。

步入改革开放新时期以来，广东先后兴建了广东博物馆、广东美术馆、广州歌剧院、星海音乐厅、东莞大剧院等标志性文化设施。山区基础文化设施建设居全国前列。截至2006年年底，全省有县级以上公共图书馆149个，群众艺术馆、文化馆159个，基本形成了县（市、区）、乡镇（街道）四级公共文化服务网络。基层文化设施建设步伐加快，带动全省18个县（市、区）迈进了国家级文化先进县（市、区）行列。

广州市各类群众文化广场从60个发展到176个，场地总面积增加了7.8倍。深圳市从2003年起逐步完善公共图书馆市、区、街道、社区四级网络，其中达标社区图书馆385个，初步实现了每1.5万人拥有一个社区图书馆的建设目标。东莞全市共有文化广场360个，2004年全市共举办广场舞

□广东美术馆是按现代多功能目标规划建设的造型艺术博物馆，是一个不以赢利为目的、为社会和社会发展服务、向公众开放的永久性国家文化事业机构，1990年12月28日奠基，1997年11月28日落成开馆。（图片摄影：孙卫明）

□星海音乐厅位于广州二沙岛，造型奇特的外观，富于现代感，犹如江边欲飞的一只天鹅，与蓝天碧水浑然一体，形成一道瑰丽的风景线。这座以人民音乐家冼星海的名字命名的音乐厅，占地1.4万平方米，建筑面积1.8万平方米，设有1500座位的交响乐演奏大厅、460座位的室内乐演奏厅、100座位的视听欣赏室和4800平方米的音乐文化广场。（图片摄影：孙卫明）

活动1.4万场次，参与人数达1000万人次，其中大多数是外来工。当年全国大中城市综合竞争力评估中，东莞的文化氛围位列第四。

此外，广东流动图书馆的建设为解决区域经济发展不平衡、文化资源配置不合理和群众文化需求之间的矛盾，提供了一个"在全国具有导向作用"的新模式。粤北、粤东、粤西地区建起的20个流动图书馆，不仅每年可由省财政厅拨款添置1.2万册图书，而且每过半年还会将书相互流动一次，各分馆还可通过网络共享中山图书馆的数字化资源，广受读者欢迎。按照同一物流原理建起的广东流动博物馆，现有近40家分馆，共举办了27场次的巡回展览，总参观人数达80万人次。

□ 东莞玉兰大剧院位于市中心广场中轴线西侧，北临鸿福路，与市行政办事中心、会议大厦、展览馆隔路相望，东临广阔的景观广场，与图书馆相呼应，南经人工音乐湖与青少年活动中心、科学技术博物馆相衔接，通过精心规划和严格控制，相对集中地布置在行政中心广场的行政、文化类公共建筑，成为新区建设的一道亮丽风景线。（图片摄影：张超满 东莞市地方志编纂办公室供图）

□ 深圳保利剧院坐落于深圳南山区商业文化中心，毗邻香港，连接深圳西部通道繁华地段，地理位置优越。剧院建筑造型独特是省港颇具特色的文化休闲场所，该剧院作为现代化综合甲等剧院，是个高起点、高层次的文化综合体，能满足舞剧、歌剧、话剧、交响音乐会、戏曲及综艺汇演等演出使用要求，其建声效果达到建筑声学和舞台设备功能配置的国内顶尖水准。（图片摄影：王列）

（三）群众文化活动

改革开放以来，广东的群众文化活动蓬勃展开，可谓成绩斐然。如丰富多彩的广州文化公园群众文化广场，全年举办各种演出活动就超过200场。从深圳、中山和韶关、梅州，再到揭阳、汕头，类似的文化活动和文化广场随处可见。2001年至2005年，全省文化场馆、文化广场累计举办展览3.39万次，组织文艺活动11.37万次。[1] 又如盛大的广东省群众音乐花会，广东国际旅游文化节的"岭南民间艺术汇演"等，都给人留下深刻的印象。在广东省已经命名的123个民族民间艺术之乡中，就有88个属表演类的民族民间艺术之乡，例如东莞麒麟舞、中山飘色、湛江醒狮、潮州大锣鼓等，都声名远扬。一年一度（2004年后改为三年一届）的全国社会文化领域的政府最高奖"群星奖"，广东长期名列三甲。再如广东的流动图书和流动演出网，在全国也是首屈一指。[2] 为了加大群众文化工作力度，根据全国文化系统的统一部署，广东文化主管部门还与有关部门、地方政府协调配合，实施了"万里边疆文化长廊"、"蒲公英计划"、"文化下乡"、"知识工程"等一系列重点文化工程，有力地推动了城乡基层文化建设。

□2003年在星海音乐厅举行的"社会科学·云东海"大型交响音乐会。（图片摄影：王列）

1　参见王斌等：《广东省群众文化活动丰富多彩》，广东电视台"广东卫视"新闻，2007年10月3日。
2　参见邓琼：《广东民间无处不歌，群众文化活动成绩斐然》，《信息时报》，2005年12月20日。

四、文化体制改革与文化产业发展

广东历史文化源远流长，底蕴深厚。改革开放以来，广东文化产业已成为国民经济的一个重要增长点。近年来，广东省深化文化体制改革，不断完善文化产业政策，大力发展文化事业和文化产业，积极开拓国际文化市场，取得了明显的经济和社会效益。

（一）广东报业改革领全国风气之先

伴随着30年改革开放的历程，广东报业改革曲折前进中"领风气之先"，由最早的南方日报一枝独秀，到如今南方日报报业集团、羊城晚报报业集团、广州日报报业集团、深圳报业集团群雄竞峙的态势，成就了全国报业最有活力、最有影响的市场。目前，广东全省公开发行的报纸有135种，总发行量43亿份。今天，在全国8家最早年广告额超过亿元的报业集团中，广东独占4家，即南方日报报业集团、羊城晚报报业集团、广州日报报业集团、深圳报业集团。

1. 南方报业传媒集团

□2007年5月17日，第三届中国（深圳）国际文化产业博览会交易会在深圳会展中心5楼梅花厅隆重开幕。南方报业传媒集团在此次文博会上以"凤舞南方、翔翔天下"为主题设立了展台，整个展台恰似一只昂首欲翔的火凤凰。（南方日报供图）

南方报业传媒集团由《南方日报》及其创办的系列报刊发展而来。《南方日报》1949年10月23日创刊于广州。1998年5月18日，由南方日报社组建的"南方日报报业集团"正式挂牌运作。2004年，南方报业与光明日报业集团联手打造的《新京报》强势进入北京报业市场，再一次引领起广东媒体乃至其他文化产业的新一轮改革，成为中国媒体跨地域经营的范本。2005年7月18日，南方日报报业集团更名为南方报业传媒集团。集团现拥有"八报"（《南方日报》、《南方周末》、《南方都市报》、《21世纪经济报道》、《南方农村报》、《南都周刊》、《风尚周报》和与光明日报报业集团合办的《新京报》），"六刊"（《南方月刊》、《城市画报》、《名牌》杂志、《南方人物周刊》、《21世纪商业评论》、《商旅周刊》），三个网站（南方网、南方报业网、奥一网），一个出版社（南方日报出版社）。[1]

2. 羊城晚报报业集团

羊城晚报报业集团于1998年5月18日经国家新闻出版署批准正式成立。目前已发展成为拥有《羊城晚报》、《新快报》、《新闻周刊》、《羊城体育》、《民营经济报》、《广东建设报》、羊城晚报出版社等6家系列报、1家出版社、22家各类公司。经过多年发展，羊城晚报报业集团目前拥有编辑大楼、印刷大楼、新闻培训中心，以及省内外10个办事处、记者站等物业，总面积约5.5万平方米。2000年，集团通过兼并大型国有企业广州化学纤维厂，又在广州市未来的城市发展中心拥有了一块占地18万平方米的土地，一个新的报业中心将在那里拔地而起。羊城晚报报业集团依靠科技争"时效"，增创竞争新优势。电子排版系统、新闻综合业务网络系统、CTP直接制版技术的建成和引进，为争取更大的报道时空、巩固晚报的新闻快速反应机制提供了科技含量极高的强大技术支撑。目前，新的印务中心正在紧张筹建当中，代表国际尖端技术水平、价值过亿元的新设备的引进，将保证印刷能力和印刷质量跃上新台阶。

3. 广州日报报业集团

广州日报报业集团成立于1996年1月15日，是全国首家报业集团，也是全国版面规模最大、经济规模最大、经济效益最好的报业集团。2007年11月，由集团控股的广东九州阳光传媒股份有限公司（股票简称"粤传媒"，股票代码002181）在深圳证券交易所正式挂牌上市。目前集团旗下共拥有1张主报、15张系列报、5家杂志社、1家出版社和2个网站，即有主报《广州日报》，还有系列报《信息时报》、《足球》、《广州英文早报》、《岭南少年报》、《时尚荟》、《老人报》、《舞台与银幕》、《篮球先锋报》、《美食导报》、《广州文摘报》、《赢周刊》、《第一财经日报》、《羊城地铁报》、《番禺日报》、《增城日报》；杂志有《新现代画报》、《南风窗》、《看世界》、《大东方》和《共

□图为广州日报对2008年北京奥运会的专刊报道。（大洋网供图）

1　参见百度百科词条：《南方报业》，百度网，http://baike.baidu.com，2008年5月11日。

鸣》；此外还有大洋网、VRHR求职广场网和广州出版社。集团另有广州日报印务中心、广州市报刊发行公司等一系列经济实体。其中，主报《广州日报》日均发行量达到185万份，是华南地区发行量、零售量、订阅量和传阅率均为第一的报纸。《广州日报》在2006年度中国纳税百强系列排行榜上以1.4423亿元税费位居中国报业之首，2007年其广告收入首次突破20亿元，连续14年居全国平面媒体首位，其品牌价值于2008年增至64.75亿元，连续四年在"中国500最具价值品牌"排行榜上名列中国报业三甲。[1]

4. 深圳报业集团

　　1999年11月1日，以深圳特区报为母报组建的报业集团——深圳特区报业集团挂牌成立。深圳报业集团是经国家新闻出版总署批准，于2002年9月30日，由深圳特区报业集团与深圳商报社合并组建，深圳报业发展跨入崭新历程。深圳报业集团旗下拥有10报5刊1网站1出版社，即：《深圳特区报》、《深圳商报》、《深圳晚报》、《晶报》、《深圳法制报》、《香港商报》、《深圳青少年报》、《ShenzhenDaily》（英文深圳日报）、《深圳都市报》、《宝安日报》、《汽车导报》、《特区教育》、《中外房地产导报》、《游遍天下》、《本色生活》，以及深圳新闻网和深圳报业集团出版社。目前深圳报业集团出版的报刊占深圳地区平面媒体90%以上的市场份额。深圳报业集团持有资产总额50多亿元，员工总数6000多人；集团采编系统电子化科技水平在中国报业中处于领先地位；集团印刷设备的印力和快速便捷的报刊发行物流能力在中国报业中名列前茅；集团广告年营业额在25亿元以上，在中国媒体中排名第二、平面媒体中排名第一。[2]

□深圳报业集团大厦位于深南大道。1997年落成使用。大厦高50层，其5A级智能化系统是以报业主流业务为核心的现代化生产系统，被称为"新闻巨舰"。（图片摄影：王列）

1　参见百度百科词条：《广州日报报业集团》，百度网，http://baike.baidu.com，2009年1月19日。
2　参见百度百科词条：《深圳报业集团》，百度网，http://baike.baidu.com，2008年8月23日。

（二）全国第一家出版发行集团在广东产生

1999年底成立的广东出版集团，是全国第一批出版改革试点单位。经过两次重组，目前下辖经济实体26家，去年实现销售收入26．38亿元，比上年增长6%，利润总额1.5亿元。在发行业领域，整合后的广东新华发行集团总资产达11亿余元，总收入超过23亿元。

广东省公开发行的期刊有367种，其中《家庭》、《家庭医生》、《人之初》3种刊物发行量超百万册；期刊出版种数全国排第四位，期刊总印数和总印张均排在全国第一位。在国家期刊奖和全国百佳期刊评比活动中，广东连续多年名列前茅。

音像业是广东的优势产业，其生产能力占据全国半壁江山。广东省现有各类音像出版单位29家，广东音像电子出版机构由1978年的1家，发展到2006年的29家，出版机构数量位居北京之后，涉及文艺、教育、少儿、科技、社会科学等众多门类。广东音像电子出版机构较早地出版国内和港、澳、台地区知名歌手的流行歌曲，并重视推出原创节目，由此形成在国内和海外较有影响的"中唱广州"、"太平洋"、"新时代"、"珠影白天鹅"、"广东海燕"等众多品牌。广东音像电子出版业一直处于全国前列，出版了国内第一盒立体声录音带、第一盒影像带、第一张激光唱片、第一张DVD……在中国内地首推签约歌手制度等。广东省光盘生产量占全国50%，全国音像制品的包装、制作以及发行70%以上集中在广州，"广东音像城"已成为全国最大的音像制品发行基地。1994年至2006年，广东音像电子出版机构有不少音像制品、电子出版物获得"五个一工程"奖、国家音像制品奖、国家电子出版物奖、中华优秀出版物奖各种奖项。

经过30年的发展，广东音像市场结构也发生了积极变化，以连锁、超市、电子商务为代表的

□深圳书城一角（图片摄影：王列）

现代商业营销模式初现端倪，民营企业已成为音像产业发展的主要力量。[1]

（三）全国第一家广播电视影视集团在广东产生

自1959年广东省的第一家电视台——广州电视台（广东电视台前身）诞生以来，广东电视事业走过了48年的初创、发展、兴盛、繁荣历程，广东电视人以"勇当开路先锋，敢为天下先"的精神，创办了众多人民喜闻乐见的栏目，制作了大批优秀电视节目。

2004年1月18日，广东南方广播影视传媒集团成立。广东人民广播电台、广东电视台、南方电视台、广东省广播电视技术中心、广东有线广播电视网络股份有限公司以及19个地级市电视台，共同组建了这一全国首家全省性的广电集团。广电集团组成后，广播雄踞广东收听市场的主体地位，广东电视首次超过了香港无线亚视两台，位居全省境内外所有频道首位。2004年全省广电主营收入为66．6亿元，位居全国首位。

目前广东有线电视用户已有900多万户，约占全国的1/10；广东卫视的节目辐射世界53个国家和地区，覆盖人口达20亿。

经过近半个世纪的艰苦奋斗，珠江电影制片有限公司已经发展成为中国南方电影的重要生产基地。到2005年底，珠影公司共生产电影故事片200多部，电影短片（新闻简报、科教片、

□ 广州新电视塔位于海珠区新港中艺苑路，总高度610米，是世界最高的电视观光塔。（图片摄影：孙卫明）

1　参见张之宽：《文化产业广东篇：奔跑在开放前沿》，《南方日报》，2006年12月15日。

纪录片）500多部1300多本，电视剧80多部400多集，加工各类拷贝近3亿米。这些影视片题材广泛，风格多样，脍炙人口、其主要代表作有：早期的《南海潮》、《大浪淘沙》、《七十二家房客》，《跟踪追击》，改革开放初期的《海外赤子》、《乡情》、《雅马哈鱼档》、《孙中山》、《廖仲恺》和近些年来的《冼星海》、《心香》、《情满珠江》、《安居》、《漂亮妈妈》、《邓小平》等都是在社会上很有影响力的精品佳作，屡获国际奖及中宣部"五个一工程奖"、中国电影"华表奖"、"金鸡奖"、"百花奖"、"童牛奖"与电视"飞天奖"等。[1]

（四）网络文化——网站、网页、网民

中国互联网络信息中心2008年1月发布的《第二十三次中国互联网络发展状况统计报告》显示：广东省网民规模达到3344万，即9304万居民中，有35.9%都已经是网民。占中国总数的15.9%，居第一位；广东省上网计算机数量达1401万台，居全国第一位；广东省拥有241473个网站，占全国总数的16.1%，位居全国前三位。同时，广东省的产业集群总数及销售规模50亿元以上产业集群的数量均居全国前列，成为广东产业发展的重要特色和竞争优势。

大量的农民工聚集在广东工作，广东省较强的经济规模和外来务工人员较多的特点在互联网的发展上同样有所体现。大量的外来务工人员流动性较强，不具备电脑等上网设备，但选择了手机作为上网接入设备。此外，广东网民中年轻化的特点也与外来务工人员较多的现象不无关系。

广东省较强的经济规模对互联网基础资源的发展影响较大。与其他省市相比，广东省的互联网基础资源在全国排位比较靠前，目前IP地址数为1236万，居全国第二位，仅次于北京；域名数达到142.2万，居全国第三位，低于北京和上海；其中CN域名数占到90.4万；网站数为24万，居全国第三位，低于北京和上海；网页数为8.5亿个，居全国第三位，低于北京和浙江。从增长率上看，IP地址、域名和网站年增长率均高于30%，但略低于全国平均增长率。

广东网民的网络音乐、即时通信使用率分列第一、第二位。中国互联网市场娱乐功能占主体地位。博客和网上炒股、基金使用率已经高出网络购物比例，是互联网与时俱进的体现。与全国网民的网络应用使用情况相比，广东网民的大部分网络应用使用率都高于或与全国平均水平相当，但是网络影视、网络游戏和网络购物的使用率低于全国平均水平。

---

1 参见（1）张燕驰等：《广东传媒产业："朝阳"冉冉升起》。《南方日报》，2004年10月19日。（2）珠江电影制片有限公司供稿：《珠江电影制片有限公司简介》，广东广播影视网，http://www.rftgd.gov.cn，2007年3月16日。

（五）动漫产业

广东互联网出版机构从无到有，2003年11月，经新闻出版总署批准，广东3家涉足网络运营的软件机构获得互联网出版许可证，成为互联网出版机构。这三家单位创造了许多项国内第一：2001年12月，广州网易计算机系统有限公司在国内成功运营第一个国产网络游戏；2003年8月，深圳市鸿波信息技术有限公司在国内开创电影网络发行的先河；2003年10月，广州光通通信发展有限公司在国内第一次实现手机游戏和网络游戏的互动……

以动画卡通、网络游戏、手机游戏、多媒体产品等为代表的动漫游戏产业成为文化产业的新兴力量。广东的动漫产业已初步形成以广州为中心的网络游戏产品研发、人才培养、产品运营、产品展示、产品出口、电子竞技的产业链。广州拥有天河软件园这一国内软件产业聚集度最高、发展最成熟、规模最大的国家级网游动漫产业基地。2005年8月18日，国家网络游戏动漫产业发展

□被誉为"华语动漫第一奖"的金龙奖是华语动漫行业最具影响力的专业大奖。图为金龙奖颁奖典礼上cosplay表演。（广州市越秀区博物馆供图）

基地广州授牌仪式在广州市天河区软件园高塘软件产业基地举行，标志着"国家网络游戏动漫产业发展基地"正式落户广州市，这是新闻出版总署确定建立的四个基地之一。[1]

2006年，广州、深圳、潮州网络游戏动漫产业发展迅猛，全省网络游戏动漫产业总产值近50亿元。

广东省自2005年有9部、2006年有5部作品被广电总局评为优秀国产动画片之后，2007年和2008年两年又有2部作品入围。

---

1 参见张欣、岱岩：《广州成立国家网络游戏动漫产业发展基地》，新华网，http://www.xinhuanet.com，2005年8月19日。

（六）文化娱乐市场

广州目前已成为与北京、上海齐名的国内演出市场"重镇"，文化休闲娱乐服务成为产业和消费热点。

近年来，广东演出市场呈现出欣欣向荣的景象。特别是珠江三角洲地区，更是舞台异彩纷呈，剧院好戏连台，听高雅音乐会、流行音乐演唱会，看高品味歌剧、话剧和芭蕾舞表演，已成为越来越多广东人的时尚生活方式。而最令广东人引为自豪的是广州新年音乐会、广州之夜、广交音乐季等重要的演出品牌，千元一张

□改革开放以来，广东文艺进入繁荣时期。一批贴近生活反映改革开放的影视、舞台创作作品受到中央和群众的好评。图为广东省话剧团创作的大型话剧《浪淘碧海》荣获第七届中共中央宣传部精神文明建设"五个一工程奖"。（广东省话剧团供图）

票要提前一月预定。广州市成为与北京、上海齐名的国内"高雅音乐之都"。目前，全省有歌舞综合娱乐场所3200多家，其他文化经营机构近6000家。

每年年初，全国各地乃至世界各地的演出团体无不瞄准广东市场，广东省内各大剧场上半年的演出档期，一早就被大大小小的演出公司和艺术团体挤满，芭蕾舞、交响乐、话剧、音乐剧、流行音乐演唱会等演出无一不有。国内外演出团体纷纷利用春节、"五一"、国庆等节日黄金周，串起了全年缤纷多彩的演出长链。

随着演出市场的不断升温，广东本土各大专业艺术团也纷纷发挥自己的优势，全力打造一批思想性、艺术性俱佳的精品，构成了广东舞台艺术的崭新风景线。广东省各演出团体还主动出击，将粤剧、潮剧、汉剧、交响乐、民乐、杂技、木偶、歌舞等具有岭南地方特色的传统戏剧和现代表演艺术推向世界，在海外华人圈和国际社会中引起强烈反响。

从2002年起，广东省文化厅首次举行广东省演出交易会，这是国内首次采用商业展览的运作模式，由政府主管部门与民营专业展览公司合作，以舞台艺术作为主要内容的交易会。广东省在演出场所、演出团体方面形成了经营主体多元化的局面，其中最突出的一点就是民营企业的全面加入。

（七）旅游文化

广东作为岭南文化的发源地与中原文化、西方文化的交汇处，既有风景如诗如画的山水生态自然风景区，又有价值连城的人文景观。

经过改革开放30年尤其是步入21世纪以来的发展，广东省旅游业取得了显著的成绩，在多项旅游产业指标中稳居全国首位，旅游业在广东社会主义现代化建设中日益发挥着重要的综合推动作用，

□珠海与澳门相互辉映。（图片摄影：王列）

逐步成为第三产业的支柱，为广东从"经济强省"走向"文化大省"、"旅游强省"创造条件。广东长期积淀的以岭南文化为特色的历史文化底蕴深厚，旅游资源非常丰富。经过30年的建设与发展，广东旅游业形成了相当的产业规模，"行、游、吃、住、购、娱"六要素配套成龙的大旅游生产力体系产业已经形成：入境、出境、国内旅游三大块齐头并进；旅游工贸、旅游交通、旅游培训体系蓬勃发展。涌现出了一批跨地区、跨行业的大型集团企业。多年来，旅游入境人数占全国的80％以上，旅游创汇占中国的1/5至1/4，均居全国第一。酒店建设始终走在全国最前列，旅行社数量亦居全国第一。

广东旅游产品丰富多彩。温泉游、滨海游、主题公园游、商务会展旅游、美食游以及以"广府风、客家情、潮汕韵、南海潮、百越神"为文化脉络的文化游等吸引了大量的国内外游客。尤其是2005年至2007年连续三年成功举办广东国际旅游文化节，全面展现了活力广东、开放广东、和谐广东的无穷魅力，展现了广东丰富多彩、博大精深的岭南文化。国际旅游文化节的成功举办，为广东旅游业打造了新的品牌、注入新的活力，为建设经济强省、文化大省、和谐广东提供新的动力。

□盘龙峡原始生态旅游区位于德庆县西北部，距县城28千米，整个生态旅游区占地3万亩。区内峡谷漫长，罕见的瀑布群共有大大小小100多个，是首个得到广东省旅游局认可有10级以上瀑布群的旅游区，被誉为"亚洲罕见，广东第一"瀑布群。2005年获中国最高权威旅游杂志《中国国家地理》评为"广东最美丽的地方"。（图片摄影：梁耀钧）

潮起
南粤大地

第十一部
广东人精神
——改革开放大潮中的传承与升华

潮起南粤大地 The Rise of Guangdong潮起南粤大地 The Rise of Guangdong
潮起南粤大地 The Rise of Guangdong潮起南粤大地 The Rise of Guangdong 潮起南粤大地 The Rise of Guangdong
潮起南粤大地 The Rise of Guangdong潮起南粤大地 The Rise of Guangdong 潮起南粤大地 The Rise of Guangdong

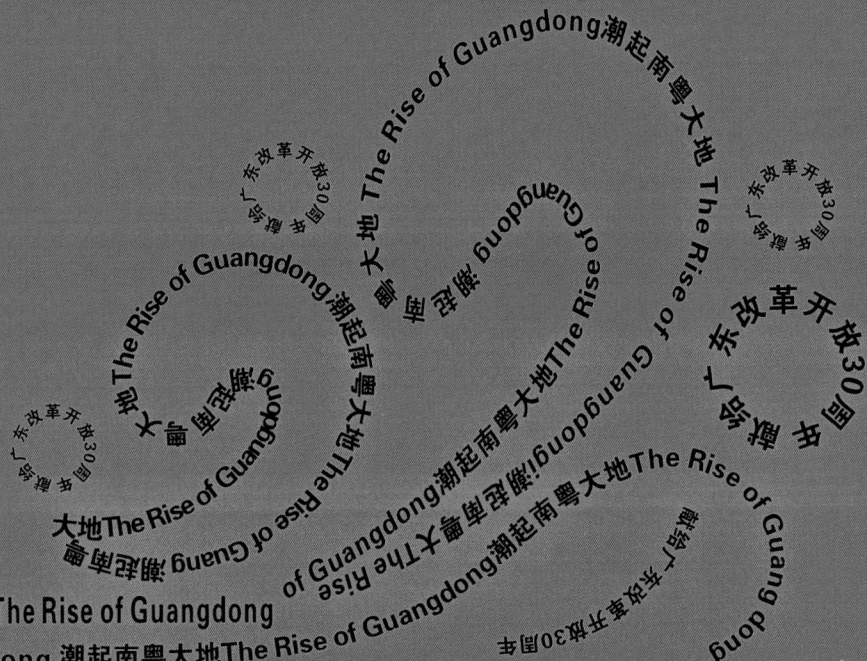

2003年11月11日，广东省社会主义精神文明建设委员会曾召开全体会议，一致确定用"敢为人先、务实进取、开放兼容、敬业奉献"作为"新时期广东人精神"的规范表述。

　　敢为人先的精神，就是敢闯、敢试、敢冒风险的精神，就是勇立潮头、引领潮流的精神，就是一马当先、一往无前的精神。

　　务实进取精神，就是解放思想、实事求是的精神，就是与时俱进、开拓创新的精神。

　　开放兼容精神，就是披荆斩棘，杀开一条血路，把广东融入中国、融入世界的精神，就是海纳百川、有容乃大，大胆借鉴人类社会共有文明成果包括西方资本主义社会创造的文明成果的精神。

　　敬业奉献精神，就是专心致志、忠于职守的精神，就是无私奉送、忠诚贡献的精神。

Cantonese Spirit
——heritage and distillation in the reform

The Guangdong Provincial Committee of socialist spiritual civilization has held a plenary session on November 11, 2003. This section unanimously identified "pioneers, pragmatic, progressive, open-minded and dedicated work" as "the spirit of the new era Cantonese" normative statements.

The spirit of pioneers, that is, dare to break through, the courage to test the spirit of risk; is bravely forefront, leading the way in the spirit of current; is the leading and indomitable spirit.

Pragmatic and enterprising spirit, that is, emancipating the mind and the spirit of seeking truth from facts; is advancing with the times, pioneering and innovative spirit.

Compatible with the spirit of openness, that is, opened the way to integration in Guangdong China, into the world of spirit, is greatness lays in the capacity. Using a total of bold achievements of civilization of human society includes the creation of the Western capitalist society, the spirit of civilization.

Work and dedication, is the dedication, devotion to duty, spirit of selfless donate, contribute to the spirit of loyalty.

在漫长的历史岁月中，居住在广东这块土地上的人民，以宽广的胸怀吸纳中原文化和外来文化，凝聚如珍珠般在岭南时空中闪烁的思想精华，形成了独具广东特色的人文精神，这就是广东人精神。在这一部分，谨在对新时期广东人精神的嬗变历程、基本构成进行简要介绍的基础上，充分彰显新时期广东人精神的时代特征，热情讴歌改革开放新时期广东人精神的代表人物。

□揭阳民俗舞火龙。（图片摄影：吴剑波 中共广东省揭阳市委、市政府供图）

一、新时期广东人精神的嬗变历程

从1978年12月党的十一届三中全会召开到现在这30年，新时期广东人精神的嬗变历程，大致可以划分为三个不同的阶段。这里，先按时间顺序对这三个不同阶段内新时期广东人精神嬗变的主要特点做一概说。

（一）在闯关破局、披荆斩棘中萌生

从1978年12月到1991年1月，总体上是新时期广东人精神萌生的历史阶段。1978年时，广东经济总量已连续14年低于全国的平均水平。到1990年底，广东的经济总量已经连续3年居全国第一位。这一阶段新时期广东人精神的显著特点是闯关破局、披荆斩棘。一方面，闯关破局，在以市场为导向的改革中先行一步；另一方面，披荆斩棘，在以创设经济特区为重点的对外开放中杀出一条血路。

1. 1978年12月至1980年11月的特点是拨乱反正，敢为人先

拨乱反正，集中体现在改革开放初期实事求是地平反冤假错案，全省共解决了大约20万人的历史遗留问题。改革方面敢为人先，集中体现在推行农业生产承包责任制的过程中；开放方面敢为人先，主要体现在披荆斩棘创设经济特区的过程中。

□1978年7月20日习仲勋同志（左一）接见区汉剧、山歌剧演员。（广东省档案馆提供）

2. 1980年11月至1985年7月的特点是灵活变通，更新观念

1984年6月，中共广东省委明确提出了用足用好中央给予广东的特殊政策、灵活措施的三条方针：积极找出对办事有利的政策依据，不找根据去卡；政策规定允许灵活的灵活执行，不是相反；对于国于民确实有利的事，在试点中允许突破现有规定。1985年1月，中共广东省委明确提出"八个破除"：在社会主义、资本主义、商品经济、计划经济、个体经济、经济体制、市场竞争、领导方法八个方面更新观念。灵活变通和更新观念，最直接的效果是保证了价格闯关等各项改革的成功，促进了对外开放的深化。

□1982年任仲夷同志（右二）视察广东垦区。（广东省档案馆供图）

3. 1985年7月至1991年1月的特点是走向市场，处变不惊

走向市场，从理论上讲集中体现在商品经济、市场经济研究不断深入。早在20世纪60年代初广东省社会科学院研究员卓炯就公开提出社会主义经济是"有计划的商品经济"的命题，到80年代形成了自己独特的社会主义商品经济理论体系。1988年广东经济学界举办了6次社会主义初级阶段市场经济研讨会结集出版了《社会主义初级阶段市场经济论文集》。从实践来看集中体现在以市场为导向的改革开放继续向前推进。处变不惊，从理论上讲集中体现在广东在全国率先创立了精神文明学，从实践来看集中体现在1989年后面对国际国内风云变幻，中共广东省委从农村承包、粮食定购、企业承包、经济成分、个体经济、财政包干、经济效益、乡镇企业八个方面明确提出了坚持改革开放的"八个不变"。

□1986年4月广东省委书记林若（左一）参观潮州彩瓷总厂。（广东省档案馆供图）

□1988年4月23日，时任广东省省长叶选平视察北江大堤。（广东省北江流域管理局供稿）

（二）在追星逐月、励精图治中发展

从1991年1月到2002年11月，总体上是新时期广东人精神发展的历史阶段。这一阶段，广东的经济总量一直居全国首位。这一阶段新时期广东人精神的显著特点是追星逐月、励精图治。一方面，追星逐月，加速发展追赶亚洲"四小龙"韩国、中国台湾、中国香港、新加坡，力求率先基本实现现代化；另一方面，励精图治，力求区域协调发展，经济社会协调发展，物质文明、精神文明建设协调发展，在发展先进生产力、发展先进文化的同时努力维护和实现最广大人民群众的利益。

1. 1991年1月至1998年3月的特点是加快发展，协调发展

加快发展，集中体现在实施了促进发展的"三个一批"战略，即形成一批支柱产业，发展一批大型企业集团，创造一批名牌产品。协调发展，集中体现在贯彻了协调发展的"三个方针"，即三大产业协调发展，不同类型地区协调发展，两个文明建设协调发展。

2. 1998年3月至2002年11月的特点是增创优势，交好答卷

这一时期，广东以"增创新优势，更上一层楼，率先基本实现社会主义现代化"为总目标总任务统揽工作全局，全面实施外向带动、科教兴粤、可持续发展三大战略，努力增创体制、产业、开放、科技四大优势，坚决落实"两手抓，两手都要硬"的方针，大力推进新时期党的建设新的伟大工程，较好地交出了物质文明建设和精神文明建设两份答卷，为广东率先基本实现现代化奠定了更加坚实的基础。

（三）在高歌猛进、继往开来中完善

从2002年11月到2008年12月，总体上是新时期广东人精神完善的历史阶段。这一阶段，广东的经济总量一直居全国首位。这一阶段新时期广东人精神的显著特点是高歌猛进、继往开来。一方面，高歌猛进，经济社会发展全面提速并全面转入科学发展的轨道；另一方面，继往开来，在反思历史、剖析现实和预测未来中继续解放思想，使广东再度屹立在改革开放大潮的潮头。

1. 2002年11月至2007年12月的特点是增进和谐，勇攀新高

增进和谐，集中体现在广东在全省开展新时期广东人精神大讨论，形成了新时期广东人精神的规范表述；此后，中共广东省委、广东省人民政府又出台并全面实施了《关于构建和谐广东的若干意见》。勇攀新高，有数据为证：2001年，广东GDP为12039亿元，也就是说，突破第一个万亿元大

关，用了23年。2005年，广东GDP为21701亿元，这就说明，广东突破第二个万亿元大关，只用了4年。2007年，广东GDP为30673亿元，这又说明，广东突破第三个万亿元大关，仅仅用了2年。

2．2007年12月至现在的特点是解放思想，再创辉煌

解放思想，集中体现在2007年12月中共广东省委十届二次全会提出在全省开展"继续解放思想，坚持改革开放，争当实践科学发展观排头兵"学习讨论活动。活动贯穿2008年上半年，分学习宣传、讨论调研、决策部署三个阶段进行。再创辉煌，集中体现在形成了再创辉煌的思路，2008年6月中共广东省委十届三次全会以来相继作出了一系列重要战略部署。如出台了《关于争当实践科学发展观排头兵的决定》、《关于推进产业转移和劳动力转移的决定》、《关于加快建设现代产业体系的决定》、《广东省市厅级党政领导班子和领导干部落实科学发展观评价指标体系及考核评价试行办法》等系列文件。正在付诸实施的这些重要战略部署，对广东巩固和超越改革开放30年的成功再创辉煌，必将产生深远的历史影响。

二、新时期广东人精神的基本构成

　　新时期是指从1978年12月中共十一届三中全会召开以后到现在实行改革开放的社会主义现代化建设新时期；广东人则是指过去、现在、将来居住和生活在广东这块土地上的人民，主要包括广府人、潮汕人和客家（包括新客家）人。

（一）创新兼容广府人

　　广义的广府人的分布范围与粤语方言区一致，与西汉南越国疆界也大致吻合，主要居住在珠江流域、西江流域、粤西岭谷台地区和粤北地区，珠江三角洲是粤语方言的核心地带。粤语方言是广东境内使用人数最多也分布最广的一种语言，也是中国除了北京方言以外最著名的汉语支系。单凭《美国之音》的华语广播节目只用普通话和广州话两种语言播放，就知道广州话在中国各方言中的

□2009年羊城书展。（图片摄影：王列）

地位。新时期广府人的精神特质主要是创新兼容。

（二）自强不息潮汕人

潮汕人主要分布在广东沿海地区，东起潮汕和海、陆丰，西南过中山市五桂山区后，即越过珠江三角洲，散处于粤西地区，最后经雷州半岛跨海指向海南岛。潮汕人聚居区为闽南方言分布区域。潮汕人是古闽越（东越）后裔融合于汉族的一支，其精神特质既有别于作为南越后裔的广府人，更与中原世胄的客家人不同，是广东人精神文化的一个重要群落，并对东南亚诸岛的土著文化产生过显著影响。新时期潮汕人的精神特质主要是自强不息。

□ "一名城二基地"之滨江长廊。（中共广东潮州市委政策研究室供图）

（三）厚德载物客家人

老客家人主要分布在东江流域和兴梅地区；在粤北与广府人杂处，在粤东与潮汕人相交错，在广州直抵从化和花都，散处地区非常广泛，遍及广东全省山区；与客家方言分布地域相一致，是占地较广的一个群落。新客家人主要落籍于珠江三角洲，散处地区遍及广东全省。客家精神文化特质虽然与中原世胄有些相同，但新老客家人来岭南后都历经或长或短的本地化过程，原地的精神文化无疑也相应发生变异并深深打上广东人精神的烙印。总的来说，现在的客家人是广东人精神文化的一个重要群落。客家人的精神特质主要是厚德载物。

□客家围屋。（图片摄影：曾祥兴）

三、新时期广东人精神的时代特征

2003年11月11日，为了给广东当年开展的全省性的"新时期广东人精神大讨论"画上圆满的句号，广东省社会主义精神文明建设委员会曾召开全体会议，一致确定用"敢为人先、务实进取、开放兼容、敬业奉献"作为"新时期广东人精神"的规范表述。这一规范表述，充分彰显的新时期广东人精神的时代特征。下面选取一些典型事例来解读新时期广东人精神的时代特征。

（一）敢为人先，改革先行

敢为人先的精神，就是敢闯、敢试、敢冒风险的精神，就是勇立潮头、引领潮流的精神，就是一马当先、一往无前的精神。新时期广东人敢为人先的精神，体现在新时期广东人的经济、政治、文化、社会、生态建设中，体现在新时期广东人抓住机遇、深化改革、加快发展、扩大开放、维护稳定的方方面面。

敢为人先精神在新时期广东经济改革中的五大突出表现：

1. 农村改革中敢为人先

广东曾经是全国最早推行农业生产承包责任制的地区之一。1978年，西起海康，东起惠阳，远至海南文昌，近到广州市郊，广东农村大约1‰的生产队率先在晚造稻田中恢复了包产到组其至包产到户的办法。到1982年，全省农、林、牧、副、渔各业，都实行了责、权、利包到家庭的联产承包责任制。陈志雄是广东高要县的一个农民。1979年承包8亩鱼塘，1981年扩大到357亩。除了常年雇用5名固定工外，全年还请了2300天的短工，年收入近4万元。怎样看待陈志雄承包鱼塘问题？《人民日报》和国内其他报刊曾就此展开了四个月的讨论。这场讨论，对全国家庭联产承包责任制的推行具有重要意义。广东不仅是全国最早推行农业生产承包责任制的地区之一，而且曾在全国率先培育专业户、专业村，率先实行农业股份制，率先推行"公司+基地+农业"的农业产业化模式，率先发展高产、高质、高经济效益的"三高"农产品(或项目)，率先发展乡镇企业。

2. 物价改革中敢为人先

从1980年到1985年，广东以放开蔬菜、塘鱼价格为突破口，率先废除各种日用品供给"票证"，调放结合，以放为主，放中有管，分步推进，打破了高度集中的价格管理体制。广东农产品市场，成为全国农副产品最丰富、价格最合理的市场。到20世纪90年代中期，广东90%以上的生产资料、98%以上的生活资料已经放开，社会零售商品价格由市场定价的比重超过96%，广东价格和流通体制改革取得明显成效，初步实现了价格闯关。广东的物价改革，起于市民们的菜篮子。早在1978年8月，广州开始放开部分蔬菜价格。1980年春节前，国务院下发文件，鸡蛋可以实行季节性差价。从这一年开始，广东调整塘鱼收购价格，不断调减派购任务，推行鱼塘包产到户，允许农民进城卖鱼。一时鱼价上涨，市民情绪波动，有些人甚至写信上告。广东省和广州市忍着"阵痛"，坚持放开价格、搞活流通。鱼价一涨，产量大增；产量一大增，鱼价就回落。这就是价值规律的杠杆作用。到1985年，全国18个大中城市，广州人吃鱼最多，鱼价最便宜。

3. 企业改革中敢为人先

一方面，国有企业、乡镇企业引领风骚。1979年开始，广东就对国有企业放权让利，扩大经营自主权。1985年起，国营企业普遍实行利改税，从税利并存逐步过渡到完全征税。1986年起，实行厂长（经理）负责制和任期目标责任制，促进了所有权、经营权的分离和政企分开。1987年，在全省范围推行各种形式的承包责任制，调动了企业的积极性。1988年底，推进横向经济联合，全省1.5万余家企业，组建经济联合体7000多个，涌现出一批大型企业集团，并在企业内部进行了分配制度等配套改革。改革促进了企业的发展。比如广东移动，现在业务收入约占广东地区生产总值的3%，一天收入一个亿，贡献率比全国同行业高出一倍多。另一方面，外资企业、民营企业异军突起。东莞虎门太平手袋厂，是全国最早实行来料加工、来样加工、来件装配、补偿贸易的企业。这种由内地加工、由外商提供设备、原料、资金的"引进模式"，后来在全广东迅速得到发展，成为广东一道亮丽的风景。2007年，广东民营经济增加值达13216亿元，占全省GDP的43.1%，与公有经济、外资经济三分天下。现在，广东成长型中小工业企业数、个体私营企业户数、民营经济增加值、民营经济上缴税金、民营进出口总额五项指标，均居全国第一。其他主要指标也居于全国前列。

4. 投融资体制改革中敢为人先

在财政投资体制方面，1981年起，实行划分收支，分级包干。1985年起，全省财政"划分税种，核定收支，分级包干"，一定5年，形成层层包干的财政管理新体制。在金融体制方面，广东积极探索专业银行企业化的改革路子，形成了以国家专业银行为主体，其他金融机构为补充的多层次、多元化金融体系。广东人大都知道广州洛溪大桥。1981年全国人大和政协开会期间，番禺的"父母官"们抱着一个大西瓜，敲开了港、澳知名人士何贤先生、霍英东先生在北京饭店的房门。何贤先生、霍英东先生提出投资建设洛溪大桥，以征收过桥费偿还投资的方案。措施一出台，激起一片反对之声。为什么要留下买路钱？好多人不理解。但是广东像价格闯关一样，义无反顾，开拓了"以桥养桥"、"以路养路"新路子。改革开放前30年，番禺一座桥也没建成。参照"洛溪大桥"模式，广州10年间建成大小桥梁160座，全省同期建桥1000多座，成为中国建桥史上的奇迹。2005年，洛溪大桥终止收费，成为第一个还清贷款本息后终止收费的路桥项目。

5. 综合配套改革中敢为人先

从1979年起，在大力发展消费品市场、生产资料市场的基础上，广东逐步推进金融、劳务、科技、信息、人才、房地产等要素市场的发育和成长，市场机制初步形成，经济运行逐步由产品经济轨道转向市场经济轨道。1988年2月，国务院批准广东省成为综合改革实验区，在改革开放中继续先行一步。改革内容包括金融，外经外贸，价格，劳动、人事、工资，财政，企业、农村，科技、教育，房地产，计划，政治体制十个方面。顺德产权改革及其配套改革是进行综合配套改革的一个重要典型。顺德糖厂创办于20世纪30年代，曾经是国营企业和民族制造业的一面旗帜，税利一度占顺德财政收入的40%。然而，到1993年，停了产，两千多人要靠卖机器、卖设备、卖零件吃饭。1994年，顺德糖厂实行"转制"，以职工内部持股的方式组建"金沙实业有限公司"，再用公司的名义集体租赁顺德糖厂。转制后的糖厂，每个股东的利益与公司的效益捆绑，每个员工的收入同工作效率捆绑，糖厂由此脱胎换骨，起死回生。到2003年，顺糖产销值已达18亿元，炼糖产能亚洲第一。产权改革带动了全面改革，"顺德模式"产生了广泛的影响。到2006年，初步建立起社会主义市场经济体制的顺德，成为全国首个县域地区生产总值突破千亿元的县（区）。

（二）务实进取，科学发展

新时期广东人务实进取的精神，同样体现在新时期广东人的经济、政治、文化、社会、生态建设中的务实进取精神，就是解放思想、实事求是、与时俱进、开拓创新的精神。

1. 与时俱进确立科学发展观

到2007年，广东的经济总量已由1978年的185亿元增加到3万多亿元，总值增长41倍，年均增长13.8%，占全国的1/8，已连续19年居全国首位；人均生产总值翻了四番，突破4000美元。2007年，广东财政总收入达到7750亿元，约占全国的1/7，已连续17年居全国首位，其中地方财政一般预算收入2785亿元，比1978年增长65.6倍。2007年，广东国税地税收入总量占全国的1/7，已连续12年居全国首位。从经济总量上说，广东1998年超过新加坡，2003年超过中国香港，2007年又超越中国台湾，亚洲"四小龙"中，现在已经超越了除韩国以外的其他三小龙。正在广东处于进一步发展的时候，胡锦涛总书记2003年8月28日至9月1日在江西考察时的重要讲话中首次明确提出了"科学发展观"。2003年10月党的十六届三中全会作出了以科学发展观统领经济社会发展全局的决策。此后，广东迅速贯彻胡锦涛总书记的要求，总结发展的经验，开始全面走上科学发展的轨迹。

2. 努力建设政治文明生态文明

新时期的广东不仅重视物质文明建设和精神文明建设，而且也关注政治文明建设和生态文明建设。这同样既是广东人务实进取精神的体现，也是广东最后能够走向科学发展的重要因素。在政治文明建设方面，广东1988年就开始探索农村村民自治的新路，后来率先在村民委员会选举中推行观察员制度。1998年以后，广东积极推进依法治省战略，建立了中共广东省委领导直接听取人民代表和政协委员意见的"直通车"制度。近年来，广东积极稳妥地推进政治体制改革，在全国率先实行中国共产党党委常委会、全委会票决制，首创邀请民主党派负责人参与省委重大调研、对政府公共财政支出实行实时监督等制度。广东加强执政能力建设、全面推进依法行政，建设法治政府和服务型政府，推进司法公正、执法公正，都取得了显著的成效。2000年3月，在广东省九届人大三次会议上，广东省人大代表便曾就某电镀城违规排放有毒物质的重金属废水大胆质询并联名要求撤换省环境保护局官员。2000年9月，在《人民代表报》的一篇文章中，作者陆介标从各种媒体报道中捕捉、思考信息，概括出人大工作中的"广东现象"。"广东人大现象"，一度轰动全国。在生态文明建设方面，早在1985年冬，中共广东省委、广东省人民政府就作出了"五年消灭荒山，十年绿化广东"的重大决策。1991年3月12日，中共中央、国务院授予广东"全国荒山造林绿化第一省"的光荣称号。现在，广东单位GDP能耗和单位工业增加值能耗全国最低，广东所有城市空气质量均达到国家二级标准，污水日处理能力全国第一。广东还是中国拥有"国家环境友好企业"数量最多的省份之一。

3. 统筹兼顾城乡发展区域发展

新时期的广东总体上能够统筹兼顾城乡发展和区域发展。这同样既是广东人务实进取精神的体现，也是广东最后能够走向科学发展的重要因素。城乡差距是城乡二元结构带来的全国性的大问题，统筹城乡发展，一直是广东致力破解的发展难题。早在1985年，广东就召开了全省第一次山区工作会议，提出综合治理山区的"治山致富"方针。主要内容是"靠山吃山，吃山养山"，从造林绿化入手，培育新的资源，改善生态环境和生产条件，进而开发山区资源，发展工农业生产，加快脱贫致富步伐。1991年，中共广东省委又提出，广东"七山一水两分田"，山区不富，全省就不能算是真富。省委把城乡协调发展提上了重要议事日程，发展较快的地区与欠发达的山区之间进行对口扶持。1997年底，全省基本消除绝对贫困，提前三年率先实现了国家《"八七"扶贫攻坚计划》的目标。2005年，广东省工商局出台26条措施支持服务广东统筹城乡发展。由于历史、地理等方面因素的影响,珠江三角洲、粤东粤西两翼、粤北山区,在广东是富裕程度由南往北梯度递减的三个层次。如何统筹区域发展,也一直是广东力求破解的发展难题。一段时期以来,"清远现象"引人瞩目。所谓"清远现象",就是广东走向区域协调发展的一个标志。在扶贫开发的征途上,广东清远市的扶贫经济开发实验区是一个创造,一度被人们誉为"寒极"里的"阳光工程"。清远市的贫穷在广东是最有代表性的,全省的石灰岩地区,一大半在清远境内。在这里,救济性扶贫无济于事,开发性扶贫也难以奏效。穷则思变。清远人想出了一个新办法:在交通方便、发展条件较好的地方,吸引外商和外地企业前来与贫困乡镇合资建厂,按股分利。正是通过"体外造血"、利税返还和劳动力转移等方式,清远在20世纪90年代后期便开始出现脱贫致富的良好势头。步入21世纪以来,清远又提出了"工业化、城市化、市场化和珠江三角洲后花园"发展战略。他们通过引进各种项目,逐步形成了以优势传统产业和先进制造业为主导的产业集聚基地。目前,清远市GDP总量、工业总产值、投资总额、外贸出口总额4个主要经济指标在山区市中名列前茅。经济增长速度已数度摘得广东GDP增速桂冠,成为全省跃升最快的地级市。2008年6月,中共广东省委《关于争当实践科学发展观排头兵的决定》,系统部署实施提升珠江三角洲带动东西北战略,强调构建区域城乡互动协调发展新格局,提出了"腾笼换鸟、造林引凤",促进产业和劳动力双转移,加大统筹城乡发展力度,促进城乡经济社会一体化发展的若干具体措施。

(三)开放兼容,走向世界

开放兼容精神,就是披荆斩棘,杀开一条血路,把广东融入中国、融入世界的精神,就是海纳百川、有容乃大,大胆借鉴人类社会共有文明成果包括西方资本主义社会创造的文明成果的精神。新时期广东人开放兼容的精神,同样体现在新时期广东人的经济、政治、文化、社会、生态建设中,体现在新时期广东人抓住机遇、深化改革、加快发展、扩大开放、维护稳定的方方面面。

开放兼容精神在新时期广东对外开放进程中的四大突出表现:

1. 从出口特区到经济特区

1979年1月,中共中央、国务院批准了广东省和交通部的联合报告,决定在蛇口创办出口加工区;中共广东省委决定在宝安县建立出口基地,发展对外贸易。4月,时任中共广东省委第一书记的习仲勋同志向邓小平同志汇报,建议将深圳市、珠海市和汕头市办成对外贸易合作区。据国务院原副总理谷牧回忆,他从深圳回京向邓小平同志汇报时曾提了个问题,他说现在广东在那里起了各种各样的名字,恐怕中央要统一定个名。邓小平同志连一分钟都不到,说就叫特区嘛!下午谷牧同志在中南海散步，又碰到邓小平同志。邓小平同志说："谷牧，上午给你讲的，记清楚了吧，就叫特区，不要改了。"据习仲勋同志回忆，在听取汇报之后，邓小平同志鼓励广东要大胆实践，杀出一条血路来。1979年4月，中央工作会议第一次提出试办出口特区。6月，中共广东省委向中共中央、国务院呈上《关于发挥广东优越条件，扩大对外贸易，加快经济发展的报告》。在这一报告中，广东明确提出了创办出口特区的具体计划。7月，中共中央、国务院下达文件，决定在广东、福建两省实行特殊政策和灵活措施，在深圳、珠海、汕头、厦门设置"出口特区"。创办出口特区，是当代中国包括广东在对外开放试验方面所迈出的最早的一步。出口特区工作展开以后，客观上也需要同时拥有更多的对外开放的权限。1980年5月，中央接受广东的提议，把出口特区改名为含义更为丰富的经济特区。1980年8月26日，五届全国人大常委会第十五次会议通过决议，批准建立深圳、珠海、汕头、厦门四个经济特区，通过了《广东省经济特区条例》。中国对外开放的"窗口"——经济特区由此正式宣告诞生。

2. 从开放广州、湛江到开放全省

1984年，经国家批准，广州、湛江被列为沿海开放城市，扩大两市对外开展经济活动的自主权，贯彻落实国家给予沿海开放城市的一些优惠政策；在两市建立经济技术开发区，对两个开发区采取了类似经济特区的优惠政策。由此，广东继开辟经济特区之后，迈开了扩大开放的第一步。两市列为沿海开放城市和开辟经济技术开发区之后，带动周边地区，珠江三角洲出现的良好的经济发展势头。广东创设经济特区后扩大开放所迈出的第二步，是开辟沿海经济开放区。1985年2月，中央决定珠江三角洲经济开放区享受沿海开放城市的优惠政策。根据国家的统筹布局，1985年到1988年，广东建立了包括28个市、县的珠江三角洲沿海经济开放区。列入开放区的市、县，按照中央和国务院的有关规定，享受有关的优惠政策，迅速崛起而成为了广东经济发展的龙头。广东创设经济特区后扩大开放所迈出的第三步，是把对外开放扩大到全省。1992年9月，国务院批准将粤北、粤东地区的韶关、河源、梅州3个山区市列入沿海经济开放区，同时将大亚湾、南沙两地区辟为经济技术开发区。30年，弹指一挥间。目前，全省拥有3个经济特区、2个沿海开放城市、4个经济技术开发区、6个高新技术区、近40个经济试验开发区，21个地级以上市都实行沿海经济开放区政策，形成了多层次、多形式、多功能、系统全面、各具特色的全方位开放格局。

3. 从"三来一补"到"引进来"和"走出去"并举

改革开放之初，广东采取了"引进来"的对外开放举措。大力发展"三来一补"企业、"三资"企业（即中外合资企业、中外合作企业和外资企业）。1979年至1988年，全省通过各种形式签定利用外资合同（协议）88133宗，实际利用外资79.29亿美元。外商直接投资累计达39.6亿美元，

已注册的外商投资企业8124家。占全国同类企业总数的六成以上。同时，广东积极引进先进技术设备，改造传统产业。1983年，国外第一条免费外资生产线落地，引进的东家是"年近半百"的亚洲汽水厂。从1983年开始，广东用了3年多的时间，花了44亿美元，将近100亿人民币，从国外引进1600条生产线，购买了30多万台(套)的先进设备，系统地改造了广东原有的工业企业。到1988年底，全省共引进100多万台(套)技术设备和2400多条生产线，大部分具有20世纪70年代末80年代初的国际先进水平。20世纪90年代，广东采取"引进来"和"走出去"并举，创立自主品牌，开拓国内外市场。TCL商标等一批广东自主创新品牌已扬名海内外。珠海格力集团投资2000万美元在巴西办起格力分厂，就地招工人，就地装配生产，就地销售，并把产品源源不断地输送到整个南美市场。深圳的康佳、中兴通讯、先科等高科技企业，创维、华为、比亚迪等民营企业，已成为跨国经营的排头兵。

（四）敬业奉献，构建和谐

敬业奉献精神，就是专心致志、忠于职守的精神，就是无私奉送、忠诚贡献的精神。新时期广东人敬业奉献的精神，同样体现在新时期广东人的经济、政治、文化、社会、生态建设中，体现在新时期广东人抓住机遇、深化改革、加快发展、扩大开放、维护稳定的方方面面。

敬业奉献精神在新时期广东构建社会和谐进程中的三大突出表现：

1. 在敬业奉献中推进社会建设

1982年5月，一场百年未遇的特大洪灾席卷广东韶关、肇庆部分县市。狂风暴雨裹挟着巨大的泥石流，如同一只咆哮的怪兽，张开了血盆大口，改革开放刚取得的成果转瞬之间便付诸东流。遭受重创的地区满目疮痍，人民群众愁容满面，忧虑重重。就在这时，有人雪中送碳。当地人民保险公司，向280多个企业支付款项1280万元。保险事业救民于水火，遭受重创的地区迅速恢复了生产。原来，早在1980年下半年，广东就在肇庆等地启动了企业财产保险试点工作。痛定思痛，社会保险更受重视。自1982年起，各种保险业务相继开展，到20世纪90年代末，广东的财产、人寿保险费收入以及保险深度和密度，均居全国首位。20世纪90年代，广东省人民政府设立社会保险委员会，成立社会保险局，统一管理城镇与农村的养老、工伤、生育、医疗、失业保险，在全国率先建立了面向全社会的统一的社会保险体系。步入新世纪以后，广东率先对社会保险基金筹集机制全面改革，社保基金走出了一条税务机关征收、财政部门管理、社保机构审计核发的新路，避免了收支一条线带来的潜在风险。此后，广东又在全国率先实现农村最低生活保障制度。2007年，广东城镇职工参加基本养老、医疗、失业、工伤等社会保险的人数及社保基金累计结余，全省农民工参加医疗和工伤保险人数，均居全国首位。2008年全省出生率为11.80‰，自然增长率为7.25‰，比国家下达的人口计划低1.25个千分点。广东的流动人口管理、社区建设、发展民间组织、发展残疾人事业等工作，现在都位居全国前列。广东还建立了覆盖全省的"大调解"工作体系以及社会预警、应急处置和责任追究机制，社会总体上和谐稳定。新时期广东能够整体上实现社会稳定、社会和谐，新时期广东社会建设能够取得的巨大成就，很大程度上得力于敬业奉献的新时期广东人精神的大力弘扬。

2. 在敬业奉献中改善民生状况

2007年，广东城镇居民人均可支配收入和农村居民人均纯收入分别达到17699元和5624元（全国为13800元和4300元），分别是1978年的42倍和28倍；城市居民家庭恩格尔系数为35.3%，农村居民消费支出中教育文化娱乐服务所占比重为5.1%，城乡居民健康状况已接近中等发达国家水平。广东率先探索完善住房保障制度的新路子，通过发放租赁住房补贴、实物配足、租金核减等方式，为城镇住房特困户提供廉租房。广东率先全面实施农村免费义务教育，实施智力扶贫工程，每年资助1.2万名。广东率先创新农村合作医疗方式，在欠发达地区每个行政村设立一个卫生站，省财政每年补助1万元，并率先对乡镇卫生院实行了财政全额拨款。广东率先制定《关于大力发展职业技术教育的决定》，实施了退役士兵免费职能技术培训工程，在全国率先创立"零就业家庭"就业援助制度。

3. 在敬业奉献中改善广东形象

第一，正是依靠敬业奉献的精神，"深圳速度"得以名扬全国。20多年前，深圳国际贸易中心大厦曾是中国的第一高楼，也是中国最早由中国人自己设计、施工和实施物业管理的超高层楼宇。1985年，施工人员白天汗流浃背，晚上挑灯夜战，创造了"三天一层楼"的神话，书写了世界建筑史上的奇迹。20多年来，尼克松、布什、海部俊树、李光耀、加利先生等国际政要都曾到这里访问，这座大厦已经成为"深圳速度"的象征。第二，正是依靠敬业奉献的精神，2003年，以钟南山院士为代表的广东人尊重科学，知难而进，沉着应对，无私奉献，在抗击非典型性肺炎的斗争中创造了病死率全球最低的纪录，受到世界卫生组织的高度赞扬。第三，正是依靠敬业奉献的精神，2008年5月四川汶川发生8级大地震后，广东对口支援受灾最严重的汶川地区的灾后重建，其中深圳对口支援甘肃省受灾严重地区的灾后重建，成为全国唯一承担了两个受灾严重地区对口支援的省份。至2008年7月，广东社会各界抗震救灾累计捐款捐物高达56亿元，广东捐赠款物数量位居全国第一，占海内外全部捐赠总量的1/10。总的来说，新时期广东改革开放和现代化建设所有成就的取得，新时期广东在全国改革开放和现代化建设事业中地位的奠定和作用的发挥，都离不开敬业奉献精神的支撑。

潮起
南粤大地

第十二部

依法治省

——为改革开放保驾护航

潮起南粤大地 The Rise of Guangdong潮起南粤大地 The Rise of Guangdong
潮起南粤大地 The Rise of Guangdong潮起南粤大地 The Rise of Guangdong 潮起南粤大地 The Rise of Guangdong
潮起南粤大地 The Rise of Guangdong潮起南粤大地 The Rise of Guangdong 潮起南粤大地The Rise of Guangdong

"和谐广东"必然是法治的广东。改革开放以来，特别是广东省党的第七次代表大会作出依法治省战略决策以来，广东省无论是立法普法，还是依法行政、公正司法，都取得了显著的成效，监督力度不断加大，基层民主建设有序发展，既为全省经济社会发展提供了有力保障，也为全国提供了许多新鲜经验。

"坚持政治建警，打造忠诚公安；坚持依法治警，打造法治公安；坚持科技强警，打造效率公安；坚持政策励警，打造活力公安；坚持从优待警，打造奉献公安"。

在全国率先提出用邓小平同志在1992年视察南方重要讲话中提出的"三个有利于"的原则，正确判断行为的社会危害性、准确区分社会主义市场经济条件下罪与非罪的界限，依法保护广东干部群众敢闯敢干的积极性。

十年间，全省法院共为17万件案件当事人减免诉讼费2.08亿元，为3.77万名刑事被告人指定了辩护人。

1995年11月9日，广州市法律援助中心成立，成为全国第一家由政府设立的法律援助机构。1997年，广东出台了全国第一个省级法律援助法规《广东省法律援助条例》。

1983年以来，武警广东总队荣立一等功集体5个，二等功50个，三等功792个；荣立一等功官兵32名，二等功120名，三等功15250人。

Rule of law
——the way to guarantee the Reform and Opening Up

"A Harmonious Guangdong" should be one ruled according to law. Since the reform and opening up of China, especially since the seventh session of Provincial Congress of the Chinese Communist Party, the Province has witnessed remarkable progress in the legal system, including perfecting legislation, disseminating knowledge of the law, ensuring an impartial judicature and performing official duties lawfully. Strengthened legal supervision and orderly development of grass-root democracy have provided an effective guarantee for the social and economical development of Guangdong, sharing new experiences with other parts of the country.

"We should educate our policepersons to be faithful to the country, supervise them according to law and give them legal training, equip them with technology as well as knowledge of science and technology to increase efficiency, motivate them with preferential treatment and policy to boost their spirits." We are the first nationwide to draw on "the Three Principles" of Mr. Deng Xiaoping's "South China Speech" in 1992 to understand the harm of negative personal behavior on the society and tell the borderline between crime and non-crime, which are important criteria for maintaining and enhancing people's boldness and enthusiasm.

In the past ten years we have spared or reduced people's litigation fees by 208 million yuan, and pointed attorneys for 37.7 thousand of the accused. On September 9th, 1995, the Legal Aid Center was set up as the first of the kind across the nation. In 1997 Regulations on legal aid of Guangdong Province was promulgated, also the first of its kind nationwide.

Since 1983 the Armed Force of Guangdong won different classes of merits as a collective: 5 first-class, 20 second-class and 792 third-class, and as individuals: 32 first-class, 120 second-class and 15250 third-class.

□粤警雄风。（图片摄影：周晓辉 广东省公安厅供图）

和谐广东必然是法治的广东。改革开放以来，特别是广东省党的第七次代表大会作出依法治省战略决策以来，广东省在立法普法、依法行政、公正司法，都取得了显著的成效，监督力度不断加大，基层民主建设有序发展，既为全省经济社会发展提供了有力保障，也为全国提供了许多新鲜经验。

□2008年7月21日，全省依法治省工作会议召开。（图片摄影：黎进 广东省依法治省办公室供图）

一、有法可依是依法治省的前提条件

1979年7月1日第五届全国人大第二次会议通过的《中华人民共和国地方各级人民代表大会和地方各级人民政府组织法》首次规定省一级人大及其常委会"可以制定和颁布地方性法规",地方立法权由此产生,广东地方立法在新时期成就显著。

(一)新时期广东地方立法的发展进程

改革开放以来,广东的地方立法经历了起步、发展与提高三个阶段。

1. 20世纪80年代,是广东地方立法的起步阶段

这一阶段,广东的地方立法尚处于逐步探索、积累经验阶段,因而立法步伐不快,立法数量不多,立法的重点是适应创办经济特区的需要,优先抓好经济特区立法,同时兼顾全省改革开放和经济社会发展的需要。

2. 20世纪90年代,是广东地方立法的发展阶段

以邓小平同志视察南方发表重要讲话为标志,中国进入了探索建立社会主义市场经济体制的新时期。1993年4月,时任全国人大常委会委员长的乔石同志视察广东,提出在探索建立社会主义市场经济法律体系方面,改革开放前沿的广东可以先走一步,"成为立法工作的试验田"。根据这一指示,广东省人大常委会和广东省人民政府提出了"开足马力,全速推进"地方立法的动员令,积极拓展法规规章起草工作新渠道,把各方面立法的积极性充分调动起来,使广东的地方立法工作迈进了一个快速发展的时期。这一阶段,广东地方立法的重点是适应建立市场经济体制的需要,加快市场经济立法步伐,特别强调探索性、先行性、试验性立法。如广东省公司条例、公司破产条例、期货市场管理规定、经纪人管理条例、合伙经营条例、典当条例等法规和规章,既填补了国家立法空白,又为全国立法提供了经验。1992年,深圳获得特区立法权;1996年,珠海获得特区立法权。

3. 2000年立法法实施后,是广东地方立法的提高阶段

这一阶段,适应立法法施行后的新形势,广东的地方立法进入了规范化、制度化、程序化的新时期,立法理念从注重数量向注重质量转变,从以经济立法为中心向推动经济、政治、文化和社会全面协调可持续发展转变,越来越注重立法的科学性和民主性,立法速度明显放缓,立法质量明

显提高。广东省人大制定了《广东省地方立法条例》，省人大常委会会同省人民政府陆续建立了立法顾问、立法协调、法规草案指引等制度，省人大常委会办公厅印发了《广东省人民代表大会常务委员会立法技术与工作程序规范（试行）》，对地方立法工作作出了全面规范。从2001年至2007年底，广东省人大及其常委会修订（修改）的地方性法规共43项，废止的地方性法规共24项；广东省人民政府修改的规章共25项，废止的规章共152项。

（二）新时期广东地方立法的主要成效

新时期广东地方立法成效显著，反映在很多方面。但其中最为引人瞩目的是以下三个方面。

1. 立法听证

1999年，《广东省建设工程招标投标管理条例》立法听证正式举行。这是广东在全国首个召开立法听证。听证会召开前，省人大反复修改听证方案，多方研究法规草案中可能出现的问题。最终，省人大还是确立了公平、公正、公开的立法原则，让听证会得以顺利召开。也正是从那时起，开门立法日益成为省人大立法工作的重要环节。

2. 立法三审制度

2005年，《广东省地方立法条例》进行了首次修改，此次修改最大亮点在于建立了草案三次审议程序，推进了广东立法程序与国家立法程序的接轨。按照修改后的立法条例，一审为听取提案人的说明，由分组会议对法规草案的立法必要性、可行性、法规案主要问题及有关专门委员会的审议意见等进行审议。二审由法制委员会提出关于法规草案修改情况和主要问题的汇报，印发常委会，由分组会议进一步审议。三审由法制委员会提出审议结果报告，由分组会议对法规草案修改稿进行审议。立法环节的增多并非程序性的拖拉，而是要让法律的出台经过更多的酝酿，通过媒体，让公众、代表对法律有更多的了解，也让常委会委员有充分的时间了解民意从而进行更加科学的考虑，确保法律不是"匆匆出台"。立法三审制度的实施，起到了通过制度保证立法过程充分发挥人大的作用，能广泛听取公众意见，将立法程序公开化以制度确定下来，以此避免部门利益纠缠于立法当中。进一步提高了法规的审议质量，合理界定和分配公权，正确处理权力与权利、权力与责任、权利与义务的关系，较为有效地防止了立法过程中利益部门化、部门利益法制化，一些部门对立法"有利则争，无利则推，他利则拖，分利则拒"的现象。

3. "十一五"立法更加注重民生

"十一五"时期，即国家制定第十一个五年计划的时期，2006年至2010年。2005年，广东省便建立了《广东省2007—2010年立法规划项目库》，城市交通管理条例、文化产业促进条例、高等教育管理条例等都被纳入其中，使立法远期规划与近期目标相结合，也使得立法更加符合当前发展形势、顺应百姓民意。现在，省人大常委会确定年度立法计划项目，主要从立法规划库中筛选。在2006年制定的《广东省2006—2010年立法规划（建议稿）》中，"十一五"立法规划建议项目多达84项，涉及建设经济强省、文化大省、法治社会、和谐广东、绿色广东等多方面的内容。仅仅2006年，广东省就新制定了《广东省预防未成年人犯罪条例》等12项地方法律，并对《广东省物业管理条例》等8部条例进行修订。在"十一五"的84项建议立法规划中，民生热点不少。《广东省食品安全条例》、《广东省学生伤害事故预防和处理办法》、《广东省饮用水源水质保护条例》……这些法规都遵循了关注民生和实用的原则，旨在为百姓正常的生产生活提供规范和保障。

二、普法是依法治省的基础

《中共广东省委关于进一步加强依法治省工作的决定》提出"广泛深入地开展法制宣传教育"。《决定》下发以来，从1996年至2000年的"三五"普法开始，广东省普法工作由从全民普法转向重点普法，把领导干部、执法人员、青少年、农民、外来务工人员作为普法的重点对象，带动了普法教育整体水平的提升；更加注重普法和依法治理相结合，增强普法实效，带动了社会法治化管理水平的提高。通过普法规划的实施，法制宣传教育工作取得实效，全民的法律意识和法制观念不断增强，法律素质基本具备；经济社会管理方式初步实现从注重行政手段向注重法律手段的转变。据2005年省依法治省办对全省1万名公民的问卷调查，群众对法律知识题（单选）的平均正选率为76.0%，"上法院"成了最多被访者维护合法权益的选择，当前解决社会矛盾主要依靠法律手段得到最多被访者的认同。

□2007年深圳市司法局开展关爱劳务工行动的法律援助系列活动，图为一活动现场。（广东省司法厅供图）

三、依法行政掀起责任风暴

改革开放30年来，广东人依法行政的意识不断增强。这里，从三个方面做简要回顾。

（一）清理"三乱"

20世纪90年代，随着改革开放的纵深推进和市场经济体制的逐步建立，广东的经济发展步伐不断加快。与此同时，受利益驱动的影响，一些地方和部门巧立名目，随意设立执法队伍，乱设站卡、乱罚款、乱收费现象日趋严重，人民群众意见很大。为遏制这股歪风，1996年3月，广东省八届人大四次会议代表提出了《关于清理整顿行政执法队伍及其"三乱"问题的议案》和《关于整治路桥收费站问题的议案》，统一交由省人民政府办理，省政府法制局具体承办。

在广东省人民政府的统一部署下，全省各地、各部门迅速行动起来，全面开展行政执法队伍和路桥收费站清理整顿工作。全省共清理出行政执法队伍2582支（不含公安系统），撤销了不符合执法资格条件的队伍799支，清退了不具备执法资格的临时工、合同工及其他人员共11274名，撤销了公路收费站卡103个。全省"大盖帽满天飞"的现象得到了有效遏制。

与此同时，广东省人民政府通过建章立制，逐步推行行政执法人员和行政执法队伍资格管理、行政执法督察等制度，为规范行政执法队伍的监督管理奠定了良好的法制基础。

此外，广东省人民政府还结合机构改革和行政执法体制改革，从更深层次上加大清理整顿行政执法队伍的力度。从1997年至2007年，经国务院批准，广东省人民政府先后在广州、深圳、珠海等8个地级以上市开展了以城市管理综合执法为主要内容的相对集中行政处罚权工作，精简了执法队伍，提高了执法效率。2001年4月，广东省编办、法制办、财政厅联合下发《关于清理整顿市县行政执法队伍的通知》，要求全省各地结合市县和乡镇机构改革，进一步清理整顿行政执法队伍。经省人民政府批准，2005年1月，广东省人民政府办公厅颁布了《广东省综合行政执法试点方案》，就整合行政执法机构、清理整顿行政执法队伍、实行综合行政执法作出了全面部署，重点在城市管理、商品市场管理、文化市场管理、资源环境管理、农业管理、交通运输管理领域以及其他适合综合行政执法的领域，合并、组建综合行政执法机构。目前，广东省人民政府已经批准在东莞、韶关、江门三市开展城市管理综合行政执法试点工作。

2008年5月，广东省人民政府办公厅下发了《关于做好清理整顿行政执法队伍及其"三乱"问题议案总结工作的通知》，部署开展议案的结案验收工作。

（二）打造"法治政府"

20世纪80年代末90年代初，随着行政诉讼法、行政复议条例、国家赔偿法、行政处罚法、行政复议法等综合性法律法规的相继颁布实施，广东的政府法制建设进入了一个新的时期。广东省人民政府就贯彻实施上述法律法规先后作出了一系列部署，着力加强政府立法、行政复议应诉、行政执法监督配套制度建设和行政执法人员培训工作，全面推行行政执法责任制，依法行政工作取得了明显进步。

2000年以后，随着立法法、行政许可法、政府信息公开条例、行政复议法实施条例等法律、行政法规和国务院《全面推进依法行政实施纲要》、《国务院关于加强市县政府依法行政的决定》的相继出台，广东的依法行政工作力度明显加大。

广东省人民政府组织全省各级行政机关，以行政审批制度改革为切入点，探索开展行政管理体制改革，加快推进政府职能转变；建立健全科学、民主、依法决策机制，进一步规范政府立法工作，着力提高制度建设质量；组织开展了相对集中行政处罚权和综合行政执法试点工作，积极稳妥地推进行政执法体制改革；继续深化行政执法责任制建设，全面推行政务公开；强化政府层级监督，着力加强行政复议和行政应诉工作，全面推行行政机关规范性文件统一审查制度；认真做好加入世界贸易组织有关法律应对工作，建立和完善各种预警、应急法制机制；加强对依法行政工作的组织领导和规划部署，努力构筑以依法行政为核心的文明法治社会环境，法治政府建设不断迈上新的台阶。

随着依法行政工作的纵深推进，目前，广东省各级行政机关及其工作人员、尤其是各级领导干部依法决策、依法行政的意识和能力不断提高，与依法行政相适应的社会氛围日渐浓厚，党委统揽全局、人大政协监督支持、政府发挥主体作用、社会各方面共同参与的依法行政工作格局已经初步形成，法治政府建设正在有序推进。

2000年以后，广东全省的行政应诉案件呈大幅度增长态势。从2000年至2007年，全省行政应诉案件从974宗上升到5085宗，涨幅达422.07%。1996年至2006年来，广东还审结了各类行政案件4.64万件，国家赔偿案件653件，"官民"矛盾在"依法依规"的轨道上得到了化解。

（三）打造"阳光政府"

随着广东依法行政工作的不断推进，科学、民主、依法决策机制逐步形成。2005年，根据贯彻落实国务院《全面推进依法行政实施纲要》的要求，广东省人民政府对《广东省人民政府工作规则》做了重大修订，专门增加了"实行科学民主决策"和"推行依法行政"两章，明确了广东省人民政府重大决策的范围和作出重大决策的具体规则和程序，规定重大决策和重要行政措施都必须事前交由政府法制机构进行合法性论证。2007年9月，广东省人民政府下发了《关于加快推进市县（区）政府依法行政的意见》，规定"凡重大决策必须经过调查研究、听取民意、专家咨询、合法性论证和领导集体民主讨论等环节，坚持'四不决策'原则，即不经过认真调查研究的不决策、不经过科学论证的不决策、不符合决策程序的不决策、不符合法律法规的不决策。"

1993年，深圳被确定为全省依法治省工作试点市，十多年来深圳作出了诸多的探索和改进。1997年，深圳市在全市行政机关推广市劳动局、规划国土局的"窗口式办文"，即以统一对外的收发文室为窗口，所有来文一个窗口进，一个窗口出，"一条龙"依法审批办理，中间环节均由局内部协调和跟踪督办。此后深圳市直有审批权的部门都实行公开办事，所有批文一律"窗口式办文"，基本杜绝了暗箱操作，进一步提高了工作效率，努力打造"阳光政府"。

同时，为了确定违法行政的责任，深圳在全市掀起了"责任风暴"，实施"治庸计划"，加强行政执行力建设。2005年12月，深圳市召开了政府行政执行力建设暨廉政工作会议，出台了相关规定，实行行政过错责任追究，对直接责任、领导责任等都有了明确了规定。

问责制度、责任倒查制度、责任检讨制度、行政过错训诫和警醒教育制度……这些制度的建立为深圳市依法行政提供了有效的制度保障，让行政人员在运用手中的权力时能够充分认识到依法、依规办事的重要。

四、依法执法保一方安定

社会主义法制建设的基本原则是有法可依，有法必依，执法必严，违法必究。改革开放以来，广东各执法部门坚持依法执法，为保一方平安，维护社会稳定作出了重要贡献。

（一）人民公安

改革开放以来，面对新的发展形势和繁重的工作任务，广东各级公安机关坚决贯彻"从严治警"的方针，狠抓队伍建设，努力打造忠诚的警察队伍，不断构筑反腐拒变的防线，加强教育培训，提高广大民警的执法和实战水平，确保了各项公安工作任务的完成。2007年6月12日，为贯彻落实省第十次党代会的重要精神，中共广东省委常委、省公安厅党委书记、厅长梁伟发代表厅党委，正式向全省公安机关提出了"建为民公安，保南粤平安"的工作思路，要求积极实施"坚持政治建警，打造忠诚公安；坚持依法治警，打造法治公安；坚持科技强警，打造效率公安；坚持政策励警，打造活力公安；坚持从优待警，打造奉献公安"。

1998年以来，广东省公安厅根据中央、国家公安部和中共广东省委、广东省人民政府领导批示精神，陆续侦办了开平中行涉嫌经济犯罪案、麦科特公司欺诈上市案、亿安公司操纵股票价格案、杨斌涉嫌经济犯罪案、粤海集团系列经济犯罪案、汕头市商业银行系列经济犯罪案、南方证券公司涉嫌经济犯罪案、广东证券涉嫌经济犯罪案件、中山信联专案、冯明昌等人涉嫌贷款诈骗案、顺德科龙公司顾雏军涉嫌经济犯罪案、夏都专案、佛山邮政储蓄非法吸收公众存款案、三九集团专案等重大经济犯罪案件，打击处理了一批重大经济犯罪分子，为国家挽回经济损失上百亿元。

2002年以来，全省公安机关为构建和谐社会，深入推进严打整治斗争，有针对性地组织开展严打整治统一行动和"打黑除恶"等一系列专项斗争，破获了一大批案件，打掉了一大批黑恶势力团伙，有力维护了全省社会治安稳定。

"沧海横流方显英雄本色"。每当出现突如其来的灾害，全省各级公安机关和广大公安民警，始终把保卫国家和人民生命财产安全当作己任，舍身忘我。在2003年抗击非典型性肺炎的斗争中，全省公安机关主动参与，积极配合，在党委、政府的统一领导下，充分发挥职能作用，有力地维护了全省社会稳定。2008年初，南方普降冰雪造成成千上万旅客和交通车辆中途受阻，全省各级公安

机关和广大公安民警全力以赴，舍小顾大，无私无悔，鏖战各路站，谱写了一曲曲爱民为民的英雄壮歌。5月12日，四川汶川发生里氏8级大地震之后，广东公安急灾区之所急，迅速组织大批警力，率先赶赴灾区救援……

改革开放以来，广东公安机关与港、澳地区、外国警方的友好往来和合作日益增多。随着粤港、粤澳边境会晤、治安会晤制度的建立和国际刑警中国国家中心局广东联络处的设立，粤港、粤澳警方之间的来往和协作更为频繁和密切。此外，按公安部要求，广东还组建了维和警察防暴队，赴海地参加维和工作。他们以良好的素质和优异的表现，展示了广东省公安民警的风采，受到国际有关组织的赞扬。

□消防警察在虎门大桥奋勇灭火，抢救国家人民财产。（广东省公安厅供图）

（二）人民检察院

广东检察机关恢复重建30年，走过了一条"从无到有"，从小到大的发展之路。30年来，全省检察机关和广大检察干警深入贯彻落实省委和高检院各项决策部署，深入实践"强化法律监督，维护公平正义"的检察工作主题，全面履行检察职能，积极参与法治社会、和谐广东建设，各项检察工作取得了显著成绩。广东检察机关创造了许许多多的工作亮点，有不少走在全国检察机关前列。

全国第一个建立"经济罪案举报中心"：1988年3月8日，深圳市检察院率先建立"经济罪案举报中心"，这是中国检察机关第一个接受经济罪案举报的专门机构。

在全国率先提出用邓小平同志在1992年视察南方重要讲话中提出的"三个有利于"的原则，正确判断行为的社会危害性、准确区分社会主义市场经济条件下罪与非罪的界限，依法保护广东干部群众敢闯敢干的积极性。

在全国率先提出办理职务犯罪案件要由刑检部门批捕、起诉，实行内部制约，保证职务犯罪案件的办案质量。

在全国率先推出把党的基层党支部建到专案组、把思想政治工作落实到办案第一线，延伸到八小时以外，探索出广东检察特色政治思工作的新做法。全省检察机关干警违法违纪发案数连续5年低于全国检察机关平均数。

在全国率先开展预防职务犯罪工作，最早成立预防职务犯罪机构，积极探索预防职务犯罪新途径；率先开展检察文化建设，坚持"文化育检"，全面提高检察干警素质涵养，塑造检察机关良好形象。全省先后涌现了"茂名模式"、"广州模式"、"深圳模式"、"揭普经验"等预防工作先进典型，揭普经验经人大代表报省委后，中央政治局委员、原广东省委书记张德江同志批示给予了充分肯定。最高人民检察院在汕头召开了全国预防职务犯罪工作现场会，充分肯定了广东检察机关预防职务犯罪工作的探索及取得的成绩。

（三）人民法院

改革开放以来，随着中国民主与法制建设的深入发展和广东经济和社会的快速发展，广东全省法院工作也取得了日新月异的进步，创造了一个又一个非凡的工作业绩。审判领域不断拓宽，由刚起步时的刑事、民事两大审判，逐步发展为现在的包括刑事、民商事、行政、执行、国家赔偿、司法协助等各个方面的审判和执行工作；审判任务日益繁重，仅省法院而言，每年处理的案件，从早期的几十件、几百件，上升为现在的1万多件；审判队伍逐步壮大，省法院由最初的几十人发展到现在的五百多人，在维护广东社会稳定、保障经济和社会和谐发展、推动依法治省等方面发挥着越来越重要的职能作用。

广东是个外来人口集中的省份，社会治安历来都是头等大事和难事。为了维护社会稳定，1996年以来，广东各级法院重点打击了杀人、故意伤害、爆炸、绑架勒索、"两抢一盗"、毒品、黑恶势力犯罪等各种严重危害社会治安和人民群众生命财产安全的犯罪。根据广东省高级人民法院的统计数字，1996年8月至2006年7月，广东省各级法院共审结各类刑事案件53.29万件，判处各类犯罪分子62.51万人。

随着广东经济社会的不断发展和经济领域各种民事纠纷和案件的增多，广东省各级法院坚持做到让经济发展走在法治的轨道上，认真贯彻公正司法的原则，妥善调处民事纠纷，努力实现"案结事了"，实现司法为民，使公平正义惠及最广大人民群众。经初步统计，1996年8月至2006年7月，广东共审结各类民事纠纷案件281万件。其中，办结金融、信贷、证券、企业改制、投资、贸易等纠纷案件43.21万件；房地产开发、商品房买卖、建筑工程承包等纠纷案件25.33万件；著作权、商标、专利、技术转让等知识产权纠纷案件1.95万件；各类涉外，涉港、澳、台及海商海事案件4.42万件。

广东省高院贯彻公正司法的原则，妥善调处民事纠纷，努力实现"案结事了"，实现司法为民，使公平正义惠及最广大人民群众。从2003年开始，省高院推出42项司法为民措施，包括远程立案、"一站式"立案、巡回审判等便民诉讼制度，以及诉讼指导、风险提示等制度，帮助群众解决不会打官司的问题。十年间，全省法院共为17万件案件当事人减免诉讼费2.08亿元，为3.77万名刑事被告人指定了辩护人。

（四）司法行政工作

改革开放30年来，广东司法行政工作改革重点有四个方面：一是建立和完善基层司法行政组织体系。1980年10月，紫金县蓝塘人民公社成立了全国第一个司法办公室。2007年底全省司法所办公用房建设基本完成。二是改革和完善法律服务体制。1979年6月，广州市率先成立法律顾问处。公证体制逐步建立健全独立核算法人财产制度和内部运行机制。2004年7月，广东省公证协会成立。三是建立和完善法律援助制度。1995年11月9日，广州市法律援助中心成立，成为全国第一家由政府设立的法律援助机构。1997年，广东出台了全国第一个省级法律援助法规《广东省法律援助条例》。四是监狱工作实施"两调整、两转移"。1980年，在省劳改局西村汽车修理厂的原址上新建了改革开放后广东省第一座新的监狱。1986年6月，省司法厅作出"两调整、两转移"的工作部署，即"调整监狱布局，从边远山区向靠近城市和交通沿线转移；调整产业结构，从野外农业生产向监内工业生产为主转移"，至2008年，广东还新建了番禺、揭阳、深圳监狱，省女子监狱，迁建清远、英德、惠州、河源监狱，基本实现监狱建设的主要目标。

改革开放30年来，广东司法行政工作改革发展的主要成效有六个方面：一是监狱、劳教所保持长期监管安全，为维护社会和谐稳定发挥了重要的法律保障作用。30年来，广东共教育改造数十万的罪犯和劳教人员。至2008年底，全省实现监狱连续8年无罪犯脱逃，劳教所连续6年无劳教人员逃跑。罪犯的改好率一直保持在95%以上，重新犯罪率控制在2.5%左右。据广东省女子监狱从2003年建立到2008年的5年统计，本省籍刑满释放人员重新犯罪率仅为5‰。二是法律服务不断拓展和加强，成为保障改革开放和经济建设顺利进行的重要法制力量。律师办案量、公证办证量多年保持全国第一，其中公证办证量占全国的1/10，涉外涉港、澳、台公证占全国的1/7，开办公证项目由改革开放之初的20多项拓展至210多项。三是法律援助成为落实"民心工程"的知名品牌。1997年至2007年，全省各级法律援助机构共组织办理法律援助案件16.39万宗，接待咨询167.95万人次，受援人总数达22.31万人次，连续多年办理法律援助案件居全国第一。四是普法依法治理工作全面深入开展，为提高广东法制建设水平奠定了良好的社会基础。1986年以来，连续实施了五个五年普法教育活动，在推进依法治省的进程中发挥着基础性的作用。3.1亿人次受到比较系统的法制教育，受中共广东省委、广东省人民政府表彰的普法先进集体有1353个、普法先进工作者2300名；全省建立起青少年法制教育基地近千个，镇以上中、小学校全部聘请了兼职法制副校长。五是基层基础建设得到加强，基层司法行政工作在民主法制建设中发挥了重要作用。六是司法行政队伍建设进一步得到加强，为促进司法行政工作的顺利开展提供了可靠的组织保证。

（五）人民武装警察

省武警总队全称为中国人民武装警察部队广东省总队，其前身为广东省公安部队，成立于1949年10月。此后，历经10次编制体制调整，重新组建于1983年1月，1995年编制体制调整，总队由正师级调整为副军级。部队主要担负警卫、守卫、守护、看押、看守、城市武装巡逻等固定执勤任务，执行处置突发事件、反恐、抢险救灾等急难险重任务，完成中央首长来粤、重要外宾来访、重要集会、大型活动安全保卫、春运执勤、打黑除恶和政法公安部门赋予的追捕、堵截、押解、押运、庭审警戒等重大临时勤务。多年来，省武警总队任务完成圆满，为保卫广东改革开放和现代化建设，维护社会稳定做出了积极贡献。

1. 大力加强思想政治建设，确保官兵政治合格，始终保持部队坚定正确的政治方向

总队坚持把高举旗帜、听党指挥作为最高政治要求，把思想政治建设摆在首位首抓，不断筑牢党对军队绝对领导这个军魂，大力弘扬"听党指挥、服务人民、英勇善战"的优良传统，扎实开展以历史使命、理想信念、战斗精神、社会主义荣辱观为主要内容的思想政治教育，向党和人民交出了合格答卷。先后涌现了"走私狂潮中不迷向"湛江市支队，"出污泥而不染"深圳市支队沙头角中队，"抗洪英雄青年突击队"佛

□ 2006年7月中旬，武警官兵在广东百年不遇的洪灾中转移受灾群众。（武警广东省总队供图）

山市支队四中队，"执法护法当尖刀、'处突'打头阵"的惠州市支队惠东县中队，抗击"非典"中荣立集体一等功的总队医院内二科，在抗击雨雪冰冻灾害中荣立集体一等功的韶关市支队二十中队等一大批英模集体，以及"舍己救人好干部"邵荣雁，"羊城护法英雄"车孟义，"羊城卫士"黎桂城，"中国武警十大忠诚卫士"杨瑞、李勇、朱广英、刘兴京等一大批英雄模范人物。据统计，1983年以来，总队荣立一等功集体5个，二等功50个，三等功792个；荣立一等功官兵32名，二等功120名，三等功15250人。

2. 从难从严加强军事训练，确保部队军事过硬，出色完成以执勤、处突和反恐为中心的各项任务

总队坚持战斗力标准。多年来，在确保固定目标万无一失的同时，先后圆满完成了"打黑除恶"、反走私、严打整治，迎香港澳门回归、奥运火炬传递，第六、第九届全国运动会，历次春运执勤、长途武装押解押运、省"两会"、广交会、珠海航展、深圳高交会等安全保卫任务；成功处置了遂溪县黄略镇村民械斗、深圳"8.10"股票风波、揭西五云镇"4.18"群体闹事、民间涉日游行、汕尾红海湾、连南大麦山等群体性事件，出色完成了"9801"长胜轮船员被害案、"9810"张子强跨境犯罪集团案、"9898"湛江特大走私案案犯追捕、逮捕、押解、看守、庭审警戒等任务，

□ 2008年5月，武警广东省总队担负在广东省境内奥运火炬传递安保任务。（武警广东省总队供图）

在白云机场"10.2"空难、深圳清水河"8.5"大爆炸、大瑶山隧道列车颠覆、江门烟花爆竹厂"6.30"大爆炸抢险，历次抗击广东省内雨雪冰冻灾害、强台风、重大洪涝灾害、扑救山火等抢险救灾行动中，总队官兵都发挥了生力军和突击队作用，为抢救国家和人民群众的生命财产作出了重要贡献，受到了各级领导和人民群众的高度赞扬，树立了"钢铁之师、威武之师、文明之师"的良好形象。

总队先后有4个支队、1个中队被表彰为全军和武警部队基层建设标兵（先进）单位，一大批单位和个人受到全军、武警部队和省委、省人民政府表彰。

3. 积极做好拥政爱民工作，确保警政警民关系融洽，谱写新时间警民团结的新篇章

总队官兵积极投身地方现代化建设。多年来，总队一直坚持每年投入30多万个劳动日，出动车辆数千台次参加地方重点工程建设和支援地方经济建设；每年元旦、春节，三月"学雷锋树新风"活动月及"八一"节前后，总队各级主动征求地方政府、用兵单位领导和人民群众对部队的意见，组成为民服务小组，开展形式多样的便民活动；长期为驻地五保户、军烈属、孤寡老人、残疾人送温暖，捐钱捐物支持"希望工程"、"春蕾计划"等社会公益事业和灾区人民重建家园；积极开展共建共创"双拥模范城（县、市、区）"、文明路、文明街、文明社区等社会主义精神文明活动，帮助驻地院校军训，担任校外辅导员，给驻地群众上法制课，协助社区（居）委会帮教失足青年等。总队被评为"全国军民共建先进单位"，1个中队被国务院表彰为"全国民族团结进步先进集体"，2个支队被铁道部和武警总部表彰为"警民共建京九铁路文明站区先进单位"，1个中队被中央五部委联合表彰为"军民共建先进单位"，警民共建文明社区"六联六共"经验做法在全国推广。据统计，总队现有警民共建点497个，先后被评为县（区）以上先进单位613个（次），52个单位被国家民委、武警总部、广东省委、省人民政府、广东省军区评为"全国（全省）民族团结进步先进单位"、"拥政爱民标兵单位"、"文明单位"等，为广东各市区争创"双拥模范城"作出了突出贡献。

潮起
南粤大地

第十三部

拥军爱民

——新时代的军民鱼水情

潮起南粤大地 The Rise of Guangdong潮起南粤大地 The Rise of Guangdong

潮起南粤大地 The Rise of Guangdong潮起南粤大地 The Rise of Guangdong 潮起南粤大地 The Rise of Guangdong

潮起南粤大地 The Rise of Guangdong潮起南粤大地 The Rise of Guangdong 潮起南粤大地The Rise of Guangdong

截至2008年，广东共有13个地市和3个县被评为全国双拥模范城（县），其中广州市、佛山市连续六次被评为全国双拥模范城（县），珠海市、东莞市六次被评为全国双拥模范城（县），曲江县连续五次被评为全国双拥模范城（县），江门市、汕头市、深圳市连续四次被评为全国双拥模范城（县）。

Supporting the army and loving the people
——Love between soldiers and civilians in the new era

Till the end of 2008, 13 prefecture-level cities and 3 county-level cities in Guangdong are chosen as model cities wherein people support the army and the army love the people. Among them Guangzhou, Zhuhai, Dongguan and Fuoshan are chosen for 6 consecutive years, qujiang for 5 consecutive years, and Jiangmen, Shantou and Shenzhen for 4 consecutive years.

□ 送子从戎　（广东省双拥工作领导小组办公室供图）

改革开放30年来，地方拥军优属，地方拥政爱民双拥工作在改革中发展，为促进广东经济发展、和谐社会建设和驻粤部队的全面建设发挥了积极作用。特别是党的十三届四中全会以来，在中共广东省委、广东省人民政府、广东省军区和广东省双拥工作领导小组的领导下，坚持以邓小平理论和"三个代表"重要思想为指导，深入贯彻落实科学发展观，以服务全面建设小康社会和军事斗争准备为中心，以抓好各项任务在基层落实为重点，在继承优良传统的基础上改革创新，广东双拥工作呈现出整体推进、科学发展、全面提高的新格局。

□广东人民把驻军当做发展经济的一大优势，部队驻到哪里，都受到当地干部群众的热烈欢迎。图为肇庆市举行盛大的迎兵仪式，迎接部队进驻肇庆市。（广东省双拥工作领导小组办公室供图）

一、双拥工作成果丰硕

改革开放30年来，在中共广东省委、广东省人民政府、广东省军区的领导下，广东军民继承发扬光荣传统，围绕党和国家的中心任务，紧密联系广东实际，不断丰富和发展双拥活动的内容和形式，先进典型不断涌现，军政军民关系更加融洽，形成了双拥工作与改革开放和经济建设互相促进、同步发展的大好局面；以爱国主义为核心的国防教育深入人心，双拥政策法规不断完善，军民共建活动和创建双拥模范城（县）活动蓬勃开展，军地在政治、经济、军事、文化等领域的相互支持协作更加有力，军爱民、民拥军的鱼水情谊不断得到巩固和发展，双拥工作取得丰硕成果。

（一）全民国防观念和双拥意识日益浓厚

改革开放30年来的历任中共广东省委书记习仲勋、任仲夷、林若、谢非、李长春、张德江、汪洋同志都十分重视双拥工作，重视军政军民团结，到部队走访，与部队领导共商加强军政军民团结，促进广东物质、精神、政治、生态文明建设和部队建设的大事，做双拥工作的"带头人"。中共中央政治局委员、现任中共广东省委书记汪洋同志在为广州军区领导干部理论轮训班作辅导报告时表示：中共广东省委、广东省人民政府一定认真贯彻落实党的十七大精神，大力弘扬

□各地把爱国主义教育和国防教育纳入了学校的教学计划，培养未来一代的爱国主义精神和国防意识。（广东省双拥工作领导小组办公室供图）

军政军民团结的优良传统，一如既往地支持驻粤部队建设，一如既往地推进双拥工作，一如既往地开展军民共建，为促进国防和军队现代化建设新的更大贡献。

　　近30年来，广东省各地各部队坚持把国防教育和双拥宣传纳入国防教育体系和部队政治教育计划，把深化全民国防观念，增强双拥意识作为双拥工作的一项首要任务来抓，开展了各种内容丰富、形式多样、群众喜闻乐见的双拥宣传教育和国防教育活动，有效地增强了广大军民的国防观念和双拥意识。各地各部队坚持以贯彻《国防法》、《国防教育法》、《爱国主义教育实施纲要》为重点，以宣传教育为先导，做到了街头有双拥标语，报刊有双拥文章，电台有双拥声音，电视有双拥形象，学校、党校有双拥课，在全社会形成了浓厚的双拥氛围，有效地提高了广大军民的国防观念和双拥意识。如结合宣传1994年广东省军民团结抗击百年一遇的特大洪灾，1998年参加三江抗洪和2008年参加抗冰救灾、赴四川汶川抗震救灾部队等感人事迹，利用报纸、电台、电视台等新闻媒体和报告会、文艺晚会等多种形式，突出抓好爱国主义教育和国防教育，大力宣传人民军队的丰功伟绩和在新的历史时期作出的新贡献，宣传军民团结的伟大力量，在全社会大力弘扬爱国奉献精神，收到了良好的社会效果。

（二）双拥政策法规及制度日趋完善

　　双拥工作是一项政策性很强的工作，广东省把双拥法规建设纳入了依法治省的总体规划。广东省的双拥法规建设，历经了从无到有，从零散到系统、从粗放到完善的发展轨道。1981年广东省人民政府颁发《关于优待烈军属和残废军人的暂行办法》；1989年广东省人民政府颁布《广东省烈属、义务兵家属、伤残军人享受优特金的规定》及《广东省退伍义务兵安置实施细则》；1991年，中共广东省委、广东省人民政府、广东省军区制定颁发了《广东省创建双拥模范城、县（区）的标准》；1992年广东省人民政府批准《广东省军人抚恤优待条例实施办法》开始实行；1996年，广东省人民政府印发了《关于建立拥军优属保障基金的通知》；广东省人民政府、广东省军区颁发了《广东省关于免收军车通行费和加强军车管理的若干规定》；1997年，广东省人民政府颁发了《广东省拥军拥属若干规定》，驻粤部队制定了《驻粤部队拥政爱民若干规定》；2000年和2008年分别印发了《广东省双拥模范城（县）评比命名暂行办法》和《广东省双拥模范城（县）评比命名管理规定》，这些条例规定等的颁布与实施，标志着广东省双拥工作迈入了法制化轨道。此外，21个地级以上市及120多个县（市、区）也都制定了本级拥军优属若干实施细则，以及随军家属安置办法、军人子女入学入托优待办法、国防设施和军人权益保护办法等一系列政策规定；各军分区（警备区）、人武部和驻军单位都相应制定了拥政爱民规定或公约。全省形成了上下配套、军地协调、适应形势发展需要的双拥政策法规体系。

（三）军地团结协作不断加强

　　30年来，地方支持国防和驻粤部队建设力度不断加大，广东省各级党委、政府和广大人民群众把关心支持部队建设，帮助部队解决各种实际困难作为自己的职责和义务，积极为部队做好事、办实事。一是从物质生活上关心部队建设。全省用于支持部队建设、补贴部队官兵生活的资金达60亿多元。二是积极配合部队完成战备训练等重大任务。1996年以来，广州军区、南京军区部队先后多次在广东省湛江、茂名、汕头、汕尾、潮州、清远、河源、梅州、阳江、江门等地进行野营拉练和军事演习。省领导亲临现场看望慰问部队，鼓舞士气。演习所在地党政领导和人民群众全力支持部队完成任务。三是开展科技拥军活动。广东各地适应科技强军的需要，把科技拥军作为拥军工作的重点，从资金、设备、技术和人才培养上支持部队科研建设，全省科技、文化、智力、法律拥军活动深入开展。近年来，全省各大院校积极开办军地两用人才培训班，为部队培养了一大批复合性科技人才。各地在人事制度改革、企事业单位减员增效的情况下，采取各种有效措施，想方设法解决部队随军家属就业问题。

　　驻粤部队积极参加和支援广东经济建设和抢险救灾工作，履行好维护、保障人民安居乐业的职责，为我省经济社会发展、社会政治稳定作出了重大贡献。近30年来，驻粤部队出动官兵1000多万人次，车辆、机械100多万台次支持地方重点工程建设和公益事业，其中支持京九广光缆施工、广州地铁工程、东莞虎门大桥和广州白云国际机场等项目的建设，在社会上产生了广泛影响。广东省台风、洪水等自然灾害比较多。驻粤部队官兵做到灾情就是命令，哪里有危险，就战斗到哪里。尤其是在1994年抗击粤西地区特大洪水、1996年6月南海市丹灶荷村水闸决堤抢险斗争、2008年抗冰救灾斗争中，驻粤解放军和武警官兵不怕流血牺牲，连续奋战，顽强拼搏，为夺取抗灾斗争的胜利，为保护国家财产和人民群众生命财产安全，为保卫广东改革开放的成果作出了重大贡献。在1998年长江流域发生特大洪水灾害的危急关头，驻粤部队根据中共中央、中央军委的指示，全力以赴参加抗洪抢险战斗。广大官兵日夜奋战在长江800千米大堤的51个险段上，排除重大险情121处，抢运物资1.2万吨，解救遇险群众4.1万人，为夺取长江流域抗洪斗争的全面胜利作出了重大贡献。2008年，四川汶川特大地震发生，驻粤部队紧急支援灾区，先后有5000多名官兵参与抗震救灾，他们自觉担负起人民军队的神圣使命，为保护人民群众的生命财产安全、夺取抗灾胜利作出了突出贡献，展示了驻粤部队良好的精神风貌和过硬的战斗本领，赢得了全省人民的衷心爱戴和广泛赞誉。

□广州军区某兵种训练基地出动装甲装备到连州市为受困群众送去25吨大米及一大批碾米机、食用油、蜡烛、棉被等生活必需品。（图片摄影：李六元、曹东 广州军区供图）

□广州军区某部官兵在抢修雪封公路。（图片摄影：凌耀南 广州军区供图）

（四）军民共建活动亮点突出

率先改革开放的广东人民，富裕不忘国防，积极开展拥军优属活动，群众性双拥活动高潮迭起，蓬勃发展。

20世纪80年代，全省广泛开展以培育有理想、有道德、有文化、有纪律"四有"新人为核心的军民共建社会主义精神文明活动，把军民共建作为加强当地精神文明建设的一项重要工作，积极组织，精心部署，立足基层，使军民共建活动不断向深度和广度发展，共建形式更加活跃，共建内容更加丰富，共建范围更加广泛，共建效果更加明显。"摊位连哨位"、"法卡山与摩天楼"等不同类型的军民共建形式在全国都有一定的影响。进入90年代后，广大军民以争创全国、全省"双拥模范城（县）"活动为载体，扎实开展创建活动。各地、各部队都把双拥模范城（县）当做很高的政治荣誉，当做本地区政治稳定、经济发展和社会进步的重要标志，不断加大工作力度。与此同时，各地、各部队还广泛开展了军民共创文明城市、文明村

□军民团结心连心，共谱长卷颂党恩。（广州军区供图）

镇、文明行业、文明社区等双拥活动，促进了双拥工作进工厂、进乡村、进机关、进学校、进社区、进连队，形成了以创建"双拥模范城（县）"活动为龙头、多种形式并举的双拥工作格局。这些富有时代特色的群众性双拥活动，把物质文明和精神文明结合起来，把解放、发展社会生产力和提高部队战斗力结合起来，把领导的积极性和群众的积极性结合起来，有力地提高了广东双拥工作水平。

广东省各地把军民共建作为加强当地精神文明建设的一项重要工作，积极组织，精心部署，立足基层，使军民共建活动不断向深度和广度发展，取得了新的成就。一是共建的形式更加活跃。军地双方从过去的节日活动发展到平时有组织的、经常性的活动；从单一的互相走访发展到围绕军地双方建设开展多形式、多层次共建。二是共建内容更加丰富。从过去一般的做好事发展到以加强政治思想建设为主要内容的素质共建，以培育"四有"新人为出发点的人才共建，以提高生产力和战

斗力为目的的科技共建。三是共建范围更加广泛。从过去小范围、一对一共建发展到全社会参与，从共建文明对子发展到共建文明单位、文明行业、文明小区和文明村镇。许多地方对军民共建点进行统一规划，统一部署，建立网点，形成了布局严密的共建网络。目前，全省共有军民共建点6000多个，非公经济组织共建点1600多个，有80%以上的共建点被各级评为先进单位。

（五）双拥创建模式不断创新

随着改革开放的深入发展，对双拥工作提出了更高的要求，广东省各地积极适应新形势，不断探索双拥工作的新路子，使双拥工作持续向纵深发展。

一是进行了前瞻性的理论研讨。双拥工作的理论建设是双拥工作的基础，针对新问题、新形势、新任务，首先从理论层面进行研究、讨论，定期组织全省双拥系统进行理论研讨，形成了一批富有实践指导意义的理论成果，出版了双拥理论文集，这些丰富的理论成果，有效地推动了双拥工作的创新发展。

二是适应非公经济组织迅速发展的新形势，积极推进非公经济组织中的双拥共建工作。改革开放以来，珠江三角洲地区的非公经济组织发展迅速，出现了新的社会阶层。广东省紧紧把握这一特定的社会力量，探索在非公经济组织中开展双拥工作的新路子，拓展拥军新领域，坚持以非公经济组织党建工作和企业文化建设为依托，积极组织发动非公经济组织参加拥军活动。率先在全国组织发动非公有制经济组织开展双拥共建，先后总结推广了一批非公经济组织和部队开展军民共建的经验做法，表彰了一批如广州中国大酒店、广东旭飞集团有限公司、珠海东方外语试验学校和谢仲馀、陈桥顿、黄少良等一批非公组织开展爱国拥军活动先进典型。召开了非公经济组织开展军民共建的研讨会。

三是适应城市社区管理和农村建设的新情况，积极创新共建模式。20世纪末期以来，广东城市社区建设发展较快，广东积极把双拥共建工作领域向社区拓展，坚持紧紧围绕社区各项工作开展基层双拥共建活动，军民携手开展爱国拥军教育，组织举办广场文化、社区文化活动，建立拥军优属服务站等多种形式的城市社区双拥共建活动。此外，省双拥办组织的与南沙岛礁远程共建和广州市总结推广的不同类型的军民共建模式在全国都有一定的影响。党的十七大提出了社会主义新农村建设，广东省双拥工作及时调整思路，顺应时代的要求，把双拥共建与新农村建设结合起来，大大增强了人民群众的国防意识和爱国拥军意识，推动了城市社区和农村的精神文明建设，使双拥工作在改革开放的新形势下保持了强大生命力。

二、双拥模范城市

改革开放30年，广东创建双拥模范城（县）活动蓬勃开展，2008年3月，根据全国《双拥模范城（县）评比命名管理办法》和新时期广东省双拥工作的实际情况，在2000年颁发《广东省双拥模范城（县）评比命名管理暂行办法》基础上修订印发了《广东省双拥模范城（县）评比命名管理规定》，进一步规范了广东的双拥创建活动。各级党政领导始终把创建活动作为加强军政军民团结、促进军地共同发展的重要举措，不断加大创建力度，丰富创建内容，规范创建标准，创造性地开展工作，建成了一批质量较高的国家级和省级双拥模范城（县）。

截至2008年，广东共有13个地市和3个县被评为全国双拥模范城（县），其中广州市、佛山市连续6次被评为全国双拥模范城（县），珠海市、东莞市6次被评为全国双拥模范城（县），曲江县连续5次被评为全国双拥模范城（县），江门市、汕头市、深圳市连续4次被评为全国双拥模范城（县）。[1]

---

1 相关数据由广东省拥军优属拥政爱民工作领导小组办公室提供。

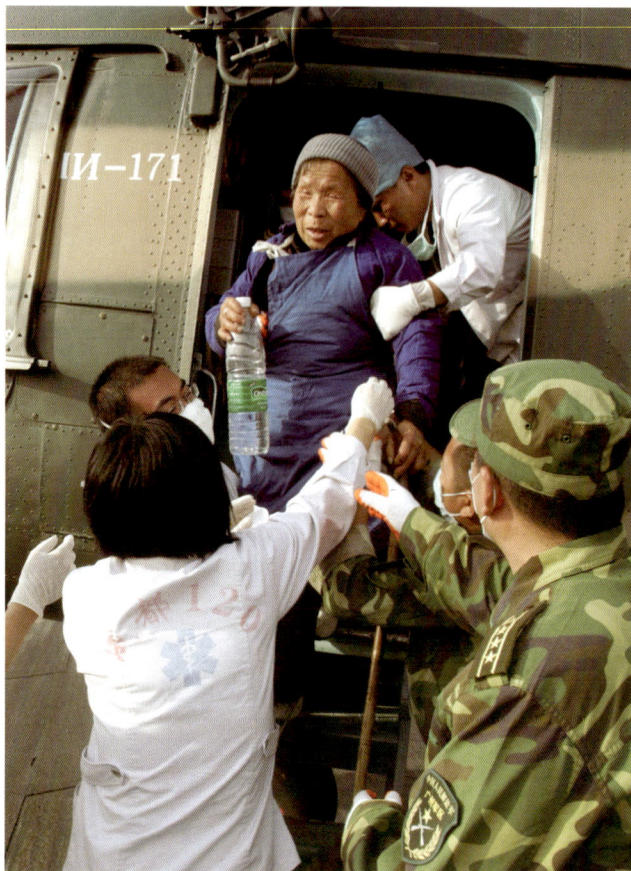

□抢险救人。
（广州军区政治部宣传部供图）

□2008年2月2日晚，京珠高速公路粤北段，某炮师官兵在车灯照明下连夜破冰。（图片摄影：凌耀南 广州军区政治部宣传部供图）

三、双拥模范个人

改革开放以来，根据中共中央的决策和部署，广东省各级党委和政府把工作重心逐步转移到经济社会建设上来，30年来，广东省不但在中国特色社会主义的发展道路上作出了很多有益的探索，在双拥工作上也不断推陈出新，完善了双拥工作的政策法规，加强了组织领导体制机制建设、创新了工作方式方法，拓展了工作渠道和内容，使双拥工作与经济社会发展、人民生产生活及军队的建设紧密结合，进一步密切了军政军民关系。在这一过程中，广东省涌现出一大批具有时代特色的双拥先进模范人物。

2003年国家人事部、民政部、总政治部命名表彰全国爱国拥军模范、拥政爱民模范，中共电白县县委书记潘本、曲江县马坝镇第二中学教师张新娣、广东省军区政治部副主任曾志军、中国人民武装警察部队广东省总队政治部干事宦忠义、中国人民解放军75232部队63分队副分队长易建雄、中国人民解放军91526部165舰政治委员张涛、中国人民解放军96169部队副政治委员周世余等7位同志受到表彰。同年，易建雄和张新娣同志被中共广东省委、广东省人民政府、广东省军区授予"爱国拥军模范夫妻"称号。

2005年全国双拥工作领导小组、中共中央宣传部、中央文明办、民政部、总政治部命名表彰全国军民共建社会主义精神文明先进个人，中共珠海市委副秘书长、珠海市双拥办主任李天增，韶关学院党委书记张达辉，广东省桥胜集团有限公司董事长陈桥顿，湛江市烟草专卖局党组书记、局长李仕文，中国人民解放军广州军区政治部同和干休所副所长何知玲，中国人民解放军广州军区驻海南省航务军事代表办事处主任刘显军等6位同志受到表彰。

2007年广东省双拥办副主任范俊龙，广州市金象工业生产公司总经理谢仲馀，中共珠海市委副秘书长、珠海市双拥办主任李天增，肇庆市广宁县排沙镇横坑村党支部书记江淦钊，中国人民解放军75200部队政治部秘书群联处处长潘洪斌，海军南海舰队政治部秘书处副处长涂象文，中国人民解放军91388部队93分队分队长宋绪栋等7位同志被授予全国爱国拥军和拥政爱民模范称号。

广东历年全国双拥模范城（县）、个人

年份	双拥模范城（县）	双拥模范个人
1991年	珠海市	/
1992年	东莞市	/
1993年	广州市、佛山市、曲江县	/
1994年	广州市、佛山市、珠海市、曲江县、东莞市	/
1997年	广州市、佛山市、江门市、东莞市、珠海市、汕头市、深圳市、曲江县	/
2001年	深圳市、佛山市、汕头市、东莞市、江门市、曲江县、惠州市、湛江市、珠海市、广州市	/
2003年	广州市、深圳市、佛山市、惠州市、东莞市、江门市、曲江县、珠海市、中山市、汕头市、湛江市、阳江市、高州市	潘本、张新娣、曾志军、宦忠义、易建雄、张涛、周世余
2005年	/	李天增、张达辉、陈桥顿、李仕文、何知玲、刘显军
2007年	东莞市、惠州市、佛山市、广州市、深圳市、江门市、中山市、珠海市、汕头市、博罗县、河源市、南澳县、湛江市、阳江市、韶关市	范俊龙、谢仲馀、李天增、江淦钊、潘洪斌、涂象文、宋绪栋

□广东省十分重视军队离休退休干部的安置工作。（军休所供图）

潮起
南粤大地

第十四部

科学发展 开创未来

潮起南粤大地 The Rise of Guangdong潮起南粤大地 The Rise of Guangdong

潮起南粤大地 The Rise of Guangdong潮起南粤大地 The Rise of Guangdong 潮起南粤大地 The Rise of Guangdong

潮起南粤大地 The Rise of Guangdong潮起南粤大地 The Rise of Guangdong 潮起南粤大地The Rise of Guangdong

站在新的历史起点上，中共广东省委、广东省人民政府以世界眼光谋划未来发展，以科学发展观破解发展难题，提出了加快产业结构调整，构建现代产业体系，构建区域城乡互动协调发展新格局，加快融入新一轮国际产业大分工的新思路、新举措，着力提升广东产业经济的国际竞争力和区域经济的同步协调发展能力。

　　我们坚信：在以胡锦涛同志为总书记的中共中央的正确领导下，中共广东省委、广东省人民政府带领全省人民，高举中国特色社会主义伟大旗帜，以邓小平理论和"三个代表"重要思想为指导，深入贯彻落实科学发展观，继续解放思想，坚持改革开放，以构建和谐社会，争当实践科学发展观的排头兵为动力，广东率先实现现代化，全面建设小康社会的目标一定能实现，一个富裕广东、和谐广东、活力广东、绿色广东的蓝图正在显现。

Scientific development and future exploration

　　Standing on the new starting point in history, the global-minded CPC Committee of Guangdong Province together with People's Government of Guangdong Province bring up new proposals guided by the scientific outlook on development. We are to speed up the industrial restructuring to build a modern industrial structure, to adopt a new pattern of development featuring balanced interaction between the rural and urban areas, and to involve positively into a new way of thinking and new measures of international industrial division. We will focus on enhancing the international competitiveness of industrial economy and the coordinating and balanced development potentials of the regional economy.

　　We are convinced that: the CPC Committee of Guangdong Province and People's Government of Guangdong Province, under the correct leadership of the central government led by our General Party secretary Hu Jintao and guided by the Deng Xiaoping Theory and important thought of "Three Represents", will unswervingly hold high the banner of socialism with distinctive Chinese characteristics, and thoroughly apply the Scientific Outlook on Development to further emancipate our minds as well as persevere in the reform and opening up. It will gain impetus from rivaling to be the vanguard of practicing scientific outlook on development and construction of harmonious society and take the lead to realize its modernization. The goal of building a well-off society is sure to be fulfilled. And the blueprint of a wealthy, harmonious, dynamic and green Guangdong is in sight.

□广州市正努力建设"首善之区"。图为珠江沿岸夜景。(全景图片社供图)

1978年至2008年，这30年改革风云激荡的广东之路，是在中国共产党的英明领导下的中国特色社会主义的探索之路，是在改革开放政策正确指引下的中国现代化的富强之路。在这一条道路上，广东人民不负重望，以敢为人先、杀出一条血路的无畏精神，以开放兼容、务实创新的发展智慧，推动了广东经济高速增长、社会事业不断进步，成为全国改革开放的排头兵。改革开放30年的辉煌成就，为未来广东率先实现现代化，全面建设小康社会奠定了基础。当前广东的发展已经站在了一个新的历史起点上，正处于经济社会发展全面转入科学发展轨道的关键时期。面对新的机遇与挑战，广东如何保持又好又快的发展势头，努力去完成中央赋予的新使命，作为改革开放的先行区、科学发展观思想的提出地，目前广东人民在中共广东省委、省人民政府的领导下，正以百倍的信心，排除万难的决心，继续发扬广东人敢闯敢干敢为天下先的革命精神，努力争当实践科学发展观的排头兵；以当年改革开放初期"杀开一条血路"的气魄，努力为广东新的30年发展闯出一条新路。

□ 广州市海珠区借助资源优势、大力发展会展经济和服务经济，带动了当地社会的全面发展，会展经济的重要作用已经得到充分的验证。图为琶洲会展中心一角。（图片摄影：孙卫明）

一、进一步解放思想，广东还要"特"

中共中央政治局委员、广东省委书记汪洋同志指出：改革开放以来，广东在改革创新方面历来是走在别人前头的，许多后来在全国流行的促进生产力发展的做法都是广东创造的，许多中央出台的政策、制度都是总结了广东的经验和做法在全国推广的。回想当年，广东能产生经济特区，是广东解放思想的产物。在新的历史时期，广东还能不能"特"，关键看自己。广东的"特"，从来都是靠广东人自己创造出来的。

广东作为中国第一经济大省，肩负着党和人民的重托，发展转型任重道远。2007年至2008年，广东率先掀起新一轮思想解放运动，中共广东省委、广东省人民政府出台了《关于争当实践科学发展观排头兵的决定》等一系列指导性文件。继承解放思想、实事求是的传统，发扬勇于变革、勇于创新的精神，在科学发展观引领下，从经济领域向社会、政治、文化领域深入，新一轮波澜壮阔的改革开放大潮正在广东掀起。我们要深入贯彻党的十七大精神，全面建设小康社会、率先基本实现社会主义现代化，必须坚定不移地深入贯彻落实科学发展观，把科学发展观真正落实到工作中，体现在行动上，做科学发展观的忠实实践者和执行者。

□深圳正努力打造创新型城市。图为深圳夜景。（全景图片社供图）

二、继续破解难题，争创率先发展新优势

面对国内外经济发展环境的复杂变化，沿海地区兄弟省市的赶超之势，广东的率先发展仍具优势：毗邻港、澳，对外和对内开放程度高；大珠江三角洲和泛珠江三角洲区域合作趋势不断加强，进一步增强了广东发展的内在动力，扩展了广东未来发展的战略腹地和发展空间；重化工业、电子信息制造业、装备制造业的带动力与竞争力较强，产业配套能力和体系较为完整；城市化进程步伐加快，人民生活和消费水平较高等。

站在新的历史起点上，以"排头兵"标准审视自己，必须清醒看到我们在深入贯彻落实科学发展观中的困难和不足。中共广东省委、省人民政府以世界眼光谋划未来发展，以科学发展观破解发展难题，提出了加快产业结构调整，构建现代产业体系，构建区域城乡互动协调发展新格局，加快融入新一轮国际产业大分工的新思路、新举措，着力提升广东产业经济的国际竞争力和区域经济的同步协调发展能力。提高自主创新能力、建设现代产业体系是广东深入贯彻落实科学发展观的关键问题。这个问题具有长远性、战略性，破题了、解决好了，广东的发展就会更科学、更以人为本、更有可持续性，其他问题也会迎刃而解。

□桥通、路通、财通，是广东经济发展的实践经验。湛江海湾大桥是广东省近十年建成的规模最大、技术最复杂的桥梁工程。该桥于2007年12月正式建成通车，它对于加强粤西地区与珠江三角洲的经济联系、顺畅大西南地区的物资流通具有重要意义，是新世纪湛江城市建设的标志性建筑。（图片摄影：陈卓文 中共广东省湛江市委办公室供图）

三、发展蓝图：广东进入宽裕型小康社会

□广东十一五规划期间，注重政治，经济，文化，社会建设齐头并进。图为目前世界上规模最大，品种资源最丰富，集建筑、雕塑、荷文化于一体的荷花生态专类园——广东省佛山市三水荷花世界。（图片摄影：杨耀桐 中共广东省佛山市委办公室供图）

　　广东2006年至2010年"十一五"规划提出了"到2010年，全省人均生产总值比2000年翻一番，进入宽裕型小康社会，经济强省、文化大省、法治社会、和谐广东建设成效显著，经济实力进一步增强，文化更加繁荣，法制更加健全，社会更加和谐，人民基本实现富裕安康，珠江三角洲率先基本实现社会主义现代化，东西两翼发展进入快速增长期，山区发展迈上新台阶"的宏伟目标。

　　——经济持续健康发展。全省经济继续保持较快发展，经济结构优化升级，经济增长的质量和效益明显提高。到2010年，全省生产总值达到3.35万亿元（按2005年价测算，下同），年均增长9%以上；人均生产总值达到3.44万元（约合4250美元）。农业综合生产能力增强，工业产业结构进一步优化，产业国际竞争力显著增强，服务业全面发展，三大产业比例达到5：50：45；科技创新能力提高，高技术产业增加值占全省生产总值的比重为18%。价格总水平基本稳定。资源利用效率明显提高，单位生产总值能源消耗比2005年降低13%以上，万元工业增加值用水量降低20%。耕地保有量保

持在325.7万公顷。

——社会事业全面进步。到2010年，社会发展滞后于经济发展的局面得到较大改善，科技、教育、文化、卫生、体育等全面发展。人民群众综合素质普遍提高，文化生活丰富多彩。小学适龄儿童入学率和初中毛入学率保持100%，初中三年保留率为98%左右，实现免费义务教育；高中阶段教育毛入学率达到80%以上，基本普及高中阶段教育，实现普通高中与中等职业教育规模大体相当；高等教育毛入学率达到28%以上；25岁以上人口平均受教育年限达到10年。高水平承办好2010年亚运会。

——体制、法制更加健全。到2010年，体制创新有突破性进展，建成比较完善的社会主义市场经济体制，形成更具活力、更加开放的经济体系。初步形成公正透明、廉洁高效、运转协调、行为规范的行政管理体制。基本完成社会事业领域和公共事业领域政企分开、政事分开和管办分开的改革。精神文明和民主法制建设不断加强，人们的思想道德水平进一步提高，社会主义民主更加完善，社会主义法制更加健全。

——社会和谐程度提高。基本形成文明法治、稳定和谐、宽容诚信的社会环境。社会服务和管理水平大为提高，城乡、地区和居民收入分配差距扩大的趋势得到有效控制。社会主义新农村建设取得明显成效。城镇化水平达65%（第五次人口普查口径），非农就业比重达72%，城镇就业岗位持续增加，城镇登记失业率控制在3.8%左右。社会保障体系进一步健全，城镇职工参加基本养老保险人数达2180万人，参加基本医疗保险人数达2200万人，新型农村合作医疗覆盖率达到85%。社会治安和安全生产状况进一步好转。

——人民生活明显改善。生活水平和质量进一步提高，城镇居民人均可支配收入和农村居民人均纯收入年均实际增长分别达5.5%和6%左右。城乡居民恩格尔系数分别为34.7%和42.9%。生态环境有所改善，主要污染物排放总量减少10%，森林覆盖率达到58%。法定报告传染病总发病率控制在200人/10万人以下，婴儿死亡率控制在10‰以下。人口自然增长率控制在6‰左右。人口期望寿命达到75岁。[1]

展望未来，正如中共中央政治局委员、广东省委书记汪洋同志在广东省纪念党的十一届三中全会召开30周年大会上的讲话中所期盼的那样："我们完全有理由相信，再经过一个时期的艰苦努力，广东必将在科学发展道路上取得更伟大的成就。那时的广东，科学发展将达到一个更高的水平，社会和谐将达到一个更高的境界，人民群众的精神生活和物质生活将更加富足。一个富裕民主文明和谐的现代化广东，一定会向世人更加充分地展示中国特色社会主义制度模式的魅力。"[2]

1 《广东省国民经济和社会发展十一五规划纲要》
2 汪洋：《在广东省纪念党的十一届三中全会召开30周年大会上的讲话》，《南方日报》，2008年12月16日。

四、改革方向：继续先行先试，实现科学发展

□广东江门五邑未来的核心中央地区——滨江新区。（图片摄影：李国英 中共江门市委宣传部供图）

在广东向下一个30年扬帆启程之际，国务院通过了国家发展改革委员会上报的《珠江三角洲地区改革发展规划纲要》。《纲要》提出的新规划、新目标，为珠江三角洲地区未来经济和社会的新发展指明了方向。《纲要》对珠江三角洲地区赋予五大战略定位：探索科学发展模式试验区、深化改革先行区、扩大开放的重要国际门户、世界先进制造业和现代服务业基地，以及全国重要的经济中心。《纲要》的核心内容，就是要广东以珠江三角洲地区为龙头，实现科学发展，继续先行先试。

历史的重担又一次落在广东人的肩上。30年前，中央50号文赋予广东"特殊政策，灵活措施"，从而使广东乃至中国创造了改革发展的世界奇迹。今天，以探索科学发展模式的试验区和深化改革的先行区为核心的纲要的实施，将为广东及中国的未来带来什么样的奇迹？

——探索科学发展模式试验区。赋予珠江三角洲地区发展更大的自主权，支持率先探索经济

发展方式转变、城乡区域协调发展、和谐社会建设的新途径、新举措，走出一条生产发展、生活富裕、生态良好的文明发展道路，为全国科学发展提供示范。

——深化改革先行区。继续承担全国改革"试验田"的历史使命，大胆探索，先行先试，全面推进经济体制、政治体制、文化体制、社会体制改革，在重要领域和关键环节率先取得突破，为实现科学发展提供强大动力，为发展中国特色社会主义创造新鲜经验。

——扩大开放的重要国际门户。坚持"一国两制"方针，推进与港澳紧密合作、融合发展，共同打造亚太地区最具活力和国际竞争力的城市群。创新国际区域合作机制，全面提升经济国际化水平，完善内外联动、互利共赢、安全高效的开放型经济体系。

——世界先进制造业和现代服务业基地。坚持高端发展的战略取向，建设自主创新新高地，打造若干规模和水平居世界前列的先进制造产业基地，培育一批具有国际竞争力的世界级企业和品

□发展中的珠江三角洲城乡结合部。图为东莞大道与长泰路交汇处。（东莞市地方志编纂办公室供图）

牌，发展与香港国际金融中心相配套的现代服务业体系，建设与港、澳地区错位发展的国际航运、物流、贸易、会展、旅游和创新中心。

——全国重要的经济中心。综合实力居全国经济区前列，辐射带动能力进一步增强，形成以珠江三角洲为中心的资源互补、产业关联、梯度发展的多层次产业圈，建设成为带动环珠江三角洲和泛珠江三角洲区域发展的龙头，成为带动全国发展更为强大的引擎。

我们坚信：在以胡锦涛同志为总书记的中共中央的正确领导下，中共广东省委、省人民政府带领全省人民，高举中国特色社会主义伟大旗帜，以邓小平理论和"三个代表"重要思想为指导，深入贯彻落实科学发展观，继续解放思想，坚持改革开放，以构建和谐社会，争当实践科学发展观的排头兵为动力，广东率先实现现代化，全面建设小康社会的目标一定能实现，一个富裕广东、和谐广东、活力广东、绿色广东的蓝图正在显现。今日的耕耘，必将铸就明日的辉煌。

□广东的未来充满生机与希望。图为东莞中心广场，占地面积约33万平方米，是集行政办公、文化休闲于一体的综合性广场。（图片摄影：张超满 东莞市地方志编纂办公室供图）

潮起
南粤大地

附录

改革开放以来广东历届领导班子名录
广东改革开放大事记

潮起南粤大地 The Rise of Guangdong潮起南粤大地 The Rise of Guangdong
潮起南粤大地 The Rise of Guangdong潮起南粤大地 The Rise of Guangdong
潮起南粤大地 The Rise of Guangdong潮起南粤大地 The Rise of Guangdong

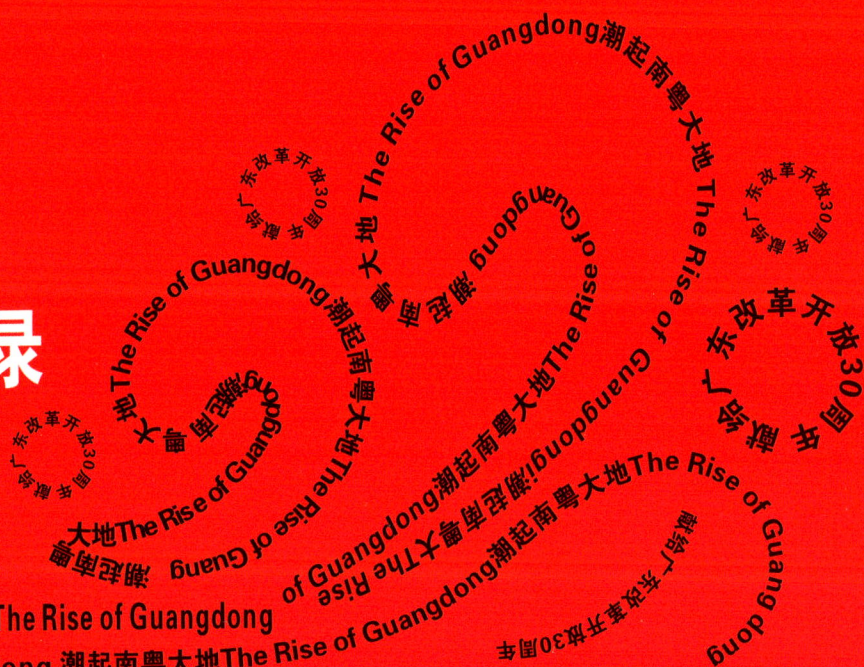

附录一：改革开放以来广东历届领导班子名录[1]

● 1978年至2008年中国共产党广东省委员会历届领导集体

（省委领导班子成员以任职时间先后排列）

第四届省委领导成员

第一书记：韦国清（1978年4月任）
　　　　　习仲勋（1978年12月任）
　　　　　任仲夷（1980年11月任）
第二书记：习仲勋（1978年4月任）
　　　　　杨尚昆（1978年12月任）
常务书记：焦林义（1978年4月任）

书　记：王首道　刘田夫　李坚真　郭荣昌　王全国　吴南生　龚子荣
　　　　王　德　尹林平　吴冷西　梁灵光　林　若　王　宁　寇庆延

常　委：韦国清　习仲勋　焦林义　王首道　刘田夫　李坚真　郭荣昌
　　　　王全国　吴南生　罗　天　寇庆延　邓逸凡　孟宪德　张景耀
　　　　梁　湘　薛光军　王　宁　邹　瑜　杨应彬　李建安　陈越平
　　　　杨尚昆　龚子荣　王　德　熊　飞　黄静波　尹林平　吴冷西
　　　　任仲夷　梁灵光　许士杰　杜瑞芝　薛　焰　林　若　宋志英
　　　　彭士禄

第五届省委领导成员

第一书记：任仲夷（1983年3月任）
书　记：林　若　梁灵光　谢　非　吴南生　王　宁
常　委：任仲夷　林　若　梁灵光　谢　非　吴南生　王　宁　彭士禄
　　　　李建安　叶澄海　杨应彬　杜瑞芝　凌伯棠　宋志英　张明远

第五届省委领导成员（1985年7月至1988年5月）

书　记：林　若（1985年7月任）
副书记：叶选平　谢　非　王　宁　郭荣昌
常　委：林　若　叶选平　谢　非　王　宁　郭荣昌　宋志英　郑国雄
　　　　王宗春　张明远　张巨惠　刘维明　张岳琦　方　苞

1　参考资料一：《中国共产党广东历史大事记（1949年10月～2004年9月）》，中共广东省委党史研究室编，广东人民出版社2005年版；参考资料二：《广东省历次党代表大会资料》、《中国共产党广东省第八次代表大会工作资料汇编》等，中共广东省委办公厅办文处；参考资料三：《中国共产党广东省第九次代表大会资料汇编》，中共广东省委办公厅会务处编印；参考资料四：广东人大网；参考资料五：《广东省情手册（2009）》，中共广东省委办公厅编印；参考资料六：《敢为天下先——广东改革开放30周年成就展览》，中共广东省委宣传部。

第六届省委领导成员

书　记：林　若（1988年5月任）
　　　　谢　非（1991年1月任）

副书记：叶选平　谢　非　郭荣昌　张帼英　朱森林

常　委：林　若　谢　非　叶选平　朱森林　郭荣昌　张帼英　宋志英
　　　　郑国雄　王宗春　张巨惠　方　苞　于　飞　黄　浩　傅　锐
　　　　卢瑞华　高祀仁　黄华华　厉有为　梁广大　温玉柱

第七届省委领导成员

书　记：谢　非（1993年5月任）
　　　　李长春（1998年3月任）

副书记：朱森林　张帼英　黄华华　卢瑞华　高祀仁　黄丽满

常　委：谢　非　李长春　朱森林　张帼英　黄华华　卢瑞华　高祀仁
　　　　黄丽满　王宗春　傅　锐　厉有为　梁广大　温玉柱　卢钟鹤
　　　　张高丽　欧广源　陈绍基　于幼军　刘凤仪　王岐山

第八届省委领导成员

书　记：李长春（1998年5月任）

副书记：卢瑞华　黄华华　高祀仁　张高丽　黄丽满　陈绍基　刘凤仪

常　委：李长春　卢瑞华　黄华华　高祀仁　张高丽　黄丽满　陈绍基
　　　　刘凤仪　王岐山　温玉柱　卢钟鹤　欧广源　于幼军　王华元
　　　　蔡东士　刘玉浦　刘国裕　钟阳胜　黄龙云

第九届省委领导成员

书　记：李长春（2002年5月任）
　　　　张德江（2002年11月任）

副书记：卢瑞华　黄华华　黄丽满　陈绍基　王华元　欧广源　刘玉浦　蔡东士

常　委：李长春　张德江　卢瑞华　黄华华　黄丽满　陈绍基　王华元
　　　　欧广源　刘玉浦　蔡东士　于幼军　刘国裕　钟阳胜　黄龙云
　　　　李鸿忠　梁国聚　朱明国　黄志忠　林树森　胡泽君　朱小丹
　　　　肖志恒　吕德松　辛荣国　林　雄　梁伟发　周镇宏

第十届省委领导成员

书　记：汪　洋（2007年12月任）

副书记：黄华华　刘玉浦

常　委：汪　洋　黄华华　刘玉浦　朱明国　黄龙云　胡泽君　朱小丹
　　　　肖志恒　辛荣国　林　雄　梁伟发　周镇宏　徐少华

● 1978年至2008年广东省人民代表大会常务委员会历届常委会

（省人大副主任以任职时间先后排列）

省五届人大常委会领导成员

主　任：李坚真（1979年12月任）

副主任：区梦觉　罗　天　薛光军　庄　田　杜长天　钟　明　萧隽英

　　　　蚁美厚　黄友谋　罗　明　梁　广　萧焕辉　云广英　王作尧

　　　　李学先　欧阳山　罗雄才

省六届人大常委会领导成员

主　任：罗　天（1983年4月任）

副主任：薛　焰　范希贤　郭棣活　杜长天　曾定石　钟　明　萧隽英

　　　　蚁美厚　黄友谋　梁　广　罗雄才　王　维　吴有恒　曾昭科

　　　　刘俊杰　罗克明　程　里　杨　立　曾天节　左洪涛　郑　群

省七届人大常委会领导成员

主　任：罗　天（1988年1月任）

　　　　林　若（1990年5月任）

副主任：薛　焰　杨　立　曾定石　蚁美厚　曾昭科　刘俊杰　罗克明

　　　　程　里　陈祖沛　方少逸　端木正　谢颂凯　于　飞　张汉青

省八届人大常委会领导成员

主　任：林　若（1993年2月任）

　　　　朱森林（1996年2月任）

副主任：于　飞　方　苞　凌伯棠　曾昭科　谢颂凯　张汉青　欧阳德

　　　　程誌青　佀志广

省九届人大常委会领导成员

主　任：朱森林（1998年1月任）

　　　　张帼英（2001年2月任）

副主任：张帼英　卢钟鹤　曾昭科　王　骏　程誌青　佀志广　张　凯

　　　　李近维　汤维英　王宁生

省十届人大常委会领导成员

主　任：卢钟鹤（2003年1月任）

　　　　黄丽满（2005年1月任）

副主任：欧广源　钟启权　游宁丰　侣志广　李兰芳　张　凯　李近维
　　　　汤维英　王宁生　黄伟鸿　陈　坚

省十一届人大常委会领导成员
主　任：欧广源（2008年1月任）
副主任：钟阳胜　谢强华　王宁生　邓维龙　陈用志　陈小川

● 1978年至2008年广东省人民政府历届领导成员

（省人民政府副省长以任职时间先后排列）

省政府五届领导成员
省　长：习仲勋（1979年12月任）
　　　　刘田夫（1981年3月任）
副省长：杨尚昆　刘田夫　王全国　孟宪德　王　宁　李建安　黄静波
　　　　范希贤　梁威林　郭棣活　杨康华　曾定石　叶选平　梁　湘
　　　　杨德元　刘俊杰　薛光军

省政府六届领导成员
省　长：梁灵光（1983年4月任）
　　　　叶选平（1985年8月任）
副省长：李建安　梁　湘　杨德元　刘俊杰　王屏山　匡　吉　杨　立
　　　　黄清渠　于　飞　凌伯棠　李　灏

省政府七届领导成员
省　长：叶选平（1988年1月任）
　　　　朱森林（1991年5月任副省长并代理省长，1992年1月任省长）
副省长：于　飞　凌伯棠　匡　吉　刘维明　卢钟鹤　张高丽　朱森林
　　　　卢瑞华　李兰芳

省政府八届领导成员
省　长：朱森林（1993年2月任）
　　　　卢瑞华（1996年2月任）
副省长：卢瑞华　刘维明　卢钟鹤　张高丽　李兰芳　欧广源　钟启权
　　　　汤炳权

省政府九届领导成员

省　　长：卢瑞华（1998年1月任）

副省长：王岐山　卢钟鹤　李兰芳　钟启权　汤炳权　许德立　游宁丰
　　　　欧广源　李鸿忠　李容根

省政府十届领导成员

省　　长：黄华华（2003年1月任）

副省长：李鸿忠　钟阳胜　汤炳权　许德立　游宁丰　李容根　谢强华
　　　　雷于蓝　宋　海　佟　星　林木声

省政府十一届领导成员

省　　长：黄华华（2008年1月任）

副省长：黄龙云　肖志恒　李容根　雷于蓝　宋　海　佟　星　林木声
　　　　万庆良

● 1978年至2008年中国人民政治协商会议广东省委员会历届主席团

（省政协副主席以任职时间先后排列）

省四届政协常委会领导成员

主　　席：王首道（1977年12月任）
　　　　　尹林平（1979年12月任）

副主席：刘田夫　尹林平　罗范群　郭棪活　张泊泉　梁　广　萧焕辉
　　　　周志飞　云广英　谭天度　萧隽英　蚁美厚　黄友谋　罗　明
　　　　罗　浚　王　越　罗雄才　黄　康　邬　强　廖似光　曾天节
　　　　吴仲禧　郭翘然　胡希明　陈祖沛　陈伊林　伍觉天　刁沼芬
　　　　周　楠　莫　雄　刘祥庆　左洪涛　李伯球

省五届政协常委会领导成员

主　　席：梁威林（1983年4月任）
　　　　　吴南生（1985年9月任）

副主席：郑　群　罗　浚　王　越　黄　康　廖似光　曾天节　吴仲禧
　　　　郭翘然　胡希明　陈祖沛　陈伊林　伍觉天　刁绍芬　左洪涛
　　　　李伯球　李洁之　杨应彬　祁　烽　何宝松　黄耀燊　李　辰

省六届政协常委会领导成员

主　席：吴南生（1988年1月任）

副主席：杨应彬　郑　群　祁　烽　王屏山　黄清渠　何宝松　黄耀燊
　　　　李　辰　陈子彬　李金培　沈永椿　张展霞　曾近义　杨奎章
　　　　肖耀堂　匡　吉

省七届政协常委会领导成员

主　席：郭荣昌（1993年2月任）

副主席：黄　浩　黄耀燊　李　辰　肖耀堂　李金培　沈永椿　张展霞
　　　　曾近义　林兴胜　昝云龙　康乐书

省八届政协委员会领导成员

主　席：郭荣昌（1998年1月任）

副主席：王宗春　刘维明　李金培　张展霞　康乐书　彭禹贤　韩大建
　　　　潘金培　王珣章　林东海　石安海　王兆林

省九届政协委员会领导成员

主　席：刘凤仪（2003年1月任）
　　　　陈绍基（2004年2月任）

副主席：石安海　彭禹贤　韩大建　王珣章　王兆林　朱小丹　周天鸿
　　　　罗富和　姚志彬　陈蔚文　李统书　许德立　柯小刚

省十届政协常委会领导成员

主　席：陈绍基（2008年1月15日任至2009年4月23日免）

副主席：蔡东士　梁国聚　汤炳权　王珣章　周天鸿　姚志彬　陈蔚文
　　　　温兰子　温思美

附录二：广东改革开放大事记

1978年

1月5日	中共广东省委决定成立广东省科委、广东省科学院。
6月11日	中共广东省委通知：省直各单位不设革委会；省内各级机构、单位陆续撤销革命委员会，恢复政府、厅、局等名称。
7月	广东化工学院和华南工学院合并为华南工学院。
9月	中共广东省委召开有关真理标准问题的讨论会，省委第二书记习仲勋作重要讲话。
11月10日至12月15日	中共中央在北京召开中央工作会议，为党的十一届三中全会做准备。省委第二书记习仲勋等参加会议。
12月11日	中共中央决定：习仲勋任中共广东省委第一书记、省革委会主任。
12月18~22日	党的十一届三中全会在北京召开。会议的中心议题是讨论把全党工作的重点转移到社会主义现代化建设上来。24日，中共广东省委发出《关于认真学习党的十一届三中全会公报的通知》。
是年	广州市芳村区最先放开河鲜、蔬菜、塘鱼价格。1981年至1983年，全市蔬菜、塘鱼、水果等价格陆续放开。
是年	国内第一家"三来一补"企业——东莞虎门镇太平手袋厂正式成立。

1979年

1月23日	国务院批复广东省革委会，同意成立深圳市、珠海市。
1月31日	中共中央、国务院批准广东省革委会、国家交通部于1月6日向国务院报送的《关于我驻香港招商局在广东省宝安建立工业区的报告》。2月2日，国务院召集有关人员开会，研究具体落实事宜，批准由香港招商局投资开发，在宝安蛇口建立内地第一个出口加工区。
4月4日	广州—九龙直通旅客列车开通。
7月15日	中共中央、国务院下达《中共中央、国务院批转广东省委、福建省委关于对外经济活动实行特殊政策和灵活措施的两个报告》（中发[1979]50号）。中央确定，对两省对外经济活动实行特殊政策和灵活措施，给地方以更多的主动权，先走一步，把经济尽快搞上去。并决定在深圳、珠海、汕头、厦门设置"出口特区"。
8月11日~23日	中共广东省委、省革委会在广州召开全省工业交通增产节约工作会议。会议肯定并推广清远经验，开始在169个国有工业企业试行扩大企业自主权。
12月17日~26日	广东省五届人大二次会议在广州召开。会议选举李坚真为省人大常委会主任，习仲勋为广东省省长。原广东省革命委员会撤销，恢复广东省人民政府。
是年	国内第一个商品房小区——广州"东湖新村"动工兴建。

1980年

2月2日	广东省五届人大常委会第二次会议在广州召开。审议通过了《广东省计划生育条例》。
3月23日	湛江至茂名输油管建成，开始输油。这是中国南方第一条地下输油管。

续表

5月4日	中共广东省委决定成立广东省经济特区管理委员会。
5月16日～27日	中共广东省委在广州召开农村工作会议,要求各级组织继续贯彻党的十一届三中全会的方针、政策。
7月29日	中共广东省委、省政府在全省推广清远经验,确定100户国营工交企业进行扩大自主权试点。年末,扩权试点增加到179户,部分商业企业也加入试点行列。
8月21日～26日	五届全国人大常委会第十五次会议在北京召开。会议通过批准了《广东省经济特区条例》等。
9月30日	广东省人民政府印发《关于疏通商品流通渠道,促进商品生产,搞活市场的几项措施》。
11月9日	中共中央决定:任命任仲夷为中共广东省委第一书记。
是年	香港知名人士霍英东先生和中山县共同投资建成国内首家中外合资企业——中山温泉宾馆。

1981年

2月14日	广东省人民政府颁布《关于实行"划分收支分级包干"财政管理体制的实施办法》。
5月27日～6月14日	国务院召开广东、福建两省经济特区工作会议。会议讨论两省实行特殊政策、灵活措施和设置经济特区的理论、体制、政策和管理等问题。
6月25日	中共广东省委、省政府发出《关于加强对包干到户社、队领导若干问题的指示》。
7月	中共中央、国务院对广东、福建两省在计划管理、财政包干、银行管理、对外贸易、商品供应、物资管理等方面实行放权。
8月26日	汕头大学创办。
10月25日	广东省创办鲁迅文学艺术奖,分文学、戏剧、音乐、美术、电影等13个奖类。1982年第一届评奖。
11月12日～17日	广东省五届人大常委会第十三次会议在广州召开。审议通过了《广东省经济特区入境出境人员管理暂行规定》等4个经济特区法规。
11月	全省第一次放开100种一二类农副产品计划价格,广东价格改革进入实质性阶段。

1982年

5月24日	《深圳特区报》创刊。
6月7日～14日	广东省社会科学院、省社科联、广东经济学会和深圳市经济学会联合主办的"经济特区学术讨论会"在深圳召开。
是年	深圳市开始建立社会保险制度。
是年	中国第一代农民工首现广东。

1983年

2月6日	广东省旅游局和香港知名人士霍英东先生合资兴建的中国第一家中外合作五星级宾馆——白天鹅宾馆建成营业。总投资款为5000万美元。
2月6日～14日	中共中央总书记胡耀邦视察韶关、深圳、海南和湛江等地。
2月24日～3月4日	中共广东省第五次代表大会在广州召开。5日,五届省委召开第一次会议,选举产生新的领导机构,任仲夷为中共广东省委第一书记。
4月1日	中共中央、国务院发出《关于批转〈加快海南岛开发建设问题讨论纪要〉的通知》。

续表

4月3日～10日	广东省六届人大一次会议在广州召开。会议通过《广东省国民经济和社会发展第六个五年计划纲要》，选举罗天为省人大常委会主任，梁灵光为广东省省长。
4月	广州大学创办。
5月	广东省人民政府决定在全省范围内全面实行劳动合同制。
5月	深圳大学创办。
7月5日	中国内地最大的涤纶丝生产车间在新会建成。
7月8日	新中国第一张股份制企业股票由深圳市宝安县联合投资公司向社会公开发行。
12月3日	广州区庄立交桥建成交付使用。这是国内首座四层双环形互通式立体交叉桥，获1985年国家建设部科技进步一等奖。
12月22日	国务院批准广东省撤销佛山、汕头、韶关、湛江4个地区，在广州、佛山、江门、汕头、湛江、茂名、韶关等9市实行市领导县体制。
是年	广东省人事部门率先成立国内首家人才流动服务机构。

1984年

1月1日	国内第一座实行"以桥养桥"收费还贷政策的桥梁东莞中堂大桥开始征费。
1月24日	中国科学院广州能源研究所和广州市农业机械研究所共同研制的中国第一座大型太阳能干燥装置在广州建成。
1月24日～2月5日	邓小平、王震、杨尚昆等党和国家领导人到深圳、珠海经济特区视察。邓小平题词："深圳的发展和经验证明，我们建立经济特区的政策是正确的。""珠海经济特区好。"
1月27日	东莞高埗镇农民集资建成国内第一座公路桥——高埗大桥。全长169.36米，1981年动工兴建。
5月4日	中共中央、国务院批转《沿海部分城市座谈会纪要》。《纪要》指出，进一步开放天津、上海和广东的广州、湛江等14个沿海港口城市。11月29日，国务院批复省政府《湛江市对外开放工作的报告》，同意在湛江市兴办经济技术开发区。12月5日，国务院批复省政府《关于做好广州市对外开放工作的报告》，同意在广州市兴办经济技术开发区。1992年9月26日，省政府召开扩大开放新闻发布会，省长朱森林宣布，国务院批准将韶关、河源、梅州3市列入沿海经济开放区。
6月30日	广东电网正式向澳门供电。
7月11日	广东省人民政府决定在广州、湛江、佛山、江门4个市进行城市经济体制改革试点。
8月29日	广东省人民政府决定再次放宽农产品购销政策缩小统购派购产品的管理范围。
9月3日	中国内地第一个省级教育广播电台——广东省教育电台正式开播。
9月28日	中共广东省委批转省委农村工作部《关于延长土地承包期，完善联产承包责任制的意见》。
9月～11月	首届广东艺术节在广州举行。60个单位2800位演员参演，演出34台剧（节）目。此后，广东艺术节每两年举行一次。
11月1日	深圳副食品全部敞开供应，价格放开，取消一切票证和国家对粮、油、肉、布等商品的补贴。
11月21日～24日	国家体制改革委员会在广州召开中南四省经济体制改革座谈会。

1985年

1月11日~18日	广东省人民政府召开全省财政税务工作会议。决定从1985年开始省对各市、地、县全面实行"划分税种，核定收支，分级包干，一定五年"的新财政管理制度。
2月18日	中共中央、国务院批转《长江、珠江三角洲和闽南厦漳泉三角地区座谈会纪要》，指出在珠江三角洲等地区开辟沿海经济开放区的重要战略意义。
3月2日	广东省人民政府批转省劳动局《关于改革劳动工资管理体制的意见》。
4月	广东省人民政府批准成立韶关大学（今韶关学院）。
4月	广东省人民政府批准成立五邑大学、嘉应大学（今嘉应学院）和在肇庆师专基础上筹办西江大学（今肇庆学院）。
5月7日	广州、佛山、江门、湛江进入全国经济体制综合改革试点城市之列。
6月	全国11个大军区合并整编为7个大军区。武汉军区分别与济南军区、广州军区合并。原湖北省军区和驻该省的陆军部队划归广州军区领导指挥。
8月29日~31日	广东省六届人大四次会议在广州召开。会议通过决议：决定接受梁灵光辞去广东省省长职务的请求，选举叶选平为广东省省长。
9月2日	中国内地线路最长，容量最大，纵贯国土南北的京、汉、广中同轴电缆1800路载波工程经过10年的建设，全部建成，全线正式开通。
10月9日	中共广东省委、省政府下发《贯彻〈中共中央关于教育体制改革的决定〉的意见》。
11月	广东全省取消粮食统购为合同定购。
12月17日	广州北回归线标志塔在从化太平场建成。
是年	两广联网，启动"西电东送"。
是年	国务院批准广州为计划单列市。

1986年

2月1日	广东省有46个市、县被批准对外国人开放（至1986年底，广东对外国人开放的市、县达到89个）。
2月3日	广东省经济技术贸易市场在广州市开业。这是中国内地第一个常年营业的技术市场。
3月12日	广东省人民政府制定《深圳经济特区与内地之间人员往来管理规定》。
3月14日	广州经湛江至海口的1800路微波通信系统开通使用。至此，联结广东全省和港澳地区以及京广、粤桂的微波通信网建成。
4月19日	广东省经济体制改革委员会成立。
4月22日~27日	广东省人民政府在从化召开第一次全省城市经济体制改革工作会议。
7月12日	广东省人民政府发布《广东省科学技术进步奖励实施办法》。同日，国家电子工业部决定，广东省列为中国电子工业发展基地之一。
7月	全省90个县（市）人民武装部划归地方建制。1996年3月起收归军队建制。
8月14日	中共广东省委决定，委托广东省社会科学院成立广东省社会主义精神文明建设规划领导小组办公室。

续表

8月30日	国家计委发出通知，海南行政区在国家计划中单列户头，赋予相当于省一级的经济管理权限。
9月27日～28日	"中国经济特区体制改革学术讨论会"在广州召开。
10月1日	国务院确定：广东省为8个有权对外借款的省、市之一。
10月7日	广东省人大常委会公布《广东省普及九年制义务教育实施办法》。
12月15日	中国内地第一家经济电台——珠江经济广播电台正式开播。
12月19日	广东省人大常委会公布《广东省土地管理实施办法》。这是全国第一个土地管理的地方性法规。
是年	广东海关根据国际惯例首创"红绿通道"通关制度。
是年	深圳市人民政府制定《深圳经济特区国营企业股份化试点暂行规定》，并在一部分企业中试行，这是中国政府部门颁发的关于国营企业股份化改革的第一个规范性文件。

1987年

1月25日	国内第一条利用自筹资金进行双线建设的广（州）深（圳）铁路全面铺通，并投入营运。
2月1日	中国银行珠江分行在广州发行长城信用卡。这是中国内地首次发行人民币信用卡。
3月12日	中共广东省委五届六次全体（扩大）会议在广州召开。会议原则通过了《广东省社会主义精神文明建设规划》。17日，省委印发《广东省社会主义精神文明建设规划》。
3月	中山大学、中山医科大学、华南工学院（今华南理工大学）、暨南大学参加全国9所高等院校举行的联合招收华侨，港、澳、台学生的招生。
4月13日	《中华人民共和国政府和葡萄牙共和国政府关于澳门问题的联合声明》在北京正式签署。
4月18日	广东省人民政府批转《广东省金融体制改革试行要点》。
4月20日	广东省第一个劳务市场——广州市越秀区劳务市场开业。
4月26日	广东省人民政府发布《广东省鼓励外商投资实施办法》。
5月6日	中国国内最长的衡（阳）广（州）铁路复线工程大瑶山双线电气化铁路隧道全线贯通。
5月20日	广东省人民政府颁布《关于深化改革增强企业活力若干问题的通知》。《通知》进一步扩大了企业的自主权。
7月29日	广州气象卫星地面站建成。
8月30日	广州天河体育中心建成。
9月23日	中国内地第一条城市高架路——广州市人民路、六·二三路高架路正式通车。
9月29日	中国内地最长、自动化水平最高的公路隧道——深圳梧桐山隧道正式通车。
11月10日～16日	中共广东省委、省政府召开省直机关厅局长会议，传达中央关于把广东省作为综合改革试验区的指示。
11月18日	国内容量最大的移动电话网——珠江三角洲移动电话网的首期工程正式开通使用。
11月21日	国务院决定广东为综合改革试验区。28日，国务院批准广东省珠江三角洲经济开放区的范围由原来的17个县、市的"小三角"扩大为28个县、市的"大三角"。
12月1日	深圳市人民政府公开拍卖土地使用权这是在中国内地首次公开拍卖国有土地使用权。

续表

12月24日~1988年1月2日	首届广东民间艺术欢乐节在广州举行。此后每年秋天举行一次。1990年起改名中国旅游艺术节暨广东欢乐节。
是年	广东省出口总额突破50亿美元大关，占全国的1/6。

1988年

1月6日	广东省人民政府发布《广东省全民所有制企业厂长（经理）离任经济责任审计评议试行办法》。
1月7日	国务院批准广东省全部实行市管县体制。
1月10日	国内最大的化学矿山云浮硫铁矿基建工程，通过国家级竣工验收。
1月20日~30日	广东省七届人大一次会议在广州召开。选举罗天为省人大常委会主任，叶选平为广东省省长。
1月21日~23日，	广东省社会科学院、广东经济学会等6单位联合主办的首次"社会主义初级阶段市场经济研讨会"在广州召开。
1月31日~2月3日	中共广东省委在广州召开工作会议。传达中央领导同志关于抓紧国际机遇，加快发展广东经济的重要指示；研究广东作为综合改革试验区，改革开放如何先走一步的问题。
2月10日	国务院批准广东省《关于广东省深化改革、扩大开放、加快经济发展的请示》。
4月13日	七届全国人大一次会议第九次大会通过关于批准设立海南省的决定和关于建立海南经济特区的决议。16日，中共广东省委、省政府电贺海南省成立。
4月26日	江门外海大桥建成。
5月11日	中共广东省委、省政府作出《关于普通教育体制改革的决定》和《关于高等教育体制改革的决定》。
5月21日~27日	中共广东省第六次代表大会在广州召开。27日至28日，六届省委一次全会召开，选举林若为中共广东省委书记。
6月12日	南海九江大桥通车。
6月24日	中共广东省委发出《关于成立广东省政治体制改革领导小组的通知》，谢非任组长。
7月18日	广东省第一家实行股份制、区域性商业银行——广东发展银行成立。
8月28日	番禺洛溪大桥通车。
9月21日	中国内地第一个由外商组成的民间社团——广东外商公会在广州成立。
9月	广东省开始改革税收征管模式，实行征、管、查三分离。
12月16日	衡广铁路复线正式通车。中国南北大动脉实现全部双线运行。
12月下旬	广州海印桥建成通车。
是年底	广州珠江隧道开始动工兴建。1993年12月28日建成。
是年	广东省工业总产值上千亿元。

1989年

1月5日~10日	广东出口商品展销会首次在澳门举办。
5月18日~22日	中共广东省委、省政府在广州召开全省农村工作会议。研究部署深化改革加强农村基层组织建设促进农村商品经济发展等工作。

续表

8月8日	广（州）佛（山）高速公路建成通车。
8月18日	国内第一个反贪局——广东省人民检察院反贪污贿赂工作局成立。
9月28日	广州市电话全部实现程控化，成为全国第一个电话程控化大城市。至本年11月19日，广东全省县以上城镇电话也全部实现了自动化。
12月11日	世界客属联谊大会在梅州市召开。
是年	澄海、潮阳两县实现平均年亩产一吨谷，创造国内县级双季稻年亩产最高纪录。

1990年

2月5日～8日	田纪云副总理在深圳主持召开全国经济特区工作会议，李鹏总理到会讲话。
6月19～27日	江泽民总书记到汕头、惠州、深圳、东莞、珠海、中山、顺德、佛山、广州等市县的城镇、农村、工厂、学校、港口和部队视察。
7月1日	广州国际电信出入口局正式开通国际电路，广东省国际电话全部采用直达电路。
7月18日	中共广东省委、省政府发出《关于稳定发展乡镇企业若干问题的通知》。
9月14日	中国产量最高的海上油田——惠州21-1油田建成投产。
9月18日	广州市历时5年的电话网改建工程完工，成为中国内地第一个实现市话数字程控化的省会城市。
9月22日～10月7日	第十一届亚洲运动会在北京举行。广东运动员在亚运会上夺得42枚金牌，在全国各省、区、市中名列前茅。
11月25日～29日	江泽民总书记到广东视察工作。26日，中共深圳市委、市政府举行深圳经济特区建立10周年庆祝大会，江泽民等党和国家领导人参加庆祝活动，江泽民总书记发表讲话。
11月27日～12月2日	国家主席杨尚昆视察广东。
11月28日	中共珠海市委、市政府举行珠海经济特区建立10周年庆祝大会，江泽民等党和国家领导人参加了庆祝活动。
12月12日～20日	第一届"羊城国际粤剧节"在广州举行。
12月22日	中共广东省委发布《广东省"八五"期间社会主义精神文明建设规划要点》。
是年	广东省人民经过五年奋战，全省5800万亩荒山基本种上树，成为全国第一个基本消灭宜林荒山的省份。
是年	广东省的深圳、珠海、广州、佛山、东莞、中山6个市，人均国民生产总值超过800美元，步入小康水平。

1991年

1月19日	中共中央决定：谢非任中共广东省委书记。
2月1日	中国南方航空公司在广州成立。
2月1日	国务院批准，由中外合资25亿美元在惠州兴建大型石油化工联合企业。
2月18日	国家计委、农业部确定台山、高要、曲江、番禺、澄海5县为国家"八五"期间第一批商品粮基地县。至此，广东省包括惠阳、惠东、惠城、博罗、陆丰在内共有10个国家商品粮基地县。
2月21日	广东省人民政府公布广东省第一批省级历史文化名城（镇）共11处。计有：佛山、肇庆、惠州、东莞、海丰、梅州、龙川佗城、揭阳、海康（今雷州）、罗定、惠东平海。

续表

3月12日	在北京召开的全国植树造林表彰动员大会上，中共中央国务院授予广东省"全国荒山造林绿化第一省"称号。
5月3日	国内首条由地方自筹资金建设的三（水）茂（名）铁路全线通车，并从7月1日起开行旅客列车。始建于1987年。
5月14日	国务院批准南雄、始兴、乐昌、翁源、连山、连南、怀集、新兴、德庆、信宜10县列入全国第二批农村电气化县。
6月17日～22日	中共广东省委、省政府在广州召开工作会议。7月22日，省委、省政府作出《关于依靠科技进步推动经济发展的决定》。
6月30日	至是月底广东省市县全部实现长途电话全自动直拨，新增电话、BP机、传真机用户居全国之首。
7月3日	深圳证券交易所开业。
7月7日	继上海、武汉之后中国第三个区域气象中心——广州区域气象中心成立。
8月29日	中共广东省委、省政府决定在全省实行计划生育"一票否决权"制度。
10月12日	李鹏总理等党和国家领导人出席了中共深圳市委、市政府举行的深圳黄田机场通航典礼仪式。李鹏总理为通航典礼剪彩。
11月1日	经国务院批准，汕头经济特区即日起实施扩大范围。由原来龙湖、广澳两个片区、面积52.6平方千米，扩大到汕头市整个市区，面积234平方千米。原来的汕头市分为汕头、潮州、揭阳3市。
12月17日	20世纪90年代初期中国内地最大的跨海大桥——汕头海湾大桥正式动工兴建。江泽民总书记等出席奠基仪式。

1992年

1月8日～16日	广东省七届人大五次会议在广州召开。会议选举朱森林为广东省省长。
1月19日～29日	邓小平同志到深圳、珠海、顺德等地视察，发表了一系列重要谈话，号召进一步解放思想，加快改革开放与经济发展的步伐，建设有中国特色的社会主义，要求广东力争用20年时间赶上亚洲"四小龙"。
3月5日～9日	中华人民共和国澳门特别行政区基本法起草委员会第八次全体会议在广州召开。全会审议并通过了《中华人民共和国澳门特别行政区基本法（草案）》。
3月9日	珠海市召开（首届）1991年科技进步突出贡献奖励大会，重奖科技人员。
3月12日	中共广东省委、省政府作出《关于进一步扩大对外开放若干问题的决定》。决定把惠州的大亚湾、珠海的西区和横琴岛、广州的番禺南沙作为广东省进一步扩大开放的重点区域。
3月23日	广东省人民政府发布《广东省高新技术产业开发区若干政策的实施办法》。
4月1日	广东全省粮食购销价格全部放开。1993年8月27日，广东省人民政府发出《关于保护和稳定粮食生产问题的通知》。
6月10日	广东省人民政府批转《广东省社会养老保险制度改革方案》。
6月10日～13日	广东省高等学校教育改革工作座谈会在广州召开。确定中山大学华南理工大学等7所院校为首批进行深化高等教育综合改革院校。
7月9日	广东省物价局与省有关部门研究决定，进一步放开属省管理的282种商品价格，下放部分劳务收费管理权限。

续表

8月21日	广东省人民政府决定，改革国有商业体制，取消3个省级商业行政部门，分别组建广东省商业企业集团、广东省粮食企业集团、广东省供销社企业集团、广东省石油企业集团、广东省食品企业集团、广东省粮食储备局。
9月1日	深圳沙头角保税区正式投入运营。
9月17日	广东省人民政府批准顺德市为综合改革试点市。
10月28日	经林业部批准，全国第一个林业综合开发试验区在韶关建立。
11月23日	南洋商业银行广州分行正式开业。这是第一家在广州开业的香港银行。
11月24日	国务院同意将清远市扶贫经济开发试验区列入全国农村改革试验区。
12月22日	中国内地第一家期货经纪公司——广东万通期货经纪公司在广州开业。
12月23日	广东省人寿保险有限公司试开业。这是广东省第一家实行股份制的专业人寿保险公司。
12月28日	广州市地下铁道总公司成立。
是年	深圳市获联合国"人居奖"。
是年	据国家税务总局统计，顺德、南海在1992年全国税收收入超亿元的县（市）中分列第一、第三名。
是年	广东省国内生产总值提前翻两番。

1993年

1月2日	中共广东省委、省政府作出《关于加快高等教育改革和发展步伐的决定》。
1月6日	20世纪90年代前期广东最大的股份制企业——广东电力发展股份有限公司正式成立。
1月14日	总装机容量达504万千瓦的亚洲当时最大的火力发电厂——台山电厂动工兴建。
1月22日	经国务院批准，汕头经济特区设立保税区，面积2.34平方千米。
1月29日~2月8日	广东省八届人大一次会议在广州召开。选举林若为省人大常委会主任，朱森林为广东省省长。
2月7日	国务院批准惠州仲恺高新技术产业开发区为国家级高新技术产业开发区。面积为8.8平方千米。
2月8日	中国内地首家铁路企业集团——广州铁路（集团）公司正式成立。
2月8日	深圳产权交易所挂牌成立，成为中国内地第一家跨地区产权交易机构。
3月3日	国务院批准珠海高新技术产业开发区为国家级高新技术开发区。面积9.8平方千米。
3月3日	广东省扩大县级机构改革试点，新增云浮、开平、阳春、高州、澄海、廉江、增城、海丰、揭东、惠阳、大埔、阳山和河源市郊区为试点单位，加上正在试点的南雄和顺德，共15个试点单位。
3月8日	中共广东省委、省政府作出《关于进一步加快农村改革开放和农业现代化建设若干问题的决定》。
4月19日	中国内地首家国际金融网络公司——广东国际金融网络公司在广州成立。
4月20日	广东省中小学开始试行等级评估制度。
4月26日	广东省首个"国家社会综合发展实验区"在顺德桂洲镇挂牌。
5月2日	京九铁路广东段正式动工兴建。11月29日，广梅汕段建成。1995年9月27日，广梅汕铁路开通投入营运。

续表

5月10日	中国内地第一家由外资企业全面承担开发经营任务的保税区——广州保税区正式投入营运。1992年5月13日,国务院同意设立广州保税区,面积1.4平方千米。
5月21日~26日	中共广东省第七次代表大会在广州召开。谢非向大会作了题为《为广东二十年基本实现现代化而奋斗》的报告。26日至27日,七届省委一次全会召开,选举谢非为中共广东省委书记。
5月27日	国家教委正式批准广东省作为高等教育改革试验省。
6月29日	位于从化县境内的中国第一座高水头、大容量的抽水蓄能电站——广州抽水蓄能电站第一台30万千瓦发电机组正式投产。第二、三台30万千瓦发电机组也分别于9月9日、11月9日正式投产。
7月1日	国务院批准广东番禺南沙经济技术开发区、惠州大亚湾经济技术开发区为国家级经济技术开发区。
7月17日	中共广东省委、省政府制定《关于扶持高新技术产业发展的若干规定》。
7月20日	广东大亚湾核电站一号机组反应堆启动,8月31日并网发电成功。1994年2月6日,一号机组投产,李鹏总理为核电站投产剪彩。1994年8月9日,大亚湾核电站建成投产。1994年11月7日,大亚湾核电站荣获1994年度世界电站大奖。1996年12月17日,大亚湾核电站工程正式通过国家验收。
7月22日	经广东省人民政府批准,广东省首所民办普通高等学校——南华工商学院成立。
7月26日	珠海亚洲仿真控制系统工程公司研制成功第一台30万千瓦发电机组双切换全范围仿真机,这是中国内地20世纪90年代前期软硬件配置达到最大规模的仿真机,标志着中国仿真技术迈上一个新台阶。
9月23日~26日	江泽民总书记在湛江、茂名、广州等地视察。
10月8日	国家重点通信干线——京汉广暨广邕、广琼3条高速电信通道同时在广州、北京、武汉、长沙、南宁、海口开通。
11月7日	广州市有史以来工业投资规模最大的项目——广州11.5万吨乙烯工程正式动工。
12月4日	经国家体改委批准,广州市被列为国家综合配套改革试点城市。
12月9日~11日	中共广东省委七届二次全会在广州召开。全会审议并通过了《中共广东省委关于加快建立社会主义市场经济体制若干问题的实施意见》。
12月18日	广州北环高速公路全线建成通车。
12月24日	全国绿化委员会授予广东省"平原绿化先进省"称号。
12月27日	广东率先在全国实现全部乡镇通电。
12月31日	广东提前两年实现"十年绿化广东"的目标。全省有林地面积达653公顷,森林覆盖率达到53.6%。
是年	据财政部统计,1993年中国财政收入超亿元县(市区)排定座次,顺德、南海分别以11.18亿元、10.04亿元居第一、第二名。
是年	广东省工业总产值突破5000亿元。

1994年

3月8日	中共广东省委发出《关于组建工作队加强农村基层建设的通知》。随后,广东省、市、县各级党政机关第一批工作队分赴全省2615个农村管理区。
4月7日	中共广东省委办公厅、省政府办公厅制定《广东省沿海与山区对口扶持规则》。
4月28日	国家"八五"重点建设项目——深圳盐田港一期工程正式通过国家验收。6月29日,盐田港正式开航。

续表

5月1日	中共广东省委宣传部等12家单位联合发起的"看100部好电影、唱100首好歌、读100本好书'五一'广场巡礼"活动在广州举行。
5月25日	中共广东省委、省政府公布《广东省省级党政机构改革方案》和《广东省省级党政机构改革方案实施意见》。
5月25日	广东省人民政府批转省体改委、省经委《关于加快建立现代企业制度的意见》。
5月28日~7月30日	广东省主办的邓小平大型图片展览在广州、深圳、珠海、佛山、顺德、南海等地巡回展出。随后，到香港、澳门展出。
6月8日~7月下旬	广东省遭受了历史上极为罕见的自然灾害。茂名、湛江和北江、西江上游地区以及深圳、珠海等地陆续连降特大暴雨，造成北江、西江发生接近百年一遇的特大洪水。龙卷风、台风、暴雨、洪涝、山洪暴发等先后全面袭击湛江、茂名、清远、韶关、肇庆、广州、佛山、深圳、珠海、阳江10个市，60多个县（市、区），563个乡镇，5503个管理区，49317个自然村，1253万多人受灾。伤亡5645人（其中死亡312人），被洪水围困223万人，倒塌房屋45.83万间，直接经济损失达180亿元。南粤党政军民全力以赴抗洪抢险，取得了抗洪救灾的伟大胜利。
6月15日~22日	江泽民总书记来广州、佛山、中山、珠海、深圳、梅州等地视察，重点是考察经济特区建设，并在深圳就经济特区增创新优势、更上一层楼的发展问题代表党中央发表了重要讲话。
7月4日~6日	中共广东省委在广州召开工作会议。传达学习江泽民总书记在视察广东期间的重要指示精神，省委书记谢非在会上作重要讲话，并代表省委、省政府提出，把珠江三角洲地区建设成为社会主义现代化的大经济区。
7月16日	国务院批准同意开放珠海港口岸。
7月16日	中共广东省委省政府召开打除黄赌毒电话会议。
7月18日	国务院批准成立中国广东核电集团公司。
7月26日	广东省"九五"规划工作会议在广州召开。
8月3日	首届广东"金枪"奖评选揭晓，10名新闻记者获奖。
8月26日	作为第一批经国家批准使用电脑发行中国体育彩票的省份，广东开售第一期中国电脑体育彩票。
8月28日	粤北最大的投资项目——107国道清（远）连（州）一级公路动工。
9月21日	广东省改革开放成就展览在广东省博物馆开幕。
9月30日	广东省人民政府发出《关于企业全面实行劳动合同制的通知》。
10月6日~8日	中共广东省委七届三次全会在广州召开。全会审议并通过了《中共广东省委关于贯彻〈中共中央关于加强党的建设几个重大问题的决定〉的意见》。
10月12日	具有世界先进技术水平的中国第一个数字移动电话网在广东建成开通。
10月15日	全国第一台自行研制的模糊控制全自动洗衣机——金羚牌XQB35—8A型模糊控制全自动洗衣机在江门洗衣机厂通过国家鉴定。
10月18日	总投资30多亿元的飞来峡水利枢纽工程奠基动工。这是广东省水利建设投资最大的工程。
10月20日	广州芭蕾舞团成立。
10月25日	驻香港部队成立大会在深圳同乐营区召开。
10月27日	广东省公用数字数据网在广州开通，并与本月22日开通的"中国公用数字数据网"联网。至此，广东省形成了通达国内20多个省、市和覆盖本省除云浮以外所有地级市的数字数据传输网。

续表

11月5日	珠江三角洲经济区规划协调领导小组成立，广东省副省长张高丽任组长。
11月9日～16日	中共中央政治局常委、书记处书记胡锦涛视察汕头、潮州、深圳、珠海、顺德、广州等地并就增创新优势、经济特区建设和加强党建工作等问题作了重要指示。
11月11日	广州、东莞、惠州、深圳、香港同时举行中国第一条大容量信息"高速公路"——粤港2.4Gb/S环路同步数字光传输系统开通仪式。
11月17日	中共广东省委、省政府发出《关于广州市党政机构改革方案的通知》作出《关于教育改革和发展的决定》。
11月20日	中共广东省委、省政府作出《关于加快发展"三高"农业的决定》。
11月22日	中共广东省委、省政府颁布《广东省社会主义精神文明建设纲要》。
11月23日	中国最大的书城——广州购书中心落成，第二届羊城书市开幕。
11月28日	广州国际卫星通信地球站建成开通。
11月29日	广东省人民政府颁布《广东省建立和推行国家公务员制度实施方案》。
12月18日	广东省省直事业单位今后录用干部将实行"招考聘用制"。首次招聘干部考试在广州举行。
12月22日	中国首条准高速铁路——广深准高速铁路通车。
是年	佛山市率先在全国实行社会保险一体化，被誉为"佛山模式"。
是年	据国家统计局统计，截至1994年底，广东已崛起一批高产值城市集群，佛山、珠海、广州、深圳、惠州、江门、肇庆、汕头、东莞、韶关、中山11个市进入人均国内生产总值超万元的城市，占全国55个同类城市的20%；广州、深圳进入1994年国内生产总值超200亿元城市。

1995年

1月12日	广东省国有资产管理局成立。
2月10日	中共广东省委宣传部组织编写的《新三字经》正式出版发行。
3月1日	广东省人民政府正式决定组建三所大学，即广东工学院、广东机械学院、华南建设学院东院合并，组建广东工业大学；广州外语学院、广州外贸学院合并，组建广东外语外贸大学；佛山大学与佛山农牧高等专科学校合并后升格为本科院校，校名为佛山科学技术学院。
3月27日	广州至香港九龙的准高速直通客车开行。
4月17日	外经贸部在广州举行新闻发布会，1994年度中国进出口额最大的500家企业排名榜揭晓。广东省有80家企业入选，占总数的16%，居全国之冠。
5月30日	珠海机场通过国家验收，举行通航典礼，李鹏总理出席典礼并为通航剪彩。
5月	据皇岗海关统计，截至1995年5月下旬，深圳皇岗口岸进出境车辆首次突破1.8万辆次，成为亚洲最大的陆路交通口岸。
6月15日	中国第一个宽带综合业务数字示范网在广州建成并开通使用。
6月25日	广东省城乡电话号码全部升为7位，并完成23个本地电话网的组建，标志着全国规模最大、设备最先进的电话网在广东建成。
6月28日	中共广东省委、省政府、省军区作出《关于授予姚慈贤"爱国拥军好母亲"称号的决定》。7月25日国家民政部解放军总政治部授予姚慈贤"爱国拥军模范"称号。
7月10日	广东数字移动通信网开通。

续表

7月15日～19日	以"联谊、交流、合作、发展"为主题的全球电视界的盛会——第二届华语电视周在广州举行。
7月31日 ～8月2日	中共广东省委、省政府在广州召开广东省机构改革和推行国家公务员制度工作会议。全省全面铺开市、县、乡镇机构改革和推行公务员制度工作。
8月11日	广东省精神文明建设委员会和中共广东省委宣传部设立广东省宣传文化精品奖。首次获奖的有电视连续剧《情满珠江》等30个项目。
10月11日	国家统计局在江苏省张家港市召开第三届中国综合实力百强县(市)发布会。广东省共有14个县（市）入围，其中南海、顺德分别居第三名、第四名，同时也是连续三届位列前10名。
10月23日～24日	中共中央宣传部在上海召开1994年度精神文明建设"五个一工程"工作会议和颁奖大会。广东的电影《警魂》、电视剧《农民的儿子》、图书《新三字经》和文章《社会主义市场经济在广东的成功实践》4种作品榜上有名。
10月28日	中国首座悬索桥——汕头海湾大桥建成。是当时世界最大跨径的预应力混凝土箱梁悬索桥。
11月16日～26日	"聚龙杯"第九届女子、第六十七届男子世界举重锦标赛1996亚特兰大奥运会男子资格赛在广州举行。是世界举重史上规模最大、人数最多的一次。
12月1日	广东省人民政府转发《关于加快我省小企业改革的意见》。
12月5日～7日	江泽民总书记到深圳视察，就"一国两制"解决香港问题和经济特区增创新优势，更上一层楼发表重要讲话。
12月8日	至8日零时止，广东省城乡电话总容量近1000万门，占全国总量的1/7以上；移动电话达100万门，占全国总量的1/3多；城市电话号码全部升为7位数，并组成了23个本地电话网；电话普及率从1981年不足1%上升为10%。一个集光纤通信、卫星通信和数字微波等技术于一体的现代化通信网络在广东省建成。广东省成为全国电话程控化第一省。
12月19日	国家外经贸部宣布，五华县被联合国选为亚洲地区农业资源管理项目野外示范区。
12月28日	广东省人民政府、铁道部联合在汕头举行广梅汕铁路全线通车暨海湾大桥通车典礼。江泽民、田纪云、邹家华、谢非等党和国家领导人出席。
是年	粤西山区信宜市水稻生产已连续第7年喜获丰收，平均亩产稻谷1010公斤，率先成为广东省第一个山区"吨谷市"。
是年	广东省工业增加值突破2000亿元。
是年	广东省粮食增产13亿公斤。
是年	广东改革开放16年国有资产总量跃居全国第一。

1996年

1月13日	广东省人民政府发出通报，将中山市、东莞市、番禺市（今番禺区）、增城市、花都市（今花都区）、南海市（今南海区）、顺德市（今顺德区）、三水市（今三水区）、高明市（今高明区）、新会市（今新会区）、开平市、台山市、恩平市、鹤山市、斗门县（今斗门区）和广州市天河区、白云区、黄埔区及深圳市宝安区、龙岗区，以及佛山市石湾区、江门市江海区22个市（县、区）命名为首批"广东农村小康达标市（县、区）"。
1月15日	广州日报报业集团成立，这是中国第一家社会主义报业集团。
1月17日	广东省人民政府决定从1996年起实行分税分成财政管理体制，这是深化和完善财政体制改革的重大举措。
2月2日～9日	广东省八届人大四次会议在广州召开。选举朱森林为省人大常委会主任，卢瑞华为广东省省长。
3月2日	中共广东省委、省政府作出《关于授予陈观玉同志"广东省学雷锋标兵"的决定》。

续表

3月11日	中共广东省委、省政府制订《关于进一步扶持山区加快经济发展的若干政策规定》。
7月8日	广东电视卫星台、广东卫星广播电台正式开播。
8月22日	中共广东省委作出《关于进一步加强依法治省工作的决定》。
8月26日	中国最大的燃煤发电厂——沙角C电厂投产庆典在沙角举行。
9月1日	京九铁路全线开通客货运营。北京、深圳分别举行通车仪式。
9月4日	茂名石化30万吨乙烯工程投产。
9月28日	中国当时最大型的现代化铁路口岸站——广州火车东站正式启用。
10月29日	联通中国内地各大信息网络的国际互联网络的信息网络——广州信息网正式开通。
11月5日～10日	首届中国国际航空航天博览会在珠海举行。党和国家领导人江泽民、李鹏、刘华清为博览会题词。李鹏总理为开幕典礼剪彩。
12月8日	中国首条采用股份制建设的高速公路佛（山）开（平）高速公路全线通车。
是年底	广东通过国家基本普及九年义务教育，基本扫除青壮年文盲验收，率先成为全国实现"两基"的省份。
是年	广东省实现了人均GDP 1000美元的历史性跨越。
是年	佛山市荣获联合国"全球人类住宅最佳范例奖"。
是年	广东省国内生产总值超过6000亿元，为1980年的8.5倍，经济总量提前4年实现翻三番。

1997年

1月7日	亚洲最大隧道——（北）京珠（海）高速公路靠椅山隧道正式开工。1999年12月22日左隧道贯通，2000年4月18日右隧道贯通。
1月10日	湛江海洋大学（今广东海洋大学）举行成立挂牌仪式。
5月5日	《广东省东西两翼区域发展规划纲要》经广东省人民政府正式批准。
5月15日	广东岭澳核电站主体工程开工典礼在深圳龙岗区大鹏镇举行。
6月9日	虎门大桥正式通车。
7月1日	广州地区各界庆祝香港回归祖国大会隆重举行。
7月1日	经党中央、国务院批准，九龙海关更名为深圳海关。
7月21日～26日	广东省八届人大常委会第三十次会议在广州召开。会议审议并通过了《广东省实施〈中华人民共和国台湾同胞投资保护法〉办法》等地方性法规。这是广东省第一个涉台经济地方法规。
7月28日	1996年度广东省宣传文化精品奖、广东省第二届精神文明建设"五个一工程"入选作品颁奖大会在广州举行。
8月11日	广东省邮电程控电话实装户突破1000万门，占全国总量的1/8。城市普及率逾四成半，进入亚洲通讯服务先进行列。
8月28日	粤东北地区第一条山区高速公路——汕（头）梅（州）高速公路正式动工。
11月18日	清远—连州一级公路正式通车。全长215.23千米，总投资30亿元。
11月22日	韶关钢铁集团公司年产钢突破100万吨大关，标志着韶钢进入中国30家百万吨大型钢铁企业的行列。
11月28日	广东美术馆开馆。
是年	中山市获联合国"人居奖"。

续表

1998年

1月4日～5日	中共广东省委、省政府在广州召开全省经济工作会议。贯彻落实党的十五大和中央经济工作会议精神，研究部署经济工作。
1月8日～19日	广东省九届人大一次会议在广州召开。选举朱森林为省人大常委会主任，卢瑞华为广东省省长。
1月13日	在广东省基本消除绝对贫困新闻发布会上，省政府宣布：1997年广东省基本解决绝对贫困人口温饱的目标已经胜利实现，提前3年完成国家"八七"扶贫攻坚计划。
3月2日	中共广东省委在广州召开领导干部会议。中央组织部部长张全景在会上传达中央的决定：由中共中央政治局委员李长春任中共广东省委书记，谢非不再担任中共广东省委书记。
3月3日	星海音乐厅举行落成庆典。中共广东省委、省政府在广州星海音乐厅隆重举行广东省纪念周恩来同志诞辰100周年大会暨专场音乐会。
3月9日	江泽民总书记到北京人民大会堂广东厅，参加九届全国人大一次会议广东代表团全体会议，并作重要讲话，要求广东"增创新优势，更上一层楼"。31日，中共广东省委办公厅、省政府办公厅、广东省人民政府办公厅关于开展增创广东发展新优势调研活动的通知》。4月3日，中共广东省委、省政府召开省直机关动员大会，"增创广东发展新优势"十大专题调研活动开始，历时4个月，至7月底结束。
3月25日	中共广东省委办公厅、省政府办公厅发出《关于梅县等18个山区县（市）和龙川等6个特困县脱贫达标的通报》。
3月30日	粤港合作联席会议成立仪式在广州举行。并召开了首次会议。
5月8日	文化部主持的全国文化先进县经验交流会在广州举行。在全国72个文化先进县中，深圳市南山区、广宁县、封开县、新兴县榜上有名。
5月18日	经中共中央宣传部、国家新闻出版署和中共广东省委批准，南方日报报业集团挂牌成立。
5月22日～27日	中共广东省第八次代表大会在广州召开。李长春向大会作了题为《增创新优势，迈向新世纪全面推进广东现代化建设》的报告。在省委八届一次全会上，李长春当选为中共广东省委书记。
7月13日	中共广东省委发出《关于贯彻〈中共中央关于在全党深入学习邓小平理论的通知〉的意见》。
8月28日	时速超过200千米的中国内地首列高速列车——广州至九龙新时速列车发车仪式在广州东站举行。
8月30日	中国第一条跨海铁路粤海铁路开工。
9月9日～11日	中共广东省委工作会议在广州召开。李长春同志向大会作了题为《以邓小平理论为指导增创广东发展新优势》的重要讲话。总结增创发展新优势十大专题调研工作。并对增创发展新优势，开创改革开放和现代化建设新局面工作作出部署。23日，中共广东省委、省政府作出《中共广东省委、广东省人民政府关于依靠科技进步推动产业结构优化升级的决定》。
11月26日	中国人民银行广州分行挂牌成立。
12月28日	广州地铁一号线全线建成。全长18.48千米。是继北京、天津、香港、上海之后国内第5个建成地铁的城市。1999年6月28日，全线开通营运。1993年12月28日，正式动工兴建。
是年	珠海市获联合国"国际改善居住环境最佳行动奖"。

1999年

2月11日	中共广东省委、省政府发出《关于进一步扩大开放的若干意见》。
3月7日	江泽民总书记出席在人民大会堂广东厅举行的九届全国人大二次会议广东团全体会议，并发表重要讲话，要求广东率先基本实现现代化。

续表

4月12日	驻澳门部队成立大会在珠海召开。
6月24日	中共广东省委在广州召开省直机关领导班子、领导干部"三讲"教育动员大会。对省直机关单位"三讲"教育进行动员和具体部署。
7月27日	广东省人民政府办公厅发出《关于印发广东省2010年珠江三角洲基本实现农业现代化的评价指标体系的通知》和《关于印发广东省珠江三角洲十大农业现代化示范区实施方案的通知》。
7月27日	中共广东省委、省政府批转省体改委《关于确定顺德市为率先基本实现现代化试点市的意见》。9月1日，顺德召开率先基本实现现代化试点市动员大会，省长卢瑞华出席大会并讲话。
8月18日	中共广东省委、省政府作出《中共广东省委、广东省人民政府关于大力发展个体私营经济的决定》。
9月1日	顺德召开率先基本实现现代化试点市动员大会省长卢瑞华出席大会并讲话。
9月15日	中宣部第七届精神文明建设"五个一工程"奖评选结果揭晓，广东作品在8个奖项中获得13个奖，还获得"组织工作奖"，成为本届全国获奖最多的省市区之一，也是广东省历年获此奖最多的一次。
9月26日～29日	中共广东省委八届四次全会在广州召开。全会审议并通过了《中共广东省委关于贯彻〈中共中央关于国有企业改革和发展若干重大问题的决定〉的意见》。
10月5日～10日	外经贸部、科学技术部、信息产业部、中国科学院和深圳市人民政府联合主办的首届"中国国际高新技术成果交易会"在深圳举行。朱镕基总理出席开幕式并致辞。
10月8日	广东省最大型的水利建设项目——飞来峡水利枢纽建成试运行仪式在清远飞来峡举行。
10月15日	中共广东省委、省政府发出《中共广东省委广东省人民政府关于加快建立社会主义市场经济体制增创体制新优势的若干意见》。
11月13日～14日	首届"广东经济发展国际咨询会"在广州召开。主题是：世界科技发展趋势与广东产业结构调整。
12月13日	中共广东省委办公厅、省政府办公厅转发省计委《关于广东省经济特区和珠江三角洲率先基本实现现代化的意见》。
12月20日	中共广东省委、省政府在广州天河体育馆隆重举行广州地区各界庆祝澳门回归祖国大会。
12月28～30日	国家教育部、科技部、人事部和广州市人民政府联合主办的"中国留学人员广州科技交流会"在广州举行。
是年	广东农网改造全面启动。

2000年

1月5日	南海市（今南海区）被国家农业部授予"全国农村改革试验区先进集体"称号。
1月12日	番禺洛溪大桥获首届中国土建工程（詹天佑）奖。
1月16日	第四十七届"国际饭店金钥匙组织"年会在广州召开。世界各国1000多名代表出席会议，这是该年会首次在中国召开。
1月28日	广州内环路正式通车。
2月17日	中共广东省委、省政府公布《广东省人民政府机构改革方案》。
2月19日～25日	江泽民总书记到高州指导"三讲"教育工作，首次提出"三个代表"重要思想。25日，在广州亲笔题词："增创新优势，更上一层楼，率先基本实现社会主义现代化。"
3月2日	广东省农村费改税试点县工作会议在广州召开。

续表

3月14日	广州抽水蓄能电站全部建成投产，其总装机容量达240万千瓦，是目前世界上装机容量最大的抽水蓄能电站。1988年7月10日开始施工。
4月17日	深圳在全国率先推出可视电话新业务。
5月1日	经国家教育部批准，广州师范学院、广州大学、广州师范专科学校、广州教育学院和华南建设学院西院等7所院校合并，建成新的广州大学。7月11日，新广州大学正式挂牌。
5月10日	广东省人民政府召开全省"十五"规划工作会议。
6月6日～7日	广东省人民政府在花都召开珠江三角洲率先基本实现农业现代化现场会。
6月20日～22日	中国社会科学院、中共广东省委宣传部、广东省社会科学院联合主办的"21世纪中国企业文化论坛"在广州召开。
6月25日	连接粤闽的梅坎铁路全线贯通。
7月6日～7日	中共广东省委八届五次全会在广州召开。全会审议并通过了《中共广东省委关于深入学习贯彻江泽民同志"三个代表"重要思想的决议》。7日，省委发出《关于深入学习贯彻江泽民同志"三个代表"重要思想的决议》。
8月22日	中国内地首座大型地下岩洞液化石油气储库在汕头建成并投入运营。
9月23日	广州市首项文化艺术标志性建筑广州艺术博物院正式开放。
10月24日～26日	中共广东省委八届六次全会在广州召开。审议并通过了《中共广东省委关于制定全省国民经济和社会发展第十个五年计划的建议》。
10月28日	落户惠州的中国历史上最大的中外合资项目——南海石化联合企业的合营合同在北京正式签署。
11月10日	中共广东省委发出《中共广东省委机构改革方案》和《中共广东省委机构改革方案实施意见》。
11月15日～16日	"2000年广东经济发展国际咨询会"在广州召开。主题是：广东实现现代化途径的探索。
11月23日～24日	首届珠江三角洲地区与山区经济技术合作洽谈会在清远召开。
12月4日	在华盛顿召开的2000年度国际"花园城市"竞赛评选大会上，深圳市荣获最大规模级城市"花园城市"称号，这是中国城市首次获此殊荣。

2001年

4月21日	由科技部批准的国家火炬计划软件产业基地主园之一——广东软件科学园奠基。
8月8日	广东省率先在全国推行电力体制改革，广东省电力集团实行分立，组建成广东省广电集团有限公司和广东省粤电资产经营有限公司。
8月28日	中共广东省委党校和广东行政学院正式合并挂牌。
10月26日	中山大学和中山医科大学合并组建新的中山大学大会在广州举行。
11月10日～12日	"2001年广东经济发展国际咨询会"在广州召开。主题是：经济全球化与广东。
12月13日	国内十大新闻网站之一、广东省大型综合性新闻宣传网站——南方网（www.southcn.com）正式开通。

2002年

1月21日～22日	1月21日至22日中共中央文献研究室邓小平研究组、广东省邓小平理论研究中心等7家单位联合主办的"纪念邓小平南方谈话发表十周年理论研讨会"在深圳召开。

续表

1月28日	中国首条横跨海峡的铁路粤海铁路通道湛海线正式通车。
3月25日	京珠高速公路广（州）珠（海）北段项目合作合同在广州签字。该项目全长37.4千米，总投资约40亿元人民币。
4月28日	广东西部沿海高速公路暨崖门大桥正式通车。
5月20日～25日	中共广东省第九次代表大会在广州召开。省委书记李长春向大会作了题为《以"三个代表"重要思想为指导，加快率先基本实现社会主义现代化》的报告。26日，省委九届一次全会召开，选举李长春为中共广东省委书记。
6月25日	国家重点工程——天生桥至广东第三回500千伏交流输变电工程投入运行，西电送粤第四条大通道正式竣工投产。天广三回工程动工于2000年11月，线路全长800千米。
6月28日	广州市荣获联合国改善人居环境最佳范例奖（"迪拜奖"）。
7月2日	国家"九五"期间规模最大的能源项目之一——广东岭澳核电站一号机组投产庆祝大会在大亚湾举行。2004年7月16日，一期工程通过国家竣工验收。
8月8日～11日	国内首个以民营经济为主题的大型经贸博览会——首届"东莞民营经济博览会"在东莞国际会展中心举行。
9月2日	穗深珠港澳五机场结盟，方便人流、物流进入珠三角，寻求与世界各大航空公司的合作。
10月9日	中共广东省委组织部、宣传部主办的"'三个代表'重要思想在广东的实践"大型图片展在广东省博物馆开幕。
10月24日	粤港澳三地的贸促机构在澳门世界贸易中心签署协议书，正式成立"粤港澳贸促机构协作会议"。
10月29日	中央精神文明建设指导委员会在北京召开会议。广东省的广州市、茂名市、南海市（今南海区）被评为"全国创建文明城市工作先进城市（城区）"。
11月21日	中共广东省委、省政府作出《关于加强珠江综合整治工作的决定》。
11月23日	中共广东省委在广州召开省委常委扩大会议和全省领导干部大会。中央组织部部长贺国强在会上宣布中央决定：李长春不再兼任中共广东省委书记、常委、委员职务，由中共中央政治局委员张德江兼任中共广东省委委员、常委、书记。
12月15日	第二届全国县域经济基本竞争力百强县（市）揭晓，广东入选百强县有：顺德、南海、增城、新会、普宁、惠阳、潮阳、台山、开平、三水、高要、高州、揭东、博罗、从化，其中顺德、南海分别排全国第一、第二名。
12月20日～22日	第二届珠江三角洲地区与山区经济技术合作洽谈会在河源市召开。
12月25日	中国首个电子政务平台——广东省统一电子政务网络平台正式开通。
12月30日	中共广东省委、省政府决定，在全省开展"千村扶贫"工程。
是年	广东省在中国率先实现远程网网监考、网上评卷试点和所有批次网上实时远程录取。
是年	亚洲最大会展中心——广州国际会议展览中心（琶洲展馆）正式投入使用。

2003年

1月2日	广东省首次报告了传染性非典型肺炎（SARS）病例，这是全球第一次报告SARS。至2003年6月3日，全省共报告SARS病例1512例，其中，死亡58例，治愈1454例。4月18日，广东省人民政府召开全省进一步做好非典型肺炎防治工作会议。4月30日，广东省人民政府成立防治SARS科技攻关小组。6月13日，世界卫生组织宣布将广东从"近期有本地传播"的地区名单上除名。至此，广东取得抗击SARS的胜利。6月19日，中共广东省委、省政府在中山纪念堂举行广东省抗击"非典"先进集体、先进个人表彰大会，对在抗击"非典"斗争中作出重大贡献，取得优异成绩的省卫生厅等736个先进集体和钟南山等7964名先进个人予以表彰。

续表

1月4日	国家重点建设项目粤海铁路通道工程通过粤海铁路通道初验委员会验收。
1月7日	"粤海铁1号"火车轮渡由广东省徐闻县到达海口南港，标志着中国内地首条跨海铁路大通道正式开通。
1月13日～21日	广东省十届人大一次会议在广州召开。选举卢钟鹤为省人大常委会主任，黄华华为广东省省长。
1月27日	深圳皇岗—香港落马洲口岸24小时旅游通关正式实行。
2月18日	广东省军区军史馆正式建成开馆。
3月28日	国家建设部、广东省人民政府在广州联合召开珠三角城市群规划工作会议。
4月3日	京珠高速公路粤境北段正式建成通车。
4月10日～15日	胡锦涛总书记在省委书记张德江和省长黄华华陪同下，先后到湛江、深圳、东莞、广州等地进行考察调研。指出，广东广大干部群众要抓住机遇，加快发展、率先发展、协调发展，并提出发展要有新思路，必须实施科教兴国和可持续发展战略，实现速度和结构、质量、效益相统一，经济发展和人口、资源、环境相协调，同时要促进中国特色社会主义经济、政治、文化的全面发展。
4月28日	中共广东省委宣传部、省文明办正式启动"新时期广东人精神"大讨论。
5月28日	中共广东省委宣传部、省委政策研究室、省政府发展研究中心、省文化厅、省教育厅、省科技厅、省社会科学院联合主办的"文化建设与文化体制改革研讨会"在广州召开。
6月28日	广州地铁二号线（三元里—琶洲）开通试运营。
7月11日	中国文联、中国音乐家协会和广州市人民政府就共同主办"中国音乐金钟奖"在广州举行签约仪式。此后，中国音乐最高奖金钟奖将永久在广州举办每年一届。
7月28日	佛山、东莞、中山、江门4市先行试办个人赴港澳旅游业务。
8月15日	粤港澳在广州首次签署文化合作协议书。
8月23日	中国企业联合会、中国企业家协会在北京发布2003中国企业500强名单，广东省共有64家企业入围，居全国各省区市之首，占总数1/8。
9月3日	开阳高速公路正式通车。全长126千米。
10月9日	中共广东省委、省政府作出《中共广东省委广东省人民政府〈关于加快建设文化大省的决定〉》、《广东省建设文化大省规划纲要（2003～2010年）》。
10月16日	中华人民共和国新闻出版总署批准同意，光明日报报业集团和南方日报报业集团共同主办《新京报》并于11月在北京正式出版发行。这是中国首例得到国家有关部门正式批准的跨地区办报模式。
是月	深圳宝安、龙岗农村施行城市化改革，农民转为城市居民，成为第一个"没有农民和农村"的城市，首个实施城市化人员和城镇职工社会保险一体化。
11月3日～4日	"2003年广东经济发展国际咨询会"在广州召开。主题是：国际竞争力与广东发展。
11月6日～7日	中国首次倡导举办的世界性高层经济论坛——世界经济发展宣言大会暨中国企业高峰会分别在珠海和北京召开。这次会议发布了全球首个经济发展宣言《珠海宣言》，举办了三个主题论坛和一个经贸洽谈会。
12月18日～19日	中共广东省委九届四次全会在广州召开。省委书记张德江向全会作报告并在会议结束时作重要讲话省长黄华华就经济工作作了总结和部署。全会审议并通过了《中共广东省委关于贯彻〈中共中央关于完善社会主义市场经济体制若干问题的决定〉的意见》。
12月20日	广（州）惠（州）、揭（阳）普（宁）、汕（头）梅（州）高速揭（阳）梅（州）段和惠（州）河（源）高速二期，总长308千米的4条通往粤东北地区高速公路建成通车。

续表

12月26日	广州军区在广州召开首届"国防之星"表彰大会,对10名"国防之星"和29名"国防之星"提名奖通报表彰。

2004年

1月1日	CEPA(全称为"内地与香港关于建立更紧密经贸关系的安排")正式实施。
2月21日~22日	粤港澳三地规划界首次大会"大珠江三角洲城镇规划前景与规划管理研讨会"在广州召开。
3月9日	深圳—澳门—台北航线正式开通。
3月28日	广东省首批"十大工程"项目之一——广东科学中心在广州大学城举行奠基仪式,省长黄华华出席仪式并讲话。
4月2日	广东粤剧博物馆挂牌仪式在佛山举行。
5月1日	湛江、阳江、茂名、韶关、揭阳、河源、汕尾7市开办个人赴港澳旅游。至此,广东全省全面实施了居民个人赴港、澳旅游。
5月21日	中共广东省委、省政府作出《关于加快县域经济发展的决定》。
5月31日	中共中央批复《泛珠三角区域合作框架协议》。
6月1日~3日	首届"泛珠三角区域合作与发展论坛"在香港、澳门、广州三地召开。主题是:合作发展,共创未来。"9+2"政府在广州签署《泛珠三角区域合作框架协议》。
6月15日	广东省档案馆新馆举行开馆仪式,并向公众全面开放。
7月1日	北京时间晚8时40分,在多哈举行的亚奥理事会第四十二届全体大会上,亚奥理事会主席艾哈迈德宣布:广州获得2010年第十六届亚运会主办权。
7月14日~17日	首届"泛珠三角区域经贸合作洽谈会"(简称"9+2"洽谈会)在广州召开。此届"9+2"洽谈会的签约项目共847个,总金额2926亿元(仅限"9+2"省区内的项目,不包括"9+2"省区与区域外签订的项目)。
7月27日	广东省人民政府在广州召开会议。表彰奖励首届"2003年度百强民营企业"。
7月28日	国内首个获准上星的地方方言电视频道——南方电视台粤语卫星频道正式启播。
7月29日	云南电力送广东大通道——总投资约20亿元的500千伏天广四回交流输变电工程正式开工建设。
7月29日~30日	首届泛珠三角区域文化合作会议在广州召开。
8月2日	广州新白云国际机场举行落成庆典仪式。5日,新白云国际机场正式运营。
8月9日	中共广东省委宣传部、省档案局、省邓小平理论和"三个代表"重要思想研究中心、中共广州市委宣传部共同举办的纪念邓小平同志诞辰100周年大型图片巡回展览《永远的春天——邓小平与广东改革开放》在广州展出。
8月24日	第一军医大学退出军队序列,移交广东省独立办学,并更名为南方医科大学。
9月2日	广州大学城正式开学。
9月6日	投资38.21亿元的广州丰田汽车有限公司正式挂牌成立。至此,广州成为中国同时拥有日本三大汽车企业(丰田、本田、日产)整车项目的唯一城市。
9月16日~17日	首届"泛珠三角省会城市市长论坛"在广州召开。9个泛珠三角省会城市共同签署了《泛珠三角区域省会城市合作协议》。

续表

9月27日～28日	中共广东省委九届五次全会在广州召开。全会的主题是，学习传达贯彻党的十六届四中全会精神，在全会审议通过的《中共广东省委关于贯彻〈中共中央关于加强党的执政能力建设的决定〉的意见》中，正式将"建设经济强省、文化大省、法治社会、和谐广东和实现人民的富裕安康"作为广东的发展战略目标。
11月15日	中共广东省委、省政府发布《广东省全面建设小康社会总体构想》。
11月18日～22日	首届深圳国际文化产业博览会在深圳举行。
12月2日	中共广东省委在广州召开全省共产党员开展"十百千万"干部下基层驻农村和"理想、责任、能力、形象"教育活动动员部署大会。
12月5日	中国第一条跨海旅客列车K408次快速旅客列车从海口火车站开出，标志着首列粤海铁路客运正式开通运营。
12月8日	广东全省社科大会召开。
12月10日～11日	第三届珠江三角洲地区与山区经济技术合作洽谈会在韶关召开。
12月21日～22日	胡锦涛总书记在中共广东省委书记张德江和省长黄华华陪同下，考察珠海、中山、佛山、广州等地。他强调，科学发展观是我们党以邓小平理论和"三个代表"重要思想为指导，从新世纪新阶段党和国家事业发展全局出发提出的重要指导思想。必须坚持以科学发展观统领经济社会发展全局，确保经济社会发展沿着正确的方向前进。
12月24日	广云、阳茂、茂湛二期、广清北4条高速公路正式通车，宣告广东提前一年实现省会城市到各地级市通高速公路的目标。
12月28日	深圳地铁正式开通运行。
12月30日	中共广东省委、省政府在广州召开全省传达学习贯彻胡锦涛总书记视察广东重要讲话精神大会。省委书记张德江作了《进一步树立和落实科学发展观，更好地发挥排头兵作用》的讲话。
是年	广东启动户籍改革。从这年起，广东将陆续取消"农转非"计划指标，条件成熟的地区取消农业户口。

2005年

1月1日	中共广东省委省政府发出《关于深化农村税费改革试点工作的通知》。
1月15日	中共广东省委提出关于开展以实践"三个代表"重要思想为主要内容的保持共产党员先进性教育活动的实施意见。
2月13日	台湾华信航空公司AE873号航班从台北飞抵广州白云机场。这是华信航空公司航班首次飞临广州。
3月7日	广东省人民政府发出《关于我省山区及东西两翼与珠江三角洲联手推进产业转移的意见（试行）》。
3月14日	中共广东省委、省政府作出《关于统筹城乡发展加快农村"三化"建设的决定》。
6月12日～9月28日	中共广东省委宣传部等9单位联合主办的"星海之声"万众歌会系列活动在广州举行。
6月18日	首届潮商大会在汕头举行。
6月18日～23日	广东普降暴雨到大暴雨，23日，广东省人民政府发出关于西江和北江抗洪救灾的紧急动员令，宣布西江（广东境内）和北江进入防汛Ⅰ级应急响应状态。27日上午8时结束应急响应。
7月14日	中共广东省委、省政府印发《广东省信息化发展纲要（2005～2020年）》。
8月31日	广东省人民政府印发《珠江三角洲城镇群协调发展规划（2004～2020）》的通知。
9月3日	中共广东省委、省政府发出《关于构建和谐广东的若干意见》。

续表

9月4日	国家统计局公布，东莞市虎门镇名列全国综合实力千强镇榜首。
9月24日～25日	首届泛珠三角（广东汕尾）民间艺术节在汕尾举行。
10月1日	《广东省政务公开条例》正式实施。
10月23日	广州市首座生活垃圾焚烧发电厂——李坑生活垃圾焚烧发电厂投入运行。
10月27日～29日	中共广东省委九届七次全会在广州召开。全会审议并通过了《中共广东省委关于制定全省国民经济和社会发展第十一个五年规划的建议》。
10月28日	中共广东省委、省政府作出《关于提高自主创新能力提升产业竞争力的决定》。
10月28日	中共广东省委、省政府作出《关于深化国有企业改革的决定》。
10月30日	梅（州）河（源）高速公路正式建成通车。
11月5日	首次有关泛珠三角区域合作的国际性学术会议——"泛珠三角面向东盟的合作与发展国际论坛"在广州召开。
11月9日	中共广东省委省政府作出《关于推进农村免费义务教育的决定》。
11月11日～13日	首届亚洲文化部长论坛暨第七届亚洲艺术节在佛山举行。论坛通过并签署《佛山宣言》。
11月17日～18日	"2005年广东经济发展国际咨询会"在广州召开。主题是：今天与明天——广东的可持续发展。
11月25日～12月11日	首届广东国际旅游文化节隆重举行。
12月6日	广东省组织"十百千万"干部下基层驻农村工作会议在广州召开。
12月6日～8日	2005首届（广州）华人文化艺术节在广州举行。
12月18日	广深港铁路客运专线广深段暨广珠城际轨道交通、岑溪至茂名铁路3个铁路建设项目在深圳、珠海、茂名同时开工。
12月28日	粤赣、渝湛和西部沿海珠海段3条高速公路同时建成通车。至此，广东规划建设的15条出省公路全部建成。
是年	广东省科技进步对经济增长贡献率已达49%，全省获专利授权总量36894件，专利申请总量72220件，专利申请总量连续11年居全国第一；其中，发明专利申请量为12887件，获专利授权总量1876件，发明专利申请量和授权量首次跃居全国第一位。
是年	广东省规模以上"三资"工业企业单位数15708个，其中外商投资工业企业4416个，港、澳、台投资工业企业11292个；实现工业总产值22875.53亿元，工业增加值5942.88亿元，分别占全省工业的54.9%和56.7%。已有176家世界500强企业在广东投资，设立581家企业。外商投资企业在广东设立研发中心243家。
是年	广东省最大50家工业企业实现营业收入11 740.17亿元，首次突破1万亿元。占全省规模以上工业比重达到33.8%。工业50强中营业收入超过100亿元的企业有38家。

2006年

1月7日	第五届詹天佑土木工程颁奖大会在北京召开。广东省广州白云国际机场、广州国际会议展览中心、深圳福建兴业银行大厦和东深供水改造工程获奖。
1月9日	全国科学技术大会在北京召开。广东省共有15个项目分别获得2005年度国家自然科学奖、国家技术发明奖和国家科学技术进步奖。
2月9日～10日	中共广东省委、省政府在广州召开全省农村工作会议。会议提出在"十一五"期间，社会主义新农村建设要努力实现十大目标。

续表

2月10日	广州白云山管理局荣获"全国创建文明风景区工作先进单位"称号并挂牌。这是广东省唯一获此荣誉的单位。
2月15日	广东省人民政府办公厅发出《关于2006年至2010年广东省信息化发展纲要的实施意见》。
2月28日	在北京人民大会堂举行的"2005年全国十大建设科技成就"颁奖大会上，广州白云国际机场迁建工程、广州国际会议展览中心入选"2005年全国十大建设科技成就"。
3月9日	广东省人民政府办公厅发出《关于加强我省山区及东西两翼与珠江三角洲联手推进产业转移中环境保护工作的若干意见（试行）》。
3月31日	中海壳牌南海石化80万吨乙烯项目在惠州大亚湾石化区正式投产。
4月8日～9日	中共广东省委、省政府在湛江召开全省推进建设社会主义新农村工作座谈会。14日，省委、省政府印发《关于加快社会主义新农村建设的决定》。
4月18日	广东省人民政府发出《关于2006年深化经济体制改革的意见》。
4月25日	广东省人民政府发出《关于印发〈广东省国民经济和社会发展第十一个五年规划纲要〉的通知》。
5月12日～14日	首届中国企业创业投融资国际博览会在广州中国出口商品交易会展览馆举行。
6月9日	在国家环保总局举行的全国首届"环境友好工程"颁奖典礼上，广州地铁二号线获全国163个参评项目10个"环境友好工程"得奖项目之一，这是广东省唯一的获奖项目，也是全国轨道交通行业唯一的获奖项目。
6月28日	中国首个LNG（液化天然气）——广东LNG项目在深圳投产总投资290亿元。
7月12日	经过9年综合整治，珠江广州河段水环境质量切实改善，时隔29年的横渡珠江活动重现广州，在省长黄华华、广州市市长张广宁率领下，62个方队，超过3500人参加了横渡珠江活动。
8月8日	广东省人民政府、中华人民共和国教育部发出《广东省人民政府、教育部关于加强产学研合作提高广东自主创新能力的意见》。
8月21日	广州市获国家建设部设立的全国城市建设管理最高奖"中国人居环境奖"（水环境治理优秀范例城市）称号。
9月19日～20日	中共广东省委、省政府在汕头召开促进粤东地区加快经济社会发展工作会议。讨论通过了《关于促进粤东地区加快经济社会发展的若干意见》。广东省发展改革委编制完成了《粤东地区产业发展与重大项目规划》。
10月15～30日	第一百届中国出口商品交易会在广州举行。温家宝总理出席开幕式并作重要讲话，宣布从第一百零一届开始，"中国出口商品交易会"正式更名为"中国进出口商品交易会"（广交会从1957年春天创办至今）。
10月17日	广东省考试中心正式发布《2007年广东省实施高中新课程实验的普通高考方案实施办法》。
10月18日～20日	中共广东省委九届九次全会在广州召开。全会审议并通过了《中共广东省委关于贯彻〈中共中央关于构建社会主义和谐社会若干重大问题的决定〉的实施意见》。20日，中共广东省委印发《中共广东省委关于贯彻〈中共中央关于构建社会主义和谐社会若干重大问题的决定〉的实施意见》。
10月20日	广东省人民政府作出《关于表彰奖励我省获得中国世界名牌产品、中国名牌产品和中国驰名商标称号企业的决定》。中兴通讯股份有限公司的程控交换机和珠海格力电器股份有限公司的空调器等两个产品被质检总局评为"中国世界名牌产品"，广州市白云化工实业有限公司的硅酮密封胶等58个产品首次被质检总局评为"中国名牌产品"，广州广之旅国际旅行社股份有限公司的"广之旅CGZL及图"等20件商标首次被工商总局认定为"中国驰名商标"。
10月25日	李坑生活垃圾焚烧发电厂正式投产。
11月1日	《广东省珠江三角洲城镇群协调发展规划实施条例》正式实施。
11月10日～12日	2006年首届中国（广州）国际果蔬交易会在江南果蔬批发市场举行。
11月11日	世界银行公布中国120个城市投资环境评价报告，广州等13个城市为"银牌城市"。

续表

11月16日～17日	第四届珠江三角洲地区与山区及东西两翼经济技术合作洽谈会（简称"山洽会"）在梅州召开。
11月18日	中国首座百万吨乙烯基地在茂名正式投产。
11月18日～30日	"2006广东社会科学普及周"活动在全省范围内举行，活动围绕"和谐文化与和谐广东"主题组织开展"五个一百"的主体活动，即社科知识百场系列讲座、社科知识百场咨询活动、百场学术研讨会、和谐文化百家谈社科知识进百村。
11月24日～30日	"2006广东国际旅游文化节暨泛珠三角旅游推介大会"在广州举行。泛珠地区9省（区）旅游局负责人联合签署了"泛珠三角区域旅游合作备忘录"。
11月26日	2010年第十六届亚运会会徽发布仪式在广州中山纪念堂举行。图样是"一只火凤凰顶着一个火红的太阳"。2007年3月9日，第十六届亚运会理念发布暨会徽设计颁奖仪式在广州举行。"激情盛会，和谐亚洲"为本届亚运会理念。
11月30日	广东省人民政府发出《印发〈广东省促进自主创新若干政策〉的通知》。
12月1日～15日	第十五届亚运会在卡塔尔首都多哈举行。广州市市长、广州亚组委副主席张广宁出席了开幕式。15日，市长张广宁出席闭幕式，并从亚奥理事会主席手中接过亚运会火炬及新德里首届亚运会会旗和亚奥理事会会旗。
12月4日	广东省人民政府办公厅发出《印发〈广东省经济体制改革"十一五"规划〉的通知》。
12月8日	中国首个跨境工业园区——珠澳跨境工业园区启用。2003年12月5日经国务院批准设立，同年12月9日动工建设。
12月20日	广州唯一一条"全国城市公共交通文明线路"——107线路进行挂牌仪式。
12月20日～21日	中共广东省委九届十次全会在广州召开。要求以民生为重点加快建设和谐广东。
12月26日	广州白云国际机场迎来了2006年第1亿名游客。至此，广东年入境游客突破1亿大关。
12月30日	广州市轨道交通三号线、四号线（新造至黄阁段）开通仪式在番禺广场举行。至此，广州已拥有了4条总长度116千米的地铁线网，位居全国第二。
是年	深圳在国内率先建立"低缴费、广覆盖、保基本"的外来劳务医疗保险制度。

2007年

1月8日	微软、英特尔、IBM和百事高4家国际顶级高科技企业在广州科学城举行项目投资签约仪式，正式落户广州科学城，项目总投资超过4亿美元。
1月16日	国际大学生体育联合会在意大利都灵宣布：中国深圳市获得2011年第二十六届世界大学生夏季运动会主办权。
1月17日	中共广东省委发出《关于印发〈2006～2010年全省干部教育培训规划〉的通知》。
1月18日～19日	第三届"中国企业文化国际论坛"在广州召开。首次推出十大"新粤商"和"最具中国商业精神代表人物"，并发表《中国企业家荣誉誓言》。
1月22日～25日	省十届人大常委会第二十九次会议在广州召开。会议通过了《广东省港口管理条例》等地方性法规。
1月26日	广东省依法治省工作领导小组第十三次会议在广州召开。审议并原则通过了《广东省2007年依法治省工作要点》。
2月7日	中共广东省委印发《〈关于贯彻落实胡锦涛总书记大力倡导八个方面良好风气要求的实施意见〉的通知》。
2月7日	广州获"中国最受农民工欢迎的十大城市"荣誉称号。广州广船国际有限公司农民工李火生当选"全国十大最受尊敬的农民工"。

续表

2月12日	商务部在北京举行"中国品牌之路"主题活动,广东"格力"、"珠江桥"等28家企业的品牌被评为"2006最具市场竞争力品牌"。
2月27日~28日	全国救灾救济工作暨减灾安居工程现场会在茂名召开。茂名成为首个荣获国家民政部授予的"全国减灾安居工程模范市"称号的城市。
3月6日	广州钢铁集团与日本JFE钢铁株式会社等签署协议,双方各持50%股权在南沙开发区合资建设180万吨冷轧项目。该项目的投入建设,将改写广东没有大型现代化冷轧生产线的历史。
3月27日~29日	省十届人大常委会第三十次会议在广州召开。会议审议并通过了《广东省饮用水源水质保护条例》等地方性法规。
3月28日	广东省建设中医药强省重大项目:省中医药科学院、省中医研修院、省中西医结合医院分别举行挂牌仪式。
3月29日	国内首家中医"治未病中心"在广东省中医院挂牌成立。11月29日,"中医中药中国行"广东行暨中医"治未病"健康工程启动仪式在广州举行。国家中医药局局长王国强宣布确定广东省为构建中医"治未病"预防保健服务体系试点省。
3月30日	广东社会科学中心暨广东省方志馆奠基仪式在广州举行。
4月10日	首届中国(广东)国际印刷技术展览会在东莞开幕。
4月14日	中国农业科学院与省政府联合共建的中国农业科技华南创新中心在省农科院举行挂牌仪式。
4月14日	中国铁路第一条四线并行全线封闭全程电气化客货分线运行的铁路线——广深铁路四线电气化工程建成工程初验报告签字仪式在深圳举行。
4月15日~20日、25日~30日	第一百零一届中国进出口商品交易会在广州举行。本届交易会总成交额363.9亿美元广东团成交61.5亿美元。
4月30日	中共广东省委组织部、省人事厅、省教育厅、省财政厅、省农业厅、省卫生厅、省工商局、省扶贫办、省团委联合印发《关于引导和鼓励高校毕业生到农村基层从事支教、支农、支医和扶贫工作的实施意见》。8月15日,发出《关于印发〈广东省支教支农支医和扶贫高校毕业生管理暂行办法〉的通知》。
5月1日	在第三十五届日内瓦国际发明展上,由中国科学院广州能源所和广州中科恒源能源科技公司发明的世界上第一台"全永磁悬浮风能发电机"获得展览最高奖特别金奖。
5月8日	广东省人民政府应急管理办公室在省政府正式挂牌。12月18日,广东省人民政府应急管理办公室网站开通,是国内首个应急管理专门网站。
5月21日~25日	中共广东省第十次代表大会在广州召开。省委书记张德江向大会作了题为《坚持科学发展,促进社会和谐,为率先基本实现社会主义现代化而努力奋斗》的报告。25日,省委十届一次全会召开,选举张德江为中共广东省委书记。
5月22日	广东省科技厅在深圳召开省大型企业研究开发院组建方案专家论证会。TCL集团组建省级大型企业研究开发院的方案通过专家论证,成为广东省首家省级大型企业研究开发院。
5月28日~31日	省十届人大常委会第三十二次会议在广州召开。会议通过了《广东省医疗废物管理条例》、《广东省实施〈中华人民共和国妇女权益保障法〉办法》等地方性法规。
5月30日	2008年奥林匹克科学大会组委会、科学委员会成立大会在广州召开。
6月2日	广东华厦阳西电厂动工兴建。
6月2日~15日	中共中央政治局委员、省委书记张德江率中国共产党代表团对摩洛哥、安哥拉、坦桑尼亚、毛里求斯进行友好访问。同行的广东省经贸代表团共签下总金额为34.45亿美元的各类合同。
6月27日	中共广东省委、省政府和教育部、科技部在广州联合召开产学研结合工作会议。28日,广东省产学研科技创新成果展览开幕。

续表

6月28日	"开平碉楼与村落"成功申报世界文化遗产。这是广东省第一个世界文化遗产。
6月28日	国内首条城际轨道交通线——珠江三角洲城际快速轨道交通广州至佛山段开工。广佛线项目总投资146.75亿元规划于2012年底全线建成通车。
7月1日	胡锦涛总书记在中共广东省委书记张德江、省长黄华华、香港特区行政长官曾荫权和夫人等陪同下,出席深港西部通道开通剪彩仪式,并参观口岸旅检大楼。
7月3日	中共广东省委、省政府印发《关于乡镇卫生院管理体制改革与建议的意见》和《关于加快实施"走出去"战略的若干意见》。
7月3日	深圳首家民间社工机构"深圳市鹏星社会工作服务社"挂牌成立。该机构按"民间运作政府购买服务"模式运作,在国内尚属首次。
7月15日	2007年广州横渡珠江活动在中山大学码头至星海音乐厅之间的江面举行。朱小丹、林木声、张广宁等省市领导和3 700多市民组成的73个方队成功横渡珠江。
7月16日~20日	2007粤港经济技术贸易合作交流会在香港举行。广东共签订外商投资项目外资金额42.03亿美元贸易,成交30.5亿美元。
7月17日~19日	首届中国(深圳)国际物流博览会在深圳举行。
7月18日	中共中央宣传部、中共中央政法委、最高人民法院和中共广东省委联合举办的黄学军先进事迹报告会在北京召开。
7月19日	广州本田首期投资20亿元的全资子公司——广州本田汽车研究开发有限公司正式成立。这是国内第一个由合资企业独立投资、以独立法人模式运作的汽车研发机构。
7月23日~27日	省十届人大常委会第三十三次会议在广州召开。会议通过了《广东省企业信用公开条例》等地方性法规。
7月24日	国家土地督察广州局正式挂牌成立。其督察范围为广东、广西、海南和深圳。
8月10日	广东省突发公共事件应急管理专家组成立大会在广州举行。省长、省应急委主任黄华华出席会议并作讲话。
8月13日	亚洲第一艘载箱量过万的集装箱船"中远亚洲"轮从广州港南沙港区首航欧洲。标志广州港已具备接卸世界最大型集装箱船的能力,并逐步发展为外贸集装箱干线港。
8月16日	中共广东省委、省政府发出《关于加快发展现代农业的若干意见》。
8月16日	国家旅游饭店星级评定委员会在北京举行授牌仪式。广州花园酒店成为国内首批3家"白金五星级饭店"之一,是华南地区唯一一家最高星级饭店。
8月22日至9月7日	广东省省长黄华华率广东省政府代表团出访智利、巴西和马来西亚。
8月26日~30日	省十届人大常委会第三十四次会议在广州召开。会议通过和批准《广东省促进中小企业发展条例》等地方性法规。
8月27日	广东省人民政府召开常务会议,审议并原则通过了《广东省江河流域水资源管理条例(草案)》。
8月30日	中共广东省委、省政府印发《关于解决社会保障若干问题的意见》。
9月1日	广东省水利厅、发改委、财政厅、编制办、劳动和社会保障厅、物价局联合发出《关于进一步加强全省水利工程管理体制改革工作的通知》。
9月3日	广东率先实现农村免费义务教育。
9月3日	国内首批国家级食品安全示范县名单正式公布。中山市小榄镇、佛山市三水区上榜。
9月7日	全国第十届精神文明建设"五个一工程"评选在北京颁奖。广东文艺界共有5部作品获得优秀作品奖,4部入选作品奖,获奖数量居全国前列。

续表

9月10日	中共广东省委、省政府印发《关于加快发展金融产业建设金融强省的若干意见》。
9月17日	广东省人民政府召开常务会议，审议并原则通过了《关于加快发展我省现代信息服务业的意见》。
9月18日	广东省钟南山、丛飞获得全国道德模范称号。
9月18日	优秀青年志愿者赵广军先进事迹首场报告会在广州举行。
9月26日	广州至珠海铁路正式开工建设。
9月26日	广东阳江核电站一期工程核岛负挖开工。
9月28日	广东省粤电集团有限公司与香港长江基建集团有限公司签订珠海金湾发电项目二期工程合作协议。该项目涉及资金68亿元为广东省内电力领域最大的合资项目。
9月28日	广东最大民营企业美的集团在佛山市顺德区北滘口镇举行总部基地开建奠基典礼。
10月6日	广东省人民政府印发《广东省知识产权战略纲要（2007～2020年）》。
10月11日	中国邮政储蓄银行广东省分行正式挂牌开业。这是中国邮政储蓄银行在国内成立的第一家省级分行。12月28日，邮储银行广东省分行下辖20家地市分行全部完成开业，成为中国邮政储蓄银行在全国第一家完成地市分行组建的省级分行。
10月11日	"中国最佳物流名镇"在东莞常平镇正式挂牌。
10月11日～17日	第九届中国国际高新技术成果交易会在深圳举行。具有重大科学和产业意义的黄种人基因图谱在会上首次向全球发布。
10月23日	广州白云山和记黄埔中药有限公司与钟南山院士领衔的呼吸疾病国家重点实验室联合宣布，双方共建呼吸疾病国家重点实验室，开创国家重点实验室与企业共建的先例。
10月24日	中共广东省委召开常委扩大会议，传达学习党的十七大精神和十七届一中全会精神。 26日，省委印发《关于认真学习宣传贯彻党的十七大精神的通知》。
11月2日	中共广东省委、省政府印发《关于加快普及高中阶段教育的决定》。
11月8日	广东省人民政府召开全省实施"走出去"战略工作会议。
11月13日	美国地球工程公司与广州污水治理有限责任公司合作兴建的国内首个中外合作污水处理项目——广州西郎污水处理项目全面启用。
11月17日	南航在北京宣布加入天合联盟组织，这是中国大陆第一家加入全球性航空联盟的航空公司。
11月18日	造价2.6亿元的"中国海上第一救助船"南海救101轮在广州建成出厂。该船可起降大型直升机一次能搭救200人。
11月26日	第十六届亚运会规模最大的建设项目——广州亚运城在广州动工。
11月26日～30日	省十届人大常委会第三十五次会议在广州召开。会议通过了《广东省食品安全条例》等地方性法规。
11月28日	广州举行有史以来最大规模的一次廉租房摇珠分配。3148家双特困户分别摇到白云区金沙洲、同德新社区和海珠区大塘新社区的廉租房。
12月1日	中共广东省委在广州召开全省领导干部大会。中央组织部部长李源潮在会上宣布中央决定：张德江不再兼任中共广东省委书记、常委、委员职务，由中共中央政治局委员汪洋兼任中共广东省委委员、常委、书记。
12月5日	广东省法院向省政法委报送《关于我省法院在全国率先试行再审制度改革获得成功的报告》。
12月12日	广东省劳动和社会保障厅、省总工会、省企业联合会联合发出《关于贯彻〈劳动合同法〉全面推进工资集体协商工作的意见》。

续表

12月20日	省十届人大常委会第三十六次会议在广州召开。会议审议并通过了《广东省计算机信息系统安全保护条例》。
12月22日～28日	在海底被淹埋800多年、现命名为"南海I号"的南宋古船打捞出水并进入博物馆水晶宫。"南海I号"考古打捞项目圆满完成。
12月24日	广州绕城公路九江至小塘段（西二环南段）正式建成通车。国家"五纵七横"国道主干线在广东境内的项目基本贯通。
12月25日	广东省农业科学院和广州中医药大学获得国家首批"国际科技合作基地"称号并被授予牌匾。
12月25日～26日	中共广东省委十届二次全会在广州召开。省委书记汪洋在会上强调：以新一轮思想大解放推动新一轮大发展。
12月30日	中共广东省委发出《中共广东省委关于开展"继续解放思想，坚持改革开放，争当实践科学发展观的排头兵"学习讨论活动的通知》。活动从2008年1月开始至5月底结束，分三阶段进行。
12月31日	广东全省无电村改造计划完成，15个地市50个县（区）、513个自然村、22409户、117309人的生产和生活用电问题如期解决。
是年	广东进出口贸易总额突破6 300亿美元，连续22年居全国第一。

2008年

1月4日	全国双拥工作领导小组、民政部、解放军总政治部在北京人民大会堂举行全国双拥模范城（县）命名暨双拥模范单位和个人表彰大会。广东15市县榜上有名。
1月6日	厦（门）深（圳）铁路广东段动工。该铁路正线全长约502.4千米，总投资估算417亿元。其中广东段全长约357千米，总投资约288亿元。该线福建段已于2007年11月23日动工建设，预计2011年建成并投入使用。
1月8日	2007年度国家科学技术奖励大会在北京举行。会上颁布了2007年度国家科学技术奖励获奖人选和项目。广东在本次大会上获国家自然科学奖3项，国家技术发明奖1项，国家科学技术进步奖24项，数量为历年最多。
1月9日	乐昌峡水利枢纽工程开工。总投资约28.8亿元，计划2012年竣工。
1月15日	作为广州市138个城中村的首个改造试点，猎德村复建安置房工程动工。
1月16日	广东省十项工程劳动竞赛总结表彰暨广东省工人先锋号命名大会在广州召开。据统计，2007年共有1 891万人次的职工投身劳动竞赛活动，实现（创造）直接经济价值456.1亿元。
1月17日～25日	广东省十一届人大一次会议在广州召开。选举欧广源为省人大常委会主任。黄华华为广东省省长。
2月28日	内地供澳门天然气开闸，这是内地首次向澳门出口管道天然气。
2月13日	《南方日报》建立的新平台——南方报网（www.nfdaily.cn）正式上线。
3月25日	广州市创卫办宣布：全国爱卫会正式决定命名广州为"国家卫生城市"。
3月28日	潮汕机场全面开建。该机场投资近40亿元，预计2011年6月前建成。
3月28日	国内首艘自主研发与设计的超大型油轮（VLCC）在广州中船南沙龙穴造船基地开工建造，这预示着国家三大造船基地之一的珠江口造船基地已基本建成，标志着广州乃至华南地区从此告别不能建造10万吨以上船舶的历史。它填补了中国在超大型油轮自主研发建造方面的空白。
3月29日	中国电信广东公司完成了行政村通宽带工程实现全省21320个行政村"村村通宽带"。

续表

4月3日	广东省人民政府召开新闻发布会，公布了广东"蓝色国土规划"——《广东省海洋功能区划》的具体内容。《区划》在注重海洋资源的科学开发、利用和保护的基础上，划定了约146平方千米的围海造地区域相当于5.5个澳门的陆地面积。《区划》从2004年6月开始编制，2005年3月获十届六十二次省政府常务会议审议通过，上报国务院审批，经多个部委专题研究，于2008年2月得到温家宝总理亲自签发。
4月14日	首次国家环境保护模范城市授牌仪式在广州中山纪念堂举行。广州获授"国家环保模范城市"牌匾。
4月29日	经世界卫生组织实地测评，广州港、南沙港区获评为全球首批国际卫生港。
5月4日～5日	广东省解放思想学习讨论活动专题调研成果交流会在广州召开。
5月6日	广东省内最长的高速公路隧道——广梧高速公路石牙山隧道双洞全线贯通。隧道于2005年12月动工。
5月7日	北京2008年奥运火炬接力广州站传递活动由白云国际会议中心开始，至天河体育中心结束，共有208名火炬手参加接力，行程40.82千米。
5月17日	广东省人民政府发出《广东省人民政府关于加快我省交通基础设施建设的若干意见》。
5月27日	云浮发电厂C厂项目动工。投产后每年可发电60多亿千瓦时。
5月29日	中共广东省委、省政府召开推进产业转移和劳动力转移工作会议。研究贯彻落实省委、省政府《关于推进产业转移和劳动力转移的决定》的意见，动员和部署全省进一步推进产业转移和劳动力转移工作，促进我省区域经济协调发展，500亿推进产业和劳动力"双转移"，力争到2012年，珠三角地区产业结构明显优化，东西两翼和北部山区再规划建设1个至2个大型产业转移园；新增转移广东省农村劳动力600万人，组织技能等级培训360万人，全社会非农就业比重达到80%。
6月7日	广州市人民政府与中国船舶工业集团公司在广州共同签署合作框架协议。将广州建设成国内最大的船用柴油机制造基地。项目总投资预计约270亿元。
6月17日～18日	中共广东省委十届三次全会在广州召开。全会审议了《中共广东省委、广东省人民政府关于争当实践科学发展观排头兵的决定》。省委书记汪洋作了题为《高举旗帜，改革创新，努力开创广东科学发展的美好未来》讲话。19日，中共广东省委、广东省人民政府作出《关于争当实践科学发展观排头兵的决定》。
6月18日	中国品牌研究院发布"中国品牌之都"评选结果，广州、深圳、佛山进入"中国十大品牌之都"行列，广州是首次上榜。
6月28日	广东钢铁集团有限公司成立。
7月2日	中共广东省委、广东省人民政府作出《中共广东省委、广东省人民政府关于加快建设现代产业体系的决定》。
7月4日	广东省经贸委和广东省信息产业厅联合举办的"第四届广东省工业设计活动周"暨"创新30年·广东工业设计展"在广州锦汉展览中心开幕。广东省副省长佟星为"省长杯广东工业设计奖"获奖企业颁奖。在展览会开幕式上，广东省中山市小榄镇被中国工业设计协会授予"中国工业设计试验基地"称号。这是中国工业设计协会首次在国内颁发此荣誉称号。
7月18日	广州电网第200个变电站——220千伏番禺迎宾变电站投入运行。广州成为国内第一个拥有200个变电站的省会城市。从第1个变电站到第100个用了59年，从第101个到第200个，只用了14年。广州第一座变电站——西关变电站，于1935年建成投产，是广东省第一座13.2千伏变电站。
7月19日	在广州市市长张广宁的带领下，3000多名广州市民第三次成功横渡珠江。
7月19～20日	温家宝总理来广东进行调研。考察加工贸易、民营高科技、国有控股等9家不同类型的企业，还主持召开了两个会议：听取中共广东省委、省政府的汇报及和部分企业家进行座谈。
7月20日	中共肇庆市委、市政府、省政府发展研究中心和《南方日报》联合主办的"广东推进'双转移'高峰论坛"在肇庆高新区召开。

续表

7月21日	中共广东省委在广州召开全省依法治省工作会议。省委书记、省依法治省工作领导小组组长汪洋出席会议并作重要讲话，强调广东要全面推进依法治省，加快法治建设，为争当实践科学发展观排头兵提供有力的法治保障。
7月29日	《内地与香港关于建立更紧密经贸关系的安排》（CEPA）补充协议五在香港签署。在补充协议的34项政策措施中，有17项在广东先行先试。此外，中央政府还批准8项（CEPA）框架外的政策措施在广东先行先试。
7月30日	《内地与澳门关于建立更紧密经贸关系的安排》（CEPA）补充协议五在澳门签署。在补充协议的28项政策措施中，有13项在广东先行先试。此外，中央政府还批准7项（CEPA）框架外的政策措施在广东先行先试。有20项政策措施在广东先行先试。
8月1日	深圳市居住证制度正式实施，13个办证点首发居住证2.7万多张。
8月1日	佛山城市候机楼正式启用。是目前珠三角面积最大的异地城市候机楼，营业面积达1500平方米。
8月1日～4日	2008年奥林匹克科学大会在广州召开。
8月8日	广东省人民政府发布粤府[2008]59号公告，根据中共广东省委、广东省人民政府《关于加快民营经济发展的决定》（粤发[2003]4号）的精神，省人民政府决定授予美的集团有限公司等100家民营企业为"2006～2007年度广东省百强民营企业"称号，并给予通报表彰。
8月20日	国内首座地下火车站——广深港客运专线福田站在深圳开工。这座地下三层结构的大型铁路客运综合枢纽在2011年建成。
8月21日	第六届"广州文艺奖"颁奖晚会在广州白云国际会议中心举行。大会表彰了2006～2007年度为广州文化艺术事业作出突出贡献的先进集体和个人。
8月28日	广东省城镇集体企业联社首届成员代表大会召开。该联社的成立被业界认为是广东加快集体经济改革步伐的重要标志。
8月28日	珠江三角洲经济区外环高速公路江门至肇庆段（简称"江肇高速"）动工。路线全长约107.7千米，总投资约87.35亿元，计划2011年建成通车。这是广东省投资最大的高速公路项目。
8月30日	中国企业联合会、中国企业家协会评选出的2008中国企业500强榜单在宁夏银川发布。广东有44家企业入围，居全国第三。
9月2日	广东省人民政府发布《关于给予我省参加第29届奥运会获奖运动员和有贡献单位表彰奖励的通报》。共有6个项目7人次获得7枚金牌，4个项目6人次获得6枚银牌，3个项目3人次获得4枚铜牌。
9月3日～17日	中共中央政治局委员、中共广东省委书记汪洋率广东省代表团和广东经贸代表团出访印度尼西亚、越南、马来西亚、新加坡4国。4国领导人和东盟秘书长素林分别会见汪洋。期间分别在雅加达、河内、吉隆坡、新加坡举办经贸洽谈会，共签订投资意向合同金额108.79亿美元。
9月5日～8日	第十六届广州博览会在广州国际会议展览中心举行（从1993年创办至今）。
9月17日	中共广东省委、省政府发出《中共广东省委、广东省人民政府关于加快吸引培养高层次人才的意见》。
9月25日	中共广东省委和省政府台办主办的网站——粤台视窗网在广州开通。是广东省第一个涉台专业网站（网站的独立域名为www.gdtb.gov.cn）。
9月26日	中共广东省委、省政府在广州召开广东省科学技术大会。科学家傅家谟院士和钟南山院士，获得广东省首次颁发的省科技奖突出贡献奖。会上，常务副省长黄龙云宣读了广东省人民政府《关于颁发2007年度广东省科学技术奖的通报》。
9月28日	中共中央、国务院在北京人民大会堂召开北京奥运会残奥会总结表彰大会。广东省受表彰的有两个先进集体和八个先进个人。

续表

10月27日	中国人民保险集团（PICC）南方信息中心奠基仪式在佛山南海区千灯湖畔举行。这是广东金融高新技术服务区首个正式动工建设的项目。
11月4日	广东省唯一的航空产业基地——珠海航空产业园开园。国务院副总理张德江、省委书记汪洋和省长黄华华等出席开园仪式。到2015年可生产各种通用飞机上百架。
11月12日	广东省人民政府召开常务会议，贯彻中央关于进一步扩大内需促进经济平稳较快发展的工作部署，根据省委意见，决定实施十六条促进广东省经济平稳较快发展和产业转型升级的政策措施。14日下发《关于进一步加大投资力度扩大内需促进经济平稳较快发展的若干意见》。
11月14日～15日	温家宝总理在省委书记汪洋和省长黄华华等陪同下，到广州、深圳、东莞、佛山的中小企业调研。
12月2～3日	中共中央政治局常委、书记处书记、中央学习实践科学发展观活动领导小组组长习近平到广东进行考察。参加了在广州召开的部分省、自治区深入学习实践科学发展观活动座谈会，并深入广州科学城了解珠三角企业发展情况。
12月6日～2009年1月15日	"敢为天下先——广东改革开放30周年成就展览"在广州市中国进出口商品交易会流花路展馆展出。
12月7日	联合国教科文组织北京办事处主任辛格在北京宣布，经教科文组织评估，正式批准深圳市成为世界创意城市网络成员，并授予"设计之都"称号。这是中国城市首次获此殊荣。
12月12日	中共广东省委、省政府作出《中共广东省委、广东省人民政府关于经济特区和沿海开放城市继续深化改革开放率先实现科学发展的决定》。17日下发。
12月15日	中共广东省委、省政府在广州中山纪念堂隆重举行广东省纪念党的十一届三中全会召开30周年大会。省委书记汪洋作重要讲话，省长黄华华主持会议，省人大常委会主任欧广源、省政协主席陈绍基等出席了大会。
12月16日	广东省农村党员干部现代远程教育终端接收系统正式开通。
12月16日	广州珠江黄埔大桥建成通车。
12月16日	广东阳江核电站正式开工。总投资近700亿元，建6台百万千瓦级机组。全部建成后，年发电量450亿千瓦时。
12月17日	国务院常务会议在北京召开。会议审议并原则通过了《珠江三角洲地区改革发展规划纲要》。
12月21日	珠江三角洲城际轨道交通穗莞深项目开工仪式在深圳市宝安区举行。省委书记汪洋、省长黄华华、深圳市委书记刘玉浦和市长许宗衡等领导出席开工仪式。该项目线路全长约87千米，总投资196.98亿元。预计在2011年底建成通车。
12月30日	中共广东省委常委会议在广州召开。会议原则通过《中共广东省委、广东省人民政府关于贯彻落实党的十七届三中全会精神加快推进农村改革发展的意见》，决定提交省委十届四次全会审议。

2008年是中国改革开放第30个年头，广东省作为改革开放的先行试验区和排头兵，在中共中央、国务院的英明领导下，取得了举世瞩目的伟大成就。为了将广东人民改革开放的成功实践和敢于拼搏、勇于开拓，坚持走中国特色社会主义道路的风采总结记录下来，宣传广东，宣传中国特色社会主义道路的成功，激励广东人民发扬光大，与时俱进，继往开来，再创辉煌，我们在邓小平理论、"三个代表"重要思想的指导下，按照深入贯彻落实科学发展观、深入贯彻党的十七大精神的基本思路，编撰了本书——《潮起南粤大地——广东改革开放30周年纪实报告》。

改革开放30周年是全国、全省人民值得隆重庆祝、大书特书的历史时刻。本书坚持解放思想、实事求是，即以广东改革开放30年的实践为线索，在用客观事实说话的基础上，总结广东改革开放30年的成功经验，并进行理论上的升华；本书坚持统筹兼顾，突出重点，即在全面介绍广东改革开放30年各部门、各地区经济、政治、文化、社会建设和生态文明建设各方面工作的基础上，尽量选择有代表性的典型数据、典型事例、典型人物，浓缩精华；本书坚持与时俱进，继往开来，既充分吸纳了国内外关于广东改革开放30年研究的历史性成果，又重点突出广东改革开放研究的最新成果，力求展现广东改革开放的最新全貌，特别是超越30年的现实基础和再创辉煌的发展趋势；本书坚持开拓创新，通俗易懂，不仅采用雅俗共赏、图文并茂的纪实性报告形式避免与同类出版物的雷同，注重直观性和视觉的冲击力和感召力，形成了比较独特的风格，而且在文字表达上力求简明规范、深入浅出，凸显严谨、科学的文化品味和贴近实际、贴近生活、贴近群众的价值追求。

本书作为纪念广东改革开放30年的重点项目，由省参事室、文史馆申报，经广东省人民政府批准，由省参事室、文史馆和省社会科学院共同编撰完成。本书从2008年9月正式成立编辑部开始组织编写工作，历时一年多。全书框架目录由罗繁明设计，周义审定，省人民政府批准并由周义和梁桂全负责整个项目的实施。撰稿者名单如下：序：黄华华；第一部：罗繁明、莫建国；第二部：林平凡、罗繁明、莫建国；第三部：郁方、陈荣平、梁德思、王丽芳、田文波；第四部：向晓梅、罗繁明、易雪颜；第五部：符永寿、易雪颜；第六部：丘杉、符永寿；第七部：朱小丹、林元和、钟世坚、刘志庚、覃卫东、郑雁雄、骆文智、陈弘平、陈耀光、罗荫国、邓海光、魏宏广、刘日知、陈建华、徐建华、郑振涛、陈家记、王蒙徽、黄强、《人民日报》、中共珠海市委办公室、《江门日报》、中共中山市委、中山市人民政府、中共惠州市委、惠州市人民政府、中共汕头市委、汕头市人民政府、汕尾市人民政府；第八部：罗繁明、莫建国；第九部：黎志华、符永寿；第十部：罗繁明、李青、张丽红、莫建国；第十一部：刘小敏、莫建国；第十二部：黄俊光、莫建国、符永寿；第十三部：冯仿娅、严跃英、刘杰；第十四部：陈建、莫建国；附录一：张帼英、张建平、王列；附录二：张建平；英文翻译：傅蜜蜜；封面设计与排版：陈奕秋、江铁锐；美术编辑：王列、陈奕秋（印章插图）、刘穗。全书由副主编刘小敏、罗繁明进行第一次统稿，主编周义、梁桂全进行第二次统稿。全稿最后由编委会主任黄华华、总主编卢瑞华及全体编委会成员审定。

　　本书的编撰，得到了全省21个市和省直各部门的大力支持，大部分资料、数据和图片是由广东省人大常委会依法治省工作领导小组办公室、省公安厅、省双拥工作领导小组办公室、省司法厅、省地方税务局、省统计局、省政府法制办公室、省政府外事办公室、省政府侨务办公室、省金融服务办公室、省档案局（馆）、省地方史志办公室、省高级人民法院、省人民检察院、中国人民武装警察部队广东省总队、省归国华侨联合会、南方报业传媒集团、广州军区宣传部、《大经贸》杂志社、中共广州市委宣传部、广州博物馆、广州市档案局、佛山市委办公室、中共珠海市委宣传部、中共江门市委宣传部、江门日报社、中共东莞市委办公室、东莞市地方志编纂办公室、中共中山市委办公室、中山市人民政府办公室、中共惠州市委办公室、惠州市人民政府办公室、中共肇庆市委办公室、中共汕头政策研究室、汕尾市人民政府办公室经济研究室、中共潮州市委政策研究室、中共揭阳市委政策研究室、中共湛江市委宣传部、中共茂名市委办公室、中共阳江市委宣传部、中共梅州市委办公室、中共河源市委办公室、中共韶关市委办公室、中共清远市委办公室、中共云浮市委办公室、云浮市人民政府办公室、广东省社会科学院信息中心（以上排名不分先后）等单位或专家提供，经本书编辑部进行二次编撰加工或收集整理公开发表的研究成果而成。在收集参考资料、数据和图片的过程中，我们能查到原资料出处的，尽可能作了脚注或说明。对于他们的贡献，在此表示衷心感谢；但是由于时间仓促，个别文字、数据和图片一时难以查明出处，对这部分文字、数据和图片的作者的贡献，在此也表示衷心感谢；另外，周薇、刘泽生、江中孝、陈实、莫爱屏、林杨等同志曾为本书部分文稿作过修改和校正，在此一并表示衷心感谢。

　　广东改革开放30年来所取得的巨大成就和丰富经验仅凭本书是根本无法容纳得下的，编者只能选取某些精彩的片断；30年来各行各业所涌现出成千上万的英雄模范先进分子和他们的故事在本书也是无法全部载得下的，本书只能选择一部分代表。由于截稿时间紧迫，再加上编者的能力和水平有限，如有不当或不足之处，恳望广大读者能予以批评指正或予以海涵。

《潮起南粤大地——广东改革开放30周年纪实报告》编委会

二〇〇九年三月三日

潮起南粤大地——广东改革开放30周年纪实报告
编纂委员会编辑部

编 辑 部 主 任： 罗繁明（兼）

副 主 任： 黄 尤 王鹏程 张 涛

编 辑 部 成 员： 张建平 易雪颜 莫建国 符永寿 孙长山 吴静波

特 约 编 辑： 周 薇 刘泽生 江中孝 陈 实

美 术 编 辑： 王 列 陈奕秋 刘 穗

英 文 翻 译： 傅蜜蜜

资 料 提 供： 张 毅 徐 俊 汪 波 刘国雄 李康尧 蓝东海

蓝永愉 张小品 宋 芳 李丽敏 谢万财 郎迎春

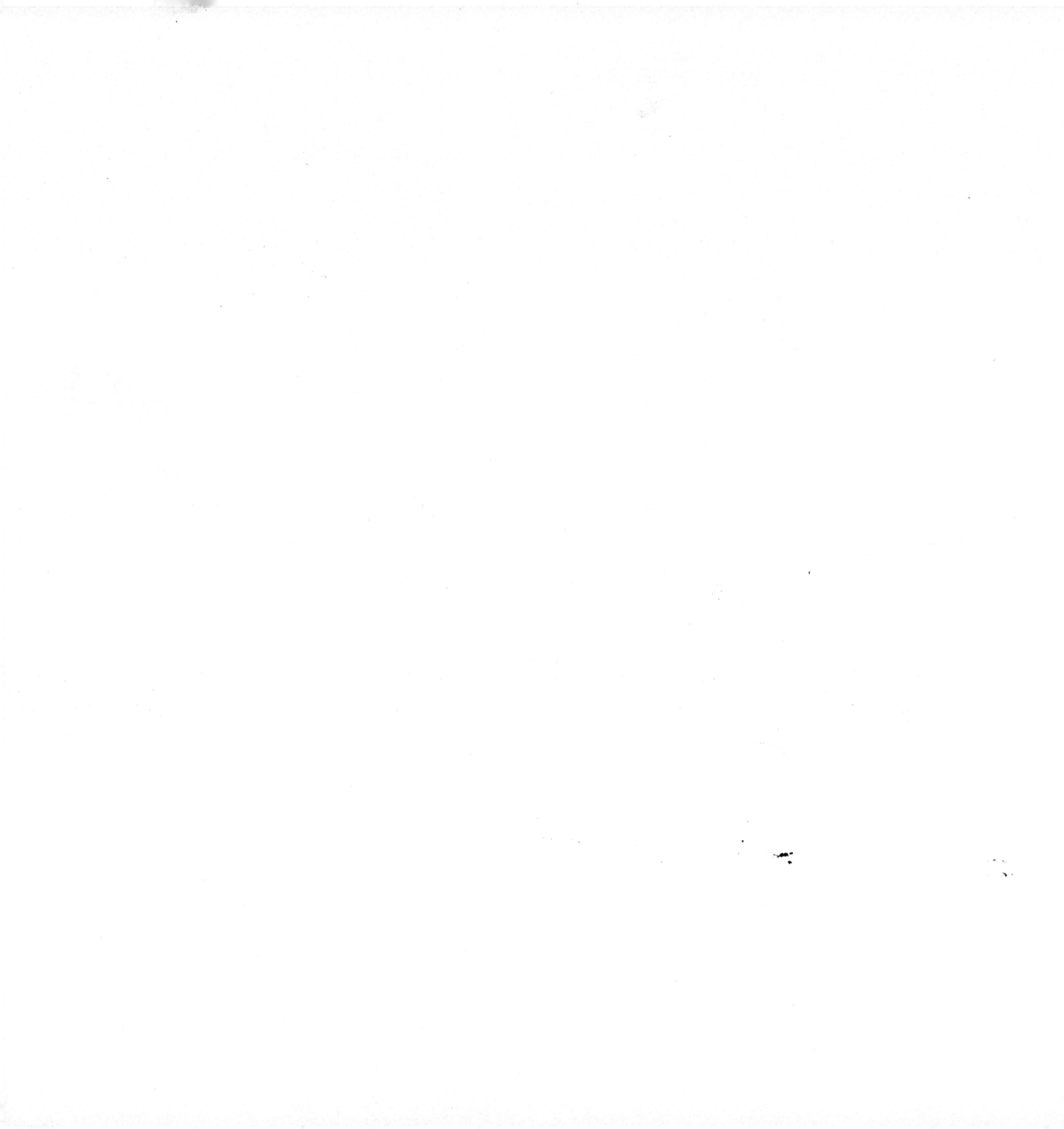